BASTEI
LÜBBE

CHARLES-ALBERT POISSANT
CHRISTIAN GODEFROY

KARRIEREN

Die zehn reichsten Selfmademen der Welt
und das Geheimnis ihres Erfolges

Aus dem Französischen
von Gisela Stobbe

BASTEI
LÜBBE

BASTEI-LÜBBE-TASCHENBUCH
Band 60 214

Deutsche Erstveröffentlichung
Titel der Originalausgabe:
LES DIX HOMMES LES PLUS RICHES DU MONDE

Printed in West Germany, August 1988
Einbandgestaltung: Roberto Patelli
Titelfoto: Zefa
Satz: Koenig, Köln
Druck und Bindung: Ebner Ulm
ISBN 3-404-60214-5

Der Preis dieses Bandes versteht sich einschließlich der gesetzlichen Mehrwertsteuer

Inhalt

Einführung

Wie kam uns die Idee zu diesem Buch?

Reiche Leute üben seit eh und je eine eigentümliche Faszination auf ihre Mitmenschen aus, eine Faszination, der auch wir uns nicht entziehen konnten. Doch wir wollten es genau wissen. Wir wollten den Schleier ihres Erfolgsgeheimnisses lüften, die geheimen Mechanismen, die ihrem Reichtum zugrunde liegen, ergründen. Unsere Idee war im Grunde genommen ganz einfach. **Wir sind nämlich von der Hypothese ausgegangen, daß Erfolg letztendlich niemals ein Zufallsprodukt ist** (selbst wenn der Faktor Glück gelegentlich eine gewisse Rolle spielt), **sondern daß er auf der Anwendung bestimmter, genau definierter Prinzipien basiert. Nun, wir haben diese Hypothese weit über unsere Erwartungen hinaus bestätigt gefunden. Jeder der reichen Männer, die wir unter die Lupe genommen haben, war bewußt oder unbewußt** – meist mehr bewußt als unbewußt – **bestimmten Prinzipien verpflichtet.** Sicher, sie wandten sie nicht alle in der gleichen Weise, mit der gleichen Konsequenz an. Jeder hatte sozusagen seinen »Spezialgrundsatz«, das heißt, war schwerpunktmäßig einem bestimmten Prinzip verpflichtet, dessen erfolgreiche Anwendung etwas mit seiner hervorstechendsten Charaktereigenschaft zu tun hatte. So ist beispielsweise der Milliardär Ray Kroc (Gründer des McDonald-

Imperiums) ein Musterbeispiel für Beharrungsvermögen und Ausdauer. Sein Erfolg stellte sich erst nach 50 Jahren ein, und zwar in einem Alter, wo andere bereits an Ruhestand denken. Beharrlichkeit war in seinen Augen eindeutig noch wichtiger als Talent oder sogar Genialität. Paul Getty, einer der reichsten Männer der Welt, glaubte seinerseits, daß es im Geschäftsleben in erster Linie auf die Fähigkeit ankomme, die menschlichen Aktivitäten in die richtigen Bahnen zu lenken, eine Weisheit, die auf den ersten Blick sehr einfach, um nicht zu sagen, banal klingt, deren tieferer Sinn uns jedoch auf den folgenden Seiten noch eingehend beschäftigen wird. Die augenfälligste Eigenschaft dieses Ölmilliardärs war zweifellos seine Fähigkeit, Menschen zu führen. Die tieferen Geheimnisse seines Erfolgs, die er in einer Art geistigem Vermächtnis seiner Nachwelt offenbart hat, die Maximen seines Lebens sozusagen, werden wir im Laufe dieses Buches näher beleuchten. Um es also auf einen Nenner zu bringen: **Jede einzelne Persönlichkeit dieser illustren Gesellschaft, die wir Ihnen hier vorstellen wollen, entwickelte sich zum Champion eines Grundprinzips.** Anhand ihres Beispiels wollen wir Sie in die geheime Kunst des Erfolgs einführen.

Jeder Lebensbereich wird von Gesetzen und Regeln bestimmt. Sie bilden das Fundament für jede Art von Kunst und Wissenschaft. Das gilt ebenso für die Musik wie für die Wirtschaft; das gilt für die Medizin, für das Rechtswesen usw. Und auf jedem Gebiet gibt es die sogenannten Meister ihres Fachs, die Experten. Es sind die Leute, die die Entwicklung ihrer Wissenschaft in höchstem Maße vorangetrieben haben. An sie wenden wir uns natürlicherweise, wenn wir uns auf dem einen oder anderen Gebiet vervollkommnen wollen. Selbstverständlich kann man Geige oder Mathematik auch alleine lernen. Doch dieses Unterfangen ist möglicherweise sehr langwierig und beschwerlich, und die Chancen, an die Spitze zu kommen, sind minimal, um nicht zu sagen, aussichtslos. Mit einem Lehrmeister lernt es sich schneller. Dieses Buch enthält die Lehren der »Meister des Reichtums«. Es soll Sie vor Fehlern und »Sackgassen« bewahren, Ihnen den Weg zeigen, wie Sie einfacher und schneller zu Wohlstand kommen.

Dieses Buch ist eine Abkürzung auf dem Weg zum Reichtum. Es ist gewissermaßen ein Reisepaß: ein Reisepaß in das Land eines besseren finanziellen Wohlbefindens. Doch wer sind diese Männer, die die scheinbar unerreichbaren Gipfel des Reichtums erklommen haben?

Giganten, die ursprünglich Leute wie du und ich waren!

Es gibt im großen und ganzen zwei Kategorien von Reichen: Diejenigen, die ihren Reichtum ererbt haben, das heißt, diejenigen, die mit einem Silberlöffel im Mund zur Welt gekommen sind und die bei ihrem Eintritt ins Geschäfts- und Finanzleben auf mehr als nur einen Notgroschen zurückgreifen konnten. Diese Kategorie ist an sich nicht uninteressant, nur ist es selbstverständlich leichter, das Leben mit einigen Millionen im Rükken zu beginnen, die man im allgemeinen erfolgreich für sich arbeiten lassen kann, sofern man sich nur einigermaßen gut beraten läßt.

Die zweite Gruppe, die uns hier interessiert, setzt sich aus Personen zusammen, für die die Amerikaner den schönen Ausdruck »Selfmademen« geprägt haben. Es sind diejenigen, die aus eigener Kraft zu etwas gekommen sind, diejenigen, die ihr Vermögen nicht dem Zufall ihrer Geburt verdanken. Diese Gruppe ist für unsere Studie ungleich interessanter. Denn diese Leute, die sich zu Giganten entwickelt haben, zeichnen sich in erster Linie dadurch aus, daß sie sich zu Beginn ihrer Karriere kaum von Ihnen oder uns unterschieden haben. Jede einzelne Biographie wird es Ihnen zweifelsfrei beweisen. Ihre Kindheit verlief im allgemeinen ziemlich eintönig. Oft lebten sie in Armut, bisweilen sogar im Elend. In der Schule fielen einige von ihnen notorisch als schlechte Schüler auf. Aber für jeden von ihnen gab es irgendwann in seinem Leben einen entscheidenden Punkt, an dem er sich entschloß, sein Schicksal selbst in die Hand zu nehmen und – angeregt durch ein Buch, den Rat oder das Beispiel eines klugen Freundes oder auch einer inneren Stimme gehorchend – beschloß, reich zu werden. Socrates, der Inbegriff des Weisen schlechthin (der niemals aufgehört hat, darauf hinzuweisen, mit wie vielen Fehlern er von Natur aus behaftet sei), lehrte, daß der Mensch vervollkommnungsfähig sei. Er kann sich bessern. Auch seine Fähigkeit, reich zu werden – mag sie ursprünglich auch noch so unausgeprägt und schwach entwickelt sein – läßt sich vervollkommnen. **Das Talent, reich zu werden, läßt sich bei jedem Menschen zu jedem beliebigen Zeitpunkt seines Lebens entwickeln.**

Selbst wenn Sie sich dessen noch gar nicht bewußt sind, befinden Sie sich wahrscheinlich jetzt, ungeachtet Ihres Alters und ungeachtet Ihrer derzeitigen Situation, in dieser entscheidenden Phase, die Ihr Leben verändern kann. Sie müssen sich nur darauf einlassen, müssen offen und aufnahmebereit sein. **Die hier beschriebenen Geheimnisse können für Sie die entscheidende Wende bedeuten, sind vielleicht die Zäsur, die auch das Leben der besagten zehn Männer verändert hat.** Diese »Selfmademen« kommen aus ganz unterschiedlichen Bereichen. Ihre Auswahl deckt ein recht breites Spektrum ab, so daß Sie sich Ihrer individuellen Situation entsprechend von ihnen inspirieren lassen und ihrem Vorbild nacheifern können. Allerdings darf man nicht erwarten, daß man am Beispiel von nur zehn Menschen den gesamten Wirtschaftssektor ausleuchten kann. Doch interessanterweise sind **die Eigenschaften, die diese Personen auszeichnen und die Grundsätze, die sie vorantrieben, für alle menschlichen Aktivitäten von Bedeutung.** Sie haben also nichts anderes zu tun, als diese Prinzipien zu übernehmen, wobei wir Ihnen Hilfestellung leisten wollen. In unserer Galerie finden Sie – wie Sie feststellen werden – zum größten Teil Namen, die Ihnen gut bekannt sind. Mehrere von ihnen sind so berühmt, daß sie uns mittlerweile sozusagen »in Fleisch und Blut« übergegangen sind, und zwar aus dem einfachen Grund, weil sie Markenzeichen geworden sind. Und nun Vorhang auf für Henry Ford, Conrad Hilton, Thomas Watson, Ray Kroc, Soïchiro Honda, Walt Disney, Aristoteles Onassis, John Rockefeller, John-Paul Getty und Steven Spielberg.

Eine kleine Kostprobe ihres immensen Vermögens

Um welche Summen geht es hier eigentlich? Sie wollen es genau wissen? Paul Getty hat zu diesem Thema einmal gesagt, ein Mann, der die genaue Höhe seines Vermögens kennt, ist nicht wirklich reich. Nun, alle Männer, mit denen wir uns beschäftigt haben, waren bzw. sind wirklich reich. Die Frage bleibt also weiterhin ungeklärt. Was die Einschätzung ihres Vermögens so kompliziert macht, ist der Umstand, daß die meisten von ihnen äußerst komplexe Aktienpakete haben bzw. gehabt haben, so daß ihr Vermögen ständig in Bewegung war. Darüber hinaus halten sich die meisten reichen Leute in bezug auf ihr Vermögen aus steuerlichen

Gründen verständlicherweise im allgemeinen sehr bedeckt. Es gibt sogar einige, die bewußt ein Geheimnis daraus machen und vor der Öffentlichkeit fliehen. Sie meiden jede Art von Publizität, was – wie das Beispiel von Howard Hughes zeigte – manchmal geradezu zur Manie werden kann. Am deutlichsten wurde dies bei Paul Getty: Als die angesehene amerikanische Zeitschrift *Fortune* im Jahre 1957 nach einer exakten Untersuchung die Liste der zehn reichsten Männer der Welt veröffentlichte, kam heraus, daß er weit vor den anderen an der Spitze lag. Bis zu diesem Zeitpunkt hatte Getty mit Erfolg seine Anonymität gewahrt. Der breiten Öffentlichkeit war er völlig unbekannt. Einer köstlichen Anekdote zufolge soll ihn einmal ein ehemaliger Studienkollege bei einer zufälligen Begegnung auf der Straße – Getty war schon lange Multimillionär – gefragt haben, für wen er denn arbeite.

Trotz dieser quasi unvermeidlichen Diskretion ist erwiesen, daß das Vermögen dieser Leute gigantisch ist. Natürlich gibt es sehr wahrscheinlich Leute, die als noch reicher angesehen werden können, wie beispielsweise die Ölmagnaten der OPEC-Länder, deren wöchentliches Einkommen sich auf Millionen beläuft. Doch da diese Leute der breiten Öffentlichkeit meistenteils unbekannt sind, ist das Interesse an ihnen im allgemeinen doch nur sehr begrenzt. Was an unseren zehn Männern so faszinierend ist, ist die Tatsache, daß sie den sogenannten amerikanischen Traum verwirklicht haben, daß sie den Beweis angetreten sind, daß es immer noch möglich ist, praktisch aus dem Nichts, allein mit Köpfchen und Entschlossenheit, ein kolossales Vermögen anzuhäufen. Wenn auch die meisten dieser Männer Amerikaner sind, so haben ihre Prinzipien doch universellen Charakter und sind ebenso auf andere Länder und Kulturkreise übertragbar. Selbst wenn wir Millionäre anderer Nationalitäten ins Visier genommen hätten, wären wir mit Sicherheit zu denselben Ergebnissen gelangt. Im übrigen sehen wir uns in dieser Annahme auch durch Dominique Frischers Werk *Les faiseurs d'argent,* das dem französischen Geldadel gewidmet ist, vollauf bestätigt. Claude Bourg, Bernard Tapie, Marcel Dassault, Jean-Pierre Colbert, Maurice Bidermann, Yves Rousset-Rouard, Jean-Paul Bücher haben ihr Vermögen auf der Basis von Prinzipien gemacht, die sich von denen der Amerikaner in keiner Weise unterscheiden.

Alle Männer, die wir ausgewählt haben, können nicht nur als Multimillionäre, sondern als Milliardäre angesehen werden. Eine Ausnahme bildet nur Ray Kroc, dessen Vermögen sich bei seinem Tode auf 350 Millionen belief. Doch das Wachstum des McDonald-Imperiums hat solche Ausmaße angenommen, daß es exemplarisch für den Erfolg seines Gründers stehen soll. Da die Definition des Begriffs Milliardär in der Literatur nicht immer eindeutig ist, haben wir uns in diesem Buch darauf festgelegt, den Besitzer von einer Milliarde Dollar als Milliardär zu bezeichnen. In diesem Sinne waren einige unserer Hauptpersonen offenkundig sogar Multimilliardäre. So stritten sich die Erben von Paul Getty zu dem Zeitpunkt, als dieses Buch geschrieben wurde, um die Summe von 4 Milliarden, nicht gerade wenig. Der geniale Erfinder Henry Ford besaß bei seinem Tode im Jahre 1947 ein persönliches Vermögen von weit über einer Milliarde. Wenn man bedenkt, daß das vor 40 Jahren war, so ist diese Summe einfach phänomenal. Im übrigen haben seine Erben dieses Vermögen noch weiter anwachsen lassen. 1960 galt Ford als der zweitgrößte Unternehmer der Welt. 1970 hatte er 432 000 Beschäftigte; allein seine Gehaltszahlungen beliefen sich auf 3,5 Milliarden. Der reiche griechische Reeder

Onassis war ebenfalls vielfacher Milliardär. Das gilt auch für die meisten anderen Männer unserer Untersuchung.

Um Ihnen wenigstens eine kleine Vorstellung von dem Vermögen dieser Männer zu vermitteln, müssen wir kurz abschweifen. Es handelt sich hier in der Tat um »Mega-Vermögen«, um Dimensionen, die nur schwer, wenn nicht sogar unmöglich zu begreifen sind. Ein einfacher Millionär lebt im allgemeinen im Vergleich zu seiner Umwelt auf sehr großem Fuß, er lebt im Luxus. Doch wie ist das erst bei 10 Millionen? Wußten Sie, daß ein Angestellter 100 Jahre lang 100 000 Dollar pro Jahr sparen müßte, um ein derartiges Vermögen anzuhäufen? Das heißt, er müßte, um so eine Großtat zu vollbringen, unter Berücksichtigung der Lebenshaltungskosten und der Steuern an die 300 000 Dollar verdienen. Wahrlich kein Kinderspiel!

10 Millionen ist schon eine ganz hübsche Summe. Aber was ist, wenn es sich um 100 Millionen und dann 1 000 Millionen, sprich 1 Milliarde, handelt? Das übersteigt jedes Vorstellungsvermögen. In diesem Buch geht es uns allerdings nicht darum, die eventuellen Extravaganzen dieser Männer im Sinne der Sensationspresse breitzuwalzen. Das immense Vermögen dieser Männer interessiert uns nur in einer Hinsicht: **Es ist für uns der augenscheinliche Beweis für ihre außerordentliche Fähigkeit, Geld zu machen und damit auch der Beweis für die Wirksamkeit ihrer Methoden.**

In diesem Zusammenhang sei noch ein Hinweis erlaubt: Wenn diese Männer hinsichtlich der Höhe ihres Vermögens in der Regel auch sehr zurückhaltend waren, so waren sie doch ausgesprochen offen, was ihre Erfolgsphilosophie anbetrifft.

Mehrere von ihnen haben ihre Memoiren geschrieben, in denen sie gewissermaßen ihr geistiges Testament niedergelegt haben. Die, die das nicht getan haben, haben sich bereitwillig den Fragen der Reporter gestellt. Überdies bekamen die engsten Mitarbeiter dieser Männer durchaus die Gelegenheit, sich deren Philosophie zu eigen zu machen.

Das hat unsere Aufgabe selbstverständlich erleichtert. Die Gefahr von Fehlinterpretationen wurde weitgehend ausgeschaltet. Wenn so ein steinreicher Mann jemandem kund tut, daß das große Geheimnis seines Erfolgs in dem und dem Prinzip verankert ist, dann hört dieser Jemand natürlich zu. Solche Worte sind nicht mit Gold aufzuwiegen. Joseph Kennedy, der Vater des leider ermordeten ehemaligen Präsidenten der USA, antwortete einmal bei einer Meinungsumfrage auf die Frage eines Studenten, warum er reich sei, kalt lächelnd: »Ich bin reich, weil ich viel Geld habe!« Nun, es stimmt, daß er mit seinen ca. 360 000 Millionen außerordentlich reich war, doch in bezug auf die Art und Weise, wie er zu diesem Geld gekommen ist, war er nicht gerade gesprächig, ganz im Gegensatz zu unseren zehn Auserwählten, mit deren Leben wir uns teils aus Neugier, teils aus Bewunderung befaßt haben. Sie zögerten nicht, ihre Lebensphilosophie preiszugeben, um möglichst viele Leute an deren Segnungen teilhaben zu lassen.

Was bringt Ihnen dieses Buch?

»Eine Reise von tausend Schritten beginnt mit dem ersten Schritt« lautet eine alte chinesische Weisheit. **Mit der Lektüre dieses Buches haben Sie bereits den ersten Schritt in Richtung Reichtum gemacht.** Was dieses Buch überdies so interessant macht, ist, daß es auf alle Bedürfnisse zugeschnitten ist. Jeder kann sich das heraussuchen, was seinem Geschmack entspricht. Nicht jeder kann Millionär werden, oder besser gesagt, jeder wäre es zwar gern, doch nicht jeder ist auch dazu bereit, dafür die entsprechenden Opfer zu bringen. Es versteht sich von selbst, daß diejenigen, die es zum Milliardär gebracht haben, Arbeitstiere waren und sehr oft auf einen Teil der alltäglichen Freuden des Lebens verzichtet haben. Aber alles im Leben ist eine Frage der Werteskala. Nun, dieses Buch wird Ihnen nicht nur dabei helfen, Ihren Standort zu bestimmen und Ihre Wahl zu treffen, das heißt, es wird Ihnen nicht nur Klarheit darüber verschaffen, was Sie **wirklich** wollen, es wird Ihnen auch den Weg zeigen, wie Sie an das Ziel Ihrer Wünsche kommen.

Sie möchten einfach nur Ihr Jahreseinkommen verdoppeln!

Viele Leute träumen davon, Ihr Jahreseinkommen zu verdoppeln. Sie würden damit zwar nicht unbedingt reich werden, doch es ginge ihnen gut. Sie könnten sich ein wenig von dem Luxus leisten, der ihnen zusteht, öfter in Urlaub fahren, ihren Wagen alle zwei Jahre wechseln usw. Dieses Buch wird Ihnen zeigen, wie man das bewerkstelligt.

Vielleicht sind Sie, wie leider so viele andere auch, im Augenblick arbeitslos. Oder sind Sie eventuell mit Ihrer Arbeit bzw. Ihrem derzeitigen Beruf unzufrieden? Um es noch einmal zu sagen, dieses Buch weiß Rat. Denn wie auch immer die Allgemeinheit darüber denken mag, **Sie können den idealen Job finden** – trotz der »schwierigen Zeiten«, in denen wir leben (im übrigen reitet man, seit die Erde sich dreht, auf diesen »schwierigen Zeiten« herum; zu Unrecht, wie Sie sehen werden) und trotz der Arbeitslosigkeit und der Inflation. Schneller, als Sie glauben, werden Sie dem weitverbreiteten Vorurteil zum Trotz, man könne im Leben nicht immer das tun, was einem Freude macht, **eine Beschäftigung finden, die Sie voll und ganz befriedigt.** Sie haben ein Recht darauf! Ja, im Grunde genommen haben Sie – wie Sie sehen werden – sogar die Pflicht dazu!

Vielleicht haben Sie auch Ambitionen, reich zu werden, sehr reich, sich unter die Millionäre zu mischen. Das ist legitim. Und das ist auch absolut möglich. **Der Klub der Millionäre ist keine geschlossene Gesellschaft.** Es liegt nur an Ihnen beizutreten. Jährlich durchbrechen in den USA und in Frankreich Tausende von Leuten die Schallmauer der ersten Million. Auf den folgenden Seiten werden Sie erfahren, wie Sie es ihnen gleichtun können. Das geht in vielen Fällen schneller, als man meinen möchte. Denn wir leben in einer wunderbaren Zeit, in einer Zeit der schnellen Veränderung. Ständig werden neue Bedürfnisse geweckt. Wer die Gelegenheit beim Schopf packt, kann schnell ein Vermögen machen.

Vielleicht warten Sie schon ewig auf eine Gehaltserhöhung oder eine Beförderung, die Ihnen schon so lange zusteht und die Ihnen seltsamerweise immer vorenthalten wurde, während die möglicherweise weniger qualifizierten Kollegen mühelos aufsteigen und großzügige Gehälter einstreichen. **Sie werden hier lernen, wie man besser taktiert** und wie man durch Anwendung bestimmter Prinzipien **fast wie durch ein Wunder genau das bekommt, was man sich wünscht.** Dann werden Sie in der Welt und im Leben endlich den Platz einnehmen, der Ihnen gebührt. Wenn Sie nun aber bereits vermögend sind und Ihr Kapital nur noch besser arbeiten lassen möchten, dann wird Ihnen dieses Buch ebenfalls von Nutzen sein. Da sich Ihre Erfolgsbilanz offensichtlich sehen lassen kann, wenden Sie ja wohl bereits einige der Grundprinzipien an, um die es hier geht. Doch die systematische Darstellung der Erfolgsrezepte wird Ihnen helfen, noch weiter voranzukommen, und vor allem auch schneller voranzukommen. Vergessen Sie nicht, daß Sie hier die Chance haben, von der Erfahrung der zehn reichsten Männer der Welt zu profitieren. **Sie werden in der Lage sein, Ihr Potential und Ihren Reichtum nahezu unbegrenzt in die Höhe zu treiben. Unsere berühmten Männer werden Ihnen zu guter Letzt so vertraut sein, daß Sie sie jederzeit um Rat fragen können** (was Sie im Hinblick auf den Fortgang Ihrer Geschäfte auch unbedingt tun sollten). Wenn es knifflig wird, können Sie sich beispielsweise fragen: »Was hätte Onassis in einem solchen Fall getan?« Oder auch: »Wie hätte Conrad Hilton dieses Finanzproblem gelöst?« Oder Sie wenden sich an Rockefeller: »Wie hätte er die Kosten bei diesem Geschäft gesenkt?« Oder Sie ziehen Thomas Watson von IBM zu Rate: »Was hätte er sich einfallen lassen, um seine Verkäufer zu motivieren?«

Ein Zwerg, der auf die Schultern eines Riesen klettert, sieht weiter als der, der ihn trägt. Trotz Ihrer augenblicklich vielleicht bescheidenen Vermögenslage haben auch Sie die Chance, in ungeahnte Höhen vorzustoßen, wenn Sie sich von diesen Männern leiten lassen. Und damit wird sich ganz automatisch auch Ihre Lebenssicht verändern: Ihr Blickfeld wird sich weiten, Sie werden die Dinge besser überblicken, Sie werden ganz einfach an Größe gewinnen.

»Gib mir einen Punkt, wo ich hintreten kann, und ich hebe die Welt aus den Angeln«, sagte Archimedes in Anspielung auf das Hebelgesetz. **Um sein Glück zu machen, braucht man einen Hebel,** einen Hebel, den allerdings nur wenige Leute kennen. Sie werden ihn auf den folgenden Seiten kennenlernen, ja mehr noch, Sie werden ihn nicht allein betätigen müssen. **Die zehn reichsten Männer der Welt werden Ihnen beistehen und mit aller Kraft diesen Hebel niederdrücken, mit dem Sie einen Berg Gold heben können!**

Bevor Sie sich nun mit dem ersten Kapitel dieses Buches befassen, scheint noch ein wichtiger Hinweis angebracht. Sie werden hier zahlreiche Ratschläge für den Start eines Unternehmens, für den Einstieg in das, was man gemeinhin »Unternehmertum« nennt, finden. Doch wir wollen unsere Leser keineswegs dazu animieren, auf der Stelle alles stehen und liegen zu lassen und sich selbständig zu machen. Das liegt leider nicht jedem. Es bedarf dazu einer ganz speziellen Persönlichkeitsstruktur. Man muß sich dazu in gewisser Weise auch berufen fühlen. Wenn dem so ist, kein Problem. Dieses Buch wird Ihnen ein Leitfaden sein. In allen anderen Fällen wird es Ihnen eine wertvolle Hilfe dabei sein, Ihre materielle Situation zu verbessern, ohne Ihre Existenzgrundlage zu gefährden.

Wir empfehlen Ihnen, dieses Buch zunächst einmal in einem Zug durchzulesen. Alle Kapitel werden für Sie von Interesse sein. Das Buch ist stufenweise aufgebaut, das heißt, jede Stufe führt zielgerichtet zur nächsten. Man sollte also kein Kapitel überspringen.

Nach dem ersten Lesen nehmen Sie einen Bleistift zur Hand und fangen noch einmal von vorne an. Scheuen Sie sich nicht, immer wieder einmal nachzublättern, wenn Sie in Schwierigkeiten sind. Frischen Sie immer wieder Ihr Gedächtnis auf, wenn Sie es für notwendig erachten. Unterstreichen Sie die Passagen, die Ihnen besonders wichtig erscheinen.

Und noch eine Vorbemerkung. Manche Ratschläge werden Ihnen originell und faszinierend erscheinen. Doch daneben werden Sie auch Empfehlungen finden, die Ihnen banal vorkommen mögen. Aber lassen Sie sich nicht täuschen. Unsere zehn Helden wurden nicht müde, diese Ratschläge immer und immer wieder zu wiederholen. Und sie haben vor allem nie aufgehört, nach diesen ihren Prinzipien zu leben. Man kann sogar noch einen Schritt weiter gehen: **Ihr Erfolg wurde erst durch die rigorose und konsequente Anwendung dieser Prinzipien möglich.** Folgen Sie ihrem Beispiel, wenn Sie Ihre finanzielle Situation verbessern wollen. Lassen Sie sich also nicht von der scheinbaren Einfachheit bestimmter Prinzipien bluffen. Denken Sie nach! Handeln Sie wirklich bereits danach? Haben Sie Ihr Leben und Ihre Arbeit ganz darauf abgestimmt? Nun, wenn Sie mit dieser Einstellung an das Buch herangehen, kann eigentlich nichts mehr schiefgehen.

KAPITEL 1

Der erste Schritt

Die Grundvoraussetzung, um reich zu werden

Womit anfangen?« Das ist wohl die Frage, die einem als erstes in den Sinn kommt, wenn man reich werden will, egal welche Vorstellungen man mit Reichtum verbindet, das heißt, egal, ob man nur seine Einkünfte in bescheidenem Maße steigern oder ob man gleich direkt eine Million ansteuern möchte. Ja, womit anfangen? Die Welt ist so groß, und die Fragen, die sich einem aufdrängen, sind so vielfältig.

MAN MUSS GRUNDSÄTZLICH ERST EINMAL DARAN GLAUBEN, DASS MAN REICH WERDEN KANN.

Das scheint geradezu eine Binsenwahrheit zu sein, aber denken Sie einmal kurz darüber nach. Unsere Erziehung, unsere Gesellschaft und unsere eigene intellektuelle Disposition, das heißt unser ganzes Denken, ist in der Regel leider eher negativ ausgerichtet als von Optimismus geprägt. Wir neigen dazu, den Reichtum und das schöne Leben als eine Sache der anderen zu betrachten. Es vergeht kaum ein Tag, an dem man nicht von irgendwelchen Leuten darauf hingewiesen wird, daß man nicht träumen soll, daß man die Dinge »realistisch« sehen muß und dergleichen mehr ... Dies ist eine Einstellung, die, ungefiltert übernommen, äußerst fatal ist. Denn letztendlich leistet sie dem Vorurteil Vorschub, daß Erfolg allein das Privileg einer Elite und daß Reichtum ein »Naturschutzgebiet« mit dem Schild »Betreten verboten« sei. So ist es aber nicht. Dieses Schild existiert nur in den Köpfen der Leute. Sie schließen sich praktisch selber aus. De facto haben **all diejenigen, die reich geworden sind, zuallererst einmal daran geglaubt, daß sie es auch werden können.**

Denken Sie darüber nach, selbst wenn es Ihnen – wir haben Sie davor gewarnt – auf den ersten Blick banal erscheinen mag. Sie werden möglicherweise erstaunt sein, was eine solche Selbstbeobachtung zutage fördert. Haben Sie keine Angst davor, in die Tiefe zu gehen. In jedem Menschen gibt es so etwas wie Grauzonen, die es zu entschleiern gilt.

Doch Sie sollten sich in Ihrem tiefsten Inneren nicht nur davon überzeugen – im nächsten Kapitel werden wir auf die wunderbare Kunst der Autosuggestion näher eingehen – daß es möglich ist, Ihren Wünschen und Bedürfnissen entsprechend reich zu werden, sondern auch davon, **daß es ein Leichtes ist,** dieses Ziel zu erreichen. Es ist jedenfalls viel leichter, als Sie denken. Tatsächlich gibt es Tag für Tag, direkt vor Ihrer Nase, Dutzende von ungenutzten Gelegenheiten. Gewinnversprechende Ideen gehen Ihnen durch den Kopf, ohne daß Sie sie festhalten und in die Tat umsetzen. Wir werden Ihnen zeigen, wie Sie ein Gespür dafür entwickeln und Ihren Finanzsinn als eine Art sechsten Sinn schärfen können, ganz im Sinne all derer, die auf diese Weise ein Vermögen gemacht haben. **Diese Fähigkeiten tragen Sie in sich;** nur, Sie wissen nichts von deren Existenz und haben folglich auch nicht gelernt, diese Fähigkeiten zu entwickeln und einzusetzen.

Dieser Einsicht schließt sich sozusagen nahtlos eine weitere Erkenntnis an. Sie mag für Sie überraschend sein, und doch läßt sie sich nicht leugnen:

ERFOLGREICH ZU SEIN IST NICHT SCHWERER, ALS ERFOLGLOS ZU SEIN.

Für viele, um nicht zu sagen für die meisten Leute **ist der Mißerfolg unbewußt zu einer Art Gewohnheit geworden.** Und die Macht der Gewohnheit ist ziemlich stark. Die Gewohnheit wird tatsächlich zur zweiten Natur. Man klammert sich an alles, selbst an unerfreuliche Dinge. Wenn Scheitern zur Gewohnheit wird, hat das katastrophale Folgen. Man muß sich darüber klar werden, daß es im Grunde genommen nicht schwerer ist, erfolgreich zu sein als erfolglos. Das ist einfach nur eine Sache der Programmierung. Das Unterbewußtsein sieht darin kein Hindernis. Der Energieaufwand ist der gleiche. Nur das Programm ist eben anders. Denken Sie einmal kurz darüber nach. Bedarf es nicht einer äußerst komplexen Handlungsweise und eines phantastischen Zusammenwirkens von Umständen, um jedes Unternehmen unweigerlich in einen Mißerfolg münden zu lassen? Um all die Chancen nicht zu nutzen? Um all den Personen aus dem Weg zu gehen, die uns helfen könnten, die Erfolgsleiter hochzuklettern? Um all die möglicherweise äußerst gewinnträchtigen Ideen über Bord zu werfen? Um unentwegt das zu tun, was einen Mißerfolg erst möglich macht? Eine recht komplexe Angelegenheit! Ihr Unterbewußtsein macht da keinen Unterschied. Im folgenden Kapitel werden wir die für den Erfolg ungeheuer wichtige Rolle des Unterbewußtseins noch näher zu beleuchten haben.

Um Ihnen bei Ihrer Selbstbeobachtung noch einen Schritt weiter zu helfen, wollen wir die Gründe, um nicht zu sagen Ausflüchte, kurz analysieren, hinter denen sich die verschanzen, die nicht daran glauben, reich werden zu können.

Früher war alles viel einfacher

Wie oft haben wir diesen Satz nicht schon gehört! Für manche ist dieser Satz schon fast ein Dogma. Man entschuldigt damit seine Inaktivität und spielt seine eigene Erfolglosigkeit herunter. Ein bedauernswertes Vorurteil, dessen man tagtäglich Lügen gestraft wird. Denn wußten Sie, daß in den USA im Durchschnitt täglich 40 Personen ihre erste Million machen? Aber ja doch! 15 000 Leute schließen sich pro Jahr dem Kreis der Millionäre an. In Frankreich und in Kanada liegt diese Ziffer knapp darunter, ist aber beinahe genauso spektakulär. Das sollte zu denken geben. Und wenn 15 000 Leute jährlich zum Millionär avancieren, wie viele Leute gibt es dann Ihrer Meinung nach, die die halbe Million oder eine viertel Million voll machen? Zweifellos eine noch beeindruckendere Zahl. Das hindert die Leute jedoch keineswegs daran, ständig darauf hinzuweisen, wie schwer die Zeiten sind angesichts der Arbeitslosigkeit, der Inflationsrate und der allgegenwärtigen Multis, die alle Märkte fest im Griff haben. Wieder so ein Vorurteil, das unter anderem auch durch die amerikanischen Statistiken widerlegt wird. Danach wurden im Jahre 1950 jährlich etwa 93 000 Kleinbetriebe gegründet. 1984 stieg diese Ziffer auf sage und schreibe 600 000 an. Diese neuen Unternehmen schaffen selbstverständlich Arbeitsplätze und entlasten damit den Arbeitsmarkt.

Den Einwand, daß es vor 30 oder 50 Jahren leichter gewesen sei, zu Geld zu kommen, haben sich übrigens die meisten erfolgreichen Unternehmer auch anhören müssen, und zwar nicht nur nachdem sie ihr Vermögen gemacht hatten, sondern auch am Anfang ihrer Karriere. Glücklicherweise haben sie sich davon nicht beeindrucken lassen. Paul Getty, mit dessen faszinierendem Werdegang wir uns bald beschäftigen werden, erzählt in seinem spannenden Buch *How to be rich* folgendes:

»Jeder, der in seinem Leben Erfolg gehabt hat, sieht sich mit schöner Regelmäßigkeit von seinen Mitmenschen vor die Frage gestellt: ›Wie könnte ich – oder irgendein anderer – dies auch erreichen?‹

Wenn ich ihnen dann erzähle, wie ich als Bohrarbeiter vor mehr als vier Jahrzehnten begonnen habe, den Grundstein zu meinem ersten eigenen Unternehmen zu legen, kommt gewöhnlich der Einwand:

›Aber Sie hatten Glück; Sie haben zu einer Zeit angefangen, als es noch möglich war, Millionen zu machen; heute könnten Sie das nicht mehr. Niemand könnte es.‹

Ich kann mir nicht helfen, aber diese bei augenscheinlich intelligenten Menschen vorherrschende negative und in meinen Augen falsche Einstellung verwirrt mich immer wieder aufs neue. Denn es gibt de facto eine Unmenge von Anhaltspunkten dafür, daß dynamische, phantasiebegabte und kreative junge Leute mehr Möglichkeiten haben, zu Geld zu kommen und erfolgreich ins Geschäftsleben einzusteigen, als jemals zuvor in unserer Geschichte. Unzählige aufgeweckte und risikofreudige junge Leute haben dies in den letzten Jahren mit ihren vielfältigen wirtschaftlichen Initiativen, mit denen sie ein Vermögen machten, bewiesen.« Im übrigen soll Paul Getty einem jugendlichen Auditorium – nicht ohne eine gewisse Nostalgie – anvertraut haben, daß er gerne an ihrer Stelle wäre, um noch einmal bei Null anzufangen. So sicher war er sich, daß es möglich ist, auch heute noch Millionär zu werden.

ES IST HEUTE NICHT NUR MÖGLICH, SONDERN SOGAR LEICHTER ALS FRÜHER, REICH ZU WERDEN.

Keine Frage, all die Männer, die gestern erfolgreich waren, würden auch heute in der gleichen Weise, wenn nicht sogar noch spektakulärer, Erfolg haben. Wie wir später noch sehen werden, sind für den Erfolg eines Menschen (zumindest in den freien Gesellschaftssystemen) nicht so sehr die äußeren Umstände, sondern vielmehr die Geisteshaltung und die Charakterstärke ausschlaggebend. In der Tat ist unsere Gesellschaft derart rasanten Veränderungen unterworfen, daß man heute schon in wenigen Jahren das gleiche Vermögen machen kann, zu dessen Erwerb man früher einige Jahrzehnte gebraucht hätte. Wußten Sie beispielsweise, daß das Kapital der renommierten Computerfirma Apple bereits 7 Jahre nach ihrer Gründung auf mehr als 1,7 Milliarden US-Dollar veranschlagt wurde und daß ihr Gründer und Generaldirektor – persönlicher Inhaber von sieben Millionen Aktien der Gesellschaft – Steven Paul Jobs, zu diesem Zeitpunkt gerade erst 27 Jahre alt war?[1])

Dieser Mann ist ein lebender Beweis dafür, daß man auch heute noch das ganz große Geld machen kann, und zwar innerhalb kürzester Zeit. Die Zahlen sprechen für sich, man kann den Traum verwirklichen. **Warum sollte das für Sie nicht gelten?**

---

[1]) Als dieses Buch geschrieben wurde, hatte Apple gewisse Schwierigkeiten, die in erster Linie mit der Betriebsführung in Zusammenhang zu sehen sind. Nichtsdestoweniger ist die Erfolgsbilanz erstaunlich. (Das Buch wurde 1985 erstmals veröffentlicht (A.d.Ü.))

Nennen Sie uns nur einen »vernünftigen« Grund, warum Sie nicht zu Geld kommen sollten! Zu genügend Geld!

Weil Sie vielleicht – selbst wenn Sie es nicht offen zugeben – insgeheim glauben . . .

Sie sind zu jung!

Um es in Anlehnung an einen berühmten Vers zu sagen: Dem Tüchtigen schlägt keine Stunde! Das Beispiel des Generaldirektors von Apple hat uns gerade gezeigt, daß man auch vor seinem 30. Lebensjahr mehrere Millionen ansammeln kann. J.-P. Getty erreichte seine erste Million mit 23 Jahren. Oder nehmen Sie Steven Spielberg, den genialen Regisseur von *Der weiße Hai, Unheimliche Begegnung der dritten Art* und *E.T.:* Er wurde mit 35 Jahren Milliardär. Beispiele für frühen Reichtum gibt es in Hülle und Fülle. Am jugendlichen Alter sollte es also nicht scheitern. Das kann oft sogar von Vorteil sein. Ihren Mangel an Erfahrung können Sie durch Risikobereitschaft, Instinkt und Originalität leicht wettmachen.

Wenn man jung ist, wird immer wieder der Mangel an Erfahrung ins Feld geführt. Man kennt diesen vertrackten *circulus vitiosus:* Um Erfahrung zu sammeln, muß man arbeiten, aber um zu arbeiten, braucht man Erfahrung. Nicht alle Arbeitgeber teilen indessen diese Ansicht. Es gibt viele unter ihnen, die Vertrauen in die Jugend setzen und bereit sind, ihr eine Chance zu geben. Es gibt eine Reihe von Firmen, die es vorziehen, die Schulung und Ausbildung ihrer Angestellten selbst in die Hand zu nehmen, und die kaum danach fragen, ob sie die entsprechende Erfahrung mitbringen. Und was diejenigen anbetrifft, die sich ohne große Erfahrung selbständig machen wollen, so hat die Geschichte gezeigt, daß die meisten sehr reichen Leute ihr Metier »ad hoc« gelernt und ohne jede Erfahrung begonnen haben.

Sie sind zu alt, um reich zu werden!

Wissen Sie, in welchem Alter Ray Kroc, der Besitzer der McDonald-Kette, damit begonnen hat, das große Geld zu machen? Mit über 50 Jahren. Das mag überraschen. Aber eines ist sicher: Wenn er mit 45 Jahren aufgegeben hätte, seinem Traum nachzujagen und den Glauben an seinen guten Stern verloren hätte, wäre er nicht nur nie bekannt, sondern auch nie reich geworden. Sein Beispiel, auf das wir noch näher eingehen werden, spricht für sich und sollte vor allem die überzeugen, die glauben, daß die Chancen, erfolgreich zu sein, ab einem bestimmten Alter gleich Null sind. Leider halten sich auch noch verhältnismäßig junge Leute oft schon für zu alt, um Erfolg zu haben. Sie haben den Eindruck, daß es nur einen Zug gab und der sei inzwischen für sie abgefahren. Wenn sie von einem so späten Erfolg hören, wie Ray Kroc ihn dokumentierte, dann trauern sie eben nur ihren verpaßten Gelegenheiten nach. In seiner Autobiographie, die er gegen Ende seines Lebens verfaßte und in der er seine Lebensphilosophie darlegt, der zufolge Ausdauer noch vor Talent und Genialität einzuordnen ist, schreibt Kroc folgendes:

»Die Leute wundern sich immer über die Tatsache, daß ich mit McDonald erst mit 52 Jahren angefangen habe und daß ich von heute auf morgen erfolgreich war. Aber mir ging es einfach wie so vielen Weltstars vom Theater, die jahrelang im Schatten stehen, und dann plötzlich bietet sich eine Chance, und der Durchbruch ist geschafft. Für mich kam der Erfolg auch über Nacht, das stimmt, doch 30 Jahre der Vorbereitung waren eine sehr, sehr lange Nacht!«

In seinem Buch *Les milliardaires* stellt Max Gunther einen interessanten Bezug zwischen Alter und Erfolg her, der für viele überraschend klingen mag: »Im allgemeinen kann man feststellen, daß die Leute, die große Erfolge aufzuweisen haben, in der Regel Spätentwickler waren. Die Disposition zum Erfolg war sehr wahrscheinlich schon während der Schulzeit in ihnen vorhanden, doch konnte sie sich in der schulischen Atmosphäre nicht entfalten. Sie waren, von Ausnahmen abgesehen, ruhige Kinder, wenn nicht sogar schlechte Schüler. Erst in ihrem dritten Lebensjahrzehnt, also zwischen 20 und 30, lassen sie die Eigenschaften erkennen, die sie von den anderen abheben. Es gibt sogar welche, die bis zu ihrem 40. Lebensjahr vor sich hindösen.«

Diese beiden Zitate enthalten wesentliche Aussagen, die weiterzuentwickeln wir noch Gelegenheit haben werden. Ray Krocs Bekenntnis ist offensichtlich eine Lobrede auf die Ausdauer. Es macht aber vor allem deutlich, welche geheimen Mechanismen hinter dem Erfolg stecken. **Beim Erfolg bleibt nichts dem Zufall überlassen.** Sehr oft folgt ein spektakulärer Erfolg einer Niederlage oder einer Reihe von Niederlagen. Das ist in den meisten Fällen so. Nur schenkt man den Mißerfolgen, die dem Erfolg und dem großen Geld vorausgehen, kaum Beachtung und vergißt sie schnell. Dasselbe gilt für die lange Vorbereitungsphase des Erfolgs, die oftmals im Dunkeln bleibt. So entsteht dann der falsche

Eindruck, daß der Erfolg sich von heute auf morgen eingestellt hat. Was die Überlegungen von Max Gunther anbetrifft, so sind sie ermutigend. Sie zeigen nicht nur, daß man auch noch spät erfolgreich sein kann, sondern auch, daß sich die Begabung, Geld zu machen, bei vielen Erfolgsmenschen nicht schon in frühen Jahren manifestiert hat, daß diese Leute in ihrer Kindheit oft als »langsam« galten. Eine Untersuchung von Napoleon Hill, bei der Tausende von Menschen befragt wurden, hat ergeben, daß die meisten von ihnen mit der wirklichen Vermögensbildung erst nach dem 40. Lebensjahr begonnen haben. Das sollte diejenigen beruhigen, die bis zu diesem Alter noch nicht am Erfolg teilhatten. Vielleicht ist gerade jetzt der Zeitpunkt gekommen, da Sie die Früchte Ihrer bisherigen Anstrengungen zu ernten beginnen.

Aber was ist mit den Wechselfällen des Alters, werden Sie vielleicht einwenden. Krankheit beispielsweise; ist sie nicht ein Hindernis auf dem Weg zum Erfolg? Zugegeben, bis zu einem gewissen Maße, ja. Aber lassen Sie uns noch einmal Ray Kroc zitieren. Was er dazu zu sagen hat, ist sehr beeindruckend und sollte vielen Leuten Mut machen:

»Als ich nach diesem anstrengenden Tag im Jahre 1954 aus Chicago zurückkam, hatte ich einen gerade von den McDonald-Brüdern unterzeichneten Vertrag in der Tasche. Ich war ein Veteran, gezeichnet von den Narben eines zermürbenden Konkurrenzkampfes, und trotzdem war ich heiß darauf, in Aktion zu treten. Ich war 52 Jahre alt, Diabetiker und von einer beginnenden Arthritis geplagt. Bei meinen früheren Kampagnen hatte ich meine Gallenblase und den größten Teil meiner Schilddrüse eingebüßt. Doch trotzdem war ich überzeugt, daß meine besten Jahre noch vor mir lagen.«

Bevor Sie sich also einreden, Sie seien zu alt für den Erfolg oder Ihre gesundheitlichen Probleme seien zu gravierend, lesen Sie doch noch einmal diese Zeilen. Sie wirken wie ein Tonikum. Ray Kroc ist im Alter von 75 Jahren gestorben und war bis kurz vor seinem Ableben aktiv. Arbeit tötet nicht. Dagegen kann Nichtstun oft tödlich sein, wie die relativ hohe Sterberate derjenigen beweist, die frühzeitig in den Ruhestand getreten sind. Im übrigen gibt es zahlreiche Beispiele von Männern und Frauen, die noch spät eine zweite oder sogar dritte sehr einträgliche Karriere begonnen haben, die manchmal sogar – finanziell gesehen – alle früheren Aktivitäten in den Schatten gestellt hat. **Denken Sie also niemals, Sie seien zu alt. Verhalten Sie sich nicht so, als läge Ihre Zukunft schon hinter Ihnen.** Ganz gleich, wie alt Sie sind, selbst wenn Sie sehr alt sind: Jeder neue Tag – um den alten Spruch aufzunehmen – ist der erste Tag vom Rest Ihres Lebens. Unter diesem Blickwinkel ist das Alter nur noch von sekundärer Bedeutung. Im übrigen haben alle zehn Männer, die wir für unsere Untersuchung herangezogen haben (Steven Spielberg müssen wir ausklammern, weil er noch jung ist), bis ins hohe Alter gearbeitet.

VERHALTEN SIE SICH NICHT SO, ALS LÄGE IHRE ZUKUNFT SCHON HINTER IHNEN.

Ihr bisheriges Leben, Ihre bisherigen Erfahrungen, auch Ihre Rückschläge, sind ein nicht zu unterschätzendes Kapital. In einem internationalen Bestseller über Verkaufsphilosophie *(Le plus grand vendeur du monde)* heißt es dazu:

»Ich lebe diesen Tag so, als sei es mein letzter Tag.

Und was mache ich aus diesem kostbaren Tag, der mir

noch zu leben bleibt? Vor allem werde ich diesen Behälter meines Lebens versiegeln, auf daß kein Lebenstropfen im Sand versickert. Ich werde keinen Augenblick dieses Tages vergeuden, indem ich über das Unglück von gestern, die Niederlagen von gestern, die Sorgen von gestern lamentiere; denn geht das Gute nicht aus dem Schlechten hervor?

Kann der Sand im Stundenglas wieder zurückrinnen? Kann die Sonne aufgehen, wo sie untergeht, oder untergehen, wo sie aufgeht? Kann ich die Fehler von gestern ungeschehen machen? Kann ich die Wunde von gestern heilen und wieder ganz gesund werden? Kann ich so jung wie gestern sein? Kann ich die bösen Worte, die gefallen sind, die Schläge, die ausgeteilt wurden, die Leiden, die auferlegt wurden, ungeschehen machen? Nein! Gestern war gestern und ist für immer begraben. Ich werde nie mehr einen Gedanken daran verschwenden.

Ich werde diesen Tag leben, so als sei es mein letzter.«

Mir fehlt das nötige Kapital!

Wie viele Leute schon haben diesen Einwand ins Feld geführt. Für viele, die ein Geschäft aufziehen wollen, scheint Kapitalmangel ein größeres Problem zu sein. Und dennoch, wußten Sie, daß die zehn reichsten Männer der Welt so gut wie keinen Pfennig in der Tasche hatten, als sie begannen? (Um das gleich zu präzisieren: Aristoteles Onassis kam zwar aus einer reichen Familie, doch er hat niemals das väterliche Geld in Anspruch genommen. Getty erbte in der Tat von seinem Vater eine halbe Million Dollar, aber als er über das Geld verfügen konnte, war er bereits selbst Millionär. Vergleicht man außerdem diese Summe mit dem immensen Vermögen, das er zusammengetragen hat, stimmt es in gewissem Sinn immer noch, daß er bei Null angefangen hat). Das fehlende Geld war für diese Männer kein Hindernis. Einige von ihnen, wie Conrad Hilton zum Beispiel, hatten sich zwar ein Startkapital von 3 000 oder 5 000 Dollar angespart, doch wer ist heutzutage nicht in der Lage, eine so lächerliche Summe zusammenzusparen? De facto hat nicht nur das Beispiel der zehn superreichen Männer, sondern auch das der zigtausend Millionäre eindeutig bewiesen, **daß Geld zu Anfang nicht ausschlaggebend war.** Was zählt, ist eine gute Idee und die richtige Einstellung, zwei Punkte, auf die wir später noch ausführlich eingehen werden.

Meine Schulbildung reicht nicht aus!

Von einigen Ausnahmen abgesehen, wie beispielsweise Jean-Paul Getty, der in Oxford sein Diplom gemacht hat, besaßen die reichen Männer, deren Leben wir untersucht haben, keine sehr hohe Schulbildung. Die meisten waren sogar ausgesprochen schlechte Schüler. Einige von ihnen entwickelten gegenüber Schulen und Universitäten geradezu eine Abneigung, die sie sogar im Erwachsenenalter beibehielten. Tausende haben es mit einem sehr beschränkten Schulwissen geschafft, reich zu werden. Sie waren, wie wir noch sehen werden, im traditionellen Sinne **keineswegs »gebildet«. Aber in dem Bereich, in dem sie ihr Vermögen gemacht haben, kannten sie sich umfassend aus.** Wir werden später noch auf diesen entscheidenden Unterschied zurückkommen.

Neben dem Mangel an Schulbildung macht man oft auch fehlende Begabung oder mangelnde Intelligenz geltend. Gegen dieses Vorurteil muß man ganz entschieden angehen. **Jedermann hat zumindest ein Talent, eine Leidenschaft, ein Hobby, das – richtig eingesetzt – Geld bringen kann.** Und was die Intelligenz anbetrifft, so begehen Sie niemals den Fehler, den fatalen Fehler, an Ihrer Intelligenz zu zweifeln. Das käme Sie teuer zu stehen. Sie nutzen Ihre Intelligenz nur nicht adäquat. Jcder Mensch verfügt über ein beachtliches geistiges Potential, nutzt in der Regel aber nur einen Bruchteil davon. **Die Leute, die es zu Geld gebracht haben, haben es gelernt, ihr geistiges Potential voll auszuschöpfen.** Vor allem aber haben sie eine Fähigkeit entwickelt, die in jedem Menschen angelegt ist. In diesem Sinne argumentiert auch Dominique Frischer in seinem Buch *Les faiseurs d'argent:* »Vielleicht ist es Bescheidenheit, daß niemand von sich behauptet, mit einer überragenden Intelligenz ausgestattet zu sein oder sich einen ›Überflieger‹ nennt, den allein unglückliche Umstände daran gehindert haben, ein Universalgenie zu werden. Niemand behauptet von sich, jene methodische Intelligenz zu besitzen, die auf einer Stufe mit der an den Universitäten vermittelten intellektuellen Schärfe steht, wenn es darum geht, irgendwelche Erfolge zu erklären. Alle berufen sich vielmehr auf eine mehr instinktive, eher irrationale Fähigkeit der Wahrnehmung, nämlich auf ihre Intuition.« In *What they don't teach you at Harvard Business School* erzählt Mark MacCormack folgende nicht nur amüsante, sondern obendrein auch noch sehr lehrreiche Anekdote, die dazu angetan ist, vielen Leuten ihre Komplexe zu nehmen: »Sie kennen die Geschichte von den zwei Freunden, die sich zufällig auf der Straße begegnen, nachdem sie sich 25 Jahre lang aus den Augen verloren hatten. Der eine, der als erster promoviert hatte, war stellvertretender Direktor einer Bankfiliale. Der andere, dessen Intelligenz niemals Anlaß zu besonderer Bewunderung gegeben hatte, besaß eine eigene Firma und war vielfacher Millionär. Als ihn sein

Freund nach seinem Erfolgsgeheimnis fragt, antwortet der Millionär, daß das ganz einfach gewesen sei. ›Ich habe ein Produkt für 2 Dollar gekauft und für 5 Dollar weiterverkauft. Es ist erstaunlich, wieviel Geld man mit einer Preissteigerung von 3 Dollar machen kann.‹«

Und der Autor meint abschließend dazu: »Ich hege keine Vorurteile gegenüber der Intelligenz oder womöglich gegenüber irgendwelchen Hochschuldiplomen, aber all das kann nicht ein gutes Urteilsvermögen, psychologisches Gespür oder den gesunden Menschenverstand ersetzen.«

Nicht alle unserer 10 reichen Männer waren diesbezüglich so vorurteilsfrei. Manche von ihnen entwickelten eine ganz ausgeprägte Aversion gegen Hochschuldiplome. So zum Beispiel Soïchiro Honda, der sehr früh von der Schule abging, dann allerdings in späteren Jahren an der Uni Vorlesungen belegte, um seine Kenntnisse auf bestimmten Gebieten zu vervollständigen. (Er bekam jedoch nie ein Diplom, weil er es ablehnte, sich einer Prüfung zu unterziehen. Seiner Meinung nach verlangte ihm sein Unternehmen die wahren Prüfungen ab. Angesichts seiner spektakulären Erfolge gab einer seiner Professoren später dann auch zu, daß Honda sein größter pädagogischer Irrtum gewesen sei.) Das Interesse Hondas an Diplomen schien allerdings gleich Null zu sein. Er schreibt in seiner Autobiographie zu diesem Thema: »Mit einem Diplom kann man weniger anfangen als mit einer Kinokarte. Mit einer Kinokarte kann man wenigstens in einen Kinosaal eintreten und einen schönen Abend verbringen, aber mit einem Diplom ist man keinesfalls sicher, in das Leben eintreten zu können.«

Thomas Edison war kein besonders guter Schüler. Sein Lehrer, dessen Name der Nachwelt nicht erhalten ist, war absolut davon überzeugt, daß sein junger Schüler bar jeder Intelligenz sei. Trotzdem wurde Edison einer der größten Erfinder der Menschheit. Wenn er dem Urteil seines »brillanten« Lehrers Glauben geschenkt hätte, hätte nicht nur sein Schicksal einen anderen Verlauf genommen, sondern wohl auch das der ganzen Menschheit, und vielleicht würden Sie jetzt dieses Buch bei Kerzenschein lesen! Edison war, wie man sagt, ein Dickschädel. Seine Mutter glaubte an seine Begabung. Das ist leider nicht immer so selbstverständlich. Wie viele Leute haben ihr Leben buchstäblich vergeudet, nur weil irgendein Lehrer oder ein Elternteil oder ein angeblicher Freund eine unfreundliche (und absolut ungerechtfertigte) Bemerkung hat fallen lassen. Im folgenden Kapitel werden wir die geheimen Mechanismen des Geistes näher untersuchen und zeigen, wie wir von uns ein völlig neues, unseren innersten Neigungen entsprechendes Bild aufbauen können. Jeder kann nämlich mühelos die Persönlichkeit eines Erfolgsmenschen entwickeln.

Bedarf es eines angeborenen Talents, um reich zu werden?

Vielen Leuten fehlt es an der richtigen Einstellung. Sie reden sich ein, daß sie nicht das Zeug dazu hätten, aus ihrer Mittelmäßigkeit herauszutreten. Sie rechtfertigen – und akzeptieren auch leider – ihre Erfolglosigkeit, indem sie einem weismachen wollen, daß sie eben unter einem unglücklichen Stern geboren seien, während andere dazu auserkoren seien, reich zu werden. Die Armut scheint eine Tradition in ihrer Familie zu sein, um nicht zu sagen ein Erbgut, eine Eigenschaft also, die wie die Augen- oder Haarfarbe von einer Generation auf die andere übergeht. Der Vater war arm, also ist der

Sohn auch arm. Zur Entlastung dieser Leute muß man allerdings sagen, daß es oft nur schwer vorstellbar ist, von einem Tag auf den anderen reich zu werden, wenn man in sehr bescheidenen Verhältnissen aufgewachsen ist. Das Bild, das man dann von sich und vom Leben ganz allgemein hat, ist oft von Pessimismus gezeichnet. Trotzdem muß man festhalten, daß eine ganze Reihe von reichen Männern aus einer sehr armen Familie kam. Man denke nur an das Schicksal eines der reichsten Schauspieler der Welt: Charlie Chaplin, der in seiner Jugend völlig mittellos durch die Straßen von London irrte. Die Demütigungen der Armut, die frühe Konfrontation mit der rauhen Wirklichkeit sind oft ein starkes Antriebsmoment. In vielen Lebensläufen spielt das, was man gemeinhin als »kreative Frustration« bezeichnet, eine entscheidende Rolle, auf die wir noch zurückkommen werden.

Die Fähigkeit, Geld zu machen, ist nicht angeboren. Man erwirbt sie sich, man erlernt sie. Der zu seiner Zeit reichste Mann der Welt, Jean-Paul Getty, hat dies in seinem Buch *How to be a successful executive* sehr anschaulich verdeutlicht: »Verstehen Sie mich nicht falsch. Ich behaupte keineswegs, daß wir als Geschäftsleute geboren werden und es nicht erst werden. Ich wäre der letzte, der eine solche Theorie unterstützen würde. Denn mein eigenes Beispiel und meine Erfahrungen zeigen mir, daß wohl eher das Gegenteil der Fall ist. Alles spricht dafür, daß ich kein geborener Geschäftsmann war.« (Was wir unterstreichen können.) »Ich habe mich in frühen Jahren weder durch esondere Ambitionen noch durch besondere Tatkraft oder gar eine besondere Begabung ausgezeichnet, die auf einen Geschäftsmann hätte hindeuten können.«

Man wird zugeben müssen, daß dieses Geständnis aus

dem Munde eines Mannes, der der reichste Mann der Welt werden sollte, irgendwie seltsam anmutet. Doch an seiner Aufrichtigkeit besteht kein Zweifel. Aus Gettys Worten spricht kein Funken von Koketterie oder falscher Bescheidenheit. **Die Lektion, die jeder daraus lernen kann: Wenn der reichste Mann der Welt gesteht, keinerlei Veranlagung dazu gehabt zu haben, das große Geld zu machen, dann sollte dieser anfängliche Mangel an Begabung auch für jeden anderen Zeitgenossen kein Hindernis sein.** Wenn ein Mann ohne jede Veranlagung es schaffte, ein derart großes Vermögen anzuhäufen, zu welchen Höhen müssen sich dann erst diejenigen aufschwingen können, die sich von vornherein dazu berufen fühlen?

Mir fehlt es an der nötigen Energie

Auch diese Entschuldigung wird häufig vorgebracht. Ein trauriger Einwand, dem man auf den ersten Blick offenbar nichts entgegensetzen kann. Denn jede Tätigkeit, jedes Unternehmen verlangt zumindest ein Minimum an Energie, vor allem in psychischer Hinsicht. Ein geringes Energiepotential bedeutet unweigerlich auch einen Mangel an Motivation. Man scheint sich in einem Teufelskreis zu bewegen, dem man nicht entrinnen kann. **Es genügt indessen ein ganz kleiner Funke, eine Art Initialzündung, um den geistigen Sprengstoff, der in jedem von uns vorhanden ist, explodieren zu lassen.** Jeder Mensch verfügt über einen immensen Energievorrat. Nur liegt er bei manchen Menschen völlig brach. Es fehlt einfach ein Stimulans, um diese Kraftreserven zu mobilisieren. Hierin liegt der einzige Unterschied zwischen den sogenannten Erfolgsmenschen, die das Geld gleichermaßen wie ein Magnet anziehen, und denen, die bei all ihren Unternehmungen scheitern bzw.

nur bescheidene Erfolge aufzuweisen haben. Im nächsten Kapitel werden wir Ihnen helfen, den Schlüssel zur Vorratskammer dieser latenten Energie zu finden. Wir werden Sie in der subtilen Kunst der Willensbildung unterweisen, Ihnen zeigen, wie Sie sich selbst motivieren und Ihre inneren Kräfte mobilisieren können. All das ist leichter erlernbar, als Sie glauben. Und Sie brauchen diese Fähigkeiten, um Erfolg zu haben, um reich zu werden – wie das Beispiel unserer zehn reichen Männer beweist, die es auf diesem Gebiet zur absoluten Meisterschaft gebracht haben. **Wie schnell und wie reich Sie werden, hängt direkt proportional von Ihrem Energieaufwand ab.**

Die Angst vor dem Mißerfolg!

Von allen Ängsten ist wohl die Angst vor Mißerfolgen eine der stärksten und leider auch am weitesten verbreiteten Ängste. Diese Angst lähmt jede Aktivität. Sie hat oft tiefere Wurzeln: frühere Mißerfolge, mangelndes Selbstwertgefühl (das einem unbewußt von den Eltern eingetrichtert wurde), eine pessimistische Grundhaltung. Diese Angst tritt nur manchmal offen zutage, meist ist man sich ihr gar nicht bewußt. Sie versteckt sich ganz subtil hinter den verschiedensten Masken. So wird sich der Betroffene seine Angst vor dem erfolglosen Bemühen, reich zu werden, auch nicht offen eingestehen. Er wird vielmehr darauf verweisen, daß man sich keinen Illusionen hingeben darf, daß nur Naive auf solche Albernheiten wie Bücher über das Reichwerden hereinfallen. Solche durch Versagensängste bzw. Ängste schlechthin gelähmten Leute sind in der Regel Weltmeister im Ausredenfinden. Sie würden zweifellos einen Bestseller landen, wenn sie ein Buch mit dem Titel »Wie finde ich eine gute Ausrede« schrieben.

Sie haben familiäre Verpflichtungen, sie haben keine Zeit, sie haben schon genug Probleme mit ihrer derzeitigen Stelle... Wenn sie arbeitslos sind, glauben sie kaum daran, eine neue Stelle zu finden, denn es gibt ja Tausende von Leuten, die auch keine Stelle finden, obwohl sie qualifizierter und erfahrener sind als sie... Sie haben nie Glück... Sie sind eindeutig unter einem unglücklichen Stern geboren... Ja, wenn sie Beziehungen hätten, wenn der Chef sich für sie interessieren würde..., wenn jemand ihnen beim Start unter die Arme greifen würde..., wenn sie eine gute Idee hätten..., wenn sie nicht schon so viele finanzielle Sorgen hätten...

Diese Liste ließe sich praktisch endlos fortsetzen. Alles bedauernswerte Symptome einer Krankheit, die man scherzhaft als »Ausrederitis« bezeichnen könnte, eine verheerende Krankheit mit vielen Spielarten, hinter der sich nichts anderes als die Angst vor Mißerfolgen verbirgt.

Sicher, **wenn Sie nichts unternehmen, riskieren Sie auch kaum einen Mißerfolg. Aber Sie haben auch keine Chance, den Erfolg kennenzulernen.** Denn der Erfolg kommt nicht von alleine wie ein Wunder über Nacht. Er ist immer das Ergebnis einer Aktion bzw. einer positiven Geisteshaltung. Die Leute haben gewöhnlich ein sehr getrübtes Verhältnis zum Mißerfolg. Wußten Sie, daß unsere zehn Männer allesamt nicht von Mißerfolgen und Niederlagen verschont blieben? Wußten Sie, daß beispielsweise Thomas Edison 10 000 Anläufe nehmen mußte, bevor er endlich die Glühbirne erfand? Oder wußten Sie, daß Abraham Lincoln 18 Mal scheiterte, bevor er Präsident der Vereinigten Staaten wurde. Das soll selbstverständlich nicht heißen, daß wir nun ein Loblied auf den Mißerfolg anstimmen wollen. Doch aus jeder Niederlage kann man lernen, zumindest dann, wenn man sie geistig entsprechend verarbeitet. Niederlagen gehören nun einmal zum Leben. Wie wir jedoch in Kapitel II sehen werden, ist das Scheitern eines Projekts oftmals das Ergebnis einer falschen mentalen Programmierung.

Warum waren Sie bisher erfolglos?

Eine der Hauptursachen der so lähmenden Angst vor Mißerfolgen ist die Tatsache, daß der Betroffene mit all seinen bisherigen Initiativen Pech gehabt hat oder es zumindest glaubte. **Jeder neue Rückschlag verfestigte in ihm das Gefühl der Erfolglosigkeit und untergrub mehr und mehr sein Selbstvertrauen.** Solche Erfahrungen tragen in vielen Fällen dazu bei, aus ihm einen Verlierertyp zu machen. Dabei lassen sich Ursache und Wirkung gar nicht mehr genau gegeneinander abgrenzen. Denn eine solche Persönlichkeit – die Amerikaner nennen sie *loser* – provoziert ihrerseits weitere Niederlagen. Das eine zieht das andere nach sich und ist gleichzeitig dessen Produkt. Am Anfang stehen ein paar Mißerfolge, aus denen sich eine Verlierermentalität entwickelt, die ihrerseits unweigerlich neue Mißerfolge bedingt, Mißerfolge, die wiederum den Verlierer in seiner Mentalität bestärken. Erfolglosigkeit wird zur zweiten Natur und so stark verinnerlicht, daß der Betreffende sich dieses Mechanismus nicht einmal bewußt ist. Das Leben ist eben so und hat nur Rückschläge und Frustration zu bieten. Wer diese Meinung nicht mit ihm teilt, ist in seinen Augen ein Heuchler oder ein beneidenswerter Dummkopf, sofern es sich nicht um die wenigen sprichwörtlichen Ausnahmen handelt, die die Regel bestätigen. Gewiß, unsere Welt wird von starken negativen Kräften beherrscht, die die meisten Leute ungeheuer unter Druck setzen. Daher auch das viele Elend und die Armut. Aber es gibt einen Kreis von wachen Männern und Frauen, die ihr Schicksal selbst in die Hand nehmen, ein paar wenige Glückliche – *the happy few.* Und die Wahrheit ist, daß es nur an Ihnen liegt, sich diesem Kreis anzuschließen. In gewisser Weise **ist dieses Buch der Aufnahmeantrag für die Mitgliedschaft in diesem »Verein«, dessen Mitglieder sich den Weg zu allen Reichtümern dieser Welt erschlossen haben.**

Warum waren Sie bisher erfolglos? Vielleicht, weil Sie es in Ihrem tiefsten Inneren, in den verschlungenen Pfaden Ihres Unterbewußtseins so wollten? Wenn der Erfolg, auf den Sie ein Anrecht haben, bisher verwehrt blieb, dann fragen Sie sich einmal, ob Sie wirklich daran glauben, diesem Dilemma entfliehen zu können, ob Sie sich nicht von vornherein zu einer Art ständiger Mittelmäßigkeit verurteilt fühlen. Wir werden diese Innenschau im weiteren Verlauf dieses Buches noch vertiefen. Doch wie auch immer das Ergebnis dieser Analyse ausfallen mag, keine Angst! Das Beruhigende an der Sache mit dem Unterbewußtsein ist nämlich die Tatsache, daß **keine Programmierung irreversibel ist. Wie negativ die Einstellung auch sein mag, sie läßt sich umprogrammieren, und zwar schnell und komplett.** Sie werden Ihren Geist beherrschen lernen, Sie werden Herr Ihres eigenen Schicksals werden. Es gibt ein mysteriöses geheimes Gesetz, das keine Ausnahme zuzulassen scheint. Wenn Sie Ihren Geist nicht beherrschen, übernimmt irgendein anderer diese Aufgabe und beherrscht Sie. Das gleiche gilt auch für das Leben, für Ihr Leben. **Wenn Sie nicht über Ihr Leben entscheiden, entscheidet das Leben über Sie. Das ist allein eine Sache der Geisteshaltung. Nun, es liegt an Ihnen.** Bald werden Sie über alle erforderlichen Mittel verfügen, um den richtigen Weg einzuschlagen.

Wir haben also die verschiedenen Gründe aufgelistet, die es einem schwermachen können, an den eigenen Reichtum zu glauben. Natürlich gibt es deren noch mehr, diese Aufstellung erhebt keinen Anspruch auf Vollständigkeit. Denken Sie jedoch immer daran, daß alle diese Argumente, die dem Anschein nach so plausibel klingen, als müßten sie ernsthaft in Erwägung gezogen werden, nichts weiter als Vorwände und Ausreden sind.

Sie werden wahrscheinlich überrascht sein, auf wie viele innere Widerstände Sie stoßen. Doch dafür gibt es eine Erklärung: Jeder, der nicht zum Kreise der Gewinner gehört, scheint von einem mysteriösen bösen Dämon besessen zu sein, der ihn daran hindert, die Gründe für Erfolglosigkeit und Armut zu erkennen. Dieser Dämon ist natürlich nicht real existent – wir sind weit davon entfernt, uns in die Magie zu stürzen. Doch manche Leute scheinen sich buchstäblich selbst zu behexen, indem sie sich ständig einreden, daß es für sie keinen Ausweg gibt, daß sie kein Glück haben, daß sie ihr ganzes Leben lang arm bleiben werden. In dem Kapitel über das Unterbewußtsein werden wir uns eigehend mit der Macht der Worte, mit der Kraft des inneren Monologs befassen und auch darauf eingehen, wie man diese Mittel zu seinem eigenen Nutzen einsetzen kann.

Machen Sie sich nun eine Liste mit all den Entschuldigungsgründen, die Sie vermeintlich daran gehindert haben, bislang erfolgreich zu sein. Wichtig ist, daß Sie dabei absolut ehrlich mit sich selbst sind. **Dieser erste Schritt ist von entscheidender Bedeutung. Es geht nämlich in gewisser Weise darum, all die alten Überzeugungen, von denen Ihre Skepsis dem eigenen Reichtum gegenüber genährt wurde, über Bord zu werfen.** Machen Sie es wie Descartes, bevor er die Grundsätze der modernen Philosophie aufstellte: Bedienen Sie sich des »methodischen Zweifels«! Solche »Aufräumungsarbeiten« sind unerläßlich.

Gründe, mit denen ich meine Erfolglosigkeit entschuldige

____

____

____

____

____

____

____

____

Nachdem Sie nun jeden inneren Zweifel an Ihrer Fähigkeit, reich zu werden, ausgeräumt haben und an diese Möglichkeit glauben (je weiter Sie mit der Lektüre dieses Buches voranschreiten, desto mehr wird sich dieser Glaube noch verfestigen), gilt es, sich ein weiteres Grundprinzip des Erfolgs zu vergegenwärtigen. Auch dieses wird Ihnen auf den ersten Blick banal erscheinen, und vielleicht fragen Sie sich, warum, zum Teufel, wir uns mit solchen Lappalien abgeben. Doch warten Sie es ab. Urteilen Sie nicht vorschnell. Es geht um folgendes:

IHRE LAGE WIRD SICH SO LANGE NICHT BESSERN, SOLANGE SIE NICHTS UNTERNEHMEN.

Die meisten Leute leben nach der mehr oder weniger magischen Devise, daß die Dinge schon ins Lot kommen werden, daß ihre finanziellen Probleme sich letzten Endes schon irgendwie lösen werden. Sie warten auf so etwas wie ein Wunder. Vielleicht bekommen sie, wenn der Chef gut gelaunt ist, eine 5- oder 10prozentige Gehaltserhöhung. Vielleicht wird ihnen – hoffen sie vage – auf einem Silbertablett der ideale Job angeboten, weil sie arbeitslos sind. Und was tun die Leute, wenn das Geld nicht reicht? Manche nehmen einen Kredit auf, was die Situation aber nicht besser macht. Im Gegenteil, sie sinken noch tiefer ab. Andere üben sich in Geduld und schnallen, wie man so schön sagt, den Gürtel enger. **Anstatt ihr Einkommen ihren Bedürfnissen anzupassen, passen sie ihre Bedürfnisse ihrem im allgemeinen recht dürftigen Einkommen an!** Nun, Sie werden bald begreifen, daß Sie den Spieß nicht nur umdrehen können, sondern ihn auch umdrehen **müssen: Die Bedürfnisse dürfen sich nicht nach dem Einkommen richten, sondern das Einkommen muß sich nach den Bedürfnissen richten.**

Anstatt zu versuchen, die Welt ihren Wünschen gemäß hinzubiegen, stutzen die meisten Leute ihre Wünsche auf die »Beschränkungen« der Welt zurecht. Sie nehmen eine passive und abwartende Haltung ein (es wird schon noch ein Wunder geschehen). Der beste Beweis dafür ist im übrigen die außerordentliche, ungebrochene Beliebtheit der Lotterien. Also: **Ihre Lage bessert sich nicht von allein. Sie müssen handeln!** Ergreifen Sie die Initiative, und ändern Sie Ihre Einstellung.

VERGESSEN SIE NICHT: IHRE SITUATION WIRD SICH NICHT VON ALLEIN WIE DURCH EIN WUNDER ÄNDERN.

Um seine finanzielle Lage zu verbessern, um als Arbeitsloser eine Stelle zu finden, um eine Gehaltserhöhung zu bekommen, um sein Einkommen zu verdoppeln oder um Millionär – und warum nicht auch Milliardär – zu werden, ist eines unerläßlich: **Man muß sich eine Verbesserung von ganzem Herzen wünschen. Sie müssen von diesem Wunsch regelrecht besessen sein.**

Wenn dieser Wunsch quasi zur Manie wird, übt er auf das Geld eine geradezu magische Anziehungskraft aus. Im übrigen kann man ohne weiteres folgende Gleichung aufstellen: **Die Schnelligkeit, mit der sich der Erfolg einstellt, und die Größe des Erfolgs sind direkt proportional zur Intensität und zur Konstanz Ihres Wunsches.** Prägen Sie sich die beiden Worte **Konstanz und Intensität** gut ein. Napoleon hat gesagt: »Das, was man ständig heiß begehrt, bekommt man immer.« Er wußte, wovon er sprach. Im übrigen waren alle großen Männer in erster Linie Willensmenschen. Sie waren beseelt von dem Wunsch nach Erfolg, der ihnen mehr als alles andere auf der Welt bedeutete. Er wurde für sie zu einer Art fixen Idee, bis sie ihr Ziel erreicht hatten, ganz gleich, welche Hindernisse sich ihnen in den Weg stellten.

Viele Leute scheitern bei ihren Versuchen, zu Geld zu kommen, obwohl sie glauben, sich wirklich eine Verbesserung ihrer Verhältnisse zu wünschen. Das liegt daran, daß Wunsch nicht gleich Wunsch ist. Viele Leute wünschen sich etwas, möchten gern etwas haben. Doch die Haltung, die dahinter steht, ist passiv, abwartend, unstet und mündet nicht in einer konkreten Aktion. Es genügt nicht, Däumchen zu drehen und ständig alles auf später – meist den St. Nimmerleinstag – zu verschieben. Ein Wunsch im Sinne eines uneingeschränkten Verlangens läßt einen dagegen aktiv werden. Er duldet keinen Aufschub. Er überwindet Hindernisse und beflügelt. Wenn Sie also bis heute noch keinen Erfolg hatten, dann stellen Sie sich die Frage, **ob Sie nicht passives Wünschen mit aktivem Wünschen verwechselt haben.**

Als ein Weiser einmal von einem Schüler gefragt wurde, was man tun müsse, um die Weisheit zu erlangen, führte er ihn an das Ufer eines Flusses und tauchte ihn mit dem Kopf ins Wasser. Nach einigen Sekunden wurde der Schüler unruhig und begann sich zu wehren, denn er fürchtete zu ertrinken. Doch der Weise drückte den Kopf des Schülers weiter unter Wasser, wobei jener sich immer heftiger wehrte. Schließlich ließ er den Schüler, kurz bevor er zu ertrinken drohte, los und fragte: »Als du mit dem Kopf unter Wasser warst, was hast du dir da am sehnlichsten gewünscht?« »Zu atmen«, antwortete der Schüler. »Siehst du, so sehr mußt du dir die Weisheit wünschen.«

Genauso verhält es sich auch mit dem Reichtum, vor allem, wenn man sehr reich werden will. **Das Leben schenkt einem, was man sich ernsthaft von ihm wünscht.** Wenn Sie sich mit Mittelmäßigkeit zufriedengeben, dann wird Ihre Lage auch mittelmäßig bleiben. Niemand wird Ihnen auf wunderbare Weise zu Hilfe kommen und Ihnen gnädig eine Million Dollar oder den idealen Arbeitsplatz in den Schoß legen. Wenn Sie nur den vagen Wunsch hegen, sich geringfügig zu verbessern, werden Sie wenig, um nicht zu sagen gar nichts, erreichen.

Viele Millionäre hatten eine schwere Kindheit. Sie

haben zum Teil stark unter der Armut gelitten und fühlten sich durch ihren sozialen Status gedemütigt. Ihr Wunsch, auszubrechen und niemals mehr unter Armut zu leiden, war so stark, daß er sie beflügelte, den höchsten Gipfel des Reichtums zu erreichen.

Die Unzufriedenheit und die Frustration dieser Menschen wurde in höchste Produktivität umgesetzt. Diese Chance steht auch Ihnen offen. Übrigens, wenn Sie dieses Buch lesen, dann doch nur deshalb, weil Sie mit Ihrer jetzigen Situation nicht zufrieden sind. Das ist kein Grund, sich zu schämen. Im Gegenteil, in der Unzufriedenheit eines jeden Menschen manifestiert sich eine gewisse tief verwurzelte Würde. Nur dumme Menschen oder wahrhaft weise Menschen sind vollkommen glücklich. Da wir jedoch nicht zu ihnen zählen, besteht absolut kein Grund, mit unserer Unzufriedenheit ängstlich hinter dem Berg zu halten. Es ist völlig legitim, eine bessere Zukunft anzustreben. **Die Wünsche, die Sie im Herzen tragen, die Träume, die Sie bewegen, sind ein Teil Ihrer selbst, ja sogar der vornehmste Teil Ihres Ichs, gewissermaßen Ihr Ideal.** Ihre Unzufriedenheit ist also keine Schande. Sie ist das Ferment Ihres Traums, eines Traums, der nicht nur eine ephemere Anwandlung bleiben möge, sondern seinerseits das Ferment Ihres Handelns werden sollte.

Unter dem Deckmantel angeblicher Vernunft und unter Berufung auf einen Pseudorealismus, hinter dem sich im Grunde nichts anderes als Passivität, Phlegma und Defätismus verbergen, verzichten viele Leute viel zu schnell auf ihre Träume und auf all das, was ihnen am Herzen liegt. Man wagt es meist nicht, seinen Träumen eine reelle Chance zu geben. Die Gründe dafür – Gründe, die nur Ausflüchte sind – haben wir bereits genannt. Hinzu kommt, **daß wir durch unsere Erziehung und**

unser soziales Umfeld darauf getrimmt worden sind, unsere innersten Wünsche zu verleugnen.

Der große Schriftsteller Balzac, der seinen literarischen Traum bis zum Ende lebte, schrieb einmal diesen bezeichnenden Satz: »Ich gehöre der Opposition an, die sich das Leben nennt.«

Wer aufgehört hat zu träumen, wer seine ureigensten Wünsche und Bedürfnisse verleugnet, hat aufgehört zu leben. Er ist tot. Das trifft hoffentlich nicht auf Sie zu. Beteiligen Sie sich auch an der Opposition, die das Leben heißt. Ändern Sie Ihr Leben, wagen Sie Ihre Träume zu leben und lassen Sie sich von den kräftigen Schwingen Ihres Lebenswunsches tragen!

Diese Philosophie erscheint Ihnen vielleicht naiv, und bis zu einem gewissen Grad stimmen wir Ihnen auch zu. Aber ohne diese Naivität, ohne diese Unschuld des Träumens wäre in dieser Welt nichts bewegt worden! Ford hätte nicht das Auto erfunden, die Menschen könnten nicht fliegen, es gäbe kein Kino und, und, und ... Ernst, Vernunft und Mangel an Naivität sind die größten Feinde des Erfolges. Verstehen wir uns recht. Wir reden nicht der Extravaganz oder der Sorglosigkeit das Wort. Aber am Anfang jeder großen Erfindung, jedes außergewöhnlichen Erfolgs (das Leben der zehn reichsten Männer der Welt beweist es) steht ein Traum, ein Verlangen. Erst dann können Vernunft und Seriosität ins Spiel kommen; ohne sie geht es nicht. Aber man darf das Pferd nicht von hinten aufzäumen. **Man muß mit einem Traum beginnen und erst einmal tief in sich hineinhorchen, um seine Wünsche zu erkennen.**

Kurz zusammengefaßt gibt es also drei Grundvoraussetzungen für den Start in ein finanziell erfolgreiches Leben:

- 1. DER GLAUBE DARAN, REICH WERDEN ZU KÖNNEN
- 2. DAS BEWUSSTSEIN, DASS SICH UNSERE SITUATION NICHT WIE DURCH EIN WUNDER ÄNDERN WIRD, WENN WIR SELBST NICHTS DAZU BEITRAGEN
- 3. DAS HEISSE VERLANGEN NACH EINER VERBESSERUNG UNSERER SITUATION

Der Glaube versetzt Berge. Er ist die Grundvoraussetzung für jeden Erfolg. **Man muß daran glauben, daß man erfolgreich sein und reich werden kann.** Mit Hilfe der Autosuggestion läßt sich diese Zuversicht ganz entscheidend stärken. Es ist eine Methode, die sich aber auch genauso effektiv einsetzen läßt, wenn es dann zu gegebener Zeit darum geht, an die erfolgreiche Verwirklichung seines Projekts zu glauben. Warum müssen Sie an Ihr Projekt glauben? Ganz einfach deshalb, weil Sie ohne diesen Glauben nur wenig Aussichten haben, auch andere davon zu überzeugen. Darüber hinaus wird uns der Erfolg nur selten auf einem silbernen Tablett serviert. Es gilt, Hindernisse zu überwinden, unvermeidliche Schwierigkeiten zu meistern, Kräfte zu mobilisieren, und dazu bedarf es einer gehörigen Portion Selbstsicherheit. Ganz gleich, ob Sie etwas auf eigene Rechnung oder auf die Rechnung eines anderen unternehmen oder planen, lassen Sie sich stets von folgendem Grundsatz leiten: **Wenn Sie selber nicht voll und ganz von einer Sache überzeugt sind, dann lassen Sie die Finger davon.**

Andernfalls werden Sie auf jeden Fall scheitern. Denn um Erfolg zu haben, muß man sich voll einbringen. Das bedeutet nicht, daß das Projekt, von dem Sie nicht absolut überzeugt sind, unbedingt schlecht sein muß. Aber wenn Sie nicht voll dahinterstehen, können Sie auch nicht die Kräfte mobilisieren, die Ihnen ansonsten zum Erfolg verhelfen würden. Wie kommt das? Wenn Sie nicht fest an eine Sache glauben, ist das Programm, das Sie Ihrem Unterbewußtsein eingeben, doppeldeutig, verschwommen und manchmal sogar widersprüchlich. Dementsprechend sind die Ergebnisse. **Halbwegs überzeugt sein bedeutet auch nur halbwegs erfolgreich sein, bedeutet eine halbe Niederlage.** Der Zweifel findet seinen Ausdruck in der Mittelmäßigkeit des Ergebnisses. **Erfolgreiche Leute haben es gelernt, jeden Zweifel auszuschalten und die Fähigkeit entwickelt, bedingungslos an den Erfolg zu glauben, ganz gleich, wie die Umwelt dazu steht.** Am besten hat wohl Henry Ford dieses Prinzip verkörpert. Eines Tages träumte er davon, einen Motor zu bauen, bei dem die 8 Zylinder nur einen einzigen Block bildeten. Doch all seine Ingenieure kamen zu dem Schluß, daß dies nicht realisierbar, ja absolut unmöglich sei. Ford bestand darauf: »Macht es trotzdem!« Er war ein Starrkopf, und sein Glaube an seinen Motor, der später V-8 heißen sollte, war unerschütterlich. Ein Jahr verging, und alle Versuche der Ingenieure erwiesen sich als Fehlschläge. Doch wie durch ein Wunder wurde eines Tages schließlich die Lösung dieses »unlösbaren« Problems gefunden. Ford hatte mit seinem Glauben recht behalten. Sein ganzes Leben ist im übrigen ein einziger Anschauungsunterricht für die Macht des Glaubens im Hinblick auf den Erfolg.

Die Magie des Glaubens am Beispiel von Henry Ford

Henry Ford wurde am 30. Juli 1863 in Dearborn, einem kleinen amerikanischen Ort in Michigan, geboren. Sein Vater war ein einfacher Farmer, der keinerlei Notwendigkeit in der Weiterbildung seines Sohnes sah. Als Henry die Grundschule abgeschlossen hatte, meinte er denn auch, daß es für ihn besser sei, sich auf der Farm nützlich zu machen, als seine Hosen auf der Schulbank abzuwetzen. So kam es, daß er sich mit der harten körperlichen Arbeit, die auf einem Hof anfällt, vertraut machen mußte. »Schon sehr früh«, erzählt er, »hatte ich den Eindruck, daß eine Menge Arbeit für einen geringen Ertrag geleistet werden mußte, und mir kam der Gedanke, daß ein Großteil der Arbeiten durch bessere Verfahren leichter bewältigt werden könnte.« Das Maschinenbaugenie erwachte in dem Kind. Es sah bereits den Tag kommen, da Maschinen die körperliche Arbeit übernehmen würden, die seit Tausenden von Jahren Mensch und Tier unter ein gemeinsames Joch gezwungen hatte. Seine Vision sollte einige Jahre später Wirklichkeit werden.

Seine erste Habe, an die sich Ford erinnert, war ein Stück Schrott. Jedesmal, wenn er so ein Teil bekam, gelang es ihm wie durch ein Wunder, ein Werkzeug daraus anzufertigen. Er erinnert sich: »Ich hatte kein anderes Spielzeug außer meinen Werkzeugen, und mit Werkzeugen habe ich mein ganzes Leben lang gespielt. Als ich jung war, war für mich selbst das kleinste Schrotteil ein wahrer Schatz.« Während die anderen Jungen seines Alters den Tag damit verbrachten, auf den Feldern herumzulaufen, beschäftigte sich der junge Ford während seiner Freizeit meist in seiner kleinen dunklen Werkstatt, die er mit Erlaubnis seines Vaters in einem Nebengebäude des Familienhofes eingerichtet hatte. Mit seinen einfachen Werkzeugen bereitete er seine Zukunft vor.

MEIN SCHLÜSSELERLEBNIS: EINE LOKOMOTIVE

Mit 12 Jahren hatte Henry Ford ein Erlebnis, das sein ganzes Leben verändern und prägen sollte. Doch lassen wir ihn selbst erzählen: »Das denkwürdigste Erlebnis dieser Jugendjahre war meine Begegnung mit einer Straßenbahnlokomotive, acht Meilen von Detroit entfernt, als ich mit meinem Vater auf einem Pferdekarren gerade in diese Stadt fuhr. Ich erinnere mich an diese Lokomotive, als hätte ich sie gestern gesehen, denn es war das erste Gefährt, das ich erblickte, das nicht von einem Tier gezogen wurde. Bevor mein Vater sich noch über meine Absicht klarwerden konnte, war ich schon aus unserem Pferdewagen gesprungen und mit dem Lokomotivführer ins Gespräch gekommen. Ich war von diesem Monstrum Lokomotive so beeindruckt, daß ich am Abend kaum ein Auge zutun konnte. Es war diese Begegnung, die meine Gedanken in Richtung Transportmittel mit Eigenantrieb lenkte, und seit dem Augenblick, da ich als 12jähriger Junge diese Maschine gesehen hatte, galt all mein Sinnen und Trachten ständig nur dem einen Ziel, ein Straßenfahrzeug zu bauen.«

Diese zufällige Begegnung – das dürfte Ihnen klargeworden sein – brachte die entscheidende Wende im Leben des jungen Mannes. Die Idee, eine »rollende Maschine« zu bauen, sollte ihn von nun an nicht mehr loslassen. Aber von der Idee bis zu ihrer Verwirklichung ist oft ein weiter Weg, vor dem die meisten Menschen zurückschrecken. Sie resignieren, bleiben untätig. Ford war jedoch nicht der Typ, der sich von etwaigen Hindernissen abschrecken oder entmutigen ließ. Seine Einstellung war eine ganz andere, wie folgender Ausspruch von ihm beweist:

EINE ARBEIT, FÜR DIE MAN SICH INTERESSIERT, IST NIEMALS HART, UND ICH ZWEIFLE NIEMALS AN DEREN ERFOLG.

Dem jungen Henry gelang es nicht, sich für die Arbeit auf der väterlichen Farm zu begeistern. »Ich wollte mit Maschinen hantieren«, erklärt er. Mit 17 Jahren war sein Entschluß gefaßt (in Wirklichkeit hatte er sich schon lange vorher entschieden): Er fing als Mechanikerlehrling in der Fabrik Dry Dock an. Sein Vater billigte diese Entscheidung ganz und gar nicht. Sein Sohn sollte die Farm übernehmen. Der Vater gab den Sohn tatsächlich verloren. Doch Amerika sollte einen seiner größten Industriellen finden.

Zur damaligen Zeit mußte man mit mehr als drei undankbaren Lehrlingsjahren rechnen, ehe man darauf hoffen konnte, Mechaniker zu werden. Ford hatte seine Ausbildung in weniger als einem Jahr abgeschlossen. Auf dem Gebiet der Mechanik schien es für ihn keine Geheimnisse mehr zu geben. »Die Maschinen«, schreibt er, »sind für den Mechaniker das, was die Bücher für den Schriftsteller sind. Er findet dort seine Ideen, und wenn er einigermaßen intelligent ist, setzt er sie dann in die Tat um.«

Der Traum des jungen Mannes hatte nach der Lehrlingszeit noch festere Konturen angenommen. Seine Genialität brach nun mit aller Kraft hervor. Ford dachte unentwegt an die Lokomotive, die er gesehen hatte, und die Idee, ein mit Motorkraft betriebenes Fahrzeug zu entwickeln, ließ ihn nicht zur Ruhe kommen. **Wichtig ist, daß man trotz der anfänglich augen-**

scheinlichen Unmöglichkeit daran glaubt, einen Weg zu finden. Henry Ford glaubte, daß es mehrere Wege gebe. Eine Zeitlang dachte er daran, mit Dampf zu arbeiten, ließ diese Idee jedoch dann nach zwei Jahren Arbeit wieder fallen, weil er sich darüber klar wurde, daß dieser Weg wenig Zukunftschancen hatte.

Der junge Ford verschlang sämtliche wissenschaftlichen Zeitschriften, um sich möglichst viel Wissen auf diesem Gebiet anzueignen. Seine geringe Schulbildung wurde dadurch mehr als wettgemacht. Zu dieser Zeit tauchten in den einschlägigen Zeitschriften neue Maschinen auf. Man besprach den Ottomotor, der ausschließlich durch die Kraft eines Gases angetrieben wurde. Dabei wurde auch die Möglichkeit erwähnt, eines Tages das Leuchtgas, das zu der Zeit als Energiequelle beim Ottomotor verwendet wurde, durch ein Gas zu ersetzen, das bei der Verdampfung von Benzin entsteht. Nichtsdestotrotz wurde diese Neuheit ein wenig belächelt, als phantastische Zukunftsvision abgetan und nicht als die Erfindung gewürdigt, die eines Tages die Lebensgewohnheiten von Millionen Menschen drastisch verändern würde. **Alle Insider und Spezialisten waren sich in einem Punkt einig: Der Benzinmotor würde niemals den Dampf ersetzen können. Ein Mann in einem kleinen Dorf von Michigan dachte darüber ganz anders.**

Der junge Ford kehrte seiner Stelle bei Westinghouse, wo er als Fachmechaniker gearbeitet hatte, den Rücken und ging auf die Farm seines Vaters zurück. Seine Werkstatt, wo er die meiste Zeit seiner Kindheit verbracht hatte, nahm nun fast das ganze Gebäude ein. Sein Vater hatte ihm sogar ein Stückchen Land angeboten, wenn er auf seine verdammten Maschinen verzichten würde. Und trotzdem, Ford blieb stur. »Wenn ich nicht gerade damit beschäftigt war, Holz zu hacken, arbeitete ich an meinen Explosionsmotoren und studierte ihre Eigenschaften und ihre Betriebsweise. Ich las alles, was mir zu diesem Thema unter die Finger kam, doch die Praxis war mein bester Lehrmeister.« Stets sein Ziel vor Augen, eines Tages in seiner Werkstatt eine fahrbare Maschine zu entwickeln, drang er immer weiter in die Geheimnisse dieser Materie ein, **unbeirrt von allem und allen.**

Für das Leben auf der Farm konnte der junge Mann sich indessen immer noch nicht erwärmen. Er träumte nur von neuen Erfindungen. Die schwere Arbeit ödete ihn ziemlich an. Deshalb nahm er auch, ohne lange zu überlegen, ein Angebot der Edison Illuminating Company in Detroit als Ingenieur-Mechaniker an und verließ zum zweiten Mal die väterliche Farm. Er sollte niemals mehr zurückkehren. Das kleine Haus, das er in Detroit gemietet hatte, diente ihm fast ausschließlich als Werkstatt. Abends, wenn er vom Werk nach Hause kam, machte er sich sofort an seine Versuche mit dem Benzinmotor und arbeitete bis spät in die Nacht hinein. **»Eine Arbeit, für die man sich interessiert, ist niemals hart, und ich zweifle niemals an deren Erfolg«,** war seine Devise. Sein beispielhafter Einsatz und seine ebenso beispielhafte Ausdauer waren nicht umsonst. 1892, im Alter von 29 Jahren, legte er letzte Hand an sein fahrbares Modell. Wieviel Zeit, wie viele Mühen hatte es diesen jungen Mann gekostet, bevor er das Ziel verwirklicht sah, das er sich gesetzt hatte! Man hat gesagt, daß seine Genialität in seiner Geduld bestand. Voraussetzung für den Erfolg ist immer ein langer Atem. Diejenigen, die nach einem Monat, einem Jahr oder auch zwei aufgeben, sollten sich von dieser Hartnäckigkeit, die sich über alles hinwegsetzt, inspirieren lassen.

Wenn sich die Einwohner von Detroit außerirdischen Wesen gegenüber gesehen hätten, wären sie wohl kaum mehr beeindruckt gewesen als beim Anblick des jungen Mannes, der den ersten Benzin-»Boggie« durch die Straßen lenkte. Henry Ford erzählt: »Man betrachtete ihn so ein bißchen wie eine ansteckende Krankheit, wegen des Lärms, der die Pferde scheu machte. Er behinderte den Verkehr, denn überall, wo ich meinen Wagen anhielt, bildete sich sofort eine Ansammlung von Neugierigen. Wenn ich ihn eine Minute verließ, fand sich immer gleich jemand, der zudringlich versuchte, den Wagen in Gang zu setzen. Schließlich blieb mir nichts anderes übrig, als ihn mit einer Kette an einer Straßenlaterne festzubinden, wenn ich ihn verlassen mußte.« 1895 und 1896 legte er mit seinem Wagen an die tausend Meilen zurück, wobei er sich ständig bemühte, ihn anhand von neuen Tests und Versuchen zu verbessern.

Weit davon entfernt, sich mit seinem ersten Erfolg zufriedenzugeben, strebte Ford nun höhere, sehr viel höhere Ziele an. »Ich hatte keineswegs die Absicht, mich als Konstrukteur auf dieser dürftigen Basis auszuruhen. Ich dachte vielmehr an eine Fertigung in großem Stil. Doch dazu brauchte ich etwas Besseres als diesen ersten Wagen. Es kommt nichts dabei heraus, wenn man sich unter Druck setzt.«

Während dieser Zeit arbeitete er weiter für Edison, nicht ohne auf zahlreiche Vorurteile hinsichtlich der Zukunft seines Benzinmotors zu stoßen. Man bot ihm einen nicht unbedeutenden Direktionsposten in dem Unternehmen an, der es ihm erlaubte, in die obersten Verwaltungsetagen vorzudringen, was mit einer beträchtlichen Gehaltserhöhung verbunden war. Doch das Ganze hatte einen Haken. Ford sollte im Gegenzug auf seine Forschungsarbeiten am Benzinmotor verzichten und sich auf die Nutzanwendung der Stromenergie konzentrieren, die, so vermutete man, die einzige Energieform mit Zukunft sei. **Man verlangte von ihm schlichtweg, seinen Traum aufzugeben.** Dafür bot man ihm materielle Sicherheit und eine gesicherte Zukunft. Für viele, wenn nicht sogar die meisten hätte es keiner langen Überlegung bedurft, das Angebot anzunehmen. Was man hat, das hat man. Das Bedürfnis nach Sicherheit ist im allgemeinen so stark ausgeprägt, daß man bereit ist, dafür seine schönsten Träume zu opfern. Nicht so Henry Ford. Er zog es vor, den Sprung ins Ungewisse zu wagen und sich mit Leib und Seele an die Verwirklichung seines Traumes zu machen, die Massenproduktion seines Benzinautos. Und wieder einmal in der Geschichte sollte ein Mann beweisen, daß man allein durch Willenskraft den Sieg über die Skepsis einer ganzen Nation, wenn nicht sogar der ganzen Menschheit, davontragen kann. »**Entweder siegen oder untergehen**«, war Fords Devise.

ICH REICHTE MEINE KÜNDIGUNG EIN MIT DEM FESTEN VORSATZ, MICH NIE WIEDER IN EIN ABHÄNGIGKEITSVERHÄLTNIS ZU BEGEBEN

Am 15. August 1899 verließ Ford mittellos und ohne jede moralische Unterstützung die Elektrizitätsgesellschaft Edison. Er war nun völlig auf sich zurückgeworfen und sah sich einer öffentlichen Meinung gegenüber, die das Automobil nur als Spielzeug für reiche Leute ansah. Keiner der »seriösen« Geschäftsleute von Detroit hätte auch nur einen müden Dollar in ein derart riskantes Abenteuer gesteckt. Ford stand vor keiner leichten Aufgabe: Er nahm sich vor, auf irgendeine Weise ein neues Bedürfnis zu wecken. Nun, im allgemeinen sind die Leute ziemlich zurückhaltend, wenn man ihnen ein neues Produkt anbietet, vor allem, wenn es dafür keinen augenscheinlichen Bedarf gibt.

Trotzdem gelang es Ford, einige Unternehmer für seine Pläne zu gewinnen und sie dazu zu bringen, in die Fertigung von Motorfahrzeugen einzusteigen. Er gründete die »Detroit Automobile Company«. Ford hatte zu dieser Zeit den Posten des Chefingenieurs inne. Drei Jahre lang befaßte die Firma sich damit, Fahrzeuge zu bauen, die dem ersten von Ford entwickelten Modell nachempfunden waren. Doch pro Jahr wurden nicht mehr als sechs oder sieben Autos verkauft. Ford schwebte vor, ein verbessertes Modell für die breite Öffentlichkeit zu bauen, während seine Partner nur daran interessiert waren, Autos auf Bestellung zu fertigen und daraus den größtmöglichen Profit zu ziehen. Zwischen Ford und seinen Geldgebern kam es zum Krach.

Im März 1902 kündigte Ford und trennte sich von der »Detroit Automobile Company«. Dazu schrieb er: »Ich reichte meine Kündigung ein mit dem festen Vorsatz, mich nie wieder in ein Abhängigkeitsverhältnis zu begeben.« Diese bittere Erfahrung hatte Fords Überzeugungen in keiner Weise unterminiert. Allerdings war ihm klargeworden, daß man auf sein Glück nur hoffen konnte, wenn man selbständig war und seine Geschäfte fest in der Hand hatte. »Es ist sicher bequemer«, schreibt er ganz offen, »eine geregelte Arbeitszeit zu haben, seine Arbeit morgens aufzunehmen, um sie abends niederzulegen und dann bis zum nächsten Morgen nicht mehr daran zu denken; und man kann damit auch ganz gut zurechtkommen, wenn man ein Typ ist, der sich damit zufriedengibt, sein ganzes Leben lang Befehle entgegenzunehmen, vielleicht ein ganz passabler Angestellter, nie jedoch Chef oder Direktor zu sein.« Henry Ford hatte seinerseits sehr wohl die Absicht, der zweiten

Kategorie anzugehören, und so konzentrierte er sich nun voll und ganz darauf, Schritt für Schritt die Fundamente für sein eigenes Imperium zu legen.

Es fehlte ihm indessen an Publizität, die es ihm erlaubt hätte, seine Wagen einer breiteren Öffentlichkeit vorzustellen. Dazu sollten ihm die Rennen Gelegenheit bieten. Zu dieser Zeit interessierten sich die Leute in erster Linie dafür, welche »fahrbare Maschine« die schnellste war. Mehrere Konstrukteure betrachteten dies als eine Herausforderung, wohl wissend, daß dem Sieger eine immense Publicity zuteil wurde. Ford sah darin eine exzellente Gelegenheit, die Welt auf die Leistungsstärke seiner Maschinen aufmerksam zu machen. So entwickelte er im Jahre 1903 zwei speziell für das Rennen konzipierte Fahrzeuge, den »999« und den »Pfeil«. Das Rennen fand statt, und Ford ging mit einer halben Meile Vorsprung vor seinem größten Rivalen durchs Ziel. Von da an hatte die Öffentlichkeit verstanden, daß Mr. Ford die schnellsten Autos baute. Ermutigt durch diesen Erfolg ging er nun aufs Ganze: Er gründete die »Ford Motor Company«, bei der er Vizepräsident, Konstrukteur, Chefmechaniker, Werksleiter und Generaldirektor in seiner Person vereinte. Seine Überlegung war einfach: Man muß das Eisen schmieden, solange es heiß ist. Sein Sieg hatte ihm eine ungeheure Publizität eingebracht. Nun hieß es, jetzt oder nie. Er mietete sich ein paar größere Räume und machte sich mit einigen Arbeitern ans Werk.

Schon zu Anfang hatte er die Nase vorn. Seine Konkurrenten kümmerten sich wenig um das Gewicht des Fahrzeugs. Ja, sie glaubten, je schwerer das Fahrzeug sei, desto teurer könnten sie es verkaufen. Ford teilte diese Ansicht nicht. Der Wagen, den er entwickelte (Modell A), war der leichteste aller bis dahin entwickelten Fahrzeuge, was eine beachtliche Geschwindigkeitsverbesserung und Benzinersparnis mit sich brachte. In einem einzigen Jahr verkaufte die Firma Ford 1708 Fahrzeuge, womit der Beweis erbracht war, wie richtig unser Mann mit seiner Idee der Kommerzialisierung eines Autos für die breite Öffentlichkeit gelegen hatte. Angesichts solcher Erfolge wollte auch die Konkurrenz nicht zurückstehen. Doch Ford kümmerte das wenig. Seine Einstellung zu diesem Thema spricht für sich und ist im übrigen durchaus realistisch: »Es gibt wenige Leute, die es wagen, unternehmerisch tätig zu werden, weil sie sich tief in ihrem Inneren sagen, warum soll ich ein solches Produkt auf den Markt werfen, wenn es schon jemanden gibt, der es produziert. Was mich angeht, so war ich immer der Meinung, warum es nicht noch besser machen! Und genau das mache ich.«

Seine Geschäfte expandierten schnell; seine Autos galten bald als die solidesten und zuverlässigsten, die jemals gebaut wurden. Im zweiten Fertigungsjahr unternahm Ford noch mal einen Vorstoß und brachte drei weitere Modelle (Modell B, C und F) heraus. Er mußte sich jetzt langsam nach einer anderen Werkstatt umsehen, so stark waren seine Geschäfte im Aufwind. Er ließ ein dreistöckiges Werk bauen, was ihm eine weitere Steigerung seines Produktionsvolumens ermöglichte. Nach nur fünf Jahren Betriebszeit beschäftigte die Firma Ford bereits 1908 Personen, war Eigentümer eines eigenen Werkes und produzierte jährlich 6181 Autos, die sich nun ebenso in Amerika wie in Europa verkauften.

Der kleine Junge, der eines Tages eine Lokomotive gesehen und sich geschworen hatte, ein Motorfahrzeug zu bauen, hatte seinen Traum verwirklicht. Er war Millionär geworden und triumphierte nun über all diejenigen, die ihn ignoriert und sich über ihn lustig gemacht hatten. Henry Ford war indessen nicht der Mann, der sich auf seinem Erfolg ausruhte. »Daß man versucht ist«, schreibt er, »sich eine Ruhepause zu gönnen und das zu genießen, was man erreicht hat, ist nur natürlich. Ich verstehe voll und ganz, daß man ein Leben voller Arbeit gegen ein Leben der Ruhe eintauschen will. Auch ich habe diesen Wunsch verspürt. Nur glaube ich, daß man sich, wenn man auf Ruhe aus ist, völlig aus dem Geschäftsleben zurückziehen muß. Das hatte ich allerdings absolut nicht vor. Ich betrachte meinen Erfolg nur als Ansporn, es noch besser zu machen.«

Die Produktion wurde bald auf die magische Ziffer von 100 Autos pro Tag hinaufgeschraubt, so daß manche Mitarbeiter Fords sich langsam fragten, ob der Größenwahn ihres Chefs ihn nicht direkt in den Abgrund führte. In Finanzkreisen wurden sogar Stimmen laut, daß die Firma Ford bei einem derartigen Tempo bald zusammenbrechen würde, da eine Sättigung des Marktes abzusehen sei. Bei einer Sitzung wurde Ford gefragt, ob er glaube, dic für die damaligen Verhältnisse an Wahnsinn grenzende Produktion von 100 Autos pro Tag noch lange aufrechterhalten zu können.

»100 Autos pro Tag sind ein Minimum«, antwortete Ford, »ich hoffe, daß wir diese Zahl bald verzehnfachen werden.

Wenn ich dem Rat meiner Partner gefolgt wäre, hätte ich mich damit begnügt, meine Geschäfte auf ihrem derzeitigen Niveau zu halten, und das Geld in den Bau eines schönen Verwaltungsgebäudes gesteckt und hätte nur hin und wieder ein paar Modelle herausgebracht, um die Öffentlichkeit bei der Stange zu halten; kurz, ich wäre ein ruhiger, seriöser Geschäftsmann geworden.

Doch ich habe viel weiter vorausgeblickt und vor allem in ganz anderen Dimensionen gedacht.«

Ford hatte viel unternommen, um das Gewicht der Fahrzeuge zu senken, doch die damals verfügbaren Werkstoffe schienen ihn in dieser Richtung nicht weiterzubringen. Doch der »Zufall«, der nach unserem Verständnis ein Ausdruck des Unterbewußtseins ist, sollte ihm zu Hilfe kommen. Als er an einem Rennen teilnahm, geriet ein französischer Wagen plötzlich ganz fürchterlich ins Schleudern und wurde total zerstört. Nach dem Rennen begab sich Ford einem inneren Impuls folgend auf die Rennbahn und nahm ein Metallteil des Schrottfahrzeugs an sich, da dieser Wagen ihm schneller als alle anderen Fahrzeuge erschienen war. Er wollte herausfinden, welche Legierung man beim Bau des Wagens verwendet hatte. Er las einen Bolzen auf, der ihm sowohl sehr leicht als auch mit genügender Festigkeit ausgestattet zu sein schien. Dessen Material hatte keinerlei Ähnlichkeit mit den bis dato bekannten Werkstoffen. »Das ist genau das, was ich suche«, dachte Ford. Doch niemand in seiner Umgebung konnte ihm nähere Angaben über die Legierung machen. Er ließ sie analysieren und erfuhr, daß es sich um ein Metall aus Frankreich handelte, dem man Vanadium zugesetzt hatte. In Amerika ließ sich indessen keine Gießerei finden, die ein solches Metallgießverfahren beherrschte. Ford mußte sich erst nach England wenden, um jemanden zu entdecken, der in der Lage war, diesen Stahl auf kommerzieller Basis herzustellen. Mit Hilfe eines kleinen Werks in Ohio gelang es ihm schließlich, Mittel und Wege zu finden, das kostbare Metall zu gießen. So sollte Ford es wieder einmal mit seinem stets wachen Geist und auf der ständigen Suche nach neuen Erkenntnissen schaffen, seinen stärksten Konkurrenten davonzueilen.

In jene Zeit fiel auch die Entwicklung eines neuen Modells, eines »Autos für jedermann«, das Ford schon lange im Kopf herumgespukt hatte und das in der Geschichte des Automobils zu einer Legende werden sollte: das berühmte »Modell T«. Mit diesem Modell sollte Ford das Leben von Millionen von Menschen, ja einer ganzen Gesellschaft, verändern: Er machte das Auto zu einem allgemeinen Konsumgut, ja mehr noch, zu einer Notwendigkeit.

Im Frühjahr 1909 teilte Ford seinem Verwaltungsrat mit, daß er gedenke, die Produktion des Ford-Werks auf ein einziges Einheitsmodell, das »Modell T«, umzustellen. Und er fügte hinzu: »Jeder Kunde soll seinen Wagen in der Farbe haben, die er will, vorausgesetzt, er will ihn in Schwarz.« Diese Ankündigung löste heiße Diskussionen aus. Bis dahin war das Auto immer als Luxusartikel angesehen worden, als eine Art Spielzeug, eine Laune, die sich nur begüterte Leute leisten konnten. Man fragte sich, was der Bau eines Einheitsmodells, dazu noch eines Billigfahrzeugs, bringen sollte. Dazu kamen noch die schlechten Straßenverhältnisse und die Benzinknappheit jener Zeit. Alle diese Einwände fertigte Ford mit dem einen Satz ab: »**Egal, wie die Straßen aussehen, das Ford-Auto wird für entsprechende Straßen sorgen!**« Henry Ford sollte keine leichte Aufgabe haben. Ernstzunehmende Fachleute versuchten ihm klar zu machen, daß er sich den Hals brechen würde, daß er auf dem falschen Dampfer sei, ganz zu schweigen von den Vorbehalten der Bankiers, zu denen Ford, wie man weiß, schon seit eh und je ein gebrochenes Verhältnis hatte. Aber er sah die Dinge anders: »Ich weigere mich, die Existenz des Unmöglichen anzuerkennen. Ich kenne niemanden, der sich, mit welchem Thema auch immer, wirklich lange genug so intensiv auseinandergesetzt hat, daß er sagen kann, dies oder jenes ist nicht machbar. (...) Wenn einer, der sich für kompetent hält, kommt und erklärt, die und die Sache ist unmöglich, dann schließt sich ihm gleich eine Horde gedankenloser Mitläufer an, die unisono nachplappern: Das ist unmöglich.« Für Henry Ford gab es das Wort »unmöglich« einfach nicht.

Ford brachte nicht nur sein neues »Jedermannsauto« auf den Markt, er sorgte auch für eine Revolutionierung des industriellen Fertigungssektors, den er weg vom bloßen Handwerk in das wahre Industriezeitalter führte. Mit Hilfe der Fließbandproduktion erreichte er einen bis dahin nie gekannten Produktionsausstoß. Das Werk wurde bald zu klein, und Ford ließ einen gigantischen Industriekomplex bauen, der an die 4 000 Personen beschäftigte und jährlich 35 000 Wagen des »Modells T« produzierte. Die Zeitungen waren voll von Unkenrufen und prophezeiten Ford seinen baldigen Untergang. Die außerordentliche Produktionssteigerung zwang ihn sehr bald, sein gesamtes Montagesystem von Grund auf zu überdenken. Er war einer der ersten, die ein vollmechanisiertes Fließbandmontagenetz konzipierten. Er leitete faktisch die industrielle Roboterisierung ein. Seiner Meinung nach mußte man die Arbeit zum Arbeiter bringen und nicht den Arbeiter zur Arbeit. Diese Art, die Dinge zu sehen, sollte den Begriff der Produktion und der menschlichen Arbeit total umkrempeln. Sein Werk sollte zu seiner Zeit das modernste Werk der Welt werden mit der Neuerung, daß sich die an riesigen Haken aufgehängten Karosserieteile nach einem genau vorgegebenen Schema an den Montageplatz bewegten. Das Ergebnis war umwerfend: Anstelle der 10 Stunden, die man bis dato für die Montage sämtlicher Einzelteile des Motors benötigt hatte, brauchte man jetzt dank der Mechanisierung und der Montagebänder nur noch die Hälfte der Zeit. Der kleine

Mechaniker hatte die Dinge richtig beurteilt. Ford war mit seinem berühmten »Modell T« so erfolgreich, daß er zunächst in London und dann fast überall auf der Welt Zweigwerke errichten ließ. Die Ford-Werke produzierten bald 4000 Autos täglich! Bei seinem Tod im Jahre 1947 war Ford, dem es nie wirklich ums Geld ging, es sei denn, er brauchte es für die Finanzierung seines Traums, längst Milliardär, was für die damalige Zeit ein Märchenvermögen bedeutete. Die Firma Ford expandierte ständig weiter. 1960 galt sie als das zweitgrößte Unternehmen der Welt. 1970 beschäftigte sie 432 000 Leute, wobei sich die Löhne und Gehälter auf 3,5 Milliarden Dollar beliefen!

»Alles ist möglich. Der Glaube ist die Substanz dessen, was wir erhoffen, der Garant für das, was wir noch keineswegs gesehen haben.« Mit dieser lapidaren und zutiefst optimistischen Formel beschließt Henry Ford seine Autobiographie. Diese Schlußworte sind in gewisser Weise so etwas wie ein geistiges Vermächtnis; die Tatsache, daß er von Glauben spricht, ist ganz sicher kein Zufall. Sein ganzes Leben, sein ganzes Werk sind ein Beweis dafür, daß **für einen Menschen mit einem unerschütterlichen Glauben alles machbar ist!**

★★

Die geheime Quelle des Reichtums

Für die meisten Leute ist der Weg zur Quelle des Reichtums ein dunkler, geheimnisumwitterter Pfad, den nur Insider kennen. Bei ihrem Bemühen, dahin vorzustoßen, unterliegen sie meist einem weit verbreiteten Irrtum: Sie orientieren sich nach außen, anstatt dort mit der Suche zu beginnen, wo es eigentlich sinnvoll wäre, nämlich in ihrem eigenen Inneren. So wie die wahre Quelle des Glücks in jedem einzelnen ihren Ursprung hat, **kommt auch das Geld – so paradox das klingen mag – von innen.** Reichtum ist das Resultat einer ganz spezifischen Geisteshaltung. Nennen Sie es, wie Sie wollen: Mentalität des reichen Mannes, des Millionärs, des Erfolgsmenschen. Geld und Überfluß sind die äußere Erscheinungsform einer inneren Schwingung, einer ganz bestimmten und den meisten Menschen unbekannten Denkweise. Die Leitsätze, die wir im folgenden Kapitel behandeln werden, stehen alle unter dem einen übergeordneten Universalprinzip, das da heißt: **Der Gedanke vermag alles. Der wahre Reichtum ist wie das Leben zuallererst eine Geisteshaltung, eine Geisteshaltung, die sich im Leben des Reichen konkret niedergeschlagen hat.** Man muß damit beginnen, in Gedanken reich zu werden, ehe man es im Leben wird.

REICHTUM IST EINE GEISTESHALTUNG

Die Kenntnis des Unterbewußten, ein Thema, mit dem wir uns gleich befassen werden, ist von eminenter Bedeutung. Denn man kann den Leuten leicht sagen, daß sie an den Erfolg, an das Glück, an den Reichtum glauben müssen, ihn sehnlichst herbeiwünschen müssen. Doch oft sind sie durch ihre früheren schlechten Erfahrungen wie gelähmt, und ihr Verlangen nach einer Verbesserung ist schwach. Sie scheinen absolut unfähig zu sein, das zu entwickeln, was Nietzsche in seiner Philosophie den »Willen des Willens« nannte. Es ist in der Tat schwer, von jemandem Tatkraft und Entschlossenheit zu verlangen, der konzept- und konturenlos ist und dem es an jeglicher Motivation fehlt. Doch wenn man die Mechanismen und die Wirkungsweise des Unterbewußtseins kennt, ist all dies kein Problem. Natürlich braucht man ein Minimum an Motivation. Sonst geht es nicht. Wenden wir uns also der Erforschung des Unterbewußtseins zu, in dem die Quelle allen Reichtums, und zwar nicht nur geistiger, sondern auch materieller Art zu suchen ist. **Dort, und nur dort ist der geheime »Geldtresor« versteckt, den aufzuschließen Sie bald lernen werden, um sich dann nach Belieben zu bedienen.**

KAPITEL 2

Der unermeßliche Reichtum in unserem Inneren

Eine Frage der Haltung

Daß jeder seines eigenen Glückes (bzw. Unglückes) Schmied ist, wird niemand in Frage stellen, der auch nur ein bißchen Ahnung von den Gesetzen des menschlichen Geistes hat. Sicher kennen auch Sie dieses Sprichwort, und vielleicht halten Sie eher Skepsis für angebracht. Aber vielleicht glauben Sie ja auch daran. Fest steht jedenfalls, daß nur wenige Leute die ganze Tiefe dieses Prinzips mit all seinen Konsequenzen bedacht haben.

Die Vita all unserer ausgewählten reichen Männer hat folgendes deutlich gemacht: **Jeder einzelne hat in höchstem Maße sein Unterbewußtsein eingesetzt, um diese schwindelerregenden Reichtümer anzusammeln.** Denn die richtige Nutzung des Unterbewußtseins ist letztendlich der Schlüssel zum Erfolg. Warum? Weil die Möglichkeiten, Geld zu machen, die äußeren Umstände so mannigfaltig und so individuell verschieden sind, daß es nicht darum gehen kann, irgendein ausgeklügeltes System als Sprungbrett zum Erfolg anzubieten. Es gibt nicht *das* Patentrezept. Das wäre zu einfach. Was es jedoch gibt, und das belegen die eindrucksvollen Erfolge unzähliger Leute, ist – auf einen Nenner gebracht – **eine entsprechende innere Einstellung.**

Es gibt mehrere Bücher über das Erfolgsgeheimnis auf dem Immobilienmarkt, an der Börse oder im Bereich des Managements. Alle diese Bücher geben wertvolle Tips. Doch alle diese Ratschläge, so präzise sie auch sein mögen, bleiben im Allgemeinen stecken. Das läßt sich nicht vermeiden. Alles andere wäre töricht oder schlichtweg unseriös. In keinem Handbuch, und mag es auch noch so didaktisch sein, werden Sie einen Hinweis darauf finden, ob Sie nun die und die Stelle annehmen sollen, ob sich der Kauf dieses oder jenes Grundstücks für Sie empfiehlt, ob sich eine bestimmte Investition für Sie rentiert. Jeder Fall ist anders gelagert. Doch dazu kommt noch etwas. Selbst wenn Ihre Voranalysen äußerst gründlich waren, wenn Ihre Vorplanung minutiös durchdacht ist, gibt es bei jedem Projekt einen Unsicherheitsfaktor, gewisse Imponderabilien. **Jede Analyse hat ihre Schwächen; sie hat meist keinen endgültigen Charakter.** Das soll nicht heißen, daß Analysen überflüssig sind. Ganz im Gegenteil. Improvisation und Hast sind im allgemeinen schlechte Ratgeber. Aber **es kommt stets der Punkt, an dem Sie erkennen werden, daß auch die beste Analyse ihre Grenzen hat.** Und genau dann braucht man das, was manche Leute den Riecher, andere Geschäftssinn und wieder andere Glück oder auch Intuition nennen, alles Begriffe, hinter denen im Grunde genommen ein und dieselbe Disposition steht: nämlich positives Denken bzw. ein positiv programmiertes Unterbewußtsein. Da genau liegt der Unterschied zwischen einem erfolgreichen und einem erfolglosen Menschen.

Was versteht man unter Unterbewußtsein?

Der Begriff Unterbewußtsein ist wohl jedem von uns mehr oder weniger vertraut. Daß es ein Unterbewußtsein gibt, wird inzwischen von allen Wissenschaftlern anerkannt, wenn man sich auch noch nicht über eine genaue Definition einig ist. Es ist hier jedoch nicht der Ort, sich in langen theoretischen oder historischen Diskussionen zu verlieren. Ohne uns bei theoretischen Spitzfindigkeiten aufzuhalten, die uns in unserem Anliegen nicht weiterbringen würden, sei hier nur so viel gesagt, daß sich der menschliche Geist in zwei Teile teilt, nämlich einen bewußten und einen unbewußten Teil, den wir Unterbewußtsein nennen werden. Um die relative Gewichtung dieser beiden Teile zu veranschaulichen, bedient man sich gerne eines Bildes. Man vergleicht sie mit einem Eisberg, wobei der sichtbare Teil das Bewußtsein und der weit größere unter Wasser liegende Teil das Unterbewußtsein darstellt.

In der Tat spielt das Unterbewußtsein in unserem Leben im Vergleich zum Bewußtsein eine beachtliche Rolle, und seine Bedeutung ist weit höher anzusiedeln, als wir gemeinhin glauben. Es ist der Sitz unserer Gewohnheiten, unserer Komplexe, unserer Persönlichkeitsstruktur. Ob man es nun glaubt oder nicht, fest steht, daß es nicht etwa die äußeren Umstände sind, sondern vielmehr das Unterbewußtsein dafür verantwortlich ist, ob ein Mensch reich oder arm ist.

Das Unterbewußtsein läßt sich mit einem Rechner vergleichen. Er ist so und so programmiert und führt blind und unfehlbar das Programm aus, das man ihm eingegeben hat. **Ebenso ist jeder einzelne Mensch programmiert, ob er es weiß oder nicht.** Und die meisten Menschen sind negativ programmiert. Nun, die Macht des Unterbewußtseins ist immens, und so kommt es, daß jemand, der negativ programmiert ist, niemals zu Erfolg und Wohlstand gelangen wird. Das ist leider unmöglich.

Wie entsteht ein Programm im Unterbewußtsein?

Solange eine Person nicht mit den Gesetzen des Geistes und des Unterbewußtseins vertraut ist, geschieht die Programmierung unbewußt. Das gilt übrigens lange Zeit für die meisten Menschen, und zwar aus einem einfachen Grund: Die Programme entstehen schon sehr früh, und zwar während der Kindheit, in einem Alter also, da die Kritikfähigkeit des einzelnen noch sehr wenig entwickelt ist und demzufolge eine große Aufnahmebereitschaft für alle äußeren Einflüsse besteht. Diese Einflüsse – die Basis des Programms – kommen zunächst von den Eltern bzw. Erziehern. Sie graben sich in den Geist des jungen Menschen wie in weiches Wachs ein. So kann ein einziger Satz das Leben eines Menschen zerstören oder jedenfalls zu einer schweren Bürde über Jahre hinweg werden. Er kann rein zufällig, ohne jede böse Absicht, gesprochen worden sein. Und trotzdem, mit welch verheerenden Folgen! Sie wollen Beispiele? Es gibt Tausende. Eine pessimistische und von ihrer eigenen mißlichen Lage zermürbte Mutter sagt beispielsweise zu ihrem Kind, das ihrer Meinung nach zu spontan oder zu verträumt ist: »Du wirst niemals reich werden.« – Oder: »Du wirst es in deinem Leben nie weit bringen.« – Oder: »Du bist ein Versager wie dein Vater.«

Dieser Satz wird tief im Unterbewußtsein des Kindes gespeichert. Er bildet eine Art Programm. Alle Kräfte des Unterbewußtseins, das mit einer quasi unbegrenzten Macht ausgestattet ist, werden sich nun darauf konzentrieren, dieses Programm zu erfüllen, auf daß das Kind sein Leben lang arm bleibt ... Das Tragische an dieser Geschichte – für die es unzählige Beispiele gibt – ist, daß die entsprechende Person ihr ganzes Leben verbringen kann, ohne sich dessen bewußt zu sein, daß sie ein Opfer dieser unglückseligen Programmierung ist.

Wie einige Worte Ihr Leben ändern können.

Man mag hinsichtlich der ungeheuren Wirkung eines einzigen augenscheinlich belanglosen Satzes vielleicht so seine Zweifel haben. **Und doch steht fest, daß Worte eine erstaunliche Macht besitzen.** Das Leben jedes einzelnen Menschen wimmelt nur so von Beispielen, die das bestätigen. Eine Liebeserklärung, eine schlechte Nachricht, Glückwünsche, immer wieder Wörter und Sätze, die unseren inneren Zustand in der einen wie in der anderen Richtung transformieren. Und das Unglaublichste daran ist, daß diese Worte etwas suggerieren, was nicht einmal wahr zu sein braucht, um seine Wirkung zu zeigen, sofern das Bewußtsein es nur akzeptiert. So beglückwünscht Ihr Chef Sie zum Beispiel zu Ihrer Arbeit, obwohl er vielleicht gar nicht wirklich mit Ihrer Leistung zufrieden ist. Doch da er weiß, daß Sie gerade Eheprobleme zu bewältigen haben (Sie stehen vielleicht gerade kurz vor der Scheidung), hält er es für besser, Sie nicht noch zusätzlich zu belasten. Seine Glückwünsche, die gar nicht ernst gemeint waren, werden Sie nun jedoch ungemein anspornen. Sie geben Ihnen Auftrieb. Das ist nur ein Beispiel von vielen für die Kraft der Worte.

In dem bemerkenswerten Buch *Le Prix de l'excellence* berichten die Autoren Peters und Waterman von einem Versuch, der eindrucksvoll veranschaulicht, was Worte, selbst wenn sie nicht den Tatsachen entsprechen, zu bewirken imstande sind. »Es gibt einen alten Spruch: Erfolg zieht Erfolg an. Diese Annahme ist inzwischen wissenschaftlich untermauert. Motivationsforscher haben entdeckt, daß motivierte Leute sich in erster Linie ganz einfach dadurch auszeichnen, daß sie von ihrer Leistungsfähigkeit überzeugt sind. **Ob wirklich zu Recht oder zu Unrecht, ist dabei ziemlich unerheblich.** Bei einem Versuch sollten Erwachsene zehn Aufgaben lösen. Die Aufgabenstellung war für alle genau gleich. Alle Versuchspersonen machten sich an die Arbeit, gaben ihre Blätter ab und wurden anschließend über das Ergebnis informiert. Diese Ergebnisse waren jedoch in Wirklichkeit rein fiktiv. Die eine Hälfte der Probanden erfuhr, daß sie mit sieben richtigen Antworten ein gutes Ergebnis erzielt hatte, während man den übrigen mitteilte, daß sie mit sieben falschen Antworten versagt hatten. Dann stellte man allen zehn Teilnehmern andere für alle gleichlautende Aufgaben. Diejenigen, denen man beim ersten Test Erfolg bescheinigt hatte, machten diesmal ihre Sache besser als vorher, während die anderen schlechter abschnitten. Das einfache Wissen darum, daß man erfolgreich war, wirkt sich offensichtlich positiv auf das Durchhaltevermögen bzw. die Motivation aus und bringt uns dazu, es noch besser zu machen.« Auch Warren Bennis verdeutlicht das in seinem Buch *The unconscious conspiracy: Why leaders can't lead:* »Bei einer Studie über Gymnasiallehrer stellte sich heraus, daß die Schüler immer dann, wenn die Lehrer viel von ihnen erwarteten, allein aufgrund dieser Tatsache bei einem Intelligenztest 25 Punkte mehr erreichten.«

Die Ergebnisse dieser Versuchsreihen stimmen nachdenklich. Das, was durch die absichtlich verfälschten Ergebnisse im Grunde beeinflußt wurde, war das Unterbewußtsein der Testpersonen. Es sorgte in dem einen Fall für eine spürbare sofortige Verbesserung und in dem anderen Fall für eine spektakuläre Verschlechterung des Leistungsvermögens.

Im weiteren Verlauf des Buches stellen die Autoren dann folgende Theorie auf, die das aus dem vorangegangenen Experiment resultierende Prinzip gewissermaßen fortschreibt: »Wir sind der Meinung, daß die besten Unternehmen ihre Spitzenposition der Tatsache verdanken, daß es ihnen gelungen ist, gewöhnliche Leute zu außergewöhnlichen Leistungen zu bringen.« Was für die Unternehmen gilt, gilt auch für Einzelpersonen. Aus diesem Grund ist man dann auch verblüfft, wenn augenscheinlich ganz gewöhnliche Leute, die über keine exzeptionellen Fähigkeiten verfügen, so außergewöhnliche Ergebnisse erzielen und es zu so spektakulärem Wohlstand bringen. **Ihr Geheimnis: ein richtig gelenktes Unterbewußtsein.**

Wie wir gesehen haben, ist jeder Mensch programmiert. Eltern, Lehrer, Freunde sind die meist unseligen Programmierer. Ohne sich der Tragweite ihrer Äußerungen bewußt zu sein, machen sie ungeschickte Bemerkungen und kümmern sich nicht um die Folgen. Aber es gibt auch noch einen anderen nicht unbedeutenden Programmierer: die betreffende Person selbst. Man redet sich beispielsweise immer wieder ein: »Das geht nicht gut.« – »Ich bin immer müde.« – »Wie kommt es, daß ich keinen Erfolg habe?« – »Ich bin überlastet.« – »Ich bekomme nie eine Stelle.« – »Ich bekomme nie eine Gehaltserhöhung.« – »Ich werde niemals reich.« – »Ich bin nicht begabt genug.« ...

Diese Liste läßt sich endlos fortsetzen. Solche negativen und pessimistischen Phrasen, die Sie mehr oder weniger bewußt ständig wiederkäuen, beeinflussen ebenfalls Ihr Unterbewußtsein, programmieren es oder verfestigen das bereits bestehende Programm. Es versteht sich von selbst, daß sie endgültig aus Ihrem Vokabular verschwinden müssen. Auf der Stelle. Leicht gesagt, aber wie?

Es ist niemals zu spät, um zu Geld zu kommen

Was an der mentalen Programmierung so tröstlich ist, ist – wir erwähnten es bereits – die außer Zweifel stehende Tatsache, **daß kein Programm irreversibel ist.** So wie man bei einem Rechner ein Programm ändern oder schlichtweg austauschen kann, so kann man auch seine Persönlichkeit, deren Sitz, wie wir uns erinnern, das Unterbewußtsein ist, umformen. Die Experimente mit zahlreichen Versuchspersonen haben gezeigt, daß im allgemeinen ca. 30 Tage genügen, um ein neues Programm aufzubauen.

Wie entwickelt man sich nun aber zu solch einer Persönlichkeit, die den Erfolg magisch anzieht und die die Umstände in ihrem Sinn beeinflußt? Ganz einfach, durch Autosuggestion. Es gibt zahlreiche Handbücher auf dem Markt, die die Techniken der Autosuggestion lehren. Im übrigen tragen diese Verfahren meist unterschiedliche Namen. Manche Autoren sprechen von der Alpha-Methode, andere nennen es Psychokybernetik, wieder andere mentales Training, positives Denken oder auch Selbsthypnose. Gegen alle diese Verfahren ist im Prinzip nichts einzuwenden, doch es sind durchweg nur Spielarten der einen Methode, die von einem einfachen französischen Apotheker namens Emile Coué entwickelt wurde, der damit Millionen von Menschen auf erstaunlich simple Weise zu einem neuen Lebensgefühl verhalf. Dabei verdankte er die Erfindung seiner Methode dem Zufall, wie das so oft im Leben der Fall ist. Einer seiner Kunden wollte eines Tages unbedingt ein Medikament haben, das es nur auf Rezept gab. Da der Kunde nicht locker ließ, griff Emile Coué zu einer List. Er empfahl ihm ein Produkt, das genauso wirksam sein sollte, in Wirklichkeit aber nichts anderes als Zucker war. Der Kunde kam einige Tage später völlig gesund zurück und lobte vor allem begeistert die Wirkung des Ersatzmedikaments. Damit war das entdeckt, was man den **Placebo-Effekt** nennt.

Was war passiert? Was war mit dem Patienten geschehen? Im Grunde genommen hat sich hier das gleiche abgespielt wie bei den oben erwähnten Versuchspersonen, die durch das »Erfolgserlebnis« beflügelt wurden. Der einzige Unterschied besteht darin, daß in dem einen Fall die zuversichtlichen Worte über das Unterbewußtsein auf die körperliche Ebene wirkten, während im zweiten Fall die geistige Ebene aktiviert wurde. Der Heilerfolg beruhte auf dem Vertrauen in den Apotheker und in das Medikament, d.h. auf dem Glauben an den Heilerfolg.

Emile Coué erkannte sofort die Tragweite dieses Experiments. Wenn Worte eine real existierende Krankheit heilen konnten, warum sollte das dann nicht auch auf der Persönlichkeitsebene möglich sein? Er entwickelte in den folgenden Jahren eine ganz einfache Autosuggestionsformel, die rund um die Welt ging und die Lebensqualität von Millionen von Menschen verbesserte. Warum Autosuggestion? Da er schließlich nicht am Krankenbett jedes Patienten sitzen konnte, kam er auf die Idee, daß der Patient sich auch selbst heilen könne, sich selbst nach Belieben etwas suggerieren könne.

Und hier die Formel, die er entwickelte:

ES GEHT MIR VON TAG ZU TAG IN JEDER HINSICHT BESSER.

Er empfahl, diese Formel circa zwanzigmal mit monotoner Stimme morgens und abends zu wiederholen.

Aus dieser Formel haben sich inzwischen zahlreiche Varianten entwickelt. Sie selbst werden bald Ihre eigenen Formeln Ihren Bedürfnissen und Ihrem Wesen entsprechend finden. Die Effektivität dieser Formel ist erstaunlich. Da sie ganz allgemein gefaßt ist (in jeder Hinsicht), schließt sie alle Aspekte des Daseins ein, ohne jede Einschränkung. Sie muß täglich wiederholt werden. Die Wiederholung ist sozusagen die goldene Regel der Autosuggestion. Man muß sein Unterbewußtsein mit dieser Formel buchstäblich imprägnieren. Auf diese Weise wird ein neues Programm aufgebaut und damit auch eine neue Persönlichkeit. Das Positive verdrängt das Negative. Begeisterungsfähigkeit, Tatkraft, Mut und Entschlossenheit gewinnen an Raum. Lassen Sie sich nicht durch die augenscheinliche Einfachheit der Methode irritieren, wie es bei mehreren Zeitgenossen Emile Coués der Fall war, die nicht glauben wollten, daß eine so simple Technik wirksam sein kann. Denken Sie daran, daß Ihr Negativprogramm nicht mehr und nicht weniger als ein lebender Organismus ist, dem es in erster Linie ums Überleben geht. Durch die Anwendung einer solchen Methode sieht er sich in seiner Existenz bedroht. Daraus entspringt auch Ihre Skepsis, selbst wenn sie auf so intellektuellen Überlegungen zu basieren scheint wie: »Positiv denken, das ist doch verlorene Liebesmüh'; darauf falle ich nicht rein.«

MIR GEHT ES VON TAG ZU TAG IN JEDER HINSICHT BESSER.

Die reichen Männer aus unserer Untersuchung haben zwar nicht immer explizit Autosuggestionsformeln verwendet, doch unbewußt hat jeder von ihnen im Notfall auf sie zurückgegriffen. Das belegen die Prinzipien, die sie in ihren Autobiographien dargelegt haben, das beweist ihr Leben. Wenn sich Schwierigkeiten auftaten, wenn es ein neues Abenteuer zu bestehen galt, wußte sich jeder, indem er sich ständig den Erfolg seines Unternehmens einredete, so zu konditionieren, so zu programmieren, daß ihn kein Hindernis aufhalten konnte.

Ray Kroc, den wir bereits erwähnt haben, offenbart übrigens in seiner Autobiographie, daß ein Großteil seines Erfolges auf das Konto einer persönlichen Variante der Autosuggestion geht: »In jener Zeit habe ich gelernt, wie man es vermeidet, sich von Problemen überrollen zu lassen. Ich lehnte es ab, mir wegen mehr als einer Sache gleichzeitig Sorgen zu machen, und ich ließ mich nicht unnütz von einem Problem – egal wie groß es war – so quälen, daß es mir schlaflose Nächte bereitete. Das alles ist natürlich leichter gesagt als getan. Doch es gelang mir mit Hilfe meiner eigenen Methode der Selbsthypnose. Es ist gut möglich, daß ich einmal ein Buch zu diesem Thema gelesen habe – ich erinnere mich nicht mehr daran – jedenfalls entwickelte ich ein System, das es mir ermöglichte, jede nervöse Spannung zu vermeiden und aus meinen Gedanken die enervierenden Fragen auszuschalten, indem ich mich einfach ins Bett legte. Ich wußte, daß ich ohne diese Methode am nächsten Morgen nicht frisch sein würde und die Geschäfte mit meinen Kunden nicht abwickeln könnte. Ich stellte mir mein

Gehirn wie eine schwarze Tafel voller meist dringender Nachrichten vor und übte mich in der Vorstellung, daß eine Hand gerade diese Tafel mit einem Tuch abwischte. Ich leerte mein Gehirn vollkommen. Sobald ein Gedanke sich abzuzeichnen begann, her mit dem Tuch! Und so wischte ich ihn aus, bevor er noch Zeit hatte, Gestalt anzunehmen. Dann entspannte ich meinen Körper, indem ich mit dem Nacken anfing und dann die Entspannung über die Schultern, die Arme, den Rumpf, die Beine bis hinab zu den Zehenspitzen fortsetzte. Und so schlief ich ein. Diese Methode beherrschte ich bald perfekt. Die Leute wunderten sich, wie ich es schaffte, täglich 12 bis 14 Stunden äußerst konzentriert zu arbeiten und dann noch in der Lage zu sein, potentielle Kunden in Nachtbars bis zwei, drei Uhr zu begleiten, morgens aber schon wieder früh auf den Beinen zu sein. Mein Geheimnis lag darin, daß ich jeden Augenblick der Ruhe maximal zu nutzen verstand. Ich glaube, daß ich durchschnittlich nicht mehr als sechs Stunden täglich schlief. Oft waren es nur vier Stunden oder noch weniger. Aber ich schlief ebenso tief, wie ich hart arbeitete.«

Autosuggestion ging bei Ray Kroc also mit einer körperlichen Entspannung einher. Körperliche und geistige Entspannung sind eng miteinander verbunden. Außerdem verlangsamen sich im Zustand der Entspannung die Gehirnschwingungen, und das Unterbewußtsein ist leichter beeinflußbar.

Es gibt natürlich viele Entspannungsmethoden. Wenn Sie bereits eine kennen, um so besser. Wenn nicht, hier eine sehr einfache Anleitung.

Entspannungsmethode

Legen Sie sich einfach auf den Teppich oder in Ihr Bett, oder setzen Sie sich in einen bequemen Sessel. Schließen Sie die Augen. Atmen Sie ungefähr zehnmal tief durch. Dann entspannen Sie nacheinander jeden Körperteil, wobei Sie bei den Füßen anfangen und hinauf bis zum Kopf gehen.

Wenn Sie gut entspannt sind, beginnen Sie mit der Suggestion. Die berühmte Formel von Emile Coué eignet sich exzellent dazu, auf allen Gebieten Ihres Lebens etwas zu bewirken. Aber Sie können auch spezifischere Aspekte mit einbringen. Die Anwendung all der Prinzipien, die wir noch vorstellen werden, erfordert bestimmte Eigenschaften, an denen Sie arbeiten und die Sie entwickeln können. Nach Belieben. In der Tat können Sie mit Hilfe dieser Methode der Autosuggestion Ihre Persönlichkeit nach Ihren innersten Wünschen umformen. **Sie können die Person werden, die Sie sich schon lange zu werden erträumt haben.** Zeichnen Sie sich ein Idealporträt mit den Eigenschaften, die Ihnen noch fehlen bzw. die Sie noch nicht in genügendem Maße besitzen. Als Hilfestellung hier ein paar Grundeigenschaften, über die reiche Männer fast alle verfügen:

Ausdauer
Begeisterungsfähigkeit
Tatkraft
Risikobereitschaft
Intuition
Überzeugungskraft
Führungswille
Unerschrockenheit
Zuversicht
Phantasie
Arbeitswille
Optimismus
Gewandtheit
Einfallsreichtum
Zuverlässigkeit

Suchen Sie aus diesen Eigenschaften die aus, an denen Sie Ihrer Meinung nach am meisten arbeiten müssen. Finden Sie gleichzeitig heraus, an welcher Eigenschaft es Ihnen mangelt. Arbeiten Sie also an Ihrer größten Schwäche. Indem man seine größte Schwäche überwindet, gewinnt man am meisten an Stärke.

Sie erleichtern sich die Sache, wenn Sie Ihre Formel auf der Grundlage der berühmten Formel von Emile Coué aufbauen. Sie suchen sich aus den oben erwähnten Beispielen dann einfach eine Eigenschaft heraus und sagen: »Ich werde von Tag zu Tag in jeder Hinsicht ausdauernder.« Oder auch: »Ich werde von Tag zu Tag in jeder Hinsicht tatkräftiger.«

Suchen Sie sich Ihre eigenen Suggestivworte. Wählen Sie einfache Wörter, die Ihnen vertraut sind, die eine Resonanz in Ihnen auslösen. Schreiben Sie sich Ihre Suggestivformeln auf. Die schriftliche Fixierung bringt mehr, als Sie glauben. Indem man sich ausdrückt, gewinnt der Gedanke an Kraft, bekommt Gewicht. Er wird konkret, faßbar. Damit beginnt Ihre Aktivität. Damit fällt der Startschuß für Ihre Veränderung. Verlieren Sie Ihre Formeln nicht aus den Augen. Lesen Sie sie immer wieder durch. Tränken Sie Ihren Geist damit. Sie werden bald ein Teil Ihres Lebens sein, ein Teil Ihrer Persönlichkeit. Der alte Adam in Ihnen wird einem neuen Menschen Platz machen, der in Einklang mit Ihren Wünschen steht und sein Schicksal selbst in die Hand nimmt. Hier noch einige weitere Grundregeln für die Aufstellung Ihrer eigenen Suggestivformeln. Die Erfahrung hat gezeigt, daß eine Suggestion, um voll wirksam zu werden, folgende Charakteristika aufweisen muß:
Kurz: Zu lange Formeln verwässern die Wirkung auf das Unterbewußtsein.

Positiv: Dieser Punkt ist wesentlich. Das Unterbewußtsein arbeitet anders als das Bewußtsein. Wenn Sie sagen: »Ich bin nicht mehr arm«, dann besteht die Gefahr, daß das Wort arm sich festsetzt, da es ja das Schlüsselwort ist. Sie erreichen dann den gegenteiligen Effekt. Sagen Sie also statt dessen: »Ich werde reich.«

Dynamisch: Manche Autoren empfehlen, die Suggestion so zu formulieren, als sei man bereits am Ziel seiner Wünsche. Eine derart statische Formulierung ist nicht unbedingt unwirksam. Nur sieht das Bewußtsein darin oft einen Widerspruch und löst damit einen geistigen Konflikt aus, der den Erfolg der Suggestion womöglich in Frage stellt. Wenn Sie sich also einreden: »Ich bin reich« oder »Ich habe den idealen Job«, besteht die Gefahr, daß Ihr Geist einen Widerspruch in sich darin entdeckt, vor allem dann, wenn Sie augenblicklich keinen Pfennig in der Tasche haben und arbeitslos sind. Sie sollten also lieber eine Formulierung wählen wie: »Ich werde von Tag zu Tag reicher« oder »Ich mache immer mehr Geld« bzw. »Ich finde den idealen Job.«

Mit solchen Formeln sichern Sie sich den Erfolg.

Um den genannten Konflikt zu umgehen, gibt es auch die Möglichkeit, einfach nur die thematischen Wörter zu verwenden. Am wirksamsten ist dabei folgende Wortkombination:

Wiederholen Sie unabläßlich diese beiden Wörter, die das augenblicklich angestrebte Ziel versinnbildlichen. Diese beiden Wörter werden Ihnen im Überfluß all das bescheren, was Sie brauchen und Ihre verrücktesten Träume Wirklichkeit werden lassen.

Eine äußerst starke Variante von Coués Formel wollen wir Ihnen auch nicht vorenthalten. Sie ist zwar ein bißchen lang, aber wenn sie Ihnen zusagt, wird sie Ihnen außerordentlich viel bringen:

»ES GEHT MIR VON TAG ZU TAG IN JEDER HINSICHT BESSER, UND ICH WERDE AUF ALLEN GEBIETEN ERFOLGREICHER.«

Selbst eine mechanische Wiederholung dieser Worte ohne große Überzeugung bringt etwas. Je mehr Sie allerdings bei der Sache sind, desto mehr werden Sie auch erreichen. Legen Sie Ihr ganzes Herz hinein. Wenn Sie etwas mit jeder Faser Ihres Körpers, von ganzer Seele wünschen, wird Ihr Verlangen auch erfüllt. Thomas Edison hat einmal gesagt: »Meine langjährigen Erfahrungen haben mich gelehrt, daß ein Mensch, der bereit ist, wirklich seine ganze Zukunft auf eine Karte zu setzen, um ans Ziel seiner Wünsche zu gelangen, auch mit Sicherheit gewinnen wird.«

Die zehn reichen Männer, über die wir in diesem Buch sprechen, haben sich mit Leib und Seele ihrem Lebenswerk verschrieben und waren von einem Erfolgswillen getragen, der seinesgleichen sucht. Haben Sie den Mut, es ihnen gleichzutun. Haben Sie keine Angst, auf die geheimen Wünsche Ihres Herzens zu hören, und beginnen Sie gleich heute mit Ihrer

Umprogrammierung. Schon in diesem einen Kapitel steckt genug Zündstoff, um Ihr Leben umzukrempeln, um aus Ihnen einen reichen Mann zu machen. Doch niemand kann es Ihnen abnehmen, reich zu werden. Niemand kann die Formeln für Sie wiederholen. Das müssen Sie schon selber machen. Schreiten Sie also zur Tat, tun Sie den ersten Schritt, und wiederholen Sie für sich die Formeln des Reichtums.

Wer sich nicht als reicher Mann sehen kann, wird es auch niemals werden

Mit anderen Worten, jeder, der reich werden will, muß auch die absolute innere Bereitschaft dazu haben. Das heißt, wer sich sein Leben lang als kleiner Angestellter sieht, wem die Vorstellungskraft fehlt, auf den Stufen der Erfolgsleiter nach oben zu kommen, der wird auch sein Leben lang seine Position beibehalten.

Das Ergebnis jeder Programmierung, ihr Abbild sozusagen, ist das, was die Psychokybernetik das **Selbstbild** nennt. Dieses Bild ist im allgemeinen mehr oder weniger verschwommen und wird nur mehr oder weniger bewußt wahrgenommen. Immerhin hat jeder so eine kleine Vorstellung von dem, was er ist, was er darstellt. Wovon die meisten Leute dagegen eine extrem verschwommene Vorstellung haben und was ihnen im allgemeinen sogar völlig unbewußt ist, ist **die gravierende Bedeutung, die das Selbstbild für das Leben eines Menschen hat.** Diese Fehleinschätzung hat im allgemeinen tragische Folgen. Denn das, **was ein Mensch zu sein glaubt, das ist er auch in seinem Leben. Alles in Ihrem Leben – und dazu gehört auch Ihr Wohlstand – ist direkt proportional zu Ihrem Selbstbild, zu Ihrer Selbsteinschätzung.**

Aus diesem Grund – und darüber sollten Sie wirklich nachdenken – ist **die einzige Grenze, die einen Menschen aufhalten kann, seine mentale Grenze.** Das bedeutet im Endeffekt auch, daß die größte Freiheit eines Menschen die mentale Freiheit, die Willensfreiheit ist.

Wie entsteht das Selbstbild? Genauso wie das mentale Programm, dessen Reflektion es eigentlich ist. Faktisch ist es der bewußte Teil der unterbewußten Programmierung, das heißt, nur der Teil, den wir von diesem Selbstbild wahrnehmen. Wie wir bereits angemerkt haben, wird der Einfluß des Selbstbildes von den meisten Leuten nicht wahrgenommen. Das Selbstbild setzt sich in der Hauptsache aus zwei Komponenten zusammen: den äußeren Einflüssen, sprich Eltern, Erzieher, Freunde und alle, die einem im Laufe des Lebens über den Weg laufen, und den inneren Einflüssen, d.h. den eigenen Gedanken.

DIE EINZIGE GRENZE, DIE DEN MENSCHEN AUFHALTEN KANN, IST SEINE MENTALE GRENZE

Halten Sie einen Moment inne, um über dieses Prinzip nachzudenken. Diese kurze Meditation könnte Ihnen den Weg in ein völlig neues Leben öffnen, könnte ein echtes Aha-Erlebnis für Sie werden. Nehmen Sie sich doch einen Moment Zeit für eine kleine Selbstanalyse. Welches Bild haben Sie von sich selbst? Glauben Sie, Sie könnten Ihr Gehalt in einem Jahr ohne weiteres verdoppeln? Nein? Seien Sie unbesorgt, Sie werden recht behalten: Sie werden Ihr Gehalt in einem Jahr nicht verdoppeln. Denn ohne Ihr Wissen hat sich diese Überzeugung in Ihr Unterbewußtsein programmatisch eingeschrieben. Sie haben Ihrem Unterbewußtsein eine Art Befehl gegeben, zugegeben, einen negativen Befehl, aber eben doch einen Befehl. Sie haben ihm eine Grenze, ein Marschziel gesetzt, das es nun ansteuert. Es wird alles tun, um sein Programm zu erfüllen. Es ist sehr leistungsstark und verfügt über eine beachtliche Menge an Informationen. Sein Datenspeicher, d.h. sein Gedächtnis, ist unfehlbar. Die Schwierigkeiten, die es zu überwinden gilt, um Sie an der Verdoppelung Ihres Gehalts zu hindern, sind genauso groß wie diejenigen, die es bei dem Befehl, Sie zu einer Verdoppelung Ihres Gehaltes innerhalb eines Jahres zu veranlassen, zu überwinden gehabt hätte. Das heißt, Ihr Unterbewußtsein wird bei einer Programmierung auf Mißerfolg genauso gefordert wie bei einer Programmierung auf Erfolg. **Es ist also für Sie genauso schwer, erfolglos wie erfolgreich zu sein. Es ist für Sie genauso leicht, erfolgreich wie erfolglos zu sein.**

In dem folgenden Kapitel werden wir über die ungeheure Bedeutung der Zielsetzung sprechen. Jetzt, da Sie die Mechanismen des Unterbewußtseins kennen, wissen Sie auch, daß die Zielsetzung im Grunde genommen nichts anderes ist als eine genaue Programmvorgabe für Ihr Unterbewußtsein. Übrigens, wissen Sie eigentlich, wozu Ihre Zielsetzung in Abhängigkeit steht? Gewiß, es gibt bestimmte äußere Umstände, die da mit hineinspielen. **Doch letztendlich werden Sie sich Ihr Ziel immer automatisch in Abhängigkeit von Ihrem Selbstbild stecken.**

DIE ZIELSETZUNG EINES MENSCHEN IST VON DEM BILD, DAS ER VON SICH HAT, ABHÄNGIG

Am Anfang werden Sie vielleicht sagen: »Ich will mein Jahreseinkommen um 10 000 DM erhöhen.« So weit, so gut. Das ist durchaus legitim und auch absolut möglich. Und das bedeutet wahrscheinlich auch eine spürbare Verbesserung Ihres Lebensstandards, selbst wenn der Fiskus noch seine Ansprüche geltend macht. Aber warum beschränken Sie sich auf 10 000 DM? Der Grund dafür liegt auf der Hand: Weil das Bild, das Sie von sich selbst haben, dem einer Person entspricht, die sich nicht vorstellen kann, pro Jahr mehr als 10 000 DM zuzulegen. Es liegt uns fern, dieses Ziel von 10 000 DM zu belächeln. Wir hätten auch 5 000 DM oder 100 000 DM wählen können. Die Zahl tut nichts zur Sache, entscheidend ist das Prinzip. Denn was hindert Sie denn nun wirklich ernsthaft daran, Ihr Einkommen substantieller zu steigern? Es gibt keinen vernünftigen Grund dafür, keinen Grund, der einer ernsthaften Analyse standhält. Wissen Sie, wieviel Steven Spielberg im Jahre 1982, als sein Erfolgsfilm *E.T.* auf die Leinwand kam, tagtäglich verdient hat? Mehr als eine Million Dollar pro Tag! Ja, eine Million Dollar pro Tag! Daran sehen Sie, daß die Abgrenzung Ihrer Ziele eine mentale Angelegenheit ist.

Jeder Aufstieg, jede echte Vermögenssteigerung beginnt also mit der Ausweitung, besser noch, mit der buchstäblichen Sprengung Ihres mentalen Bildes. Mit einem neuen Bild kommt ein neues Ziel, mit einem neuen Ziel ein neues Leben. Das erscheint einem vielleicht zu simpel, doch die Wirklichkeit hat diese Gleichung immer wieder bestätigt.

ALLE REICHEN HABEN SICH SCHON ALS REICHE GESEHEN, BEVOR SIE REICH WURDEN

Die zehn reichen Männer unserer Untersuchung haben sich übrigens alle ohne Ausnahme trotz ihrer schlechten Startbedingungen schon reich gesehen, bevor sie es dann auch wirklich wurden. Alle waren sie davon überzeugt, daß sie eines Tages ein Vermögen besitzen würden. **Und das Leben hat es ihnen in Übereinstimmung mit dem Bild, das sie von sich hatten, und aufgrund ihres Erfolgswillens auch gegeben.**

Um Ihr Selbstbild zu testen, versuchen Sie es doch beispielsweise einmal mit dem Satz: »Ich werde ein sehr reicher Mann (eine sehr reiche Frau) werden«, und prüfen Sie anschließend Ihre Reaktion. Vergessen Sie nicht: Zwischen dem Selbstbild und dem, was das Leben uns bringt, besteht eine totale Übereinstimmung. Denken Sie auch daran, daß das Bild, das Sie von sich haben, Ihnen Ihre Grenzen vorgibt. Es läßt sich allerdings Ihren Wünschen gemäß verändern. Anfangs werden Sie bei Ihrer Umprogrammierung, beim Aufbau Ihres neuen Selbstbildes merken, daß Ihnen Ihr altes Bild immer wieder in die Quere kommt. Das ist absolut normal. Die Veränderung geschieht etappenweise, Schritt für Schritt. Doch was einen dabei so beflügelt und stimuliert, ist das Wissen, daß es bei diesem Prozeß praktisch keine einengenden Grenzen gibt. Der Mensch ist unbegrenzt vervollkommnungsfähig. Reich werden ist eine unendliche Geschichte.

Legen Sie sich ein neues Selbstbild zu, es ist so einfach. Benutzen Sie die Methode der Autosuggestion, so wie wir es Ihnen dargelegt haben. Sehen Sie sich auch die folgende Auswahl von Formeln an und suchen Sie sich die heraus, die Ihnen am meisten zusagen und Ihren Sehnsüchten entsprechen. Des weiteren setzen Sie sich ein finanzielles Ziel und legen genau die Summe fest, die Sie innerhalb einer bestimmten Frist, über die wir noch sprechen werden, erreichen wollen.

»Ich werde von Tag zu Tag reicher.«

»Ich finde den idealen Arbeitsplatz, der all meinen Bedürfnissen gerecht wird.«

»Das Leben schickt mir die Leute über den Weg, die für mein finanzielles Fortkommen wichtig sind.«

»Ich finde die Idee, die ich brauche, um mein Einkommen in einem Jahr zu verdoppeln.«

»Meine Fähigkeiten erlauben es mir, mein Einkommen zu verdoppeln.«

»Ich halte durch, bis ich Erfolg habe.«

»Es fällt mir leicht, alle Ziele zu erreichen, die ich mir gesetzt habe.«

»Ich finde die Stelle, wo sich meine Fähigkeiten und Talente optimal entfalten können.«

Wenn Sie sich Ihre eigenen Formeln zusammenstellen wollen, weil unsere Formeln nicht ganz in Ihr Konzept passen, dann tun Sie sich keinen Zwang an. **Sie verfügen über ein immenses Potential.** Nutzen Sie es. Die Leute, die reich geworden sind, unterscheiden sich nicht grundlegend von Ihnen. Die mentale Grenze, die sie sich gesetzt haben, ist nur einfach eine andere. Die Summen, die sie in einer Stunde verdienen, beeindrucken Sie vielleicht. Doch glauben Sie etwa, daß die Leute selbst sich auch von diesen Gewinnen beeindrucken lassen? Im allgemeinen nicht, denn diese Gewinne sind für sie nur das Ergebnis einer ganz gewöhnlichen Programmierung. Diese Gewinne sind für sie normal. Dasselbe kann auch für Sie gelten. Ray Kroc hat einmal gesagt: »Nehmen Sie sich Großes vor, dann werden Sie auch groß.« Wie wir im folgenden

Kapitel sehen werden, ist sein ganzes Leben eine eindrucksvolle Bestätigung dieses fundamentalen Prinzips.

Ray Kroc und die Philosophie des Hamburgers

ICH WAR STETS DAVON ÜBERZEUGT, DASS JEDER MENSCH SEINES EIGENEN GLÜCKES SCHMIED IST UND AUCH FÜR SEINE EIGENEN PROBLEME VERANTWORTLICH IST.

Ray Kroc wurde 1902 in Oak Park, am Stadtrand von Chicago, geboren. Sein Vater, Louis Kroc, arbeitete als Techniker bei der Western Electric Union. Im Vergleich zu seinem drei Jahre jüngeren Bruder Bob, der in Endokrinologie promovierte, ließ der junge Ray Kroc keine besondere Neigung für theoretische Studien erkennen. Um das Haushaltsgeld, das oft recht knapp war, aufzubessern, gab seine Mutter Rose zu Hause Klavierstunden. So lernte auch Raymond (Ray) Klavier spielen, was ihm später noch zunutze kommen sollte.

Ray Kroc entwickelte schon sehr früh Geschäftssinn. Als Junge arbeitete er den ganzen Sommer über in der Getränkeabteilung des Geschäfts seines Onkels und sparte jeden verdienten Pfennig, um schließlich mit zwei Freunden einen Musikladen zu eröffnen. Mit einem Startkapital von je 100 Dollar mieteten die drei jungen Leute ein winziges Ladenlokal, um dort Partituren und Harmonikas zu verkaufen. Aber schon nach wenigen Monaten mußten sie wieder zumachen, da ihr Absatz quasi gleich Null war. Der junge Kroc hatte jedoch Geschäftsluft geschnuppert und Gefallen am

Verkauf gefunden. **Die Pleite war also insofern nützlich gewesen, als ihm seine innere Berufung in ersten Ansätzen bewußt geworden war.**

Etwa zu der gleichen Zeit traten die Vereinigten Staaten in den Krieg ein. Der damals gerade 14jährige Kroc beschloß, die Schule zu verlassen, wo er sich nur langweilte. Er hielt das, was er dort lernte, für seinen späteren Erfolg nicht von Belang. Unter Verheimlichung seines Alters trat er in die Armee ein und wurde Ambulanzfahrer für das Rote Kreuz. Er absolvierte seine militärische Ausbildung und war gerade im Begriff, nach Frankreich zu starten, als zu seinem Glück am Vorabend des Abtransports der Waffenstillstand unterzeichnet wurde.

Nach seiner Militärzeit ging Kroc wieder nach Chicago mit dem Ziel, dort Arbeit zu finden. Er bekam eine Stelle als Vertreter im Dekorationsbedarfshandel. Dort verdiente er sich seine ersten Sporen im Verkauf, nachdem er sehr schnell herausgefunden hatte, was einen guten Verkäufer ausmacht. Doch seiner Karriere waren hier Grenzen gesetzt, da seine Firma mit ihrem Flitterkram nur einen geringen Aktionsradius bot. Kroc gab seine Arbeit auf und ließ sich statt dessen als Pianist bei einem großen Modeorchester in Michigan verpflichten. Hier lernte er auch Ethel kennen, die einige Jahre später seine Frau werden sollte.

WENN MAN IN KLEINEN MASSSTÄBEN DENKT, BLEIBT MAN AUCH KLEIN!

Im Jahre 1922 machte sich Kroc nach seiner Heirat mit Ethel auf die Suche nach einem Arbeitsplatz, der ihm mehr Beständigkeit als sein Musikerdasein auf den Ferry-boats bot. Er konnte auch bald bei einer

Firma für Pappbecher, der Lily Tulip Cup, als Vertreter anfangen. Dieser neue Wirkungsbereich hatte es ihm sofort angetan, da er spürte, daß diesen Bechern die Zukunft Amerikas gehörte. Das feine Gespür für künftige Entwicklungen, das sich schon früh bei ihm abzeichnete, sollte ihm während seiner ganzen Karriere von ausgesprochenem Nutzen sein. »Anfangs«, so erinnert er sich, »war es allerdings nicht leicht, gegen eingefahrene Traditionen anzugehen, den Gastwirten und Besitzern von Getränkebars klarzumachen, daß Pappbecher hygienischer und im Endeffekt billiger als Gläser seien und vor allem die Einführung eines neuen Konzepts im Gaststättengewerbe ermöglichen würden: die Selbstbedienung.« Aber seine innere Einstellung half ihm, alle diese Widerstände, die im übrigen bei der Einführung eines neuen Produkts normal sind, zu überwinden. Kroc sah in den Bechern ein lukratives Geschäft mit Zukunft.

»Ich war davon überzeugt«, sagt er, »wenn man in kleinen Maßstäben denkt, bleibt man auch klein; und ich hatte nicht die Absicht, klein zu bleiben!«

Ray Kroc mutete sich in dieser Zeit ein immenses Arbeitspensum zu. Schon um 7 Uhr früh raste er mit seinem Musterkoffer in der Hand auf der Suche nach Aufträgen und neuen Kunden durch die Straßen von Chicago. Gegen 17 Uhr, wenn die meisten Leute brav nach Hause gingen, war Kroc auf dem Weg zum Funkhaus des Senders WGES von Oak Park, wo er als offizieller Pianist angestellt war und live die Begleitmusik spielte, was damals noch üblich war. Sein Tag endete gegen 2 Uhr morgens. Wie hielt er das durch? Er war nicht etwa ein Mann, der von Haus aus über eine außergewöhnliche körperliche Konstitution verfügte.

Doch er hatte gelernt, daß alles eine Sache des Trainings war:

»Mein Geheimnis bestand darin, daß ich jeden Augenblick der Ruhe optimal für mich zu nutzen verstand. Ich glaube, daß ich durchschnittlich jede Nacht nicht mehr als sechs Stunden schlief. Oft waren es nur vier Stunden oder noch weniger, und ich bin überzeugt, daß ich das ohne meine persönliche Methode der Selbsthypnose nicht durchgehalten hätte. Außerdem verabscheute ich es, auch nur eine Minute meiner Zeit zu vertrödeln. Im übrigen brauchte ich den Komfort, und dank meines Einkommens aus den beiden Jobs konnten wir ihn uns auch leisten.« Der Absatz der Pappbecher lief für Kroc immer besser, und in dem gleichen Maße stieg auch sein Selbstbewußtsein. Schließlich hatte er im Frühjahr 1925 bei Lily Tulip Cup als unumstritten bester Verkäufer ein solches Ansehen erlangt, daß seine Vorgesetzten ihm einen fünfmonatigen unbezahlten Urlaub genehmigten. Ein paar Tage später kurbelte Kroc entschlossen seinen Ford »Modell T« an und machte sich auf den Hunderte von Kilometer langen Weg nach Florida.

WO ES KEIN RISIKO GIBT, KANN AUCH KEIN STOLZ AUF DIE VOLLBRACHTE LEISTUNG AUFKOMMEN UND DEMZUFOLGE AUCH KEIN GLÜCKSGEFÜHL ENTSTEHEN

Zu jener Zeit war Florida so etwas wie ein neues Land der Verheißung, eine Art Eldorado. Miami wimmelte nur so von Leuten auf der Suche nach dem großen Glück, und Ray Kroc sollte nach seiner anstrengenden 10-tägigen Autofahrt über unbefestigte, holprige Straßen, die mit unseren modernen Autobahnen nichts gemein hatten, gerade im rechten Moment erscheinen.

Er brauchte nicht lange zu suchen, um bei W. F. Morgan & Son als Verkäufer von Immobilien entlang dem Boulevard Las Olas in Fort Lauerdale eine geeignete Stelle zu finden. Seine Arbeit bestand darin, vermögende Kunden zu finden, die am Erwerb eines Besitzes in Florida interessiert waren. Kroc entwickelte sich sehr schnell zu einem exzellenten Immobilienverkäufer und erhielt sogar die Prämie, die jeweils die 20 besten Verkäufer der Firma bekamen, einen phantastischen Hudson mit Chauffeur. Für einen jungen Mann von 23 Jahren war das nicht schlecht. Aber sein Erfolg dauerte nicht an. Die Zeitungen im Norden des Landes berichteten in großer Aufmachung über den skandalösen Verkauf von Sumpfland in Florida und stoppten damit abrupt die Wohlstandswelle, die gerade an der Südwestküste Amerikas ins Rollen gekommen war. Damit wurde Ray Kroc der Boden unter den Füßen entzogen!

ICH GEHÖRE ZU DENEN, DIE IDEEN HABEN!
ICH BRINGE GELD, UND ICH LASSE MICH NICHT MIT DEN ANDEREN IN EINEN TOPF WERFEN!

Nach seiner Rückkehr nach Chicago nahm Kroc seine Tätigkeit bei Lily Tulip Cup als Pappbecher-Verkäufer wieder auf. Sein Terrain waren Rennplätze, Baseballplätze, Zoos, Strände, Cafés; hier entfaltete er sein Talent und seinen Unternehmungsgeist. Von 1927 bis 1937 durchkämmte er ganz Chicago, erschloß ständig neue Absatzgebiete und trieb die Verkaufszahlen immer weiter in die Höhe. Doch eines Morgens beorderte ihn sein Chef dringend in sein Büro.

Etwas konfus teilte er ihm mit, daß er eine schlechte Nachricht für ihn habe. »Die Geschäftsleitung hat beschlossen, das Gehalt aller Angestellten in Anbe-

tracht der wirtschaftlichen Großwetterlage des Landes um 10% zu kürzen. Sie müssen auch Ihren Teil dazu beitragen und sich den neuen Direktiven, die hoffentlich nur von kurzer Dauer sind, fügen.«
Diese Nachricht war tatsächlich ein schwerer Schlag für Kroc. Die Gehaltskürzung mißfiel ihm gründlich. Vor allem aber fühlte er sich in seinem Stolz verletzt. Wie konnte sein Chef ihn, den besten Verkäufer der Firma, derart willkürlich behandeln?

»Mr. Clark«, entgegnete er scharf, »es ist unfaßbar, daß man mich mit all denen, die nur untätig in der Firma herumsitzen, auf eine Stufe stellt. Ich gehöre zu denen, die Ideen haben, ich bringe Geld, und ich lasse mich mit den anderen nicht in einen Topf werfen!«

– »Verstehen Sie doch, ich habe keine andere Wahl. Diese Maßnahme betrifft alle ohne jede Ausnahme.«

– »Nun gut, ich gehöre zu den Ausnahmen. Hiermit kündige ich, und zwar fristlos!«

Als Kroc die Tür hinter sich schloß, war Clark wie vom Donner gerührt. Ihm war noch nie ein Mensch begegnet, der so bestimmt war. Und mit Sicherheit auch noch nie ein Mensch mit so einem Verkaufstalent. Das Problem war nur, daß er ihn verlieren sollte. Ethel machte ihrem Mann heftige Vorwürfe. Doch Kroc wollte davon nichts hören. Seine Sturheit zahlte sich im übrigen aus, denn sein Chef rief ihn zurück. Kroc nahm das günstige Arrangement, das man ihm anbot, sofort an. Man wollte die 10%ige Gehaltseinbuße über ein Spesenkonto ausgleichen. Auf diese Weise verstieß man nicht gegen die allgemeinen Prinzipien der Geschäftspolitik und riskierte somit auch nicht, die anderen Angestellten vor den Kopf zu stoßen. »Ich hatte das Gefühl, um mehrere Zentimeter gewachsen zu sein, als ich das Büro verließ«, erinnert sich Kroc. Er hatte sich selbst sehr hoch eingeschätzt und war nicht gewillt gewesen, von diesem Selbstbild auch nur einen Deut abzurücken. Seine Entschlossenheit trug Früchte.

ICH SPIELE MEIN SPIEL UND BIN ÜBERZEUGT, DASS ICH GEWINNE!

Um diese Zeit herum lernte Ray Kroc den Ingenieur Earl Prince kennen, der eine Kette von kleinen Eisdielen mit dem Namen »Prince Castle« aufgebaut hatte. Diese Kette belieferte Kroc mit Pappbechern. Das neue Geschäft schien vielversprechend zu sein und weckte Krocs Interesse. Seine Geschäfte waren zwar noch niemals so gut gelaufen – er hatte in der Tat mittlerweile 15 Verkäufer, die für ihn arbeiteten – doch die immer häufiger auftretenden Meinungsverschiedenheiten mit seinem Chef hinsichtlich der Zukunft der Firma und in bezug auf die Motivierung der Verkäufer gingen ihm allmählich gegen den Strich und dämpften seinen Enthusiasmus. Deshalb zögerte Kroc nicht lange, als Prince ihm eine Partnerschaft vorschlug. Sicher, er würde eine Bombenstellung aufgeben. Doch sein Blick war auf die Zukunft gerichtet, und die neue Herausforderung reizte ihn. Er war erst 35 Jahre alt und witterte ein gutes Geschäft. Prince hatte gerade den »Multi-Mixer« entwickelt, eine Art Schneeschläger mit sechs Quirlen. Kroc sollte sich um die Kommerzialisierung dieses neuen Geräts kümmern und die Alleinvertretung für das ganze Land übernehmen, während Prince für die Fertigung zuständig war. Am Gewinn waren sie ebenfalls zu gleichen Teilen beteiligt. Die Abmachung war außerordentlich gerecht.

DAS WAR ERST DER ANFANG MEINES KAMPFES DARUM, DEM KAPITALISMUS EIN PERSÖNLICHES DENKMAL ZU SETZEN

1936 stieg Kroc als Sozius in das neue Geschäft ein und machte sich an die Erschließung neuer Absatzmärkte, mit einem Multi-Mixer-Musterkoffer in der Hand, der sage und schreibe nicht weniger als 50 Pfund wog! Zunächst liefen die Dinge – wie früher auch bei den Pappbechern – nicht gerade optimal. Die Restaurants, die die herkömmlichen Mixer benutzten, sahen keinen Vorteil in der Anschaffung eines neuen Geräts, selbst wenn es sich dabei um ein Vielzweckgerät handelte. Hinzu kam, daß der 2. Weltkrieg die Kupferversorgung stark drosselte, Kupfer aber für die Herstellung der Multi-Mixer unerläßlich war. Kroc mußte also fürs erste einmal von dem Verkauf der Geräte Abstand nehmen und sich auf den Verkauf von Trockenmilch konzentrieren. Nach Beendigung des Krieges wandte er sich aber sofort wieder dem Verkauf der Multi-Mixer zu, und im Gegensatz zu früher gingen die Geschäfte jetzt auch bald besser, zumal ständig neue Restaurantketten wie Dairy Queen, A & W usw. auftauchten. Kroc war unablässig auf der Suche nach neuen Absatzmöglichkeiten, er nahm an allen vom Gaststättengewerbe und den Milchverbänden organisierten Treffen teil. 1948 erzielte er mit 8000 verkauften Multi-Mixern ein Rekordergebnis. Dieser Rekord war jedoch nur ein erster Schritt. »Was mich anbetrifft«, schrieb er, »so war das erst der Anfang meines Kampfes darum, dem Kapitalismus ein persönliches Denkmal zu setzen!«

Diejenigen, die Geld gegenüber gewisse Hemmschwellen zu überwinden haben, werden sicherlich die

Nase rümpfen, wenn sie diese spektakuläre Erklärung lesen.

SIE BEKOMMEN HIER DEN BESTEN HAMBURGER IHRES LEBENS, UND DAS OHNE WARTEZEITEN UND OHNE JEDE TRINKGELDVERPFLICHTUNG

Zu Ray Krocs Kunden gehörten zwei Brüder, die Brüder McDonald, die mit acht Multi-Mixern arbeiteten, was zu dieser Zeit ziemlich selten war, da jedes Gerät schließlich sechs Milch-Shakes gleichzeitig zubereiten konnte. Das deutete natürlich auf einen immensen Kundenkreis hin. Auf einer Reise nach Los Angeles in Begleitung eines seiner Vertreter sah Kroc zum ersten Mal in seinem Leben das Restaurant der Gebrüder McDonald in natura. Sein Instinkt sagte ihm, daß damit das große Geschäft zu machen sei. Doch zunächst einmal war er von dem bescheidenen Eindruck, den das Gebäude der beiden Brüder erweckte, deren Name einmal so berühmt werden sollte, ziemlich überrascht. Es handelte sich um einen kleinen achteckigen Bau mit einer Grundfläche von ca. 60 qm, der an einer Straßenecke lag. Alles in allem ein bescheidenes, absolut durchschnittliches Restaurant. Da es gerade auf die Mittagszeit zuging, parkte Kroc seinen Wagen in der Nähe des Gebäudes, um das Geschehen besser im Blick zu haben. Es erstaunte ihn zunächst, wie das Personal, das ganz in Weiß gekleidet war und dazu ebenfalls weiße Papiermützen trug, sich um den Lagerschuppen des Gebäudes herum zu schaffen machte und in kleinen Wagen die Verpflegung holte: Kartoffelsäcke, Fleischkisten, Brötchen, Spirituosen usw. Dieses Bild ließ einen beachtlichen Sinn für Ordnung, Disziplin und Effektivität erkennen. Bald füllte sich auch der Parkplatz mit Autos, und schon hatte sich eine Schlange vor der Theke gebildet.

Erstaunt reihte sich Kroc in die Schlange ein, die ständig länger wurde.

»Was gibt es denn hier so Besonderes?« wandte er sich an einen Mann, der vor ihm stand.

»Haben Sie hier noch nie gegessen?«

»Nein.«

»Nun, dann werden Sie sehen, daß Sie hier den besten Hamburger Ihres Lebens bekommen, und das ohne Wartezeit und ohne daß Sie der Bedienung Trinkgeld geben müssen.«

Am Nachmittag kehrte Kroc mit der Absicht, die beiden McDonalds zu treffen, in das Restaurant zurück. Er erhielt noch für denselben Abend einen Termin, bei dem er alles Wissenswerte über die beiden zu erfahren hoffte. Er bekam heraus, daß Maurice und Richard McDonald in den 20er Jahren als Hilfsarbeiter in den Filmstudios von Hollywood gearbeitet hatten, bis sie sich dann 1932 entschlossen, selbständig zu werden und ein Kino kauften. Das Geschäft lief nicht sehr gut. Im Jahre 1937 brachten sie schließlich den Besitzer eines Geländes in Santa Anita dazu, sie beim Bau eines Lokals in der Art eines »drive-in« zu unterstützen. Zu jener Zeit kam in Kalifornien ein neuer Typ von Restauration auf: das »drive-in«. In der Metropole des Films schossen diese Lokalitäten wie Pilze aus dem Erdboden, wobei manche Besitzer die Extravaganz so weit trieben, daß sie ihre Bedienungen auf Rollschuhen in abenteuerlichen Kostümen herumfahren ließen. Kalifornien war und ist eben noch immer die Wiege der amerikanischen Kultur!

Die Gebrüder McDonald hatten zwar keine Ahnung vom Restaurationsbetrieb, doch mit Hilfe eines ihrer Angestellten, der früher in einem Grill als Koch gearbeitet hatte, lernten sie schnell. Ihr kleines Restaurant war sozusagen der Prototyp für eine Riesenkette, die Kroc aufbauen sollte. Die Speisekarte begrenzte sich auf Hamburger, Fritten und Brausegetränke. Alles wurde fließbandmäßig zubereitet, wobei jeder Arbeitsgang leicht überschaubar und mit einem Minimum an Arbeits-, Zeit- und Kostenaufwand durchgeführt wurde.

WARUM NICHT ICH?

In der Nacht, die auf dieses entscheidende Treffen folgte, dachte Kroc in seinem Hotelzimmer über das nach, was er an diesem Tag gesehen und gehört hatte. Er konnte seine Phantasie, die immer schon sehr rege gewesen war, nicht zügeln. Später schrieb er über diese Nacht: »In Gedanken sah ich Hunderte von McDonald-Restaurants über das ganze Land verteilt.« Am nächsten Morgen stand sein Plan fest: Er wollte die Gebrüder McDonald aufsuchen und ihnen vorschlagen, eine Restaurantkette nach dem Schema ihres jetzigen Lokals quer durch das Land zu ziehen. Die McDonalds würden ihren Gewinn steigern, und Kroc könnte die Verkaufsziffern für seinen Multi-Mixer in die Höhe treiben. Beide Parteien kämen also auf ihre Rechnung. So seltsam das klingen mag, aber Kroc interessierte sich bei dem McDonald-Geschäft in erster Linie für eine Absatzsteigerung der Multi-Mixer.

»Wir haben hier schon genug am Hals«, war die Antwort der Gebrüder McDonald auf Krocs Vorschlag. »Und das würde uns eine Menge Ärger einbringen.

Vor allem haben wir niemanden, der sich mit all dem befassen könnte.«

»Warum nicht ich?« konterte Kroc.

Auf dem Rückflug von Kalifornien wäre wohl keine der Stewardessen an Bord auf die Idee gekommen, daß dieser unscheinbare Passagier, der Diabetes hatte und an Arthritis litt, der keine Gallenblase mehr besaß und eine Schilddrüsenoperation hinter sich hatte, daß dieser Passagier einmal einer der bedeutendsten Magnaten des Restaurationsgewerbes werden sollte. Bequem in seinen Sessel zurückgelehnt, ließ Kroc seinen Aktenkoffer nicht aus den Augen, so als hätte er Millionen zu bewachen. Und in der Tat, er enthielt eine wahre Goldmine: den gerade von den Gebrüdern McDonald unterzeichneten Vertrag. Mit diesem Vertrag hatte Ray Kroc die Freizeichnungsrechte für den Betrieb der McDonald-Restaurants in ganz USA in der Tasche. Die Architektur aller Gebäude sollte identisch sein, das heißt, dem Plan entsprechen, den der Architekt der McDonald-Brüder neu entworfen hatte. Darüber hinaus mußte der Name McDonald auf jedem Gebäude erscheinen. Jede Speisekarte mußte überall gleich sein, und alle eventuellen Änderungen dieses Konzepts mußten vorher mit den McDonald-Brüdern abgestimmt und schriftlich von ihnen abgesegnet werden.

Der Vertrag sicherte Kroc 1,9% am Bruttoumsatz der Konzessionen zu. Davon mußte Kroc aber 0,5% wieder an die Gebrüder McDonald abführen. Außerdem sah der Vertrag vor, daß Kroc für jede Freizeichnung 950 Dollar erhielt. Diese Summe war als Aufwandsentschädigung für ihn gedacht. Jede Lizenz, die den Konzessionären erteilt wurde, hatte eine Laufzeit von

20 Jahren. Der Vertrag, mit dem sich Kroc an die McDonald-Brüder band, war nur auf 10 Jahre abgeschlossen. Später sollte er auf 99 Jahre verlängert werden.

Zurück in Chicago machte Kroc sich sofort auf die Suche nach einem geeigneten Gelände für den Bau des ersten McDonald-Restaurants. Mit Hilfe eines Freundes, Art Jacobs, der später ebenfalls in das Geschäft einstieg, machte Kroc ein kleines Grundstück ausfindig, das alle Voraussetzungen zu erfüllen schien. Die meisten Freunde von Kroc hielten die Idee, sich in ein Geschäft mit Hamburgern zu 0.15 Dollar das Stück einzulassen, für absolut verrückt. Nur Ed MacLuckie, ein Freund von Kroc, ermutigte ihn und interessierte sich für das Projekt. Kroc hatte keine Schwierigkeiten, ihn für die Geschäftsführung seines ersten Restaurants zu gewinnen. 1955 eröffnete Kroc mit sachkundiger Unterstützung von Hart Bender, dem Geschäftsführer der McDonald-Brüder, das erste McDonald-Restaurant im Mittelwesten Amerikas. Der Bau, der im kalifornischen Stil nach den Plänen des McDonald-Architekten gestaltet war, paßte jedoch nicht so recht in die Landschaft des Mittelwestens, vor allem nicht im Winter. Mit seinen Vorstellungen über eine entsprechende Umgestaltung des Baus stieß Kroc allerdings bei Maurice und Richard McDonald auf harte Gegenwehr, die sich weigerten, die vertraglich vereinbarte Einverständniserklärung zu unterzeichnen.

Die Zubereitung der Fritten bereitete Kroc ebenfalls Kopfzerbrechen. Obwohl er versuchte, das Verfahren der McDonald-Brüder genau zu kopieren, gelang es ihm nicht, geschmacklich an die herrlichen Fritten, die er in Kalifornien probiert hatte, heranzukommen. Der Erfolg des Unternehmens hing nämlich von der

Gewährleistung der gleichen Qualitäts- und Geschmacksnormen in Hunderten von Restaurants ab. Kroc löste schließlich das Problem, indem er ein Lüftungssystem im Keller des Gebäudes installierte, das den Reifungsprozeß der Kartoffeln beschleunigen sollte. Der Geschmack der Kartoffeln verbesserte sich mit zunehmender Trocknung, die eine Umwandlung der Zuckeranteile in Stärke bewirkt. Da die Gebrüder McDonald ihre Kartoffeln in Säcken aus Drahtgewebe lagerten, über die ständig der leichte Wind der Gegend hinwegstrich, machten sie sich, ohne es zu wissen, ein natürliches Reifungsverfahren zunutze. Nebenher verkaufte Kroc auch immer noch weiter seine Multi-Mixer. Mit dem, was er dabei verdiente, bezahlte er die Miete des Restaurants und die Gehälter der Angestellten. Frühmorgens begab er sich in das Restaurant, um dort mit Hand anzulegen. »Mein Stolz hinderte mich nicht daran, einen Besen in die Hand zu nehmen und die Toiletten zu putzen.«

Ein Jahr nach der Eröffnung des ersten Restaurants wurden drei weiterc Konzessionen in Kalifornien erteilt. In den letzten acht Monaten des Jahres 1956 kamen noch acht neue Restaurants in verschiedenen amerikanischen Staaten hinzu. Durch den Verkauf der Multi-Mixer hatte Kroc die Gelegenheit gehabt, sich in Tausenden von Küchen aller Arten von Restaurants umzusehen. Diese Erfahrung kam ihm nun bei der Bewirtschaftung der Restaurantdependancen sehr zugute. Dies ist ein Beispiel für das »Spin-off«-Prinzip, auf das wir später noch eingehen werden. Es veranschaulicht aber auch das »extra-mile«-Prinzip, das ebenfalls noch zu erläutern sein wird. Alles, was Kroc im Laufe dieser ersten Jahre an Kraft investiert hatte, sollte ihm bald den Weg zum wahren Reichtum ebnen. Ray Kroc betrachtete es damals als eines seiner wichtigsten Ziele, eine Kette von Restaurants aufzubauen, die wegen ihrer Qualität, ihrer Sauberkeit und ihres Service berühmt waren. »Qualität, Service, Sauberkeit und Preis. Wenn man mir jedesmal, wenn ich diese Worte wiederholte, einen Ziegelstein gegeben hätte, könnte ich heute wahrscheinlich eine Brücke über den Atlantik bauen.« Diese Maximen mußte man den Restaurantbetreibern eben permanent einhämmern, um sie entsprechend zu erziehen.

Um das geplante Imperium seinen Vorstellungen entsprechend auszubauen, kam Kroc auf die Idee, die Besitzer geeigneter Baugrundstücke dazu zu überreden, die Grundstücke auf untergeordneter Basis zu verpachten. Mit anderen Worten, die Eigentümer nahmen eine zweite Hypothek auf, damit Krocs Team bei der Bank eine erste Hypothek aufnehmen konnte, womit der Grundstückseigentümer sein Grundstück dem Gebäude unterordnete. Kroc mußte nicht lange reden, um die Grundstückseigentümer für seinen Plan zu gewinnen. Sie begriffen sehr schnell, daß ihr unbebautes Land ihnen etwas einbringen könnte. Erst jetzt fing das McDonald-Geschäft an, wirklich rentabel zu werden. Kroc entwickelte auch einen Plan, nach dem die Konzessionäre ihre monatlichen Zahlungen zu leisten hatten, so daß er in der Lage war, die Hypotheken zu tilgen, die Unkosten zu decken und Gewinn zu machen. Er war prozentual am Umsatz der Restaurants beteiligt und hatte dabei Anspruch auf ein monatliches Mindestfixum. Nach einiger Zeit wurden durch diesen Plan bereits bedeutende Gewinne erzielt. Und Ray Kroc hatte gerade erst die Spitze des Eisbergs berührt!

ICH GLAUBE AN GOTT,
AN MEINE FAMILIE UND AN McDONALD,
UND IM BÜRO IST DIESE REIHENFOLGE UMGEKEHRT.

In der Folgezeit bemühte Kroc sich darum, wertvolle Mitarbeiter für sich zu gewinnen: Fachleute für das Rechnungswesen, Rechtsanwälte, Finanzberater usw. **»Der Erfolg meines Unternehmens beruht zum großen Teil auf meinem Geschick, die Schlüsselpositionen meines Unternehmens mit den richtigen Leuten zu besetzen.«**

Nach einigen Jahren wurde Ray Kroc zunehmend klar, daß er mit dem rapide expandierenden McDonald-Geschäft einen guten Griff getan hatte. Der einzige Haken daran war, daß er es nicht wirklich im Griff hatte. Er war vertraglich an die Gebrüder McDonald gebunden. Wenn er wirklich reich werden wollte und die Restaurantkette die Dimensionen annehmen sollte, die ihm vorschwebten, dann durfte man ihm – das sah er bald sehr deutlich – keine Knüppel zwischen die Beine werfen. Er mußte also seinen Vertrag auslösen. Und genau das beschloß er zu tun.

Nach langen Diskussionen, die er mit seinem Hauptfinanzberater hinsichtlich der Strategie führte, die sich für den Freikauf am besten empfahl, entschied Kroc sich für den direkten Weg und rief bei Richard McDonald an, um ihn nach seinem Preis zu fragen. Als Richard ihm zwei Tage später den Preis der Brüder nannte, ließ Kroc – wie vom Donner gerührt – den Hörer aus der Hand fallen, d.h., er knallte ihn so hin, daß sogar sein Gesprächspartner zusammenzuckte. Man muß dazu sagen, daß es bei der Summe, die

McDonald genannt hatte, jedem Geschäftsmann die Sprache verschlagen hätte.
2 700 000 Dollar!

Zur damaligen Zeit (und selbst heute) war das eine ganz schöne Summe, ein Vermögen, von dessen Besitz Kroc weit entfernt war, zumal ihn die Scheidung von seiner ersten Frau, die zu dieser Zeit gerade über die Bühne gegangen war, ganz schön ausgelaugt hatte.

»Wissen Sie, Mr. Kroc«, argumentierte Richard McDonald, »mein Bruder und ich haben das reichlich verdient. Seit 30 Jahren arbeiten wir schon in diesem Geschäft. Wir möchten gern 1 000 000 Dollar nach Abzug der Steuern für jeden, und wir treten Ihnen alle Rechte ab, den Namen und alles, was sonst noch drum herum ist.«

Wie sollte er eine solche Summe auftreiben? Am nächsten Morgen rief Kroc die Führungsspitze seines Unternehmens zusammen, und einige Tage später wurde John Bristol, Finanzberater der Universität Princeton, als stiller Teilhaber verpflichtet. Bristol beschaffte schließlich bei verschiedenen Geldgebern die erforderliche Summe. Die Gesamtkosten der Transaktion beliefen sich auf 14 000 000 Dollar, und Krocs Vorkalkulation wies aus, daß mit der vollständigen Rückzahlung der Darlehenssumme erst 1991 zu rechnen war. Im Jahre 1972 war die gesamte Summe zurückgezahlt. Kroc war ein Rechenfehler unterlaufen: Er hatte seine Finanzprognose auf der Basis der Geschäfte des Jahres 1961 aufgestellt und trotz seines Optimismus nicht mit derart großen Zuwachsraten grechnet.

Der erste große Schritt auf dem Weg zum Reichtum

war also geschafft. Doch die Partie war noch lange nicht gewonnen. Kroc mußte auf Verwaltungs- und Gesetzesebene zahlreiche Gefechte austragen, mußte seine großen Qualitäten als Verwaltungsfachmann und Finanzexperte beweisen. Die Expansion des McDonald-Imperiums nahm phänomenale Ausmaße an. 1977, dem Erscheinungsjahr von Krocs aufschlußreicher Autobiographie, gehörten zu McDonald 4177 Restaurants in den Vereinigten Staaten und 21 anderen Ländern. Seither ist der Aufschwung ständig weitergegangen, und der Gesamtumsatz hat bereits die 3-Milliarden-Grenze überschritten!

Die »Philosophie« des Hauses, der sich alle Konzessionäre zu unterwerfen hatten, sah eine Regelung sämtlicher täglich anfallender Arbeitsgänge bis ins kleinste Detail vor. Die Bratzeiten waren beinahe auf die Sekunde festgelegt und wurden mit Blinklämpchen überwacht. Die Fleischküchlein mußten so und so viel wiegen und den und den Durchmesser haben. Wenn ein Hamburger nicht 10 Minuten nach dem Braten verkauft ist, muß er weggeworfen werden. Was das Personal anbelangt, so hat es sich genauestens an die strengen Dienstvorschriften zu halten. Die Uniform muß modisch sein, aber auch die Frisur und das Benehmen sind reglementiert. So muß der Angestellte den Kunden mit einem Lächeln empfangen und ihn dabei ansehen. Dazu sind eine Reihe von teils recht subtilen Sparsamkeitsmaßnahmen vorgeschrieben. So muß der Kunde in allen McDonalds, die mit keiner Selbstbedienungstheke für Gewürze ausgestattet sind, erst ausdrücklich nach Salz oder Pfeffer verlangen, wenn er diese Gewürze braucht.

Von dem Zeitpunkt an, da Kroc die Gebrüder McDonald ausgezahlt hatte, wandte er gegenüber seinen

Konzessionären eine äußerst strenge Politik an, die einen großen Teil seines Erfolgs ausmachte. **Seine Sorge ums Detail war sprichwörtlich.** Solche Kleinigkeiten darf man im übrigen nicht unterbewerten, wenn man Erfolg haben will. Oft sind es gerade die kleinen, scheinbar banalen Dinge, die den Unterschied zwischen Erfolg und Mißerfolg ausmachen. Die Sorge darum ergibt sich aus der Erfahrung. Sie ist vor allem Ausdruck einer steten Wachsamkeit, dokumentiert das ständige Bemühen um Verbesserungen, so winzig sie auch sein mögen.

Unsere zehn reichen Männer haben sich ihr Leben lang mit Kleinigkeiten befaßt, für die andere sich als zu schade betrachtet hätten. Krocs Detailbesessenheit (vor allem was die Sauberkeit anbetraf) war schon fast krankhaft zu nennen. »Ich war immer ›happy‹, wenn ich mein McDonald wiedersah! Manchmal allerdings bereitete mir das, was ich dort erblickte, weniger Vergnügen. Es kam vor, daß Ed MacLuckie vergessen hatte, die Beleuchtung des Firmenschildes bei einbrechender Dunkelheit einzuschalten. Das machte mich rasend. Oder auf dem Boden lagen Abfälle herum, und Ed erklärte mir, daß er nicht die Zeit gehabt habe, sie aufzusammeln. Diese kleinen Dinge schienen ihn nicht zu stören, doch für mich waren sie ein echter Affront. Ich schrie wie ein Wahnsinniger herum und nahm auch auf Ed keinerlei Rücksicht. Er nahm das nicht übel. Ich wußte, daß diese Kleinigkeiten für ihn genauso zählten wie für mich, und das hat er in seinen sauberen Restaurants einige Jahre später auch bewiesen.«

Kroc arbeitete bis zum Ende seines Lebens und widmete seine ganze Zeit der Suche nach geeigneten Standorten für weitere Restaurants. Die Gesellschaft

McDonald legte sich ein Flugzeug zu, mit dem Kroc sich nach neuem Gelände – möglichst in der Nähe von Schulen und Kirchen – umsah.

Trotz seiner Schmerzen, die ihn in eine gebückte Haltung zwangen, reiste Kroc weiterhin und kam immer noch in sein Büro. Für einen Mann wie ihn war es immer noch leichter, die Schmerzen auszuhalten, als untätig zu sein. Gegen Ende seines Lebens warf ihm einmal jemand vor, für einen Mann wie ihn sei es leicht, von Erfolg zu reden, wenn mehrere Millionen Dollar dahinterstehen. »Und dabei«, erwiderte Kroc, »kann ich noch nicht einmal mehr als ein Paar Schuhe gleichzeitig tragen!«

Er war ein einfacher Mann geblieben, trotz seiner Millionen.

★★

Nur keine Hemmungen gegenüber Geld!

Beim Aufbau eines neuen Persönlichkeitsbildes heißt es erst einmal Großreinemachen. Es gilt Widerstände und Hemmungen zu überwinden. Mit am weitesten verbreitet, mit am tiefsten verankert und mit am folgenschwersten ist der innere Widerstand, der in der Vorstellung wurzelt: »Geld ist schmutzig«, um diesen unglückseligen Ausdruck einmal zu gebrauchen. Diese Vorstellung manifestiert sich auf verschiedene Weise und ist übrigens im allgemeinen mehr oder weniger unbewußt. So heißt es, daß es unmoralisch sei, sich bereichern zu wollen, daß die Leute, die sich hocharbeiten wollen, spießbürgerlich seien, daß sie nur ans Materielle dächten usw. Man muß dazu sagen, daß die zur Schau getragene Aversion gegen Geld oft heuchlerisch ist. Mangverteufelt die Reichen, und gleichzeitig beneidet man sie insgeheim. Es läßt sich allerdings feststellen, daß die Einstellung zum Geld sich ganz allmählich zu ändern beginnt, obwohl viele Vorurteile noch fest verwurzelt sind.

Ein anderer Widerstand, den es in diesem Zusammenhang zu überwinden gilt, besteht bei Leuten, die aus bescheidenen Verhältnissen kommen, oftmals in der Furcht, ihre Herkunft und ihre Eltern zu verleugnen. Das gilt natürlich nicht für alle Leute aus diesem Milieu. Wir haben ja gesehen, daß Armut, Frustration und Demütigung in der Kindheit durchaus auch das Ferment für erstaunliche Karrieren sein können. Wenn man aus bescheidenen Verhältnissen kommt, ist man also nicht notwendigerweise auch zu einem bescheidenen Leben verurteilt. Armut ist nicht erblich. Ganz gleich, wie man dazu steht, und selbst wenn das für manchen schockierend klingen mag, im Grunde genommen ist **Armut in vielen Fällen eine mentale Krankheit.**

Das ist in gewisser Weise tröstlich. Wenn Armut eine Krankheit ist, dann kann man sie auch heilen. Man kann auf jeden Fall da herauskommen. **Es gibt keine Situation, keine äußeren Umstände, keine Zwänge, über die der Geist nicht triumphieren könnte!** Wer sich das bewußt macht, ist auch in der Lage, sein Schicksal zu meistern, der kann sein gegenwärtiges Leben ändern und sein zukünftiges Leben seinen Wünschen und Neigungen entsprechend gestalten. Wer dieses fundamentale Gesetz begriffen hat und es auf sein Leben anwendet, der wird das werden, was er in seinem tiefsten Innern zu sein wünscht. Und nichts, aber auch nichts wird ihn aufhalten können. Das Umfeld paßt sich seinem Willen und seinem Geist an.

Die richtige Einstellung zum Geld

Die Ansicht, daß Geld schmutzig ist oder daß man mit einem sozialen Aufstieg sein Elternhaus verleugnet, kann verheerende Folgen haben. Die Vorstellung, man sei spießig oder ohne geistige Interessen, wenn man materielle Ambitionen hat, ist absolut irrig. Denn wenn man einmal das zufällig beim Lotto oder Toto erworbene Geld und auch ererbtes Geld außer Betracht läßt, was bedeutet dann eigentlich, viel Geld machen? Ehrlich verdientes Geld bedeutet in Wahrheit nichts anderes als die Anerkennung für erbrachte Leistungen. Ein reicher Mann ist also ein Mann, der für andere eine Leistung erbracht hat und dafür den gerechten Lohn erhalten hat. Das ist der Punkt, den die meisten Menschen vergessen, wenn sie so abfällig über Geld sprechen. Sicher, Henry Ford hat Millionen gescheffelt und ist sogar Milliardär geworden. Doch welche Dienste hat er der Menschheit auch erwiesen! Dank seiner bewundernswerten Geduld, seiner Genialität, seiner sprichwörtlichen Entschlossenheit hat dieser kleine Mann ohne richtige Ausbildung, den viele seiner Zeitgenossen anfangs belächelten, die Menschheit um einen Riesenschritt vorangebracht, ihr das Zeitalter des Automobils erschlossen. Können Sie sich das moderne Leben ohne Auto vorstellen? Sicherlich nicht. Darüber hinaus hat Ford Millionen Arbeitsplätze geschaffen. Sein Vermögen ist nichts weiter als ein Ausdruck der Anerkennung seiner Verdienste, die gerechte Entlohnung seiner vollbrachten Leistungen. Im übrigen war Ford sich durchaus der wahren Bedeutung des Geldes bewußt, und dieses Bewußtsein war auch der sicherste Garant dafür, zu Geld zu kommen. Als er eines Tages gefragt wurde, was er denn machen würde, wenn er sein ganzes Vermögen verlieren würde, entgegnete er schlagfertig: »Ich würde über ein anderes Grundbedürfnis der Menschen nachdenken, und ich würde diesem Bedürfnis entsprechen, indem ich etwas anböte, was billiger und effizienter wäre als alles, was irgend jemand anders zu bringen imstande wäre. In fünf Jahren wäre ich wieder Millionär.«

Ein Grundbedürfnis der Menschen finden und dies auf billigere und effizientere Weise befriedigen als alle anderen ... Auf diese Weise haben viele Leute ihr Vermögen gemacht ... auch unsere zehn reichen Männer.

Zum Beispiel Walt Disney! Er hat das Leben von Tausenden von Kindern bunter gemacht.

Oder Watson! Seinem genialen Geschäftssinn ist die Kommerzialisierung der IBM-Rechner zu verdanken. Unsere ganze Gesellschaft hat sich damit verändert. Was wäre das Leben heute ohne Computer?

Und wie steht es mit Conrad Hilton? Sein Hotelkonzept war es, das es heute allen – oder fast allen – Reisenden auf der Welt möglich macht, in den Genuß eines außergewöhnlichen Service zu kommen. Die Sicherung des Komforts und eines hochklassigen Service haben ihm sein Vermögen eingebracht.
Diejenigen, die anderen Menschen ihren Reichtum vorwerfen, sollten darüber nachdenken, was diese Leute für ihresgleichen auf der Produktionsgüter- bzw. Dienstleistungsebene und dem Arbeitsmarkt getan haben. Die Anerkennung, die diese wohlhabenden Leute erfahren haben, kam nicht von ungefähr.

Aber auch wenn die anderen von der erbrachten Leistung in höchstem Maße profitieren, so bedeutet das noch nicht, daß der persönliche Einsatz unbedingt im entsprechenden Verhältnis dazu stehen muß. Was zählt, ist der Nutzeffekt der Dienstleistung bzw. die Popularität des Produkts. Darauf bezogen kann man sagen, ob die Arbeit unter dem Strich sich gelohnt hat. **Eine einzige Idee genügt schon, um reich zu werden. Und wieviel Zeit braucht man für eine Idee? Den Bruchteil einer Sekunde.** Natürlich wird die Verwirklichung dieser Idee dann möglicherweise, und nicht nur möglicherweise, sondern im allgemeinen ganz sicher mehr Zeit und Mühe erfordern.

Rubik ist mit seinem berühmten Zauberwürfel aufgrund einer einzigen Idee Millionär geworden. In Null Komma nichts und ohne übermäßige Anstrengung. Und was für einen Dienst hat er den Mitmenschen damit erwiesen? Er hat sie unterhalten und die kleinen grauen Zellen von Millionen von Menschen in Aktion gesetzt. Und wieviel an Tantiemen hat Ihrer Meinung nach der Erfinder von Monopoly mit seiner Spielidee eingestrichen?

Es gibt einige Leute, die behaupten, daß Geld an sich weder schlecht noch gut sei. Wir dagegen meinen, daß Geld – so wie es die Triebfeder des Krieges ist – auch die Keimzelle jeder Zivilisation ist. Es ist übrigens kein Zufall, daß es über die Jahrhunderte hinweg immer die reichsten Länder waren, die auch über den höchsten kulturellen und wissenschaftlichen Standard verfügten. Die Vorteile des Geldes sind immens, und zwar sowohl für den Einzelnen als auch für die Nationen. Also befreien Sie sich einmal von all diesen mittelalterlichen Vorstellungen, Geld sei schmutzig, spießig, schlecht ... Natürlich sind wir nicht so naiv, Geld für ein Allheilmittel zu halten, aber es erleichtert das Leben doch gewaltig und eröffnet ungeahnte Möglichkeiten. Der einzige Nachteil ist zweifellos die Gefahr, zum Sklaven des Geldes zu werden. Sich seiner Dienste bedienen, ja; sich von ihm beherrschen lassen, nein! Was wichtig ist, ist, die richtige Einstellung zum Geld in sein neues Selbstbild zu integrieren. Das ist Ihr Schlüssel zu einer größeren Freiheit. Sie haben ein Recht darauf, nutzen Sie dieses Recht. Verbannen Sie jeden Gedanken aus Ihrem Gehirn, der dieser Philosophie entgegenläuft. Überwinden Sie diese unglückselige Hemmschwelle. Solange Sie sich nicht von diesem Ballast freigemacht haben, können Sie auch nicht richtig reich werden. Seien Sie auf der Hut! Diese innere Sperre nimmt oft heimtückische Formen an und entzieht sich durch geniale Verschleierungsmanöver oftmals einer Analyse. Denken Sie bei Ihrer Selbstanalyse stets an das folgende Prinzip, das genügt, um jeden Einwand beiseite zu schieben: **Es gibt keinen triftigen Grund, der Sie daran hindert, reich zu werden.**

Stellen Sie sich vor, Sie seien bereits reich!

Ein Bild ersetzt tausend Worte! Wir haben gesehen, wie man beim Aufbau eines neuen Selbstbildes und bei der Umprogrammierung des Unterbewußtseins verbale Suggestion einsetzen kann. Gewisse Leute kommen damit auch hervorragend zurecht und erzielen immer glänzende Ergebnisse. Doch manche Leute vervollständigen diese Art der Suggestion gern durch eine bildliche Suggestion. Das Heraufbeschwören von Bildern kann nämlich eine große Hilfe sein. Im übrigen macht man das tagaus, tagein oft ganz unbewußt viele Male. Wir denken ebensoviel in Bildern wie in

Worten. Ständig verfallen wir in das, was man landläufig Tagträume nennt.

Wir versetzen uns in die Zukunft und stellen uns diese oder jene Situation vor. Wir rufen uns die Vergangenheit ins Gedächtnis zurück und lassen alte Bilder wieder lebendig werden. Ob man will oder nicht, beeinflussen diese Bilder in hohem Maße unser Unterbewußtsein und prägen ebenfalls unsere Persönlichkeit. Ja, mehr noch, sie wirken sich auf unsere Zukunft aus. Wenn das auf positive Weise geschieht, ist dagegen nichts einzuwenden. Doch da diese Szenerie im allgemeinen nicht gesteuert wird, sind die Ergebnisse oft negativ. Wenn die Erinnerungen der betreffenden Person trauriger Natur sind, wenn sie viele Mißerfolge erlebt hat, ist ihre innere Bilderwelt kaum erfreulich und verstärkt demzufolge die negative Programmierung. Bei einer pessimistischen Grundhaltung stehen die Zukunftsvisionen unter dem Einfluß negativer Gedanken, die maßgeblich daran Anteil haben können, wie das weitere Leben tatsächlich abläuft.

Man muß diese Visionen steuern. Ergänzen Sie Ihre tägliche Programmierung durch gesteuerte bildliche Suggestionen. Träumen Sie positiv. Entspannen Sie sich, damit Sie auf Ihr Unterbewußtsein besser Einfluß nehmen können, und versuchen Sie, sich eine Zukunft in hellen Farben auszumalen. Dieser Übung sind keine Grenzen gesetzt. Tun Sie so, **als ob** Sie das, was Sie gern besitzen wollen, bereits besäßen, **als ob** Sie Ihr Ziel bereits erreicht hätten. Die Wirksamkeit dieser Technik liegt unter anderem darin begründet, daß das Unterbewußtsein nicht mit demselben Zeitgefühl arbeitet wie das Bewußtsein. Tatsächlich kennt das Unterbewußtsein keinen Zeitbegriff, was im übrigen auch für die Träume gilt, durch die sich das Unterbewußtsein am deutlichsten manifestiert. Es gibt hier weder Zukunft noch Vergangenheit. Es gibt sozusagen nur eine ewig dauernde Gegenwart.

Das ist im übrigen auch der Grund dafür, daß in der frühesten Kindheit erlittene Traumata noch jahrelang fortwirken können, selbst wenn man rational längst begriffen hat, daß das betreffende Ereignis kein Grund zur Aufregung mehr ist. Das ist aber auch der Grund dafür, daß ein »so tun, als ob« möglich ist, da das Unterbewußtsein Bildeindrücke unterschiedslos ohne jeden zeitlichen Bezug aufnimmt.

Legen Sie in Gedanken die Saat zu Ihrem Reichtum aus

Ihr Unterbewußtsein ist wie ein weites Feld, auf dem eine Saat aufgeht. Man erntet die Früchte dessen, was man ausgesät hat. Dieses Prinzip gilt ausnahmslos und wird von manchen Autoren als **Manifestationsprinzip** bezeichnet. Das, was das Kausalitätsprinzip auf der physikalischen Ebene ist, ist dieses Prinzip auf der mentalen Ebene. Jede Aktion bewirkt eine Reaktion. Auf die mentale Ebene übertragen ist der Gedanke, die Idee die Ursache, wohingegen die Tat, die äußeren Verhältnisse die Wirkung sind. Das heißt, **jeder Gedanke, den Sie in Ihrem Geist bewegen, strebt danach, sich in Ihrem Leben zu manifestieren.**

ALLE IHRE GEDANKEN STREBEN DANACH, SICH IN IHREM LEBEN ZU VERWIRKLICHEN

Aus diesem Grund müssen Sie Ihre Gedanken sehr aufmerksam überwachen. Das gilt auch in bezug auf das Geld: Wenn Sie sich ständig Sorgen über Ihre

Finanzen machen, wenn Sie sich unaufhörlich einreden, daß Sieibis zum Monatsende nicht auskommen, daß Sie Pleite gehen könnten, nähren Sie Gedanken, die nach dem eben erwähnten Gesetz danach streben, in die Realität umgesetzt zu werden, zumal das Unterbewußtsein sozusagen die Funktion eines Verstärkers, einer Lupe übernimmt.

Wir wollen hier ganz sicher nicht dem Leichtsinn das Wort reden, der im Geschäftsleben schlimme Folgen nach sich ziehen kann. Zwischen Sorglosigkeit und Zuversicht, zwischen Optimismus und Verwegenheit ist oft nur ein schmaler Grat. Wir predigen hier keine Vogel-Strauß-Politik. Bei jedem Geschäft, bei jedem Unternehmen gibt es Schwierigkeiten und Probleme. Aber die zehn Leute, die wir zu unserer Untersuchung herangezogen haben, und auch alle die anderen, die es zum Millionär gebracht haben, haben sich nie von diesen Schwierigkeiten unterkriegen lassen, die sie zwar klar erkannt haben, die ihren Blick in die Zukunft jedoch nicht getrübt haben. Denn sie waren von ihrem Traum erfüllt, einem Traum, an dem sie unbeirrt festhielten, auf den sie all ihr Denken konzentrierten. Natürlich sahen auch sie die Hindernisse, die Probleme, doch in erster Linie **sahen sie auch die Möglichkeiten, die ihnen zur Verfügung standen, um sie aus dem Weg zu räumen.** Die meisten Menschen haben mehr Phantasie, sich die Hindernisse vorzustellen, die sich ihnen bei der Verwirklichung eines Projekts in den Weg stellen könnten, als sich die Möglichkeiten zu vergegenwärtigen, die sich ihnen anbieten, um Erfolg zu haben.

In der Welt des Geistes haben die Ideen eine reale Existenz, selbst wenn sie unsichtbar sind. Ihre Existenz ist genauso real wie das Buch, das Sie in den

Händen halten oder wie der Sessel, auf dem Sie gerade sitzen. Das hat nichts mit Mystik oder nebulösen Hirngespinsten zu tun. Nicht umsonst heißt es, **Ideen lenken die Welt.** Ihre Macht ist unermeßlich. Deshalb muß man seine Gedanken ständig um Überfluß, Reichtum und Erfolg kreisen lassen. Jeder Gedanke ist eine Art Schwingung, eine Welle, die auf geheimnisvolle Weise gleichartige Dinge, Wesen und Konstellationen auf sich zieht. **Negatives zieht Negatives an, und zwar genauso unabwendbar, wie das Positive das Positive anzieht.**

Seinen Traum zu Ende leben

Einem Traum nachzujagen, wird von vielen vorgeblich ernsthaften Leuten verächtlich als Unfug abgetan. Sie meinen, daß man den Tatsachen ins Auge sehen muß, daß man seine Lage akzeptieren muß, selbst wenn die Gegebenheiten nicht so sind, wie man sie gerne hätte. Aber diese resignativen und meist unglücklichen Leute (die im übrigen um sich herum jeden Versuch, voranzukommen oder reich zu werden, systematisch im Keim ersticken, weil sie das für sinnlos und illusorisch halten), also diese Leute vergessen, daß es zwei Arten von Träumern gibt. Da gibt es die einen, die vor sich hinträumen, die ihrer Phantasie freien Lauf lassen und sich in diesen Träumereien gefallen, ohne jemals den ernsthaften Versuch zu unternehmen, ihre Träume auch in die Realität umzusetzen, ihnen keine Chance geben, sich auch zu erfüllen. Aber da gibt es auch die anderen, die sozusagen realistisch träumen, das heißt, die an die schöpferische Kraft ihres Unterbewußtseins glauben, das sich in ihrem Traum direkt manifestiert. **Jeder, der reich ist, hat zuallererst einmal von seinem Reichtum geträumt.**

Jeder Künstler hat zuerst von seinem Werk geträumt. Jeder Politiker hat seine Vorstellung von der Gesellschaft. Doch mit dem Traum haben diese Menschen es nicht bewenden lassen. Sie haben konkrete Mittel und Wege gesucht, diesen Traum zu verwirklichen.

Leider wird in der heutigen Erziehung im allgemeinen das rationale und rein logische Denken überbewertet. Dabei bleiben Intuition und Phantasie oft auf der Strecke; die linke Gehirnhälfte wird mehr trainiert als die rechte. Doch am Anfang aller großen Leistungen stand ein Traum. Der Traum ist eine Art Projektion des Selbstbildes. Je vielseitiger unser Selbstbild ist, je stärker wir es durch unsere Programmierung vergrößert haben, desto grandioser wird unser Traum sein. Und das Verblüffendste an einem Traum – mag er auch noch so kühn sein – ist, daß er sich oft leichter erfüllt, als man glaubt.

Ihr mentales Laboratorium

Es gibt eine ganz einfache Technik, die auch von mehreren Geschäftsleuten, Künstlern und Wissenschaftlern angewendet wird, um sich das Potential des Tagtraums zunutze zu machen. So wie man Photos in einer Dunkelkammer entwickelt, entwickeln Sie Ihren Traum in einem dunklen Zimmer. Machen Sie es sich allein im Dunklen bequem, wobei möglichst keine Geräusche von außen eindringen sollten. Dann lassen Sie langsam die Bilder in sich aufsteigen. Dunkelheit und Ruhe werden Ihnen bei der Entfaltung Ihrer Ideen und der Beschwörung Ihrer Träume helfen, weil das Unterbewußtsein sozusagen von der Außenwelt abgeschnitten ist und demzufolge ohne die störenden Einflüsse von außen leichter zugänglich ist. Es ist wichtig, daß Sie sich dabei keiner Zensur unterwerfen, daß Sie all Ihren Gedanken freien Lauf lassen, selbst wenn sie auf den ersten Blick hin abstrus oder sinnlos erscheinen. Diese Technik ist die Spielart eines Verfahrens, das die Amerikaner *brain storming* nennen. Mit Hilfe dieser Methode lassen sich zahlreiche neue Ideen entwickeln.

Ihr Unterbewußtsein führt Sie absolut sicher zum Erfolg, wenn Sie es eindeutig von ihm verlangen

Das Unterbewußtsein ist nicht nur äußerst potent, es ist auch ebenso »gelehrig«. Und das aus einem recht einfachen Grund. Das Unterbewußtsein vergißt nichts. Es speichert alles, was in unserem Leben passiert, die kleinsten Gesten, jedes Wort, alle Gedanken. Es ist ein perfekter Archivar unseres Lebenslaufes. Und im Gegensatz zu unserem Bewußtsein hört es nie auf zu arbeiten. Es arbeitet täglich 24 Stunden. Da es Tausende von Fakten und Ideen gespeichert hat, **ist Ihr Unterbewußtsein eine wahre Goldmine.**

Das einzig Ärgerliche daran ist, daß wir dies oft nicht wissen oder es ganz einfach nicht wagen, diese Wundermine auszubeuten. Und dabei ist dies so einfach und so bereichernd. Mit Arbeit läßt sich bei weitem nicht so viel erreichen; denn Arbeit, die nicht von einer guten Idee getragen wird, ist nutzlos.

Ihr Unterbewußtsein ist ein nahezu unerschöpfliches Ideendepot. Dabei genügt schon eine einzige Idee, um Sie reich werden zu lassen. Doch wie findet man diese Idee? Man muß lernen, mit dem Unterbewußtsein in einen Dialog zu treten. Formulieren Sie präzise, wonach Sie suchen, und konfrontieren Sie, am besten vor dem Einschlafen, Ihr Unterbewußtsein mit dieser Forderung.

Die Intensität eines Wunsches ist, wie wir gesehen haben, für den Erfolg der Autosuggestion von wesentlicher Bedeutung. Dasselbe gilt natürlich auch für die Fragen, deren Beantwortung Sie von Ihrem Unterbewußtsein verlangen. Je mehr Nachdruck Sie ihnen verleihen, desto schneller werden Sie zu einem realen Ergebnis kommen.

Sie können sich darauf verlassen, daß Ihr Unterbewußtsein Ihnen immer die richtige Antwort geben wird. Warum das so ist, wird wohl eines der Geheimnisse des Lebens bleiben. Bemühen Sie sich nicht, dahinterzukommen. Man könnte das Unterbewußtsein vielleicht mit einem Mechanismus vergleichen, der mit einem Scanner ausgestattet ist.

Das Unterbewußtsein ist also – wie bereits erwähnt – ein perfekter Archivar, der alle Eindrücke, Gedanken und Handlungen unseres Lebens festhält. Was aber noch faszinierender ist, ist die Tatsache, daß es Zugang zu Informationen hat, die wir niemals registriert haben, zu Dingen also, die wir gar nicht kennen. Es gibt zahlreiche Beispiele dafür, auch in Ihrem Leben; Sie müssen sich dieses Prinzip nur vergegenwärtigen. Das Leben der Reichen ist geradezu eine Fundgrube für derartige Beispiele. Der junge Regisseur Steven Spielberg hatte ein Filmprojekt im Kopf und ein Drehbuch: Ihm fehlte nur ein Produzent, wie das so oft in der Filmbranche der Fall ist. Nun, eines Tages traf er »per Zufall« am Strand einen Mann, der genügend Geld hatte und bereit war, ins Filmgeschäft einzusteigen, und auch bereit war, junge Talente zu fördern. Mit dem Geld dieses »Zufalls«produzenten, von dem Spielberg nie zuvor gehört hatte, konnte der heute weltbekannte Unbekannte seinen Film *Amblin* abdrehen, der ihm auf den Filmfestspielen von Venedig eine Auszeichnung einbrachte und die Filmbranche auf ihn aufmerksam machte. Auf diese Weise wird oft eine Nachfrage beim Unterbewußtsein beantwortet. Man trifft »durch Zufall« jemanden, mit dem man ein entscheidendes Gespräch hat, jemanden, der einem die Realisierung eines Projekts ermöglicht. Man stolpert über einen Zeitungsartikel, über ein Buch oder eine Fernsehsendung und findet plötzlich genau das, was man gesucht hat.

Leute, die dieses Prinzip nicht kennen, erklären im allgemeinen solche günstigen Umstände mit Zufall oder Glück. Doch in unserer Welt, die sowohl auf der geistigen wie auf der physikalischen Ebene von dem unumstößlichen Kausalitätsprinzip *actio gleich reactio* regiert wird, **gibt es de facto keinen Zufall,** genausowenig wie einen Glücksfall. Es gibt auch kein Pech. Glück und Pech sind das unerwartete und oft verspätete Ergebnis von zwei Dingen: unseren Gedanken und unseren früheren Handlungen. Jeder, der sein Unterbewußtsein entsprechend programmiert hat, das heißt, eine positive Einstellung zum Erfolg und zum Reichtum entwickelt und sich dieser Zielsetzung voll und ganz verschrieben hat, wird eines schönen Tages sein Ziel auch erreichen. Nur wer diese Mechanismen ignoriert bzw. nicht kennt, glaubt an Zufall.

In gewissem Sinne **macht man** also tatsächlich **buchstäblich sein Glück.** Das gilt auch für das Pech. Demnach kann man auch mit Fug und Recht behaupten, daß man bei der richtigen Anwendung der mentalen Gesetze seines eigenen Glückes Schmied ist.

Wenn Sie gleich heute damit beginnen, diese allgemeingültigen Prinzipien anzuwenden, werden Sie sehen, daß Sie nicht der einzige sind, der an Ihrem Erfolg mitwirkt. Seltsamerweise werden alle Leute in Ihrem Umfeld und darüber hinaus auch noch die Unbekannten, denen Sie begegnen werden, mit dazu beitragen, daß Sie erfolgreich sind. Ein Beispiel dafür ist die Art und Weise, wie Steven Spielberg die Idee für seinen ersten Erfolgsfilm *Das Duell* fand. Sie war keineswegs das Ergebnis langer Überlegungen oder intensiver Recherchen. Weit gefehlt. Nein, eines Tages brachte ihm ganz einfach sein Sekretär eine Zeitschrift und legte ihm wärmstens die Lektüre einer kurzen Novelle darin ans Herz. Spielberg las sie und war begeistert. Er wußte augenblicklich, daß er die Idee gefunden hatte, nach der er gesucht hatte. Ohne seinen Sekretär hätte er vielleicht nie von dieser atemberaubenden Geschichte gehört. Aber sein Unterbewußtsein war in Aktion, war voll da und kümmerte sich sozusagen um alles. Überflüssig zu sagen, daß solche Beispiele »glücklicher Zufälle« im Leben der Reichen gang und gäbe sind. Nicht nur, daß alles, was sie anfassen, zu Gold wird, jeder, der ihnen begegnet, trägt auch dazu bei, daß sie reich werden. Setzen Sie Ihr Unterbewußtsein ein. Es ist dazu da, Ihnen zu Diensten zu stehen. Wir könnten uns noch seitenlang über die Allmacht des Unterbewußtseins und die Art, sie sich zunutze zu machen, auslassen. Über dieses spannende Thema sind in der Tat ganze Bücher geschrieben worden. In der Bibliographie dieses Buches finden Sie eine ganze Reihe interessanter Werke dazu. Doch Sie kennen nun die Grundprinzipien, die Sie beachten müssen, um Ihren Ambitionen und Ihrem Selbstbild entsprechend reich werden zu können. Diese Grundprinzipien sind der Schlüssel zum Erfolg. Wir werden uns nun damit befassen, wie man sie im täglichen Leben anwenden kann, wobei wir vor allem herausfinden wollen, wie man – unerläßlich für den Erfolg – die richtige Entscheidung trifft.

KAPITEL 3

Die richtige Entscheidung treffen

Ford war, wie wir gesehen haben, ein Mann mit festen inneren Überzeugungen, der unerschütterlich an seine Sache glaubte. Das half ihm dabei, mit extrem schwierigen Bedingungen fertig zu werden. Der Glaube an den Erfolg ist eine wesentliche Voraussetzung für jeden Erfolg. Der Autor des Bestsellers *Réfléchissez et devenez riche*, Napoléon Hill, der auf Wunsch des amerikanischen Milliardärs Andrew Carnegie das Leben mehrerer Millionäre unter dem Aspekt einer tragbaren Erfolgsphilosophie untersucht hat, behauptet sogar, daß der Glaube das Nonplusultra des Erfolgs ist: **»Alles, woran der menschliche Geist glauben kann, kann er auch verwirklichen.«**

Der Glaube spielt also eine extrem wichtige Rolle. Alle, die Erfolg gehabt haben, haben auch an ihre Bestimmung, an ihre Träume geglaubt. Ihnen schien nichts unmöglich.

Gut, werden Sie sagen, fest daran glauben ist eine Sache, doch wie weiß ich, ob ich an eine gute Idee oder nur an ein Pleiteprojekt glaube, zumal selbst Millionäre und gewiefte Geschäftsleute nach ihrem eigenen Bekunden Fehler gemacht haben, die sie oft teuer zu stehen kamen. Ist die Gefahr für die, die gerade anfangen, nicht noch um ein Beträchtliches größer? Wie läßt sich die Spreu vom Weizen trennen? Wie bekommt man heraus, ob etwas möglich oder unmöglich ist? Wie findet man eine Idee, ein Projekt, eine Arbeit, an die man absolut glauben kann? Mit anderen Worten, wie entwickelt man jene Urteilsfähigkeit, die es einem erlaubt, zwar nicht alle Fehler und Irrtümer auszuschalten – kein Mensch ist unfehlbar – aber doch zumindest auf ein möglichst erträgliches Maß zu reduzieren?

Ständig werden wir vor Entscheidungen gestellt. Sollen

wir die Stelle wechseln oder nicht, sollen wir diesen oder jenen Beruf ergreifen, sollen wir einem Projekt zustimmen oder es ablehnen, sollen wir in eine Sache unser Geld investieren oder die Finger davon lassen ... **Wer überleben und reich werden will, muß die richtige Entscheidung treffen, und zwar möglichst immer.** Doch gibt es eine sichere Methode, diese Fähigkeit zu entwickeln? Ja, es gibt sie! Und nun ohne Umschweife in medias res:

Was offenkundig ist, was ins Auge springt, ist selten dazu angetan, uns reich zu machen. Wenn dem so wäre, wäre alle Welt reich. Einer, dem es gelingt, reich zu werden, während alle um ihn herum ein bescheidenes Leben fristen und damit beschäftigt sind, den Gürtel enger zu schnallen, ist wie ein Seher unter lauter Blinden. Im Gegensatz zu den meisten Menschen hat er die Fähigkeit entwickelt, in dem, was jedem anderen unmöglich erscheint, den Ansatz des Machbaren zu erkennen. Er sieht über die Hindernisse hinweg, die sich bei jedem Unternehmen vor ihm auftürmen. Er erkennt die Möglichkeiten, die er ausschöpfen kann, um letztendlich ans Ziel zu gelangen.

Die Führung von Geschäften, der Aufbau einer Karriere ist, ganz gleich auf welchem Gebiet, immer ein Drahtseilakt. Ein falscher Schritt ist zwar noch nicht unbedingt tödlich, aber er wirft einen zurück, zumindest fürs erste. Man muß also lernen, möglichst **entscheidungssicher** zu werden: wissen, wann man ja sagen muß, aber auch, wann ein Nein geboten ist, wann man sich auf gefährliches Parkett begibt, und sei es nur der Leute wegen, deren Geschäftspraktiken einem ruinös erscheinen.

Es ist tröstlich zu wissen, daß diese Fähigkeit nach

Ansicht der meisten reichen Leute nur selten angeboren ist und durchaus erlernt werden kann. Das heißt also, daß jeder sie entwickeln kann, sofern er sich nur entsprechend Mühe gibt. Dieses Kapitel wird Ihnen zeigen, wie das geht. Sie werden sehen, es ist bei weitem nicht so schwer, wie Sie vielleicht annehmen.

Je besser Sie die Fähigkeit beherrschen werden, das Machbare dort zu erkennen, wo andere längst kapitulieren, die Fähigkeit also, immer die richtige Entscheidung zu treffen, desto mehr wird man Sie möglicherweise für eine Art Original, wenn nicht gar für verrückt halten. Günstige Gelegenheiten lassen sich meist nicht auf den ersten Blick erkennen. Sie werden im allgemeinen sogar als absurd abgetan. Doch wenn Sie sich einmal in das Abenteuer des Erfolgs gestürzt haben, dann hören Sie nicht auf die Kritiken oder verächtlichen Kommentare Ihrer Mitmenschen.

Wenn es jemanden gegeben hat, der oft Kritik und Mißbilligung erfahren hat, dann war das Jean-Paul Getty. »Normalerweise«, gesteht er nicht ohne einen gewissen Humor, »sind sich die meisten Leute, die ich kenne, bei fast allen Projekten uneinig, doch als ich ihnen meine Absicht mitteilte, in Revolcadero Beach zu kaufen und zu bauen, stimmten einmal alle miteinander überein: Unmöglich! Sie führten tausend Gründe an – ich muß zugeben, augenscheinlich vernünftige Gründe – warum mein Vorhaben unmöglich sei. (...) Trotzdem, ich glaubte – ich wußte –, daß das Projekt realisierbar war (...). Bei der Eröffnung stellte sich dann heraus, daß das Luxuskurhotel genau das war, was ich vorausgesagt hatte; sein augenblicklicher Erfolg übertraf alle meine Erwartungen – wieder einmal so ein ›unmögliches‹ Projekt, das von Anfang an ein hundertprozentiger Erfolg geworden war. – Es gab vorher und nachher noch viele solcher – größeren und kleineren – Projekte.«

Diese Worte hätte jeder von denen, die erfolgreich waren, sagen können. Das ist nicht weiter verwunderlich. Denn sie alle haben sich an den schönen Spruch gehalten: **»Um Erfolg zu haben, darf man nicht das machen, was die anderen machen.«**

Man muß allerdings zugeben, daß die Einwände, die vorgebracht werden, zumal wenn sie von Spezialisten kommen, sich oftmals auf »rationale« Analysen stützen. Man muß ein Gespür dafür entwickeln, muß sich von seiner Intuition leiten lassen, um diese »rationalen« Analysen richtig einordnen zu können. **Im übrigen besteht das ganze Geheimnis des Erfolgs im wesentlichen in der Kunst, zwischen dem Möglichen und dem Unmöglichen unterscheiden zu können, eine Chance dort zu erkennen, wo andere sie nicht sehen und sie beim Schopf zu fassen, ehe die anderen sie noch erkannt haben.**

Sicherlich, es wäre naiv zu behaupten, daß absolut alles unter bestimmten Gegebenheiten und zu einer bestimmten Zeit möglich ist. Manche Projekte sind einfach nicht durchführbar oder würden einen viel zu großen Aufwand an Zeit und Energie erfordern. Dies wird in dem Bestseller *What they don't teach you at Harvard Business School* sehr anschaulich und instruktiv an einem Beispiel erläutert: »Die Hersteller von Hundenahrung einer bestimmten Marke trafen sich zu ihrer Jahrestagung für Absatzforschung. Der Präsident hörte geduldig zu, wie sein Werbedirektor ihm eine neue sensationelle Werbekampagne darlegte, wie sein Marketing-Direktor ihm einen Absatzplan unterbreitete, der den Markt ›revolutionieren‹ sollte und sein Verkaufsdirektor sich in den Vorzügen der ›besten Verkaufsstrategie, die man jemals erlebt hatte‹, erging. Schließlich ergriff der Präsident das Wort und brachte die Sache mit ein paar Bemerkungen auf den Punkt:

›Seit mehreren Tagen hören wir von unseren Abteilungsleitern, welche wunderbaren Pläne sie für die Zukunft haben. Ich habe nur eine Frage. Wenn wir die beste Werbung machen, über das beste Marketing verfügen und die beste Verkaufsstrategie haben, warum, zum Teufel, verkaufen wir dann diese verdammte Hundenahrung nicht?‹

Betretenes Schweigen im Saal. Dann, nach einem kurzen Augenblick, der wie eine Ewigkeit schien, eine kleinlaute Stimme hinten aus dem Saal: ›Weil die Hunde sie nicht mögen.‹«

Eine köstliche Geschichte, über die man auch nachdenken muß. Trotzdem, es ist viel mehr möglich als unmöglich. Das ist bei den meisten, wenn nicht sogar bei allen Erfindungen eine unbestrittene Tatsache. Denken wir nur einmal an die Zeit, als die Gebrüder Wright an der Erfindung des Flugzeugs arbeiteten. Damals gab man sich alle nur erdenklich Mühe, um zu beweisen, daß ein Körper, der schwerer als Luft ist, sich nicht in der Luft vorwärts bewegen kann. Die Montgolfiere gab es zwar zu dieser Zeit schon, doch das Heliumgasgemisch, mit dem der Ballon gefüllt war, war leichter als Luft.

Auch die Lebensgeschichte von Honda liefert Beweise für unsere Behauptung. In seiner Autobiographie findet sich eine Passage, die dies sehr deutlich veranschaulicht: »Als ich mit der Herstellung von Motorrädern anfing, kamen die Unglückspropheten – darunter auch einige meiner besten Freunde –, um mich davon abzuhalten. ›Du solltest lieber in der Provinz oder in Tokio eine Werkstatt eröffnen. Du würdest damit viel Geld machen. Es gibt in diesem Land viele Autos zu reparieren.‹ Ich habe nicht auf sie gehört und neben meinem Forschungslaboratorium trotz aller Unkenrufe am 24. September 1948 die Honda Motor Company gegründet, die heute in der ganzen Welt Geschäfte macht.«

Ein schönes Beispiel für Entschlossenheit und vor allem auch für jene Fähigkeit – auch eine Form von Optimismus –, dort etwas für möglich zu halten, wo alle Welt es für unmöglich hält und es trotz aller Gegenargumente gegen alle aufzunehmen. Solche Gegenargumente gab es bei Honda in Hülle und Fülle, wie er selbst zugibt: »Mit einer Kapitaldecke von nur einer Million Yen waren wir zwar arm, aber wir waren fleißig und uns durchaus bewußt, ein immenses Risiko einzugehen. Es war geradezu verwegen, zu einem Zeitpunkt, wo die ganze Industrie des Landes zerstört war, einen neuen Industriezweig aufzubauen. Es war geradezu absurd, Motorräder verkaufen zu wollen, da die Leute gerade so arm waren, daß sie sich nicht einmal das Benzin leisten konnten und sie sich später, wenn die wirtschaftliche Situation sich stabilisiert hätte, sicherlich lieber Autos kaufen würden. Jede, aber auch jede Marktanalyse war gegen uns.«

Das Beispiel von Honda zeigt, daß der Geist über der Materie steht, daß der Optimismus eine Kraft ist, die auch anfänglich ganz offensichtliche Widrigkeiten überwindet. **Es ist, als ob der positiv programmierte Mensch nicht nur davon ausgeht, daß die Dinge niemals so schlimm sind, wie es zunächst den Anschein hat, sondern auch davon überzeugt ist, daß sie sich letzten Endes immer zum Besseren wenden lassen.**

Während des zweiten Weltkrieges wurde ein Amerikaner eines Tages, als er seine kleine Tochter fotografierte, von ihr gefragt, warum sie denn so lange warten müsse, bis sie die Fotos sehen könne. Auf den ersten Blick eine naive, wenn nicht sogar absurde Frage, die jedoch nicht auf taube Ohren stieß. Ihr Vater hieß Edwin H. Land und war ein Erfinder, der sich um die Verbesserung des Fotoapparats verdient gemacht hatte. Die naive Bemerkung seiner Tochter löste bei ihm eine Reihe von Überlegungen aus: Jemand, der sich ein Auto oder eine Hose kauft – eigentlich egal was –, kann damit sofort, ohne jede Einschränkung, etwas anfangen. Warum sollte das nicht auch bei der Fotografie möglich sein? Warum mußte man Stunden, wenn nicht sogar Tage darauf warten? Die Herausforderung war groß. Denn wie sollte man auf einem so engen Raum, wie er von der Kamera vorgegeben war, und dazu noch in einigen Sekunden, höchstens einer Minute, etwas bewerkstelligen, wozu man normalerweise ein Labor und einen viel größeren Zeitaufwand brauchte. Alle Wissenschaftler, die mit Land befreundet waren, erklärten ihm, daß dies nicht machbar sei. Sechs Monate nach der naiven Frage seiner Tochter war das Problem theoretisch gelöst, und am 26. November 1948 wurden die ersten Muster der 60-Sekunden-Polaroid-Kamera bei Jordan Mash, einem Geschäft in Boston, zum Verkauf angeboten. Man fiel förmlich darüber her.

Die Polaroid-Kamera verdankt also ihre Erfindung der spontanen Idee eines kleinen Mädchens. Ohne Kenntnisse der Materie, unbelastet von Vorurteilen und vorgefertigten Meinungen, kann ein Kind also eine plötzliche Vision haben und das Machbare dort sehen, wo der rationale Geist nur das Unmögliche sieht. Heißt es nicht im übrigen, daß das Genie wie ein Kind ist, daß Genialität etwas mit wiedergefundener Kindheit zu tun hat? Der geniale Geist läßt sich von Vorurteilen kaum in Schranken weisen. Er hat seine intellektuelle Ursprünglichkeit bewahrt oder auch durch langes unbeirrtes Training wiedergefunden. Die herkömmliche Erziehung, über die wir noch einmal zu sprechen haben werden, kann in diesem Zusammenhang ein Handicap sein. Die Angewohnheit alles zu analysieren, die übergroße Neigung zur Skepsis und ein überkritischer Geist wirken sich oft lähmend aus und führen zu einer gewissen Unbeweglichkeit. Von unseren zehn Männern hat die Mehrzahl keine besondere Schulbildung. Ja, und in gewisser Weise hat ihnen ihre »Ignoranz« geholfen, sich ihre Kühnheit und ihren Enthusiasmus zu bewahren. Doch auf dieses grundlegende Thema werden wir noch einmal zurückkommen.

DAS MÖGLICHE DORT SEHEN, WO ANDERE DAS UNMÖGLICHE SEHEN; DAS IST DER SCHLÜSSEL ZUM ERFOLG

Das gilt nicht nur für Erfindungen und große Projekte, sondern auch im Kleinen. Sind nicht auch Sie schon wegen irgendwelcher angeblich unmöglichen Pläne verlacht worden? Ist es nicht auch Ihnen schon so ergangen, daß Sie irgendeine Idee zunächst für unmöglich hielten, Ihnen irgendein Job als unerreichbar erschien, bevor Sie dann schließlich doch eines Besseren belehrt wurden? Aus Vernunftsgründen, häufiger aber noch aus einem uneingestandenen Mangel an Selbstvertrauen gibt man einen Traum auf, verzichtet auf einen Vorstoß und tröstet sich – ohne echte innere Überzeugung – damit, daß es auf jeden Fall ein unmögliches Unterfangen gewesen wäre. Denken Sie einmal darüber nach ... Sie werden feststellen, daß dieses Problem eng mit Ihrem Selbstbild verknüpft ist. Wenn man einmal von den extremen Fällen eines pathologischen Größenwahns oder einer Schizophrenie absieht, dann kann man wohl mit Fug und Recht behaupten: **Je höher man sich selbst einschätzt, desto größer ist auch der Rahmen des Möglichen, den man sich absteckt, desto weniger Dinge erscheinen einem unmöglich.** Beides steht in direkter Proportionalität zueinander.

Dazu ist noch folgendes zu sagen: Viele Pläne oder Ideen sind per se weder realisierbar noch unrealisierbar. Sie sind sozusagen neutral! Das, was hinsichtlich ihrer Verwirklichung über Erfolg oder Mißerfolg entscheidet, **ist der quantitative und qualitative Aufwand an Energie, den Sie investieren.** Ein Projekt oder eine Idee wird oftmals allein durch die Energieleistung und die Gedankenkraft, die Sie darauf verwenden, mit Leben erfüllt und realisierbar.

Wer eine hohe Meinung von sich hat, verfügt auch über mehr Energie, kann leichter aus dem überreichen Reservoir seines Unterbewußtseins schöpfen, das heißt, er wird nicht nur leichter den positiven Aspekt der Dinge erkennen, er wird dank seiner Energie die Dinge auch zu seinen Gunsten wenden.

ARBEITEN SIE ALSO AN IHREM SELBSTBILD, UM DAS MÖGLICHE BESSER ERKENNEN ZU KÖNNEN

Die meisten zögerlichen Leute machen den großen Fehler, alle Hindernisse, die sich ihnen bei ihrem Vorhaben in den Weg stellen könnten, aufzuspüren, ohne darüber nachzudenken, welche Möglichkeiten ihnen gegeben sind, um sie zu überwinden. Diese Haltung lähmt, macht ängstlich. **Die richtige Haltung besteht darin, sich zu überlegen, warum das Vorhaben Erfolg verspricht und nicht ständig darüber nachzudenken, auf welche Hindernisse man stoßen wird.** Natürlich muß man das Für und Wider genau gegeneinander abwägen. Doch in den meisten Fällen genügt, selbst wenn zehn Gründe dafür sprechen, ein einziger Grund, um jede Initiative im Keim zu ersticken. Der Grund dafür ist übrigens recht simpel. Die meisten Menschen sind negativ programmiert. Ein einziger Zweifel – sei und er auch noch so flüchtig – fällt sofort auf fruchtbaren Boden.

Deshalb nehmen Tag für Tag Tausende von Menschen von guten Ideen, Vorhaben und Träumen Abstand; ein einziger negativer Gedanke hat genügt, um ihre Tatkraft zu lähmen.

Es ist sicher wichtig, sich so gut wie möglich über ein Geschäft, ein Stellenangebot bzw. ein Projekt zu informieren, bevor man sich engagiert. Denken Sie jedoch daran, daß es letztlich immer irgendwelche Imponderabilien gibt. Selbst die genaueste Analyse, die eingehendste Untersuchung kann das Unbekannte nicht ganz ausschließen. Im übrigen laufen die Analysen, die eine Gesellschaft oder ein Einzelner machen kann, um das Für und Wider gegeneinander abzuwägen, oftmals auf eine Bestätigung der anfänglichen Einstellung hinaus (worüber man sich allerdings kaum Gedanken macht). Und die meisten Menschen sind in ihrer chronischen Angst vor Veränderungen eben a priori negativ eingestellt. Man muß bedenken, daß jedes neue Projekt von Natur aus eine Veränderung impliziert; man muß sich notwendigerweise auf etwas Unbekanntes einlassen. Nun, psychologische Untersuchungen haben gezeigt, daß das Unbekannte die Leute erschreckt und daß jede Veränderung im Grunde genommen als bedrohlich oder zumindest beklemmend empfunden wird.

Für die Entscheidungsfindung sind die Fakten ganz

sicher wichtig, sie sind sogar wesentlich. Da es aber immer Unwägbarkeiten gibt, darf es nicht so weit kommen, daß die Fakten vollständig die Intuition, das Gespür für die Dinge, überlagern. Diese Intuition müssen Sie pflegen. Außerdem müssen Sie lernen, die Fakten richtig zu interpretieren, denn die Fakten an sich sind nur Daten, nicht mehr und nicht weniger. Welche Schlüsse Sie daraus ziehen, ist Ihre Sache.

Sofort handeln

Der größte Fehler, dem so viele Existenzen zum Opfer fallen, besteht darin, ständig alles auf die lange Bank zu schieben und seine Entscheidungen stets zu vertagen. Sicher spielt der richtige Zeitpunkt, das richtige *Timing*, eine wichtige Rolle. Eine Idee, die zu einem bestimmten Zeitpunkt nicht funktioniert hat, kann ein halbes oder ein Jahr später durchaus greifen. Ein Anruf bringt zu dem einen Zeitpunkt möglicherweise mehr als zu einem anderen. Doch im allgemeinen ist die beste Entscheidung immer noch die, zu **handeln**. Nicht erst abwarten. Alle reichen Leute zeichnen sich durch die Fähigkeit aus, schnelle Entscheidungen zu treffen, und zwar unglaublich schnelle Entscheidungen, auch bei Projekten, bei denen es um beachtliche Geldsummen geht. Man kann natürlich einwenden, daß alles relativ ist und daß diese in den Augen gewöhnlicher Sterblicher beträchtlichen Summen bei diesen Leuten kaum ins Gewicht fallen. Das stimmt jedoch nicht. Mit diesen schnellen Entscheidungen, auch schon zu Beginn ihrer Karriere, setzten sie ihr ganzes – zu jener Zeit noch kaum bedeutendes – Vermögen aufs Spiel.

Einer jener Leute, deren Erfolg zum großen Teil darauf zurückzuführen ist, daß sie schnell eine richtige Entscheidung treffen konnten, ist Conrad Hilton. Anfangs hatte er vage daran gedacht, Bankier zu werden. Doch auf Empfehlung eines Freundes ging er dann nach Texas, genauer gesagt, nach Cisco, wo er auf ein altes Hotel, das Mobley Hotel, stieß. In der Zeitschrift *Nation's Business* wurde ihm von einem Reporter folgende Frage gestellt: »Sie haben die Bücher studiert und sich gesagt, daß das ein interessantes Geschäft ist, nicht wahr?«

Und das war die Antwort von Hilton: »Ich habe sofort gesehen, daß das besser als die Bank war. Ich habe keine vierundzwanzig Stunden gebraucht, um zu entscheiden: Das ist das, was ich machen werde. Das ist mein Leben.«

»Und damit war das Ganze entschieden?«

»Richtig. Genau zu diesem Zeitpunkt. Ich habe begriffen, daß es nichts anderes sein kann. Wir schrieben das Jahr 1919. Es ist ganz sicher richtig, daß das Verhalten des Bankiers meine Entscheidung beeinflußt hat. Was aber auch mitspielte, war die ungeheure Aktivität, die sich mir atmosphärisch mitteilte, als ich in das Hotel kam und auch später, als der Besitzer mit mir über die Geschäfte sprach, die er machte. Erst dann, nachdem er mir seine Bücher gezeigt hatte, erfuhr ich, daß ich in nur einem Jahr mein Geld wieder herauswirtschaften könnte.«

Hilton hat seine Entscheidung wohlgemerkt noch bevor ihm der Besitzer die Bücher zeigte, getroffen. Eine Entscheidung, die die Verfechter langer Voranalysen sicherlich aus dem Konzept gebracht hätte. Man muß allerdings hinzufügen, daß Hilton am Vorabend zu dem kleinen Hotel gegangen war und von dem außerordentlich guten Besuch des Hauses sehr beeindruckt gewesen war.

Der junge Hilton startete seine Geschäfte mit der bescheidenen Summe von 5000 Dollar, die sich aus dem väterlichen Erbe von 2000 Dollar und Ersparnissen von 3000 Dollar ergab. Als er diese Summe in den Erwerb des Hotels investierte, **setzte er also alles auf eine Karte**. Es war eine Art Gedankenblitz, der ihn zu dieser ungewöhnlich schnellen Entscheidung trieb. Auf solche blitzartigen Entscheidungen stößt man immer wieder, wenn man das Leben unserer zehn reichen Männer durchforstet. Ja, man kann sogar sagen, daß sie sich auf zahlreiche Geschäfte ohne diese ›Erleuchtung‹ gar nicht erst eingelassen haben. **Diese Männer, die sich als wahre Überzeugungs- und Überredungskünstler erwiesen, wenn es ihnen mit einer Sache ernst war, waren selbst im allgemeinen nur schwer zu überzeugen, und zwar weder von Freunden noch von Beratern, noch durch Zahlen**. Sie folgten den Ratschlägen der anderen eigentlich nur dann, wenn sie auf der Linie ihrer ursprünglichen Idee lagen. Gewiß, in vielen Fällen erwiesen sie sich mit dieser Art Sturheit einen schlechten Dienst und verloren dadurch auch Geld. Trotzdem war dieses Festhalten an ihren fixen Ideen und die Angewohnheit, auf ihre innere Stimme zu hören, ihrem ersten Impuls zu folgen, bestimmend für ihren Erfolg.

Hilton hatte in erster Linie die potentiellen Möglichkeiten des kleinen Hotels, das, was man daraus machen konnte, im Auge und nicht so sehr dessen derzeitige Ertragslage. Er hatte auf den ersten Blick gesehen, wie man das Hotel rentabilisieren konnte: »Ich merkte schnell, daß wir den Raum, der uns zur Verfügung stand, schlecht nutzten. Man kann Geld machen oder Geld verlieren, je nachdem ob man erkennt oder nicht erkennt, was das Publikum will. Man muß ihm auf dem Raumangebot, das einem zur Verfügung steht, ein Maximum an Bequemlichkeit und Annehmlichkeiten bieten.

Ich erkannte sehr schnell, daß die Gäste des Mobley woanders essen gehen konnten und folglich keinen Speisesaal im Hotel brauchten. Ich vergrößerte dafür also die Bettenzahl. Wir verdienten mit dem Essen nichts, und die Nachfrage nach Zimmern war enorm. Es ist gut möglich, daß heutzutage das Gegenteil der Fall ist und daß man den verfügbaren Raum am besten mit einem Restaurant nutzen würde.

Als zweites erkannte ich die Notwendigkeit, den Teamgeist des Personals zu stärken. Ich habe die Angestellten zusammengerufen und ihnen gesagt, daß sie durch ihr Verhalten dazu beitragen könnten, daß sich die Gäste bei uns wohl fühlen und wiederkommen. Dieses Prinzip habe ich mein Leben lang beibehalten.«

Sein ganzes Leben war Conrad Hilton ein Mann der schnellen Entschlüsse. Sein positiver Denkansatz und seine Risikobereitschaft wurden meistens belohnt. Anstatt sich bei den Schwierigkeiten, die die Finanzierung mit sich bringen würde, aufzuhalten, sagte er sich, daß er es auf jeden Fall schaffen würde. Und er schaffte es.

Die Erfolgsanalyse der zehn reichen Männer dieses Buches hat gezeigt – und das gilt auch für die meisten anderen Leute mit einer spektakulären Erfolgsbilanz –, daß sie zu irgendeinem Zeitpunkt ihres Lebens – oft sogar mehrmals, und zwar im allgemeinen zu Beginn ihrer Karriere – die Brücken hinter sich abgerissen haben, so daß es für sie kein Zurück mehr gab. Dieser Schritt bzw. dieser Entschluß wurde auf verschiedene

Weise vollzogen. Meist gaben sie eine Stelle auf, ohne zu wissen, was sie erwartete, oder sie investierten auch ihr ganzes Geld in ein Projekt. In beiden Fällen wäre das im Falle eines Scheiterns gewissermaßen tödlich gewesen. Es gab also nur die Möglichkeit **zu siegen oder unterzugehen.**

Dieses Prinzip verdeutlicht ein Beispiel aus Hondas Autobiographie. Nachdem Honda als Industrieller gewisse Erfolge verzeichnet hatte, sah er sich plötzlich derart großen technischen Problemen gegenüber, daß er sich gezwungen sah, noch einmal die Schulbank zu drücken und an die Fachhochschule von Hamasatsu zu gehen, mit über 30 Jahren. Es gelang ihm nicht, einen Kolbenring herzustellen, der geschmeidig genug war, in einen Motor eingebaut zu werden. Er mußte also sein Ingenieurwissen erweitern. Er sagt dazu folgendes: »Von nun an ging ich jeden Morgen zur Schule und setzte dann abends in meiner Werkstatt das, was ich dort gelernt hatte, in die Praxis um. Ich war zwar nicht gerade davon begeistert, doch mir blieb keine andere Wahl; aber wenn man sich selbst in eine Lage bringt, die keine Alternative zuläßt, dann entsteht daraus auch eine neue Art von Freiheitsgefühl. Man wird sich bewußt, seine eigene freie Entscheidung getroffen zu haben, die man nun nicht mehr zurücknehmen kann. Ich legte mir tausend Gründe zurecht, warum ich durchhalten mußte. Freunde hatten ihr Vertrauen in mich gesetzt, allen voran mein Vater. Aber auch die Arbeiter, die bei mir arbeiteten, bauten auf mich. Ich hatte kein Recht, einen Rückzieher zu machen, und die einzige Chance, mich aus der Affäre zu ziehen, war die Schule. Ich mußte ein richtiger Ingenieur werden, mußte mir den theoretischen Unterbau für meine technischen Ambitionen schaffen, um sie auch realisieren zu können. Feierlich beschwor ich mich: Wenn ich jetzt aufgebe, wird alle Welt des Hungers sterben. Und ich stellte mir pathetisch eine Menschheit vor, die derart von mir abhängig war.«

Warum ist diese Methode, sich selbst in die Enge zu treiben, sich den Rückweg abzuschneiden, so wirkungsvoll? Aus einem recht einfachen Grund. Wir haben im vorigen Kapitel gesehen, daß wir an unser Unterbewußtsein Forderungen stellen und ihm gewissermaßen sogar Befehle erteilen können. Dabei haben wir auch gelernt, daß die Intensität unseres Verlangens bzw. unseres Befehls entscheidend dafür ist, wie schnell unser Unterbewußtsein darauf anspricht. Wenn man die Brücken hinter sich abbricht, werden die Befehle an unser Unterbewußtsein absolut zwingend. Es geht tatsächlich um Leben und Tod. Der Überlebenswille wird aktiv. Und dieser Selbsterhaltungstrieb ist gewissermaßen der Urinstinkt, dem sich alle anderen Instinkte unterordnen. Die Intensität unserer Forderung wird also extrem. Und das führt zu meßbaren Ergebnissen, die von außen allerdings oft so interpretiert werden, als hätten Erfolgsmenschen die Gabe, die Dinge zu zwingen.

Durch schnelle und manchmal auch dem Anschein nach überstürzte Entscheidungen, die alle eventuell zu erwartenden Schwierigkeiten außer acht ließen und auf dem Vertrauen aufbauten, alle Schwierigkeiten überwinden zu können, brachte sich Conrad Hilton in Extremsituationen, brach alle Brücken hinter sich ab und konnte Ergebnisse vorweisen, die wie ein Wunder anmuteten. Er war ganz einfach von Anfang an positiv programmiert. Sein Unterbewußtsein war erfolgsorientiert, Zweifel fielen auf unfruchtbaren Boden. Er verließ sich auf sein Gespür, auf seine Intuition, **Fähigkeiten, die de facto nichts anderes sind als die besondere Bega-**

bung, mit einem positiven Unterbewußtsein Kontakt aufzunehmen. Im übrigen, was ist bei Hilton die plötzliche Eingebung, von der wir gesprochen haben, anderes als dieses Signal des Unterbewußtseins, mit dem bedeutet wird, daß das äußere Objekt, die äußeren Gegebenheiten bzw. das Geschäft – im Falle Hiltons das kleine Hotel – genau der Erwartung einer speziellen Programmierung entspricht? Einfacher ausgedrückt: Hilton hatte sein Unterbewußtsein darauf programmiert, Erfolg zu haben. Sein Bewußtsein, dessen Macht, wie wir gesehen haben, nur beschränkt ist, diktierte ihm, eine Bank zu kaufen. Er hatte im übrigen die Gelegenheit dazu und auch das Angebot eines befreundeten Bankiers, ihm bei der Finanzierung zu helfen. Doch sein Unterbewußtsein, das genau wußte, was für ihn gut war – und sogar seine Zukunft kannte, eine Fähigkeit, die dem Unterbewußtsein seltsamerweise immanent ist – wußte, daß er sein Glück im Hotelgewerbe finden würde und führte ihn zu diesem kleinen Hotel. Seine Intuition, seine Eingebung war lediglich **die Bewußtwerdung des in seinem Unterbewußtsein eingeschriebenen Programms.** Aus der Übereinstimmung des unterbewußt gespeicherten Projekts mit den manifesten äußeren Bedingungen entstand ein Hochgefühl der Begeisterung.

Wenn Sie es also schaffen, Ihr Unterbewußtsein positiv zu programmieren, können Sie sich in erhöhtem Maße auf Ihre Intuition und Ihr Gespür verlassen. Das bringt mehr, als wenn Sie sich ständig nur von Vernunftsgründen leiten lassen. Je besser Sie Ihr Unterbewußtsein zu nutzen verstehen, desto feiner wird auch Ihre Nase für erfolgversprechende Projekte. Sie entwickeln einen sechsten Sinn, der Sie immer seltener im Stich lassen wird. Stellen Sie sich Ihr Glück vor! Dann steht Ihnen über kurz oder lang ein Computer zur Verfügung, der in seiner Leistungsstärke durch nichts übertroffen werden kann: Ihr Unterbewußtsein.

Je mehr Sie sich dieses Phänomen zunutze machen, desto besser wird es Ihnen auch gelingen, schnelle und sichere Entscheidungen zu treffen. Dem bewußten Geist sind auch bei aller Brillanz gewisse Grenzen gesetzt. Schlußfolgerungen, die er zieht, berücksichtigen im allgemeinen immer nur Teilaspekte, da die Daten eines Programms in ihrer Gesamtheit nur selten verfügbar sind.

Eile mit Weile, sagt ein Sprichwort. Da ist sicher etwas dran. Aber **die Tendenz, alles auf die lange Bank zu schieben, mit seinen Entscheidungen abzuwarten, hat mit Sicherheit schon mehr Nachteile gebracht als eine allzu große Entschlußfreudigkeit**. Wenn die Männer, deren Leben wir untersucht haben, in irgendeiner Weise exzessiv gewesen sein sollten, dann waren sie es – daran besteht kein Zweifel – in bezug auf ihre »vorschnellen« Entscheidungen, und die haben sie letztendlich zum Reichtum geführt.

Andrew Carnegie, der Stahlkönig, der eine Zeit lang der reichste Mann der Vereinigten Staaten war und der sein immenses Vermögen aus dem Nichts aufgebaut hat, da er aus einer sehr armen Familie kam, sagte einmal: »Die Erfahrung hat mich gelehrt, daß jemand, der nicht in der Lage ist, schnell eine Entscheidung zu treffen, sobald er alle Fakten kennt, auch nicht imstande ist, eine Entscheidung, die er treffen könnte, verläßlich bis zum Ende durchzuziehen. Ich habe auch herausgefunden, daß die Menschen, die sich schnell entscheiden können, im allgemeinen fähig sind, auch anderweitig eine gerade Linie zu verfolgen.« (Auszug aus *The Master Key to Riches* von Napoléon Hill)

Keine Frage, dieser Mann wußte, wovon er sprach. Doch wie weiß man, wann der richtige Zeitpunkt gekommen ist, um eine Entscheidung zu treffen? Wie weiß man, ob man sich ausreichend sachkundig gemacht hat, ob man die Situation in genügendem Maße abgecheckt hat? Das beste ist, auf sein Unterbewußtsein zurückzugreifen. Programmieren Sie sich entsprechend. Sprechen Sie sich in Gedanken immer wieder folgende Formel vor: **»Mein Unterbewußtsein führt mich bei allem, was ich unternehme, zur richtigen Entscheidung.«**

Erst mal eine Nacht darüber schlafen. Das ist absolut richtig, und zwar ganz einfach deshalb, weil man während der Nacht leichter zu seinem Unterbewußtsein Zugang hat. Also **überschlafen Sie Ihre Probleme**. Schreiben Sie sich alle Teilaspekte des Problems auf – unter Einbeziehung aller Daten, die Ihnen verfügbar sind. Rubrizieren Sie sie nach Für und Wider. Das erscheint zwar banal, doch Sie werden sehen, wie sehr Ihnen das einfache schriftliche Auflisten der positiven und der negativen Argumente bei der Klärung Ihres Problems hilft. Wenn eine der beiden Seiten überwiegt, ist die Entscheidungsfindung leicht. Wenn das Für und Wider sich aber die Waage hält, vertrauen Sie Ihr Problem dem Unterbewußtsein an. Dort finden Sie die Antwort, und zwar die richtige Antwort.

Warum nicht eine Münze werfen?

Das ist doch Humbug, werden Sie vielleicht sagen. Aber passen Sie auf! Das Spiel »Zahl oder Adler«, das wir Ihnen vorschlagen, ist nichts weiter als ein kleiner Trick, um mit Ihrem Unterbewußtsein Verbindung aufzunehmen und einen Anhaltspunkt dafür zu bekommen, wie es gepolt ist. Legen Sie also für sich fest, was der Adler und was die Zahl bedeuten soll. Werfen Sie die Münze, und dann beobachten Sie genau Ihre Reaktion. Wenn beispielsweise die Zahl oben liegt, die Ihnen signalisiert, den Schritt nach vorne zu wagen, diese Zufallsentscheidung bei Ihnen aber eine gewisse Enttäuschung auslöst, dann können Sie davon ausgehen, daß Sie dem Projekt im Unterbewußtsein keine Chance geben. Natürlich könnte auch der Adler, also die Seite oben liegen, die dafür steht, die Finger von dem Projekt zu lassen, was Sie mit einer gewissen Genugtuung aufnehmen – ebenfalls ein Indiz dafür, daß Sie im Grunde Ihres Herzens nicht an die Sache glauben und unbewußt Ihre Entscheidung längst getroffen haben. Prüfen Sie in jedem Fall Ihre Reaktion. Man sollte aus diesem Spiel keine Wissenschaft machen, doch als Entscheidungshilfe ist es ganz nützlich. Die Erfahrung zeigt, daß man mit diesem banalen Spielchen oft eine Entscheidung herbeiführen kann, vor allem dann, wenn sich bei sehr schwierigen Problemen die Pros und Contras absolut die Waage halten.

Und noch eine Bemerkung dazu. Wenn die Vor- und Nachteile völlig gleichgewichtig zu sein scheinen, so kann das auch ein – leider viel zu wenig beachtetes – Indiz dafür sein, daß das Projekt nur unter äußerst schwierigen Umständen realisierbar sein wird, daß der Erfolg sich möglicherweise in Grenzen halten wird. Eines ist jedenfalls sicher, die inneren Zweifel, die man in bezug auf dieses oder jenes Projekt nicht ausräumen konnte, sind kein gutes Omen. Sie können unseren Enthusiasmus dämpfen, unseren Glauben an das Projekt schwächen. Man glaubt nur mit halbem Herzen an den Erfolg. Die Ergebnisse sind dementsprechend. Wir wissen bereits, wie wichtig der Glaube an den Erfolg und die Begeisterung sind, mit der man an eine Sache geht. Wenn man in dieser Hinsicht zu viele Abstriche machen muß, ist es besser, sich nach etwas anderem umzusehen. Auch die zehn Männer unserer Studie haben sich im allgemeinen nur auf die Projekte eingelassen, von denen sie hundertprozentig überzeugt waren, was nicht heißen soll, daß es ihnen dabei an der nötigen Weitsicht fehlte, um die auf sie zukommenden Schwierigkeiten zu erkennen. Aber zunächst einmal **vertrauten sie voll und ganz darauf, letztendlich auf das richtige Pferd gesetzt zu haben.**

Wenn Sie nun so weit sind, daß es Ihnen nicht mehr allzu schwer fällt, eine Entscheidung zu treffen, und Sie sich dann plötzlich einem Problem gegenübersehen, das Sie trotzdem immer wieder vor sich herschieben, dann ist Vorsicht geboten. Ihre Haltung könnte ein Indiz dafür sein, daß das Geschäft nicht gut ist. Umgekehrt sagt Ihnen aber auch Ihr eventueller Wunsch, sich schnell zu entscheiden, daß Sie auf dem richtigen Wege sind, und zwar nicht nur im Falle einer Zusage, sondern auch bei einer Absage. **Denn sich schnell entscheiden zu können heißt auch, schnell nein sagen zu können.** Das deutet nicht zwangsläufig auf eine negative Grundhaltung hin. Es ist einfach nicht jedes Geschäft gut, sonst wäre ja auch alle Welt reich. Wenn Sie aber ein notorischer Neinsager sind, wenn Sie aus Angst vor Fehlern nichts unternehmen, dann ist das ein sicheres Anzeichen dafür, daß Sie falsch programmiert sind.

Für schnelle Entscheidungen spricht auch noch ein anderer Grund, nämlich der, daß es **gute Gelegenheiten nicht wie Sand am Meer** gibt! Man muß die Gelegenheit beim Schopf packen. Natürlich gibt es immer wieder gute Gelegenheiten, aber wenn man sich nie entschließen kann, zuzugreifen, verpaßt man auch ebenso viele Chancen. Wenn man zu lange zögert, eine Stelle anzunehmen, wenn man es immer wieder aufschiebt, wegen eines Postens vorstellig zu werden, wenn man sich nicht entschließen kann, in ein Projekt zu investieren, wenn man zu lange wartet, ein Kaufangebot für eine Immobilie abzugeben ... Das alles kann fatale Folgen haben. Sie sind nicht der einzige im Rennen. Und wenn sich eine günstige Gelegenheit bietet, dann denken Sie daran, daß Sie aller Wahrscheinlichkeit nach nicht der einzige sind, der das erkannt hat. Es ist immer der Schnellste, der das Rennen macht, und der Risikofreudigste. Sicherlich, Sie brauchen vielleicht noch ein paar Daten, um eine Entscheidung treffen zu können. Aber wenn Sie so lange warten, bis Sie alle Informationen in Händen haben, haben Sie die besten Aussichten, den Zug zu verpassen!

Das passiert häufig denen, die sich lieber in Analysen stürzen, als sich auf ihre Intuition zu verlassen, d.h. auf die Weisheit ihres Unterbewußtseins. Was diese Analyse-»Freaks« darüber hinaus oft vergessen, ist die Tatsache, daß eine allzu lange Analyse in sich ein Risiko trägt: Die Situation ändert sich ständig, und wenn man dann nach langem Zögern eine Entscheidung trifft, sind die Daten, die zu Beginn der Analyse noch gegolten haben, schon nicht mehr relevant. Es kommt also zu einer Fehlentscheidung.

Lee Iacocca, der als Präsident acht Jahre lang die Geschicke der Ford Motor Company leitete und nach seiner Entlassung die Firma Chrysler sanierte, hat in seiner Autobiographie einige interessante Anmerkungen zum Thema Entscheidungen gemacht: »Nichts in dieser Welt steht still. Ich gehe gern auf die Entenjagd, wo ständige Bewegung und Veränderung herrscht. Man kann auf eine Ente zielen und sie aufs Korn nehmen, aber die Ente hält nie still. Um die Ente zu treffen, muß man die Flinte bewegen. Aber ein Ausschuß, der mit einer wichtigen Entscheidung konfrontiert ist, kann sich nicht immer so rasch umstellen wie die Ereignisse, auf die er zu reagieren sucht. Wenn der Ausschuß bereit ist zu schießen, ist die Ente fortgeflogen.« Wer eine Entscheidung allzu lange hinauszögert, befindet sich in der ärgerlichen Situation dieses ungeschickten Jägers. Wie sagt das Sprichwort doch so schön: Dem Mutigen gehört die Welt.

Eine letzte Bedenkzeit

Wie wichtig es ist, sich schnell entscheiden zu können, ist also erwiesen. Wie schnell das Urteilsvermögen ist, ist meist eine andere Sache. Nun, nicht wenige erfolgreiche Leute haben es sich trotz ihrer Entschlußfreudigkeit und ihrer Risikobereitschaft zur Angewohnheit gemacht, sich gewissermaßen eines kleinen Tricks zu bedienen: Sie gewähren sich eine kleine Frist, bevor sie springen. Das kann eine Stunde sein oder auch nur einige Minuten, ja manchmal reichen sogar ein paar Sekunden, um das Problem noch einmal zu überdenken. Erst dann entscheidet man sich endgültig.

Während dieser kurzen Zeitspanne läßt man alle Argumente noch einmal einzeln Revue passieren, prüft die Logik dieser Argumente und denkt global darüber nach, auf welche Art und Weise man zu seiner Entscheidung gekommen ist. Vergessen Sie dabei nicht, Ihre Argumente aufzuschreiben, falls das nicht schon geschehen ist. Das Aufschreiben hat in etwa die gleiche Funktion wie der Entwickler in der Fotografie: Ohne Entwickler bekommt man kein richtiges »Porträt«. Dann setzen Sie einen genauen Zeitpunkt fest und beenden Ihre »Gedankenakrobatik«. Lassen Sie das Ganze ruhen, wie es in der Küchensprache heißt. Setzen Sie sich eine feste Grenze für Ihre Bedenkzeit. Sagen Sie sich: In einer Stunde beispielsweise oder in genau drei Stunden werde ich in der Lage sein, meine Entscheidung zu treffen.

Oder schlafen Sie eine Nacht darüber. Am Abend, bevor Sie einschlafen, vergegenwärtigen Sie sich noch einmal alle Aspekte des Problems und überlassen dann Ihrem Unterbewußtsein die Arbeit. Am nächsten Morgen erscheint Ihnen dann oft alles in einem klareren Licht.

Muß man den idealen Zeitpunkt abwarten?

Den idealen Zeitpunkt gibt es nicht, zumindest nicht aus objektiver Sicht. Er ist also eine subjektive Konstruktion des Geistes. Der Fehler der meisten Leute besteht darin, auf diesen Zeitpunkt zu warten. Er ist eine reine Erfindung und dient als Vorwand, der dazu noch den Anstrich des Seriösen, des Rationalen hat. **Der ideale Zeitpunkt ist im allgemeinen sofort. Auf der Stelle. Wenn Sie Erfolg haben wollen, fangen Sie gleich heute damit an.** Schreiten Sie zur Tat, das ist das Ziel dieses Buches.

Halten Sie an Ihrer Entscheidung fest.

Erfolgreiche Leute zeichnen sich auch dadurch aus, daß sie sich mit ihrer Entscheidung, wenn sie erst einmal gefallen ist, vollkommen identifizieren, auch wenn oft die Stimmung gegen sie ist, wenn widrige Umstände auftreten, wenn man ihnen Steine in den Weg legt oder sie sogar Mißerfolge zu verzeichnen haben. In ihren Augen ist das alles nur vorübergehend. So beschwerlich der Weg auch sein mag, er führt letztendlich zum Sieg.

Wie viele Projekte sind schon fehlgeschlagen, weil eine einmal getroffene Entscheidung nicht voll durchgezogen wurde. An einer Entscheidung festhalten heißt logisch mit sich selbst sein: Man bestätigt durch sein Handeln die innere Gewißheit, den richtigen Weg gewählt zu haben. **Wer seine Meinung ständig ändert, wird niemals erfolgreich sein.** Eine derartige Haltung verrät ein von Zweifeln angekränkeltes Selbstbewußtsein. Da sich aber die äußeren Umstände letztendlich immer an unseren inneren Zustand anpassen, ist der Mißerfolg bereits vorprogrammiert. Demzufolge gibt es – und das bestätigt auch die Erfahrung erfolgreicher Leute – zwei wesentliche Voraussetzungen für den Erfolg:

1. EINE ENTSCHEIDUNG SCHNELL TREFFEN

2. AN SEINER ENTSCHEIDUNG FESTHALTEN UND DIE MARSCHROUTE FESTLEGEN, UM SICH DANN UNVERZÜGLICH ANS WERK ZU MACHEN.

Bis zu welchem Punkt soll man an einer Entscheidung festhalten?

Das Festhalten an seiner Entscheidung ist ein allgemeiner Grundsatz. Auch hier bestätigen gewisse Ausnahmen die Regel. Wenn man es zum Prinzip erhebt, an einer einmal getroffenen Entscheidung auf Biegen und Brechen festzuhalten, bedeutet das, daß man sich niemals irrt und immer die richtige Entscheidung trifft. Nun, selbst die größten Genies machen Fehler. Jeder kann sich irren und infolgedessen auch falsche Entscheidungen treffen. Man hüte sich also vor einer allzu starren Haltung, vor allzuviel Theorie. Man muß flexibel bleiben. **Einer der Schlüssel zum Erfolg besteht auch darin, einen gesunden Mittelweg zwischen Beharrlichkeit und Flexibilität zu finden.**

Manchmal kann das Festhalten an einer Entscheidung Selbstmord sein. Trotzdem gilt: **Wenn die meisten Menschen keinen Erfolg haben, dann deshalb, weil sie im allgemeinen zu früh aufgeben.** Viel zu früh.

Wissen Sie, wie viele Anläufe der Ingenieur Head, dessen Name zu einem anspruchsvollen Markenzeichen wurde, unternommen hat, um den ersten Metallski zu entwickeln? Nicht weniger als dreiundvierzig. Seine Versuche zogen sich über drei lange Jahre hinweg. Hätte Head beim 42. Versuch aufgegeben, dann wäre der Metallski zwar vielleicht auch eines Tages entwickelt worden, aber nicht von diesem amerikanischen Ingenieur, der ein Vermögen damit gemacht hat.

Sehen Sie sich einmal um, wie verbreitet die Tendenz ist, die Flinte schnell ins Korn zu werfen. Und wie sieht es bei Ihnen aus? Wie oft haben Sie nach ein oder zwei Niederlagen resigniert? Haben Sie sich schon oft mit zehn Niederlagen hintereinander herumgeschlagen, ohne den Mut sinken zu lassen? Viel zu oft geben die Leute teils aus Stolz, teils aus mangelndem Selbstvertrauen schon beim ersten Rückschlag, bei der ersten Schwierigkeit auf. Schlimmer noch, sie trösten sich schon beinahe mit ihrer Schlappe, indem sie sich vormachen, sie hätten sowieso nichts anderes erwartet. Ihre unbewußte Erwartungshaltung – ebenfalls eine Art Programm – determiniert die äußeren Umstände. Das heißt natürlich nicht, daß ein positiv programmierter Mensch keine Fehlschläge kennt. Die Geschichte der großen Erfolge ist immer auch die Geschichte der großen Niederlagen. Der Unterschied zwischen einem positiv und einem negativ programmierten Menschen besteht darin, daß sich der positive Mensch von einem ersten Mißerfolg nicht umwerfen läßt. **Er hält durch bis zum Erfolg.**

Wenn man das Leben der reichsten Männer der Welt betrachtet, stößt man auf ein eigenartiges Prinzip. Das Leben ist gewissermaßen mit einem Wettkampf vergleichbar. **Wenn ein Mensch den Beweis angetreten hat, daß er alle Hindernisse und Mißerfolge mit unerschütterlicher Ruhe und ungebrochenem Selbstbewußtsein überwinden kann, streckt das Leben sozusagen die Waffen; unvermittelt stellt sich der Erfolg ein, das Geld fließt, so als sei es von der Charakterstärke des betreffenden Menschen magnetisch angezogen.** Eine ähnliche Beobachtung machte auch Honda, die er in seiner Lebensgeschichte folgendermaßen beschreibt: »Das Werkslabor ist das beste Ausbildungszentrum in Sachen Mißerfolg! Denn alle einigermaßen konsequenten Forscher kommen dort zu der Erkenntnis, daß sich in einem Laboratorium 99 Prozent der Leute mit hoffnungslosen Fällen beschäftigen. Der bescheidene Prozentsatz, der in dieser Schlangengrube überlebt, reicht indessen aus, um alle Anstrengungen zu rechtfertigen. Im Endeffekt bedaure ich nicht die Tausende von Malen, die ich ohne jede Beute nach Hause gekommen bin und dabei all mein Pulver verschossen hatte. Jedesmal, wenn die Tage so dunkel wurden, war die Entdekkung des Schatzes nicht mehr fern. Die große Erleuchtung, die Erfüllung meiner Hoffnungen läßt mich jedesmal mit einem Schlag all die schweren Stunden vergessen.«

Napoléon Hill macht in seinem Erfolgsbuch eine Bemerkung in der gleichen Richtung: Er hat nämlich beobachtet, daß sich der Erfolg oftmals nach einem harten Rückschlag einstellt, so als wolle das Leben die unerschrockene Seele, die einen derart harten Schlag zu parieren wußte, belohnen.

Die Zähigkeit, die leider so vielen Menschen abgeht, wird also häufig belohnt. Man darf sie allerdings nicht mit törichter selbstmörderischer Verbohrtheit verwechseln. In dem Buch *Le Prix de l' excellence* berichten die Autoren von einem äußerst aufschlußreichen Experiment, das die Gefahr eines allzu großen Dogmatismus bzw. einer allzu großen Verbissenheit veranschaulicht und deutlich macht, wie wichtig auch eine gewisse Anpassungsfähigkeit ist.

»Wenn man eine Flasche mit sechs Bienen und sechs Fliegen so hinlegt, daß der Boden zum Fenster zeigt, kann man beobachten, daß die Bienen unaufhörlich versuchen, einen Ausgang durch das Glas zu finden, bis sie schließlich vor Erschöpfung oder Hunger sterben. Die Fliegen dagegen haben in weniger als zwei Minuten einen Ausgang durch den Flaschenhals gefunden. Bei diesem Experiment macht den Bienen ihre Liebe zum Licht und ihre Intelligenz den Garaus. Sie stellen sich offensichtlich vor, daß sich der Ausgang ihres Gefängnisses dort befinden muß, wo das Licht am hellsten ist. Entsprechend verhalten sie sich, sie verbohren sich in diesen für sie allzu logischen Gedanken. Für sie ist das Glas ein übernatürliches Mysterium, dem sie niemals in der Natur begegnet sind. Sie haben keine Erfahrung mit dieser plötzlich undurchdringlichen Atmosphäre. Je höher ihre Intelligenz entwickelt ist, desto unüberwindbarer und unverständlicher wird ihnen dieses Hindernis erscheinen. Die unintelligenten Fliegen indessen, mit ihren Ganglien, die keiner Logik zugänglich sind und sich auch nicht um das Rätsel des Glases kümmern, ignorieren das Signal des Lichtes, fliegen wild in allen Richtungen herum und finden darin ihr ›Glück‹ (das häufig den Toren lacht, die ihr Heil dort finden, wo die Weisen untergehen). Sie entdecken schließlich zwangsläufig die Öffnung der Flasche, die ihnen ihre Freiheit wiedergibt.«

Im Geschäftsleben ist die Fähigkeit, schnell umdenken zu können, erwiesenermaßen einer der Schlüssel zum Erfolg. Pragmatismus und Flexibilität sind gegenüber einer idealistischen oder dogmatischen Denkweise vorzuziehen. Aber wie weiß man, ob man nun an seiner Entscheidung festhalten soll oder – wie die Fliegen in dem Experiment – eine andere Richtung einschlagen soll, um in die Freiheit zu gelangen, sprich, Erfolg zu haben? Die beste und aller Wahrscheinlichkeit nach auch die einzige Möglichkeit besteht letztlich wohl darin, auf ein gut programmiertes Unterbewußtsein zu bauen. Es wird Ihnen sagen, wann Beharrlichkeit am Platz ist und wann ein Überdenken der eigenen Position ratsam ist – **und wann Sie Ihren ursprünglichen Plan zugunsten eines besseren Plans aufgeben müssen.** Wenn sich bestimmte Umstände geändert haben, oder wenn Sie durch Freunde zu neuen Erkenntnissen gelangt sind und Ihnen deshalb eine neue Marschrichtung erfolgversprechender erscheint, oder wenn Sie neue Fakten entdeckt haben, die eine Änderung Ihrer Entscheidung als sinnvoll erscheinen lassen, dann zögern Sie nicht, auf diesen besseren Plan umzusteigen. Eine Entscheidung verlangt bei aller obwaltenden Konsequenz eine gewisse Offenheit. Sie bedarf im Hinblick auf eine größere Authentizität, auf eine Optimierung des Erfolgs einer ständigen Feinabstimmung. Durch eine schnelle neue Entscheidung, durch eine Änderung der Kursrichtung läßt sich im übrigen so manche Situation retten.

Trotz allem muß man damit rechnen, Fehler zu machen. Die beste Haltung, die man gegenüber Fehlern einnehmen kann – und darin waren sich auch unsere zehn reichen Männer einig – ist folgende: Man muß einen Horror davor haben, einen Irrtum zu begehen oder einen Fehler zu machen, und zwar, bevor es dazu kommt. Man darf einen Fehler nicht akzeptieren, **bevor** man ihn macht. Sonst besteht die Gefahr einer gewissen passiven Haltung, einer Art Unterwürfigkeit. Sicher, man muß den Fehler akzeptieren, **nachdem** man ihn gemacht hat. Doch man muß **alles** versuchen, um ihn zu vermeiden. So halten es die Leute, die sehr erfolgreich sind. Aber noch einmal: **HANDELN SIE! Gehen Sie entschlossen ans Werk.** Auch wenn sich die Gefahr, einen Fehler zu machen, nie ganz ausschließen läßt, ist nach dem Gesetz der großen Zahl immer der im Vorteil, der viele Versuche unternimmt. Ideal wäre es, die Zahl solcher Fehlversuche auf ein Minimum zu beschränken. Die Versuche, die von Erfolg gekrönt sind, gleichen die leichten durch Mißerfolge und Rückschläge verursachten Verluste bei weitem aus. Das gilt bei Bemühungen um einen Arbeitsplatz genauso wie beim Start eines Unternehmens oder bei der Lancierung eines neuen Produkts. Was bedeutet es im Grunde denn schon, wenn Sie bei der Suche nach einem Arbeitsplatz fünf Reinfälle erlebt haben, wenn Sie schließlich beim sechsten Anlauf genau das finden, was Sie gesucht haben, nämlich die Stelle, die Ihnen zusagt.

Lernen Sie, Ihre Mißerfolge zu vergessen!

Wer Erfolg haben will, muß unter anderem auch die Fähigkeit entwickeln, **seine Mißerfolge zu vergessen und seinen Blick unbeirrt auf die Zukunft zu richten. Wem es nicht gelingt, einen Schlußstrich unter seine**

Mißerfolge zu ziehen, verheddert sich oftmals im Netz seiner früheren Fehler und kommt nicht mehr voran. Solche Leute leben buchstäblich in der Vergangenheit und haben Angst vor der Zukunft. Eine solche Einstellung seinen Irrtümern gegenüber ist höchst bedauerlich. Man glaubt, weil man einmal, zweimal oder auch zehnmal gescheitert ist, ist man unbegabt oder eben ein Pechvogel.

Alle reichen Leute haben irgendwann einmal solche Erfahrungen gemacht, und doch haben sie nicht aufgegeben. Man darf sich nicht umdrehen, sich nicht in der Vergangenheit aufhalten, sonst erstarrt man womöglich zu Stein wie Lots Weib. Vorne spielt die Musik!

Doch lernen Sie aus Ihren Fehlern!

Jede Niederlage ist eine wertvolle Erfahrung. Wie heißt es im übrigen doch so schön, **man lernt aus einem Fehler mehr als aus einem Erfolg.** Man stellt sich auf eine gesunde Weise in Frage, man analysiert seine Ideen, überdenkt seine Methoden, seine Konzeption und zieht daraus meist großen Nutzen. Es ist keine Schande, Fehler zu machen. Was weniger elegant ist und im allgemeinen überhaupt nichts bringt, ist, zweimal denselben Fehler zu machen. Die richtige Einstellung zu Fehlern ist alles. Wenn Sie die Gründe für einen Mißerfolg gründlich analysiert haben, werden Sie auch besser den Weg zum Erfolg erkennen. **In diesem Sinne bringt Sie jeder Mißerfolg dem Erfolg ein Stück näher.** Das klingt zwar paradox, doch es ist wahr. Die Erfahrungen erfolgreicher Leute bestätigen es.

Ein wahrer Meister in bezug auf das Treffen schneller und richtiger Entscheidungen, auch wenn er sich hin und wieder irrte (was auf sein Leben bezogen aber kaum ins Gewicht fiel), war Jean-Paul Getty, der Ölkönig, der lange Zeit als der reichste Mann der Welt galt und der seinen Erben mehr als vier Milliarden Dollar hinterließ, ganz zu schweigen von seiner phänomenalen Kunstsammlung. Wir wollen Ihnen im folgenden Kapitel einen kurzen Abriß über sein Leben geben, das eine nahezu perfekte Mischung aus Reflexion und Aktion war. Denn am Ende seines langen erfolgreichen Lebens hätte Jean-Paul Getty mit dem Philosophen Bergson zu Recht sagen können: *»Agissez en homme de pensée, et pensez en homme d'action.«* (Handeln Sie wie ein Mann der Überlegung und denken Sie wie ein Mann der Tat.)

Jean-Paul Getty: der reichste Mann der Welt!

Jean-Paul Getty wurde im Jahre 1892 als Sohn des George Franklin Getty und der Sarah MacPherson-Risher geboren. Sein Vater, der aus einer armen irischen Familie stammte, verbrachte eine sehr unglückliche Kindheit. Schon sehr früh mußte er sich bei den Farmern der Umgebung verdingen, um zum Lebensunterhalt seiner verwitweten Mutter beizutragen.

Als George 12 Jahre alt war, ermöglichte ihm ein begüterter Onkel den Schulbesuch in Ohio. Einige Jahre später verließ er die Schule mit einem Diplom und unterrichtete dann selber einige Jahre lang. Doch George F. Getty war sehr ehrgeizig, ein Charakterzug, den sein Sohn erben sollte. Anstatt sich also mit seiner Lage zufriedenzugeben, verwendete er all seine Freizeit auf das Studium der Rechte. Im Alter von 27 Jahren verwirklichte er einen alten Traum: Er legte an der Universität Michigan sein Anwaltsexamen mit besonderer

Auszeichnung ab. Ein paar Jahre später wurde er Richter.

Einige Biographen der Gettys behaupten, daß die Mutter von Jean-Paul Getty, Sarah MacPherson-Risher, den Grundstein für das Vermögen der Gettys legte. Sie war eine ehrgeizige, entschlossene Frau, die ihren Mann drängte, seine Lehrtätigkeit aufzugeben, um sich dem Studium der Rechte zu widmen, was sich ihm wahrsten Sinne des Wortes als »goldrichtige« Entscheidung herausstellen sollte. Aus dem kleinen Advokaten aus Michigan sollte einer der Pioniere der amerikanischen Ölindustrie werden.

Das Jahr 1903 sollte für die Familie die entscheidende Wende bringen, die aus ihr eine der reichsten Familien Amerikas machte.

Um für einen Klienten eine juristische Frage zu klären, mußte George Getty nach Bartlesville in Oklahoma reisen. Als der Streit beigelegt war, ließ sich der Anwalt voll vom Ölfieber packen. Auf Anraten einiger Bohrleute erwarb Getty mit der Parzelle Los Nr. 50 ein Gelände von 2250 Hektar Größe. Man begann mit den Bohrarbeiten. Es wurden insgesamt 43 Probebohrungen gemacht. Bei 42 davon stieß man auf Öl!!! George F. Getty gründete die Minnehoma Oil Company mit dem festen Vorsatz, sich von nun an der Suche nach dem »schwarzen Gold« zu widmen. Damit nahm die Geschichte eines unbeschreiblichen Vermögens ihren Anfang.

Auch wenn der junge Paul Getty zu diesem Zeitpunkt erst elf Jahre alt war, erinnert er sich noch genau daran, wie bewegt er beim Anblick seines ersten Ölfeldes war. »... Rückblickend erscheint es mir so, als habe ich mich schon damals vom Ölgeschäft total gefangennehmen lassen. Nicht was den finanziellen Aspekt bzw. die Profitaussichten des Ölgeschäfts anbetraf, es ging vielmehr um die Herausforderung, um das Abenteuer, um dieses prickelnde Gefühl, das einen während der ganzen Bohrung und Förderung nie verläßt, dieses Treiben und Jagen des Öls, so als hetze man ein Stück Wild vor sich her.« Diese Begegnung, die Paul als Kind mit der geheimnisvollen Kraft hatte, die aus dem Boden sprudelte, sollte bei ihm eine Art Leidenschaft entfachen. Für ihn war der Rohstoff gewissermaßen eine Herausforderung, eine Herausforderung, die er bald annehmen sollte.

Es kam nicht selten vor, daß man einen kleinen Jungen auf den Ölfeldern von Parzelle 50 herumstreifen sah, der sich – als sei es die natürlichste Sache der Welt – mit den Bohrleuten in ihrer Fachsprache unterhielt, ganz so, als sei er einer von ihnen.

Wenn der junge Getty sich auch auf den Ölfeldern als brillanter Schüler erwies, so traf das ganz und gar nicht für die Schule zu. Sein Vater, der ein strenger Mann war und der seinen Sohn immer wieder darauf hinwies, daß das Geld nicht an Bäumen wachse, entschied im Jahre 1906, daß ein Besuch der Harvard Military Academy eine hervorragende Medizin sei, um Selbstdisziplin zu lernen.

Nach dem Besuch dieser Akademie nahm der junge Getty ein Studium auf, wobei er sich immer während der Sommerferien als Hilfsarbeiter auf den Ölfeldern seines Vaters nützlich machte. Sein Vater achtete dabei allerdings streng darauf, daß er genauso wie die anderen Arbeiter behandelt wurde. Er bekam den gleichen Lohn wie ein normaler Arbeiter, nämlich drei Dollar pro Tag bei einer Arbeitszeit von 12 Stunden. Er mußte sich an die Instruktionen halten und die Arbeiten ausführen, die man ihm auftrug.

Paul paßte sich diesem Leben sehr schnell an und schien sich in die Gesellschaft der rüden Arbeiter voll zu integrieren. Ganz anders auf der Universität, wo er den Eindruck hatte, daß sein Aufenthalt dort zu nichts führte.

Entmutigt von dem amerikanischen Hochschulsystem, das seiner Meinung nach die persönliche Freiheit allzusehr beschnitt, verließ Paul Getty 1912 Amerika, um seine Studien im englischen Oxford fortzusetzen. Diese ehrwürdige Institution begeisterte ihn. Er studierte dort ein Jahr lang Wirtschafts- und politische Wissenschaften, wobei letztere ihn voll in ihren Bann zogen. Er schaffte mühelos sein Diplom und kehrte schließlich in die USA zurück, wo er sich, was seine Zukunft anbelangte, zwischen vier Möglichkeiten entscheiden mußte.

Seinen Studien und auch seiner Persönlichkeit nach zog es ihn zur Literaturwissenschaft. Er hatte große Lust, Schriftsteller zu werden. Seine Leidenschaft für politische Wissenschaften ließ ihn jedoch daran denken, in das amerikanische diplomatische Korps einzutreten. Im übrigen hatte er sich angesichts des drohenden ersten Weltkrieges bei der Luftwaffe gemeldet, in der Hoffnung, Pilot zu werden. Die Möglichkeit, die er am wenigsten ins Auge gefaßt hatte und die ihm im übrigen auch am wenigsten behagte, war schließlich der Eintritt ins Geschäftsleben. Auf Anraten seines Vaters, der ihn bat, sich ein ganzes Jahr lang im Geschäftswesen umzusehen, bevor er eine endgültige Entscheidung traf, ging Getty wieder nach Oklahoma. Er traf mit seinem Vater folgende Vereinbarung: Paul sollte für ein Monatsgehalt von 100 Dollar nach Öl bohren. Sein Vater wollte den Kauf der Bohrrechte finanzieren, und der Gewinn sollte dann unter ihnen im Verhältnis 70 Prozent (für den Vater) zu 30 Prozent (für den Sohn) aufgeteilt werden.

Monate vergingen, ohne daß etwas lief. Später gestand J. Paul Getty, daß er wiederholt daran gedacht hatte, alles hinzuwerfen. Doch die Vorstellung, gescheitert zu sein, war für ihn einfach unerträglich.

»MEINER NATUR GEMÄSS WAR FÜR MICH MISSERFOLG IMMER EINE HORRORVISION, UND DIESE EINSTELLUNG WAR, WIE ICH GLAUBE, SOGAR EINES DER HAUPTANTRIEBSMOMENTE MEINES LEBENS.«

»Das heißt nicht, daß ich den Erfolg um des Erfolgs willen liebe, aber wenn ich mich auf irgendeine Sache eingelassen habe, spüre ich in mir eine Art unwiderstehlichen Zwang, der mich dazu treibt, alles zu tun, um zu einem befriedigenden Ergebnis zu gelangen. Auf den meisten Gebieten, auf denen ich mich engagiert habe, und bei meinen meisten Unternehmen kannte ich im allgemeinen nur eins, den Erfolg. Und wenn die Dinge nicht so liefen, setzte ich alles daran, damit sich die Fehler, die ich gemacht hatte, nicht wiederholten.«

Gegen Ende des Jahres bot sich endlich die Gelegenheit, auf die er so lange gewartet hatte. Der junge Mann erfuhr, daß eine besonders vielversprechende Konzession zum Verkauf anstand. Auch wenn seine Chancen gleich Null waren, wollte er unbedingt versuchen, sie zu erwerben. Also ersann er eine List, um weitaus finanzkräftigere Konkurrenten aus dem Rennen zu werfen. Er bat einen befreundeten ortsansässigen Bankier, ihn bei der Versteigerung zu vertreten und für ihn zu bieten, ohne seine Identität preiszugeben. Da die anderen Interessenten glaubten, der Bankier biete im Auftrag einer großen Gesellschaft, zögerten sie, den Kaufpreis in die Höhe zu treiben. Getty bekam den Zuschlag für die lächerliche Summe von 500 Dollar und besaß damit eine Konzession, die sich ohne weiteres für 15 000 Dollar hätte verkaufen lassen.

Mit dieser Konzession, dem Los »Nancy Taylor«, wurde der Reichtum von Jean-Paul Getty begründet. Ermutigt durch diese Transaktion gründete er sofort eine Gesellschaft, um die Finanzierung der Bohrungen sicherzustellen. Da es ihm an Kapital fehlte, mußte er sich allerdings mit mageren 15 Prozent der Aktien zufriedengeben. Als er die Bohrmannschaft zusammenhatte, begann die Arbeit. Getty legte selbst Hand mit an und arbeitete bis zu 72 Stunden am Stück.

Nach mehreren Monaten harter Arbeit stellten sich zu Beginn des Jahres 1916 endlich die lange erwarteten Erfolge ein. Die Bohrlöcher förderten 60 Barrel Öl pro Stunde, das waren 700 Barrel pro Tag. Das war für Getty die Offenbarung, sein Leben war von nun an untrennbar mit dem schwarzen Gold verknüpft.

Getty hatte instinktiv ein Prinzip genutzt, das er sein ganzes Leben lang mit Erfolg einsetzen sollte.

MARKTSITUATIONEN UND MARKTENTWICKLUNGEN RECHTZEITIG ERKENNEN UND NUTZEN!

Neue Ölfunde und günstige Transaktionen ließen nicht lange auf sich warten. Am Ende dieses Jahres hatte Getty seine erste Million Dollar verdient. Er war gerade 23 Jahre alt!

Zu dieser Zeit hielt man noch nicht viel von Ölgeologie, und viele Spezialisten belächelten die Idee, Öl mit Hilfe von schlauen Büchern bzw. auf der Grundlage wissenschaftlicher Erkenntnisse zu finden. Man war allgemein der Ansicht, daß eine Art Begabung dazu gehöre, um auf Öl zu stoßen, ähnlich wie das bei Rutengängern der Fall ist. Getty dagegen warf sich mit Leib und Seele auf das Studium der Geologie. Dadurch war er seinen Konkurrenten um Längen voraus. Er ließ sich von einem Prinzip leiten, das zwangsläufig zum Erfolg führen mußte:

SICH MÖGLICHST VIELE KENNTNISSE AUF EINEM GEBIET ANEIGNEN, UM ES VON GRUND AUF ZU BEHERRSCHEN UND DABEI GLEICHZEITIG SEINE GEDANKEN UND SEINE GEISTIGE ENERGIE AUF DAS GESTECKTE ZIEL KONZENTRIEREN!

Im Alter von 24 Jahren faßte Getty dann einen für einen jungen Mann, der gerade am Anfang seiner Karriere stand, seltsamen Entschluß. Er beschloß, sich vom Geschäft zurückzuziehen. Da er nun Millionär geworden war und seiner Meinung nach für ihn nicht mehr viel zu holen war, entschied er ganz einfach, einen Schlußpunkt unter das Ölabenteuer zu setzen. Kalifornien mit seinem herrlichen Klima und seinen schönen Frauen war für diesen jungen Mann, der das Leben genießen wollte, ein Paradies. Paul Getty war in Los Angeles bald ein bekannter Mann. Für viele seiner Biographen paßt diese obskure und ziemlich im dunkeln liegende Zeit im Leben des Milliardärs nur schlecht zu dem Bild eines Mannes, der für seine Strenge, Ordnungsliebe und Disziplin bekannt war. Deshalb überrascht es auch kaum, daß er gegen Ende des Jahres 1918 von diesem Faulenzerdasein genug hatte und zu der Erkenntnis kam, seine Zeit vergeudet zu haben.

Etwas hatte Getty jedoch aus diesen zwei verrückten Jahren gelernt:

GELD SOLLTE NICHT ALS SELBSTZWECK BETRACHTET WERDEN, SONDERN ALS MITTEL ZUM ZWECK

Erfüllt von diesem Gedanken, machte er sich wieder mit Elan an die Arbeit, fest entschlossen, seinen einmal eingeschlagenen Weg bis zu Ende zu gehen. Er mußte gleichzeitig an zwei Fronten kämpfen. Einerseits verfolgte er weiterhin die Interessen seines Vaters, doch gleichzeitig beschloß er, mit seinem persönlichen Vermögen auf eigene Faust zu arbeiten. Aber seine erste Transaktion auf eigene Rechnung war ein totaler Mißerfolg und kostete ihn 100 000 Dollar. Er hatte eine Konzession gekauft und einen Unternehmer beauftragt, die Bohrarbeiten zu überwachen, da er selbst von den Geschäften seines Vaters zu sehr in Anspruch genommen war und ständig zwischen Kalifornien und Oklahoma hin- und herpendeln mußte. Aber es wurde nachlässig gearbeitet, und Getty begriff, daß er einen Fehler gemacht hatte. Er bezahlte die Rechnung und schwor sich, daß ihm das nie wieder passieren sollte.

Von nun an kümmerte er sich um alles persönlich. »Von diesem Tag an blieb ich stets mein eigener Herr und Meister bei den Bohrarbeiten, ganz gleich, ob es um die Geschäfte ging, die ich zusammen mit meinem Vater führte, oder die, die ich selbständig abwickelte.«

»EIN WEITERES GEHEIMNIS LIEGT DARIN, NIEMALS SEINE MACHTBEFUGNISSE AUS DER HAND ZU GEBEN, ES SEI DENN IM REIN ADMINISTRATIVEN BEREICH.«

»WENN SIE WOLLEN, DASS EINE SACHE GUT GEMACHT WIRD, MACHEN SIE SIE SELBST!« SAGTE BENJAMIN FRANKLIN.

»ICH MACHE ALLES SELBER!«

Paul Getty hielt sich strikt an diese Maxime, und so beliefen sich seine Nettovermögenswerte knapp fünf Jahre nach Beginn seiner eigenen Bohrungen auf ca. 3 Millionen Dollar, die fast ausschließlich in Ölkonzessionen angelegt waren. Getty hatte mit seiner Entscheidung, sein eigener Herr zu werden, den richtigen Weg eingeschlagen.

Zwischen den 20er und 30er Jahren verdreifachte Getty sein Vermögen, und er heiratete auch. Tatsächlich sollte er fünfmal heiraten und sich auch fünfmal scheiden lassen. Später gesteht er freimütig: **»Wie war es möglich, daß ich imstande war, mein eigenes Auto zu bauen, Bohrlöcher anzulegen, eine Flugzeugfabrik zu leiten, ein Wirtschaftsimperium aufzubauen und zu leiten und außerstande, auch nur eine einzige meiner Ehen glücklich zu führen?«**

Im April 1930 traf die Familie Getty ein schwerer Schicksalsschlag. Nach einem Herzanfall verstarb George Franklin Getty. Sein Sohn verlor nicht nur den Vater, sondern auch einen Freund und Berater. Da Paul Getty über ein persönliches Vermögen verfügte, bedachte der Vater ihn in seinem Testament nur mit 500 000 Dollar. Den Rest erbte seine Frau. Das Vermögen von George Getty belief sich auf 15,5 Millionen Dollar. Paul Getty sollte dafür von nun an die Geschicke der Minnehoma Oil Company und der George-F.-Getty-Gesellschaft als Präsident in die Hand nehmen.

Leider mußte Paul Getty nach dem Tode seines Vaters sehr schnell einsehen, daß sein Unternehmungsgeist, seine Freude am kalkulierten Risiko, seine großen Zukunftsvisionen und sein Ehrgeiz mit den konservativen Ideen einer alten Dame, seiner Mutter, im geschäftlichen Bereich nur sehr schwer zu vereinbaren waren.

Amerika wurde von der Wirtschaftskrise schwer gebeutelt. Mehr als ein Wirtschaftsimperium war zusammengebrochen und genauso schnell von der Bildfläche verschwunden, wie es aufgetaucht war. Schon der bloße Gedanke an Expansion trieb zu jener Zeit so ziemlich allen Millionären den Angstschweiß auf die Stirn. Man mußte sehr klug sein, um sich nicht beirren zu lassen. Auch die Finanzberater von Paul Getty drängten ihn, der Konjunkturlage wegen alles zu verkaufen. Doch Getty sah die Dinge ganz anders. Für ihn war es die richtige Zeit zu kaufen und nicht zu verkaufen.

ER HATTE UNERSCHÜTTERLICHES VERTRAUEN IN DIE ZUKUNFT.

Er kaufte also. Zum Zeitpunkt der größten Wirtschaftsflaute machte er sich daran, mehrere Ölkonzessionen zu Niedrigpreisen zu erwerben. Dazu sagte er später:

»EIN GESCHÄFTSMANN, DER GEGEN DEN ALLGEMEINEN STROM SCHWIMMT, MUSS MIT WIDERSTAND RECHNEN UND DARAUF GEFASST SEIN, BELÄCHELT UND VERLEUMDET ZU WERDEN! DAS HAT MIR ZU MEINEM REICHTUM VERHOLFEN!«

Seinen Konkurrenten gegenüber besaß er noch einen weiteren Vorzug:

ER DACHTE IN GROSSEN DIMENSIONEN

Getty hatte viel vor. Ihm schwebte ein vollständig autonomes Ölunternehmen vor, das beim Rohöl angefangen über den Transport und das Raffinieren bis hin zum Export des Endprodukts alles unter einem Dach vereinigte. Auf diese Weise wollte er den zum Teil sehr kostenintensiven Zwischenhandel ausschalten, wodurch er sich große Gewinne versprach. Er machte sich also auf die Suche nach einer Raffinerie, die er kontrollieren konnte. Sein besonderes Interesse galt der Tide Water Associated Oil Company. Doch die führenden Herren der Gesellschaft weigerten sich strikt, die Kontrolle an Getty abzugeben. Es war der Anfang eines langen Kampfes. 1932 kaufte Paul Getty auf eigene Faust 1200 Aktien der Gesellschaft zum Preise von 2,50 Dollar das Stück. Sechs Monate später kaufte er weitere 39 000 in der Hoffnung, daß ihn der Verwaltungsrat der Getty-Gesellschaft und der Minnehoma Oil Company in seinem Kampf unterstützen würden.

Doch die expansionistischen Ambitionen ihres Sohnes beunruhigten die alte Dame allzusehr. Deshalb lehnte sie es glattweg ab, Paul in seinem Finanzkrieg zu unterstützen und ihm das investierte Kapital zurückzuzahlen. Sie ging sogar noch weiter und schloß ihn ganz einfach aus den Belangen der Firma aus.

Er war also zu weit gegangen. **Er beschloß, alles auf eine Karte zu setzen.** Er gründete seine eigene Firma und brachte dort seine gesamten Aktien aus dem Familienunternehmen ein. Dann beschloß er, aufs Ganze zu gehen, um die Kontrolle über Tide Water zu bekommen. Erst da erfuhr er, daß hinter der Tide Water Company die mächtige Standard Oil Company, der Finanzriese von Rockefeller, stand. »Wäre ich von Anfang an gewarnt worden«, schrieb Getty, »hätte ich mich ganz bestimmt nicht darauf eingelassen, Aktien der Tide Water zu kaufen, denn ein unabhängiger Kleinstunternehmer hatte nicht die geringste Chance gegen eine der mächtigsten Ölgesellschaften der Welt. Aber als ich dahinterkam, steckte ich schon zu tief drin, um aus dem Spiel noch auszusteigen.«

Durch zähe Arbeit, aber auch mit List gelang es David, den großen Goliath zu besiegen. Im Jahre 1952 besaß J. Paul Getty nach 25 Jahren Finanzkrieg die Mehrheit im Verwaltungsrat.

»WENN ICH EINMAL EINE PARTIE AUFGENOMMEN HABE, VERSUCHE ICH AUCH PUNKTE ZU MACHEN. ICH VERSUCHE MEIN BESTES, UM DEN GEGNER ZU SCHLAGEN.«

Der schwindelerregende Aufstieg dieses Mannes schien durch nichts zu bremsen zu sein. Paul Getty verbrachte nun einen Teil seiner Zeit in Europa, um dort die Interessen seiner sich anbahnenden Geschäfte wahrzunehmen. Seine Expansionspolitik und seine Ambitionen auf internationaler Ebene ließen ihn nur noch aus dem Koffer leben. Es war eine hektische, aber auch faszinierende Zeit. Er wohnte nur noch in Hotelzimmern und machte sich gar nicht mehr erst die Mühe, seine Koffer auszupacken, in denen er sowohl seine Kleidung als auch seine Arbeitsutensilien mit sich herumtrug.

Sein Büro war dort, wo sein Sekretär seine dunkelbraune, abgewetzte Lederreisetasche öffnete, die DRINGENDE GESCHÄFTE beinhaltete. 12stündige Arbeitstage waren gang und gäbe, oft arbeitete er aber nach eigenem Bekunden auch 14 Stunden und mehr am Tag.

1938 wendet sich Getty vorübergehend vom Ölgeschäft ab und kauft das renommierte Hotel Pierre in New York zum Schleuderpreis von 2 350 000 Dollar; das war weniger als ein Viertel des wahren Wertes. Darüber hinaus beginnt er sein Geld in Kunstwerke zu investieren und entwickelt sich sehr schnell zu einem der reichsten und meistbeneideten Kunstsammler der ganzen Welt. Er baut sogar ein Museum, das Getty-Museum, und schreibt später auch eine Abhandlung über Kunst.

Als der zweite Weltkrieg ausbricht, bietet Getty erneut seine Dienste der Armee an. Doch in Washington hat man eine andere Vorstellung darüber, wie er seinem Vaterland dienen kann. Im Zuge seiner verschiedenen Transaktionen im Hinblick auf die Kontrolle von Tide Water hatte Getty nämlich die Spartan-Gesellschaft erworben, zu der auch ein Werk für Flugzeugteile gehörte. Doch dieses Werk war so schlecht verwaltet und geführt, daß die meisten Fabrikanten es vorzogen, lieber keine Geschäfte mit ihm zu machen. Man bat also Getty, während der Kriegsjahre die Spitze der Spartan Aircraft zu übernehmen und die Produktivität zu steigern, um auf diese Weise die Armee zu unterstützen.

Er widmete sich dieser Aufgabe mit der gleichen Intensität und Disziplin, die er auch bei seinen anderen

Geschäften an den Tag legte. In kürzester Zeit gelangte die Spartan bei den Flugzeugbauern wegen ihrer Qualitätsarbeit zu hohem Ansehen. Der Pentagon ging sogar so weit, in einem Glückwunschschreiben Getty für die hervorragende Arbeit, die er geleistet hatte, zu danken. Während dieser kurzen Jahre hatte das Werk sich flächenmäßig versiebenfacht und die Zahl der Angestellten von einigen Hundert auf über 5000 erhöht!

Nach Kriegsende erachtete Getty es allmählich als zwingend, seine Fühler im Mittleren Orient, wo man immense Ölvorkommen vermutete, auszustrecken. Doch auf diesem neuen Markt Fuß zu fassen, einem Markt, um den sich alle großen Ölproduzenten der Welt rissen, war keine leichte Aufgabe. Dennoch gelang es Getty, eine Konzession im Niemandsland zwischen Saudiarabien und Kuwait zu bekommen. Dieses Territorium wurde von den großen Ölproduzenten gemieden, und so kam Getty auf dem zu Arabien gehörenden Teil zu einer Konzession. Natürlich kostete das seinen Preis. Man verlangte pro Barrel 55 Cents Abgaben, außerdem 25 Prozent des Gewinns, der an die Regierung ging, und darüber hinaus die Einhaltung unzähliger Klauseln im Hinblick auf die arabischen Angestellten. Nach Meinung vieler hatte sich Getty mit diesem Vertrag ganz einfach einlegen lassen. **Nicht nur einer prophezeite ihm, daß ihn dieses Geschäft den Kragen kosten würde.**

Zu Beginn der Bohrungen schien es fast so, als sollten die Schwarzseher tatsächlich Recht behalten, denn vier Jahre lang sprudelte nicht ein einziger Tropfen Öl aus den Bohrlöchern. Das ging so weiter bis zum Jahre 1952.

Getty ließ sich trotz alledem nicht entmutigen!

Sein sechster Sinn sagte ihm, daß am Erfolg dieses Projekts kein Zweifel bestand: Das Öl war da, man mußte es nur finden, und das würde früher oder später geschehen. Seine Beharrlichkeit zahlte sich aus, denn 1953 stießen die Bohrleute auf eine erste in der Tiefe verborgene Ölschicht. Getty unternahm weitere Versuchsbohrungen, und zwar immer noch im Bereich des Niemandslandes, und entdeckte dabei ein Gebiet mit phantastischen Ölvorkommen. Gettys Eigenwilligkeit und die ihm eigene Art, die Unglückspropheten einfach zu ignorieren, haben ihm einmal mehr ein Vermögen eingebracht.

»Was ich auch immer für Qualitäten und Fehler haben mag, eines steht fest, ich war nie konformistisch, das heißt, ich habe mich nie der – wie ich es nennen würde – konventionellen Vernunft gebeugt. Für mich hat es sich mehr als nur einmal bestätigt, daß es nichts Suspekteres und nichts Falscheres als diese konventionelle Vernunft gibt. Und das auf allen Gebieten.«

»ICH STAND NIE UNTER DEM ZWANG, DIESES ODER JENES ZU TUN, UM DEN ALLGEMEINEN VORSTELLUNGEN ZU ENTSPRECHEN, UND ICH HABE MICH STETS FREI UND STARK GENUG GEFÜHLT, DIE ALTEN DENKMÄLER VON IHREN SOCKELN ZU REISSEN UND BILDERSTÜRMER ZU SPIELEN.«

Trotz seines immensen Vermögens ist es J. Paul Getty lange Zeit gelungen, seine Anonymität zu wahren, bis eines Tages in der Zeitschrift *Fortune* ein Artikel erschien, der ihn unter die vermögendsten Männer der Vereinigten Staaten einreihte. Der Name Paul Getty stand an erster Stelle der Liste. Die Zeitungen schlachteten diese Neuigkeit gehörig aus, und bald war der Name

Getty in aller Munde. Man gab ihm den Beinamen »der reichste Mann der Welt«!

Er gehörte zu jener Spezies von Mensch, zu jenen Ausnahmeerscheinungen, die von einem bestimmten Zeitpunkt an nicht mehr in der Lage sind, ihr persönliches Vermögen zahlenmäßig zu erfassen. Im übrigen sagte Getty selbst einmal, solange man noch in der Lage ist, sein Vermögen zu beziffern, solange hat man noch nicht die Traumgrenze von 1 Milliarde Dollar erreicht.

Wie hat dieser Mann es denn nun geschafft, zum »reichsten Mann der Welt« zu werden? Welche geistige Haltung steht dahinter, wo liegt das Geheimnis, das ihn die höchsten Gipfel des Ruhms und des Reichtums erklimmen ließ? Getty beantwortet diese Frage auf seine Weise.
»Ich teile die Menschen in vier Kategorien ein.«

»In der einen Gruppe finden wir die Leute, die ihr Bestes geben, solange sie ausschließlich für sich selbst arbeiten und wenn sie ihren eigenen Betrieb haben. Solche Menschen wollen bei niemandem angestellt sein. Sie möchten vollkommen unabhängig sein.«

»Dann gibt es die Menschen, die aus vielerlei Gründen keine Ambitionen haben, Geschäfte auf eigene Rechnung zu betreiben, die aber hervorragende Ergebnisse vorzuweisen haben, wenn sie bei anderen angestellt und am Profit des Unternehmens beteiligt sind.«

»Die dritte Kategorie umfaßt alle diejenigen, denen es nur darum geht, eine Stelle mit einem festen Gehalt zu haben, die Risiken scheuen und die besser arbeiten, wenn sie bei anderen angestellt sind und mit einem sicheren Einkommen rechnen können.«

»Schließlich gibt es dann noch die Leute, die für andere arbeiten, aber ohne jede Motivation, weil sie weder den Wunsch noch das Verlangen haben, ein bestimmtes Ziel zu erreichen. Sie sind zufrieden mit dem, was sie haben, und denken nicht daran, irgend etwas zu unternehmen, was ihrer Sicherheit schaden könnte.«

»OB ES IHNEN GEFÄLLT ODER NICHT, ES GIBT SO ETWAS WIE DIE MENTALITÄT DES MILLIONÄRS.

Es gibt eine Art zu denken, die einem auf dem Weg zum Erfolg einen Vorsprung vor den anderen verleiht. Kurz gesagt, der Millionär hat stets und vor allem die Kostenrechnung im Kopf und ist darauf gepolt, Gewinne zu machen. Diese Mentalität findet man vor allem bei den Leuten der ersten Kategorie. Sie ist selten bei den Vertretern der dritten Gruppe anzutreffen und fehlt völlig bei denen, die man der vierten Kategorie zuordnet.«

Nun, in welche Gruppe würden denn Sie sich einordnen? Es liegt ganz bei Ihnen, Ihr Schicksal in die Hand zu nehmen. Und denken Sie daran, daß der Mensch im Unterschied zu allen anderen Wesen ein ungeheures Privileg besitzt: Er kann **wählen!**

J. Paul Getty starb am 6. Juni 1976 auf Sutton Place, seiner Residenz in England. Er war 83 Jahre alt und ließ seine zahlreichen Erben mit dem kniffligen Problem zurück, eine Erbschaft von über 4 Milliarden zu regeln.

★★

Um dieses Kapitel abzuschließen also noch einmal: Die beste Entscheidung, die Sie treffen können, ist die zu **handeln,** und zwar sofort. **Der Erfolg wartet nicht** und zeigt den Zaghaften, die sich nicht trauen, die Gelegenheit beim Schopfe zu packen, die kalte Schulter. Handeln Sie also auf der Stelle. Alle, die erfolgreich waren, waren Männer der Tat.

Manch einer mag einwenden, daß es ja genau das ist, was sie lähmt, die Tatsache nämlich, eben kein Tatmensch zu sein. Sie haben Angst, Angst vor dem Unbekannten, vor dem Mißerfolg, vor dem Risiko.

DAS BESTE MITTEL GEGEN ANGST IST DIE TAT.

Es hat also keinen Sinn, darauf zu warten, keine Angst mehr vor dem Handeln zu haben. Werden Sie trotz Ihrer Angst sofort aktiv. Die Angst verfliegt dann ganz von allein. Und wenn Sie handeln, entwickeln Sie eine Gewohnheit, eine entscheidende Gewohnheit, nämlich die Gewohnheit zu handeln. Der Philosoph Thackeray hat in diesem Zusammenhang ein wahres Wort geprägt: »Säe einen Gedanken, und du erntest eine Tat; säe eine Tat, und du erntest eine Gewohnheit; säe eine Gewohnheit, und du erntest einen Charakter; säe einen Charakter, und du erntest ein Schicksal.«

KAPITEL 4

Die beste Methode, reich zu werden: Etwas tun, wozu man Lust hat

Ich würde gerne Geschäftsmann werden, doch mir fehlt das Talent dazu.«

»Mein Traum war, Schriftsteller zu werden, aber mein Vater war damit nicht einverstanden, und so bin ich Beamter geworden.«

»Meine Arbeit langweilt mich, doch bei der großen Arbeitslosigkeit ist es besser, sich keine Illusionen zu machen.«

»Ich habe immer davon geträumt, Anwalt zu werden, aber ich glaube nicht, daß ich das Studium der Rechte geschafft hätte. Also habe ich etwas anderes gemacht.«

Solche und ähnliche Redewendungen sind wahrlich keine Einzelfälle. Haben Sie solche Sprüche nicht auch schon im Munde geführt? Wie viele Leute können denn schon von sich behaupten, daß sie ihre Arbeit wirklich gerne machen? Doch nur sehr wenige. Denn leider macht den meisten Leuten ihre Arbeit keinen Spaß. Und das Schlimmste daran ist, daß sie dazu noch davon überzeugt sind, daß sie dagegen nichts tun können, daß sie niemals ihre Lage ändern können, mit anderen Worten, daß sie zufällig vom Schicksal, d.h. vom bösen Schicksal, dazu verurteilt sind, ein mittelmäßiges Leben zu führen.

Wenn Sie sich selber in dieser Situation befinden und Ihnen Ihre Arbeit keinen Spaß macht, sie für Sie also eine Quelle ständiger Frustration ist, dann beantworten Sie sich doch einmal folgende Frage: **Ist es nicht schlimm, ja geradezu tragisch, sein Leben zu beenden, ohne je das gemacht zu haben, wozu man wirklich Lust hatte?**

Finden Sie nicht, daß Ihnen mehr zusteht? Finden Sie nicht, daß die Gesellschaft Sie betrogen hat, wenn sie Ihnen verwehrt hat, das zu tun, was Sie wollten? Sie war stärker als Sie. Sie hat Sie gebrochen...

Denken Sie einmal über einen ganz gewöhnlichen Tag in Ihrem Leben nach. Acht Stunden lang sind Sie damit beschäftigt, etwas zu tun, was Ihnen mißfällt, und acht Stunden schlafen Sie. Es bleiben also noch acht Stunden, die Sie im allgemeinen dazu nutzen, sich zu erholen und in denen Sie versuchen, Ihre Frustrationen zu vergessen. Nennen Sie das Leben? Sicher nicht! Und trotzdem machen Sie so weiter, weil Sie glauben, es bleibe Ihnen keine andere Wahl.

Diese passive und fatalistische Einstellung ist falsch.

Nichts zwingt Sie dazu, eine Arbeit weiterzuführen, die Sie nicht mögen. Sie können etwas anderes machen. **Es gibt auch für Sie eine Arbeit, die Sie begeistern kann und die zumindest so viel einbringt wie Ihre derzeitige Arbeit, wenn nicht sogar noch mehr.** Sie werden sie finden, und zwar schnell, sofort. Das sind keine leeren Versprechungen. Warum fangen Sie nicht gleich damit an, während Sie diese Zeilen lesen? – Ach, das Leben ist so schlecht eingerichtet, daß man ständig frustriert wird. Es enthält einem das vor, was man sich wirklich wünscht. – Falsch! Das Leben ist nicht so schlecht eingerichtet. Was das Leben Ihnen schenkt, hängt von Ihrer inneren Einstellung und Ihrem Selbstbild ab.

DAS LEBEN GIBT IHNEN GENAU DAS, WAS SIE VON IHM FORDERN.

Was die meisten Menschen daran hindert, das zu tun, wozu sie Lust haben, ist **die Tatsache, daß sie nicht daran glauben, daß das möglich ist.** Sie erwarten vom Leben Ärger, Frustration, Hindernisse, bescheidene Einkünfte und – das bekommen sie auch. So wie ein Mensch denkt, so verläuft auch sein Leben.

Denken Sie über Ihre jetzige Situation nach und vor allem auch darüber, wie Sie sich die Situation eigentlich vorstellen. Wenn Sie – was wahrscheinlich der Fall sein wird – nicht das tun, was Sie gerne tun würden, wenn Sie stets Ihre geheimsten Träume verleugnen, dann denken Sie über sich nach. Schreiben Sie einfach einmal auf, warum Sie glauben, nicht das tun zu können, was Ihnen wirklich Spaß macht.

Und jetzt gehen Sie diese Liste Punkt für Punkt durch

und denken Sie über jeden einzelnen Punkt nach. Sind das wirklich stichhaltige Gründe? Was immer Sie auch angeführt haben mögen – es sei denn, es handelt sich um Debilität oder Analphabetismus (zwei Gründe, die sich allerdings von selbst ausschließen, sonst könnten Sie dieses Buch schließlich nicht lesen) –, Ihre Argumente werden kaum einer ernsthaften realistischen Prüfung standhalten. Wir legen Wert auf das Wort **realistisch**, denn im allgemeinen neigt man dazu, durchaus legitime Ambitionen als unrealistisch abzutun.

Diese Verdrängung der eigenen Bedürfnisse und Wünsche beginnt im allgemeinen schon sehr früh, oftmals schon in der frühen Kindheit. **Um glücklich zu sein, um sich entfalten zu können, muß man den Mut haben, man selbst zu sein.** Allzu lange schon haben Sie sich herumstoßen lassen, haben Ihr Ich verleugnet, um den konformistischen Vorstellungen der anderen zu entsprechen. Das ist ein Fehler. Aber glücklicherweise ist nichts irreversibel.

Wenn Sie sich Ihre Liste noch einmal anschauen, werden Sie vielleicht feststellen, daß sich Ihre Argumente und die Gründe, die die Leute daran hindern, reich zu werden, in seltsamer Weise ähneln. Diese ganz natürliche Übereinstimmung ist kein Zufall. Denn, und das wird Sie zweifellos überraschen, es gibt einen Grundsatz, der besagt: **Wenn man Geld machen will, und zwar viel Geld, muß man damit anfangen, das zu tun, was einem Spaß macht.** Aus einem ganz einfachen Grund.

Wenn Sie etwas gerne machen, machen Sie es auch gut; das ist ein unumstößliches Gesetz. Wenn man nicht mit dem Herzen dabei ist, entwickelt man auch keine Energie. Die Motivation ist gering. Wenn Sie also keinen Spaß an Ihrer Arbeit haben, machen Sie sie nur mittelmäßig, oder zumindest, Sie machen sie nicht so gut, als wenn Sie mit Begeisterung bei der Sache wären. Die Folge davon ist, Ihr Arbeitgeber oder – wenn Sie selbständig sind – die Öffentlichkeit wird mit dem, was Sie tun, nicht 100prozentig zufrieden sein.

Wenn Sie angestellt sind, werden Sie also kaum mit interessanten Aufstiegsmöglichkeiten oder einer wesentlichen Gehaltserhöhung rechnen können. Und wenn Sie selbständiger Unternehmer sind, dann dürften die Chancen, etwas aus Ihrem Betrieb zu machen, eher gering sein. Sie verdienen entsprechend, das heißt weniger. Wenn Sie aber weniger verdienen, macht Ihnen Ihre Arbeit noch weniger Spaß, und das wiederum läßt Ihr Leistungsniveau noch mehr absinken. Ein Teufelskreis.

Hinzu kommt noch, daß man niemals ganz allein arbeitet, sondern immer mit anderen zusammen. Wenn Sie Ihre Arbeit nicht mögen, hält sich auch Ihre Begeisterung in Grenzen, Sie werden die anderen kaum mitreißen können. Aber auch das Gegenteil trifft zu. Aus diesem Grund ist es für den Erfolg unabdingbar, das zu tun, was einem Freude macht.

Der hervorragende Verfasser des Werkes *What they don't teach you at Harvard Business School*, Mark McCormack, hat zum Thema Arbeitsüberdruß einige sehr aufschlußreiche Bemerkungen gemacht, die wir Ihnen nicht vorenthalten wollen, wobei wir die Passagen, die für uns von besonderem Interesse sind, durch Fettdruck hervorgehoben haben:

»Arbeitsüberdruß entsteht immer dann, wenn sich die Kurve der Kenntnisaneignung abflacht. Das kann jedem auf jeder Ebene des Betriebes passieren. Tatsächlich trifft es häufiger diejenigen, die erfolgreich sind und die die Stimulation und die Herausforderung in stärkerem Maße als die anderen brauchen.

Wenn Sie Ihre Arbeit gut kennen und im Schlaf wissen, welchen Knopf Sie zu drücken haben, dann seien Sie auf der Hut, Langeweile könnte sich einschleichen. Ich bereite mich einfach darauf vor, damit mir das nicht passiert.

Ich definiere meine Arbeit immer wieder neu. Ich stelle mir neue Aufgaben, das heißt, ich suche mir für mich selbst neue Herausforderungen. Wenn ich ein Ziel erreicht habe, egal, ob im persönlichen oder beruflichen Bereich, benutze ich dies als Sprungbrett für ein anderes, höheres Ziel. Auf diese Weise, meine ich, verbessere ich meine Arbeitsleistung und werde für den Betrieb wichtiger.«

Und dann fährt er sehr eindringlich fort: »**Wenn Sie sich langweilen, sind Sie selbst daran schuld.** Sie bemühen sich nicht, Ihre Arbeit interessant zu machen. **Das ist wahrscheinlich auch der Grund dafür, daß man Ihnen nichts Besseres anbietet. Finden Sie heraus, was Sie gerne tun möchten, und Sie werden Erfolg haben.«**

Denken Sie über dieses augenscheinlich so simple, um nicht zu sagen banale Prinzip nach, das der Autor mit diesem Satz auf den Punkt bringt: »**Finden Sie heraus, was Sie gerne tun möchten, und Sie werden Erfolg haben.«**

Wenn wir behaupten, daß man seine Arbeit gerne tun muß, um Erfolg zu haben, dann möchten wir nicht mißverstanden werden. Wir wollen damit in keiner Weise unterstellen, daß die ideale Arbeit, also die Arbeit, die einem wirklich gefällt, frei von Frustrationen, Enttäuschungen und Schwierigkeiten ist. Wir predigen kein Paradies auf Erden. Aber man kann die Sache so ein bißchen mit der großen Liebe vergleichen. Das Band, das in diesem Fall zwei Wesen verbindet, läßt sie die Frustrationen und Hindernisse, die immer mal wieder auftauchen, vergessen oder zumindest überwinden.

Manchmal sind sich die Leute nicht so ganz schlüssig, ob sie ihre Arbeit nun lieben oder nicht. Zu ihrem Trost sei gesagt, daß selbst unsere zehn reichen Männer, die ausnahmslos in ihrer Arbeit ihre große Leidenschaft sahen, Phasen der Entmutigung, der Deprimiertheit, ja sogar des Zweifelns gekannt haben, vorübergehend zwar nur, aber immerhin ganz real. Aber wenn Sie wirklich wissen wollen, ob Ihnen Ihre Arbeit tatsächlich Spaß macht, empfehlen wir Ihnen einen zwar sehr simplen, aber absolut aussagekräftigen Test. Beantworten Sie folgende Frage, aber wirklich ehrlich:

WENN SIE DIE CHANCE HÄTTEN, MORGEN EINE MILLION DOLLAR ZU VERDIENEN, WÜRDEN SIE DANN BEI DER ARBEIT BLEIBEN, DIE SIE GERADE MACHEN?

Wenn Sie mit Ja antworten, bravo! Sie lieben Ihre Arbeit tatsächlich. Im übrigen hätten unsere zehn Reichen diese Frage auch alle positiv entschieden. Ihr Leben ist ein lebendiger Beweis dafür, daß ihre Arbeit ihre Passion war. Sie besaßen nicht nur eine Million Dollar, sondern mehrere hundert Millionen . . .

Beim Thema Superreiche taucht oft der Satz auf: »Wenn ich an deren Stelle wäre, würde ich aufhören zu arbeiten und quer durch die Welt reisen; ich würde mir ein angenehmes Leben machen . . .«, eine Überlegung, die im allgemeinen übrigens von Leuten angestellt wird, die nicht reich sind und die darüber hinaus ihre Arbeit nicht mögen.

Diese Leute können nicht verstehen, was reiche Leute dazu treibt, abgesehen von dem starken Motiv Geld, weiter »mitzumischen«. Es ist die Leidenschaft für die Sache, das Bedürfnis, ständig Neues zu unternehmen, sich Herausforderungen zu stellen, neue Risiken zu übernehmen . . .

Aus diesem Grund auch machen die meisten reichen Männer selten Urlaub. Sicher, ihre vielen Verpflichtungen machen ihnen das auch nicht ganz einfach, aber der Hauptgrund dafür ist einfach der, daß sie ihre Arbeit leidenschaftlich lieben. Arbeiten ist für sie Vergnügen und Spaß. Deshalb arbeiten sie auch oft bis in die Nacht hinein, schrecken nicht vor 15- oder sogar 18stündigen Arbeitstagen zurück.

Und diese Arbeit hat sie auch nicht umgebracht. Weit gefehlt. Die meisten von ihnen sind ziemlich alt geworden, und nicht nur das, die meisten haben auch bis kurz vor ihrem Tode gearbeitet. Das Wort Ruhestand gab es für sie nicht. Wie kläglich sieht es dagegen bei denen aus, die ihr ganzes Leben auf den Ruhestand hinarbeiten und die sich über die »progressiven« Bestrebungen freuen, das Rentenalter vorzuziehen? De facto sind diese Leute ständig potentielle Ruheständler, selbst wenn sie erst 30 oder 40 Jahre alt sind. Sie haben sozusagen von sich selbst Abschied genommen, sie haben vergessen, was sie waren, sie leben nur noch pro forma.

Wenn Sie ein langes, glückliches Leben führen wollen, tun Sie das, was Ihnen Freude macht. Es ist erwiesen, daß einer der Hauptfaktoren für frühzeitiges Altern

Frustration und Streß ist. Um innerlich jung zu bleiben, muß man seine Herzenswünsche respektieren und das tun, was man gern tut.

Steven Spielberg hat einmal folgende Bemerkung gemacht:

»Die größte Gefahr eines hohen Bekanntheitsgrades besteht darin, daß man faul wird.«

Aber das war wohl ein Scherz. Denn trotz seines über eine Milliarde geschätzten Vermögens steht er in dem Ruf, 100 Stunden in der Woche zu arbeiten, wenn er einen Film dreht. Und er dreht ständig, wie seine zahlreichen so überaus erfolgreichen Filme beweisen.

Reiche, sprich erfolgreiche Leute und Leute, die ihre Arbeit gern tun, haben auch eine seltsam unorthodoxe Einstellung zur Arbeit. Die meisten Leute kehren doch Montag früh nur recht widerwillig an ihren Arbeitsplatz zurück, wo sie dann ungeduldig darauf warten, daß es möglichst schnell wieder Freitag wird, damit sie endlich die Last abwerfen können, die sie fünf Tage lang niedergedrückt hat. Sie leben also de facto nur zwei von sieben Tagen, das heißt, den Samstag brauchen sie meist dafür, um ihre Spannungen zu lösen, und der Sonntag steht dann schon wieder ganz unter dem Zeichen des trostlosen monotonen Montags. Für erfolgreiche, gerne arbeitende Leute hingegen ergibt das alles keinen Sinn. Während die meisten Leute sehnsüchtig auf ihren Urlaub warten, um sich zu entspannen, empfinden sie ihn fast als Strafe. Er ist für sie zumindest keine Sache, die sie unbedingt herbeisehnen.

Der berühmte französische Mathematiker und Philosoph Pascal hat einmal folgendes gesagt:

»Vergangenheit und Gegenwart sind unsere Mittel, nur die Zukunft ist unser Zweck. Auf diese Weise leben wir niemals, sondern hoffen zu leben, und da wir immer beabsichtigen, glücklich zu werden, ist die unvermeidliche Folge, daß wir niemals glücklich sind.«

Trifft das nicht genau auf diejenigen zu, die immer nur mit dem Blick aufs Wochenende leben? Diese Leute leben nicht, sie warten darauf zu leben und sind niemals glücklich. Ja, sie sind nicht nur niemals glücklich, sondern im allgemeinen auch niemals erfolgreich.

Thomas Watson, einer der Väter des gigantischen Multis IBM, wurde nicht müde, seine Verkäufer immer wieder darauf hinzuweisen: »Sie werden nie Erfolg haben, wenn es Ihnen nicht gelingt, zu der inneren Überzeugung zu gelangen, daß Verkaufen die interessanteste Tätigkeit der Welt ist.« Und weiter: »Sie müssen in Ihrem Herzen einen Platz für Ihre Arbeit reservieren; Sie müssen mit dem Herzen bei Ihrer Arbeit sein.«
Unsere Behauptung, erfolgreiche Leute empfänden es als Strafe, wenn man ihnen ihre Arbeit entzieht, war durchaus nicht ironisch gemeint. Das beweist auch das folgende Bekenntnis von Honda, in dem er übrigens selbst das Wort »Strafe« verwendet: »Wenn man mich in meinen Labor arbeiten sieht, höre ich die Leute manchmal sagen, der Präsident kämpft wieder an vorderster Front. Doch ich gehe weiß Gott nicht mit dem Gefühl eines Märtyrers oder Militärs ins Labor. Ich gehe einfach nur dorthin, weil ich gerne arbeite. Ich denke nicht daran, auf dieses Vergnügen zu verzichten, nur weil ich Präsident bin. Warum sollte ein Mann unter dem Vorwand, Direktor eines Unternehmens zu sein, den ganzen Tag hinter seinem Schreibtisch sitzen und die Stunden zählen. Ich möchte nicht ungerecht sein, natürlich gibt es auch andere Möglichkeiten, sich

zu beschäftigen. Andere Firmenleiter interessieren sich wahrscheinlich mehr für Zahlen und Statuten als für einen Besuch in den Werkstätten. Sei es drum, für einen Ingenieur wie mich wäre es einfach mühsam, sich in die Buchführung zu vertiefen, zumal ich in der glücklichen Lage bin, über ausgezeichnete Fachleute auf diesem Gebiet zu verfügen. Ich gehe davon aus, daß Präsident zu sein keine Strafe ist . . ., sonst hätte mich ganz sicher ein treuer Freund davor gewarnt.«

Merken Sie sich also:

1. SIE KÖNNEN DAS MACHEN, WAS IHNEN ZUSAGT, WENN SIE MIT DER NÖTIGEN BESTIMMTHEIT UND ENERGIE ANS WERK GEHEN.

2. ES GIBT FÜR SIE DEN IDEALEN ARBEITSPLATZ. SIE KÖNNEN IHN SOFORT HABEN. SIE MÜSSEN ANFANGEN, DARAN ZU GLAUBEN.

3. DIE VORSTELLUNG, DASS MAN SEINEN LEBENSUNTERHALT NUR DURCH UNERFREULICHE ARBEIT VERDIENEN KANN, IST FALSCH.

4. IM GEGENTEIL, DIE EINZIGE MÖGLICHKEIT, GLÜCKLICH ZU SEIN UND VIEL GELD ZU MACHEN, BESTEHT DARIN, DAS ZU TUN, WAS MAN WIRKLICH GERNE TUT. SIE GEWINNEN ALSO IN DOPPELTER HINSICHT: IHRE ARBEIT MACHT IHNEN NICHT NUR FREUDE, SIE VERDIENEN AUCH MEHR GELD DABEI.

5. **NUR SIE ALLEIN** KÖNNEN ÜBER IHR SCHICKSAL ENTSCHEIDEN UND UNGEACHTET ALLER ÄUSSEREN WIDERSTÄNDE DAS TUN, WOZU SIE LUST HABEN.

6. DAS GRÖSSTE HINDERNIS FÜR IHREN ERFOLG LIEGT IN IHNEN SELBST. WAS SIE DARAN HINDERT, DAS ZU TUN, WAS SIE GERNE TUN, IST IHRE FEHLENDE BEREITSCHAFT, DARAN ZU GLAUBEN, DASS DAS MÖGLICH IST. IN IHREN AUGEN GILT DAS NUR FÜR DIE ANDEREN!

7. WAGEN SIE DAS ZU TUN, WAS SIE WOLLEN. SCHIEBEN SIE DIE ANGST BEISEITE, UND SIE WERDEN ERFOLGREICH SEIN.

Heutzutage neigt man häufig dazu, Denken und Fühlen auseinanderzudividieren. Alles wird rationalisiert. Gefühle werden verdrängt, Träume nicht wahrgenommen. Man sieht keine Notwendigkeit darin, mit dem Herzen bei einer Arbeit zu sein. Man begnügt sich damit, den Kopf einzusetzen. Leider vergessen die meisten Menschen dabei, daß das menschliche Wesen ein Ganzes ist. Wenn das Herz nicht mitspielt, bleibt auch der Erfolg aus. Sollte er sich dennoch einstellen, dann nicht auf Dauer. Wenn unsere Träume wahr werden sollen, muß ein heißes Verlangen dahinter stehen, dann dürfen unsere Gefühle nicht außen vor bleiben. Wenn Sie nicht mit dem Herzen bei der Arbeit sind, dann suchen Sie sich möglichst schnell etwas anderes, bevor man Sie entläßt. Oder aber Sie versuchen, Ihrer Arbeit neue Dimensionen zu verleihen, indem Sie sich selbst ständig neue Ziele stecken. **Dieses bißchen Selbstachtung sind Sie sich schuldig. Verleugnen Sie nicht Ihr Ich. Werden Sie sich Ihres Wertes bewußt. Niemand kann Sie zwingen, ein monotones Dasein zu führen.**

Viele erfolgreiche Männer und Frauen – auch die Männer, die wir für unsere Studie herangezogen haben – haben trotz aller, oft neidvoller Bewunderung, die man für sie hegt, in bestimmten Kreisen der Öffentlichkeit eine schlechte Presse. Man hält sie häufig für reine Materialisten, für Leute, die ausschließlich ans Geld denken, für eiskalte Rechner ohne jedes menschliche Gefühl. Man vergißt dabei ganz, daß diese Männer bzw. Frauen aufs äußerste passioniert waren, daß mehrere von ihnen sich in erster Linie von ihrem Gefühl leiten ließen und auf ihre Art so etwas wie Romantiker des *big business* waren. Sie waren erfüllt von einem Traum, einem Traum, der sie von frühester Kindheit an nicht losgelassen hat und dessen Verwirklichung sie mit allen Fasern ihres Herzens betrieben haben.

Eines der eindrucksvollsten Beispiele für diesen Menschentypus ist zweifellos der geniale Regisseur Steven Spielberg. Wie wir sehen werden, hatte er zu Anfang seiner Karriere schwer zu kämpfen. Nichts scheint womöglich unsinniger, nichts idealistischer als die Idee, vom Kino zu leben. Trotzdem ist es dem jungen Mann, der nicht einmal auf der Filmakademie angenommen worden war, gelungen, ohne einen Pfennig Geld in der Tasche und ohne Beziehungen diesen Traum wahrzumachen.

Steven Spielberg: Ein Träumer wird Milliardär

»When our wish upon a star,
Makes no difference who you are,
Anything your heart desires will come . . . to . . . you.«
(Titellied aus Pinocchio von Walt Disney)

Juli 1985. Zum dritten Mal widmet die angesehene Zeitschrift *Time* Steven Spielberg, dem Superstar aus Hollywood, ihre Titelseite. Die erste bedeutende Reportage war anläßlich der Premiere seines Films *Jaws* (Der weiße Hai) im Jahre 1975 erschienen.
Im Jahre 1982 wurden in einem zweiten Bericht »E.T.« und der »Poltergeist« gefeiert. Der Falkland-Krieg zwischen England und Argentinien verdrängte Spielberg dann leider von den Titelseiten.
Im dritten Bericht wurde das Talent dieses modernen »Peter Pan« gewürdigt, der sich mit jedem Film aufs neue anschickte, uns in das wundersame, alptraumhafte Reich der Kindheit zu entführen.
Das alles beherrschende Thema seines Werkes ist nämlich die Kindheit, seine Kindheit. Denise Worrell von der *Time* schreibt: »Über das Leben und das Werk Spielbergs zu berichten heißt nichts anderes, als in das Universum unserer Kindheit zurückzukehren.« Das also ist das ganze Geheimnis seines meisterlichen Werkes, das ihn nicht nur zum einflußreichsten Regisseur der Filmmetropole – wenn nicht sogar der ganzen Welt – machte, sondern ihm dazu noch ein Vermögen einbrachte, und zwar durch eine Tätigkeit, die es ihm erlaubte, sich selbst zu verwirklichen.
Der erwachsene Spielberg – wenn dieser Terminus bei ihm überhaupt angebracht ist – glaubt immer noch an die »Blutsbrüderschaft«! Mit ihm durchleben wir noch

einmal die geheimen Rituale unserer Kindheit; die feierlichen Schwüre ewiger Freundschaft werden in uns wieder lebendig.
Aber Spielbergs Welt ist mehr als das. Es ist auch die Welt der bedrohlichen Finsternis, einer Finsternis, die von unbekannten Mächten regiert wird, eine Welt böser Träume als Zerrbilder unserer eigenen Ängste. Sein Thema ist die Angst vor dem ins Außergewöhnliche verklärten Gewöhnlichen, die sich langsam in Verwunderung und Entzücken auflöst; es ist die bewegende Reise von der Finsternis zum Licht, auf der wir noch einmal unsere Ängste durchleben, um dann dieses unsägliche Glück, das wir im tiefsten Inneren unseres Herzens sorgsam hüten, aufs neue zu erfahren.

Spielberg ist ein Träumer. Sicher, dem Anschein nach steht er mit beiden Beinen auf der Erde, ist fest verankert in der weißen Wohlstandsgesellschaft Nordamerikas. Doch er selber sagt von sich: **»Ich glaube allen Ernstes, daß ich Peter Pan bin!«** So nimmt es auch nicht wunder, daß man ihn so oft mit seinem Idol (oder zumindest einem seiner Idole) Walt Disney vergleicht. Genauso wie Disney sieht (und filmt) er alles aus der Perspektive eines Dreikäsehochs. Die Welt, die er in Bilder umsetzt, ist die Welt eines Kindes.
Aber Spielbergs Welt spiegelt auch die stumme und unerklärbare Angst wider, die Alfred Hitchcock, ebenfalls Vorbild für ihn, in seinen Filmen thematisiert hat. Doch bei all dem vergißt er nie das Lachen, das Lachen als letzte Bastion des kindlichen Glücks . . . Immer wieder bringt er seine ganz normalen Personen in höchst abnormale Situationen.
Der Vater dieses magischen Universums, das uns in den Kinosälen in seinen Bann zieht, wurde am 18. Dezember 1947 in Cincinnati geboren.
Seine erste Erinnerung ist im übrigen symptomatisch

für die phantastische Welt, die er uns später erschließen sollte. Spielberg erzählt, daß in seiner ersten unauslöschlichen Erinnerung alles in Finsternis gehüllt war. Dann sah er einen Gang und an dessen Ende ... das Mysterium! Plötzlich Licht. Ein hell erleuchtetes Zimmer und im Hintergrund eine Reihe bärtiger Greise mit schwarzen Hüten: Weise von einem anderen Stern? Ganz hinten im Zimmer eine Art erhöhte Plattform, von der ein rotes gleißendes Licht aufsteigt, das in den Augen fast weh tut. Das Mysterium macht noch beklommener, die Sinne sind in dieser ungewohnten Atmosphäre wie betäubt ... Es gibt in einem seiner Filme auch eine Szene, die diese Erinnerung stark widerspiegelt. Und dabei handelte es sich lediglich um den Besuch einer Synagoge in Cincinnati mit seinen Eltern. Spielberg war damals gerade erst sechs Monate alt!

Diese Faszination des Fremdartigen wurde bei Spielberg zu einem integrierenden Bestandteil seines Wesens. »Ich hatte schon immer ein reges Interesse an den fremdartigen, absonderlichen Phänomenen, wie diesen »Lichtern in der Nacht«. Das begann schon, als ich noch ganz klein war, in Arizona. Dort ist der Himmel nachts sehr klar und fast immer mit Sternen übersät. Ich erinnere mich daran, wie mein Vater mich einmal nachts um drei Uhr geweckt hat und mich zum Hang eines Hügels mitnahm, wo wir uns auf eine Decke legten und einen phantastischen Sternschnuppenregen niedergehen sahen! Das war ... unglaublich! Ich hatte nur den einen Gedanken, den Ursprung dieser Leuchtpunkte da oben zu entdecken.«

Und er fügte hinzu: »Ich muß dazu sagen, daß ich im Jahre 1947 geboren wurde, dem Jahr, in dem der Flieger Kenneth Arnold das erblickte, was man dann eine ›fliegende Untertasse‹ nennen sollte. Vorher hatten zwar auch schon an die 10 000 Personen ähnliche Beobachtungen gemacht, doch erst von diesem Jahr an brach unter den Leuten eine wahre Psychose aus. In diesem paranoiden Klima wuchs ich also auf. Doch es flößte mir keine Angst ein; ich versuchte mir statt dessen vorzustellen, wie es wäre, wenn jemand von dort oben plötzlich zu uns käme!«

Das familiäre Umfeld sollte Spielbergs Werk entscheidend beeinflussen. Sein Vater war Elektroingenieur. Er gehörte zu dem Team, das die ersten Rechenanlagen baute. Ende der 40er, Anfang der 50er Jahre war die Datenverarbeitungsindustrie über die ganzen USA verstreut angesiedelt. Die Spielbergs zogen deshalb oft um. Innerhalb von 13 Jahren wechselte die Familie von Cincinnati nach Haddonfield in New Jersey, dann nach Scottsdale in Arizona und schließlich nach Saratoga, einem Vorort von San Jose in Kalifornien. Immer wenn er sich gerade an seine neue Umgebung gewöhnt hatte, erzählt Steven Spielberg, hing auch schon wieder das Schild »Zu verkaufen« an der Tür!

Nach seinem eigenen Bekunden waren seine Eltern grundverschieden. Beide liebten zwar leidenschaftlich klassische Musik und vergötterten ihre Kinder, aber das war auch schon der einzige Berührungspunkt! Sein Vater war ein Pedant, Genauigkeit und Pünktlichkeit gingen ihm über alles, kurz, er war selbst der reinste Computer, was Spielberg einmal zu der Bemerkung veranlaßte, daß sein Vater nur zwei Sprachen beherrsche: Englisch und ... die Computersprache!

Der junge Spielberg teilte allerdings ganz und gar nicht die Einstellung seines Vaters und machte das seinen Eltern auch auf seine ganz besondere Art deutlich: »Als ich etwa acht Jahre alt war, rief mein Vater uns alle in die Küche. Er hatte einen winzigen Transistor in der Hand und sagte dann zu uns: ›Das hier ist die Zukunft!‹ Ich nahm den Transistor, steckte ihn in den Mund und . . . schluckte ihn hinunter. Vater fing an zu lachen, doch plötzlich fand er das Ganze gar nicht mehr komisch. Die Stimmung war gespannt. Das war einer dieser Augenblicke, wo zwei diametral entgegengesetzte Welten aufeinanderprallten. Das war meine Art, ihm zu erklären: Das ist DEINE Welt, nicht die meinige!«

Seine Mutter hatte dagegen ein überschäumendes Temperament. Sie war der Dreh- und Angelpunkt der Familie. Als ausgebildete Pianistin arrangierte sie öfter zusammen mit ihren Freunden, die ebenfalls Musiker waren, Konzertabende. Spielbergs Vater saß währenddessen mit seinen eigenen Kollegen zusammen, um beispielsweise darüber zu diskutieren, wie man eine elektronische Mausefalle bauen könnte! Als einziges Refugium blieb dem jungen Steven sein Zimmer. »Die Türe zu meinem Zimmer blieb beinahe während meines ganzen Lebens geschlossen!«, sagte er später. Er ging sogar so weit, sich eine Decke über die Ohren zu ziehen, um das Klavier bzw. die Fachsimpelei nicht zu hören!

Mit dem Filmen kam er zum erstenmal in Berührung, als seine Mutter seinem Vater zum Geburtstag eine Filmkamera schenkte, »um die Erinnerungen der Familie im Bild festzuhalten.« Nur hatte der Vater absolut kein Talent für die Filmerei. Steven, der damals 12 Jahre alt war, war zwar von dieser 8-mm-Kamera hin- und hergerissen, doch die amateurhaften »Heldentaten« seines Vaters begeisterten ihn weitaus weniger. »Wie jeder andere«, gestand er später, »mußte ich die Tortur der häuslichen Filmerei über mich ergehen lassen!« Die Kamera hatte nie eine feste Auflage, so daß die Bilder verwackelten, oder aber die Brennschärfe stimmte nicht und die Motive waren alle bis zur Unkenntlichkeit verschwommen, kurz, das ganze Fehlerrepertoire wurde vor den entsetzten Augen des angehenden Cineasten abgespult. Das war mehr, als er ertragen konnte, und so erklärte er eines Tages seinem Vater bei der entsprechenden Gelegenheit ganz ruhig: »Du hältst die Kamera falsch ... So hat das keinen Sinn!« Sein Vater nahm mit der gleichen Ruhe die Kamera, reichte sie ihm und sagte: »Hier, nimm sie! Von nun an bist du der Kameramann der Familie!«

Von diesem Zeitpunkt an hatte der junge Spielberg – wie er sich selber ausdrückte – »die Kameralinse an seinem Auge kleben!«

ER WAR DAVON GERADEZU BESESSEN!
»FÜR MICH WAR DAS DER IDEALE FLUCHTWEG.«

Die Kamera öffnete ihm die Tür in das Reich der Phantasie, ein Reich, das er uns später in so brillanter Form nahebringen sollte; sie ermöglichte ihm die Flucht aus der Realität, weit weg vom Alltag, von der Schule mit ihrer Ellbogenmentalität, die ihn so ängstigte, weit weg von all den anderen im Dunkel lauernden obskuren Ängsten und vor allem ... weit weg von seinen Eltern, die sich nicht mehr so gut verstanden und sich bereits mit ihrer Trennung beschäftigten.

VON DIESEM ZEITPUNKT AN KANNTE ICH NUR NOCH EIN ZIEL: FILME MACHEN!

Doch bis dahin war noch ein weiter Weg!

Noch war er in Nordkalifornien den endlosen Streitereien seiner Eltern ausgesetzt. O nein, sie stritten sich nicht vor den Kindern, doch Steven durchschaute die Situation ganz klar: »Ich glaube, daß sie sich niemals wirklich darüber im klaren waren, wie sehr wir uns ihres Unglücks bewußt waren. Nicht, daß irgend jemand von ihnen einmal getobt hätte, doch es lag so viel verzweifeltes Unglück in der Luft, daß man es mit dem Messer hätte schneiden können. Jahrelang habe ich geglaubt, daß das Wort ›Scheidung‹ das häßlichste Wort sei, das man sich ausdenken könne. Ihre Gespräche drangen über die Heizungsrohre in alle Zimmer. Meine Schwestern und ich waren den ganzen Abend auf und hörten mit an, wie sie sich stritten. Und dennoch wollten wir es nicht wahrhaben. Wir gerieten in panische Angst. Meine Schwestern brachen in Tränen aus, und wir klammerten uns fest aneinander.«

Dem Schrecken dieser Realität wollte der junge Spielberg entkommen. Und vielen anderen Schrecken auch. Er ängstigte sich wie ein kleines Kind! »Ich hatte alle Ängste, die Kinder haben!« Das heißt, Angst davor, daß jemand unter dem Bett versteckt war, Angst vor Monstern, die geduldig im Kleiderschrank lauerten, Angst vor all den schrecklichen Dingen, die diese Nachtgestalten ihm antun würden. Den bösartigen Baum aus »Poltergeist« sah Spielberg später übrigens jahrelang von seinem Fenster aus, und er bereitete ihm dieselben Alpträume, die sein junger Schauspieler auf der Leinwand durchleben mußte. Kurz gesagt, das beunruhigende und oft bösartige Universum seiner Filme ist bereits in ihm lebendig. Es ist für ihn die tägliche Realität.

Doch mit Hilfe des magischen Auges der Kamera wird es ihm gelingen, seine Dämonen auszutreiben und sie sich zu Verbündeten, zu treuen Weggefährten auf seinem Weg zum Ruhm zu machen.

»ICH HABE MEINEN TRAUM WIRKLICHKEIT WERDEN LASSEN.«

Darin liegt das ganze Geheimnis des unglaublichen Erfolgs von Steven Spielberg, der mit 36 Jahren bereits ein ungeheures Vermögen angesammelt hat und zu einer der stärksten Persönlichkeiten der Filmwelt avanciert ist. Er ist der DISNEY der modernen Zeiten.

Seine Leidenschaft für die Kamera und die »Lichter am Himmel« waren für Spielberg Zündstoff genug, um sehr bald schon seinen ersten Film zu drehen, einen Amateurfilm natürlich. *Firelight* entstand im Jahre 1964, als Spielberg gerade erst 16 Jahre alt war. Es war sein erster Science-fiction-Film. »140 Minuten lang ›Wir gegen sie‹«, sagt er später dazu. Er hatte zwar bereits an die 15 Filme dieser Art gedreht, seit er die 8-mm-Kamera von seinem Vater übernommen hatte, doch dies war sein erstes richtiges »Werk«, zumindest in seinen Augen. Mit einem Budget von 300 Dollar, die in der Folge auf 500 Dollar aufgestockt wurden (eine Angewohnheit, die er zur Verzweiflung seiner Geldgeber während seiner ganzen Karriere nicht ablegte). Dieser Film war sein erster kommerzieller Erfolg. Sein Vater lud Freunde, Bekannte, Eltern usw. ein, und so brachte man eine Summe von 600 Dollar zur Deckung der Unkosten zusammen. Es wurde ein Erfolg auf der ganzen Linie!

Spielbergs eigentliche Karriere begann jedoch erst mit einem anderen Film und basierte in erster Linie auf einer »zufälligen« Begegnung an den Stränden Kaliforniens. Man schrieb das Jahr 1967. Spielberg machte die Bekanntschaft eines Mannes, der genauso heiß darauf war, Filme zu produzieren, wie es Spielberg danach verlangte, Filme zu realisieren. Der wesentliche Unterschied zwischen den beiden bestand allein darin, daß der Mann ... Millionär war! Es handelte sich um Denis Hoffman, den Besitzer einer Firma für optische Geräte. Hoffman sah sich einige der 8- und 16-mm-Filme Spielbergs an und war begeistert. Er gab ihm 10 000 Dollar, um einen kurzen Streifen zu drehen. Für Spielberg war das ein Vermögen. Es gab jedoch eine Bedingung: Hoffman wollte, daß dieser Film ihm zugeordnet wurde, d.h., im Vorspann sollte es heißen: *Amblin* von Denis Hoffman und nicht *Amblin* von Steven Spielberg. »Ich zögerte keine Sekunde und sagte ›Ja‹. Ich nahm das Geld und machte mich daran, meinen ersten 32-mm-Film zu realisieren. Für mich war das eine echte Chance.«

Spielberg sollte bei dieser Gelegenheit auch noch die Bekanntschaft eines anderen Filmbesessenen machen. Es war Allen Daviau, der während seiner ganzen Karriere ständig zwischen Erfolg und Mißerfolg hin- und herpendeln sollte. Die beiden jungen Leute hatten absolut keine Ahnung, wohin sie der Weg konkret führen würde. Sie wußten nur eines: Sie waren auf dem Weg zum Erfolg! In dieser Beziehung hegten sie nicht den geringsten Zweifel. Und dieser fast schlafwandlerische Optimismus sollte Spielberg auch niemals verlassen.

Amblin, ein kleiner Film, der die Geschichte eines halbwüchsigen Jungen und eines halbwüchsigen Mädchens erzählt, die per Anhalter bis nach Kalifornien reisen, war ein großer Erfolg, und zwar insofern, als er sogar von dem großen Boß der Universal Television Company, Sid Sheinberg, sehr positiv aufgenommen wurde.

»De facto war dieser Erfolg allein das Verdienst meines Freundes Chuck Silvers. Er war es nämlich, der den Film Sheinberg vorführte.« (Dieser Film wurde im übrigen 1969 bei den Filmfestspielen von Venedig und

Atlanta gezeigt.) »Am nächsten Morgen rief Sheinberg mich an und lud mich zu einem Besuch in seinem Büro ein. Eine echte Aschenputtel-Geschichte!«

Die Studios der Universal kannte Spielberg bereits recht gut. Als er 17 Jahre alt war, hatten ihn nämlich entfernte Verwandte aus Canoga Park zu einer Besichtigung der Universal-Studios mitgenommen, als er bei ihnen zu Besuch war. Spielberg wollte unbedingt die Aufnahmestudios sehen, und so nutzte er, als die Tram einmal anhielt, die Gelegenheit, um sich abzusetzen und heimlich in die Studios zu gelangen, wo er voller Entzücken herumstöberte. Doch plötzlich wurde er von einem Mann angehalten und danach gefragt, was er denn dort treibe. In aller Ruhe erzählte Spielberg ihm von seiner Leidenschaft für den Film und erklärte ihm, was er gemacht habe und was er noch zu machen gedenke usw. Dieser Mann war Chuck Silvers, der spätere Karriereschmied Spielbergs. Der schmächtige junge Mann, der die Kühnheit besessen hatte, sich so weit vorzuwagen (der Zutritt zu den Studios der Universal war bei Gott nicht jedem erlaubt, vor allem nicht, wenn gerade gedreht wurde), amüsierte Silvers, und so lud er ihn zu einem phantastischen Rundgang ein. Mit Hilfe eines Passierscheins dringt Spielberg am nächsten Tag wieder zu Silvers vor und zeigt ihm seine 8-mm-Filme. Silvers ist tief beeindruckt (daher auch seine Begeisterung, als er einige Jahre später *Amblin* sieht).

Wenn für Silvers das Ganze damit erledigt ist, so gilt das keineswegs für Spielberg, der nun vollends »ausrastet«. Am übernächsten Tag passiert er geschniegelt und gebügelt, mit einem Aktenköfferchen seines Vaters in der Hand – es beinhaltet lediglich ein Sandwich und zwei Tafeln Schokolade – die Sicherheitskontrollen und betritt die Büros der Universal, wo er sich den ganzen

Sommer über ohne jede Genehmigung aufhält. Er findet ein leerstehendes Büro und ein Telefon, richtet sich dort häuslich ein und besitzt sogar die Frechheit, seinen Namen in das Firmentelefonverzeichnis zu setzen. Er geistert ständig durch die Gänge und Korridore und beobachtet minutiös die unzähligen verschiedenen Arbeitsabläufe bei den Dreharbeiten. Er hofft insgeheim darauf, daß ihm eines Tages irgend jemand – die Vorsehung vielleicht (?) – etwas zu tun gibt ... doch vergebens.

Entmutigt verschwindet Spielberg wieder, wie er gekommen war, ohne daß jemand von seiner Anwesenheit Notiz genommen hätte.

Witzigerweise verschaffte ihm die Begegnung mit Sheinberg, dem *big boss* der Studios, dieses Mal den offiziellen Zutritt zu den Büros der Universal ... um dort genau das gleiche wie beim ersten Mal zu tun, nämlich NICHTS!

Über diese Periode seines Lebens sagt Spielberg später: »Das ist eine unglaublich harte Sache, äußerst qualvoll und äußerst langweilig. Ich habe zahlreichen leitenden Herren buchstäblich die Tür eingerannt, bevor man mir die Erlaubnis gab, irgend etwas zu tun. Die Sache ist ganz einfach: Ich war viel zu jung, und man glaubte bei der Universal eben nicht an die Jugend. Woanders übrigens auch nicht!«

SPIELBERG GLAUBTE AN SICH UND SEIN TALENT. ER WUSSTE, DASS ER ZU GROSSEN DINGEN FÄHIG WAR, AUCH WENN ER NOCH JUNG WAR. DIE GELEGENHEIT, AUF DIE ER SO SEHR WARTETE, ER WÜRDE SIE BEKOMMEN!

Er bedrängte Sid Sheinberg so sehr und so gekonnt, daß dieser alle Hebel in Bewegung setzte, um für Spielberg eine Arbeit zu finden, was ihm auch gelang. Spielberg hatte, was er wollte: Er sollte für eine neue Fernsehserie an einem Pilotfilm arbeiten. Es handelte sich um *Night Gallery*, eine Folge für die sehr bekannte Sendung *Twilight Zone* von Rod Serling. Es war Pech für Spielberg, daß er mit einer der ... »bissigsten« Schauspielerinnen von ganz Hollywood, Joan Crawford, arbeiten mußte. Sie brachte ihn arg in Verlegenheit.

Trotz seiner völligen Unerfahrenheit zog er sich ziemlich gut aus der Affäre. Aber das war erst der Anfang ... dachte er zumindest!

Man übertrug Spielberg die Regie einer Episode von *Marcus Welby, M.D.*, dann *Dr. Kildare*, dann ... nichts mehr! Rein gar nichts!

Ein ganzes Jahr lang nichts! Er flehte, heulte, drohte ... Doch in seinem Vertrag stand ganz klar – im Kleingedruckten, das er in seinem jugendlichen Überschwang zu lesen vergessen hatte –, daß er sich den Entscheidungen der Universal zu beugen habe. Keine Chance, in seiner Freizeit Amateurfilme zu machen! Er war in der Falle. Deshalb zögerte er auch keinen Augenblick, als man ihm anbot, Fernsehserien zu drehen. Er nahm sofort an. Egal was, Hauptsache irgendwas!

Die Arbeit behagte ihm allerdings absolut nicht. Dafür lernte er in dieser Zeit das Metier in all seinen Facetten kennen. Er lernte so viel, daß er bald in der Lage war, mit Ausnahme der Maske so ungefähr alle in einem Aufnahmestudio anfallenden Arbeiten zu übernehmen. Er kannte sein Metier nun von Grund auf.

Mitten in diesem so arbeitsreichen Jahr 1971 war es dann soweit. Spielberg witterte die »große Chance«, auf die er so lange gewartet hatte: Sein Sekretär, der sich völlig ungeniert – man schrieb immerhin erst das Jahr 1971 – den *Playboy* gekauft hatte, gab ihm daraus die Erzählung *Duel* des Science-Fiction-Autors Richard Matheson zu lesen. Es war die Geschichte eines sanften und friedlichen Handelsvertreters, der von einem Tanklaster verfolgt wird, dessen geisteskranker Fahrer ihn ohne jeglichen Grund zu töten versucht! *Duel* schildert diesen Wettlauf mit dem Tode auf den unwegsamen Straßen der Rocky Mountains.

Spielberg drehte *Duel* in 16 minutiös geplanten Tagen im Canyon Soledad (Kalifornien) ab. Er wurde am 13. November 1971 in der Reihe *Movie of the Week* (der Film der Woche) des Senders ABC gezeigt. Zwei Jahre später wurde dieser Film auf den Fernsehtagen von Monte Carlo von der Jury mit einer Sonderauszeichnung bedacht. Das überwältigende Echo, das dieser Spielberg-Film beim Publikum in Europa fand, zwang die Herren der Universal, die in keiner Weise mit einem derartigen Erfolg gerechnet hatten, umzudenken. Sie mußten sich endlich eingestehen, daß sie einen jungen höchst talentierten Regisseur in ihrem Stab hatten.

Mit einem Budget von vergleichsweise mageren 450 000 Dollar war es dem jungen Regisseur gelungen, einen Gewinn von 6 Millionen Dollar einzuspielen. Das konnte auch die Herren Direktoren der Universal nicht kalt lassen, für die zuerst das Geld und dann der Film kam . . .!

Doch bis man so weit war, die Genialität Spielbergs zu erkennen – es dauerte mehr als zwei Jahre, bis das europäische Echo auf seinen Film zu den Chefs der Universal vordrang –, mußte er sich weiter damit begnügen, Filme für das Fernsehen zu machen. Er war 25 Jahre alt und sah immer noch kein Land. Das änderte sich erst, als die Erfolge (die finanziellen Erfolge natürlich) seines Films *Duel* schließlich bekannt wurden! Nichts und niemand konnte ihn nun noch daran hindern, das zu tun, was er sich am meisten wünschte, nämlich Filme machen!

Man lud ihn in den *Elfenbeinturm* ein und fragte ihn ohne Umschweife: »Sie haben nicht zufällig ein Filmprojekt im Kopf?«

Was für eine dumme Frage!!!

Er begann . . . als Drehbuchautor!

Er klapperte die verschiedenen Filmstudios ab und hinterließ ab und an einige seiner Drehbücher, die zu schreiben er während seiner Jahre des Nichtstuns bei der Universal reichlich Zeit gehabt hatte. Bei der 20th Century Fox fanden Richard D. Zanuck und David Brown Gefallen an einem kleinen Text mit dem Titel *»Ace, Eli and Roger of the Skies«*. Der Film wurde zwar gedreht, doch Spielberg spielte dabei kein aktive Rolle. Und der Film wurde auch kaum ein Erfolg. Er spielte in der Premierenwoche in Washington und Baltimore nur magere 13 400 Dollar ein, und das, obwohl der Film in 16 verschiedenen Kinos lief! Das reichte kaum aus, um die reinen Zelluloidkosten zu decken!

Doch Zanuck und Brown sollten Spielberg noch einmal unter die Arme greifen. Nachdem das Duo bei der Century-Fox entlassen worden war, tauchte es plötzlich in leitender Position bei der Universal wieder auf. Dieses Mal begeisterten sie sich für das Skript *The Sugarland*

Express. Spielberg hatte immer noch größe Schwierigkeiten, sich als Regisseur durchzusetzen, aber das Gespann Zanuck-Brown sollte ihm nun endlich zum lang ersehnten Durchbruch verhelfen.

Die Story des Films ist schnell erzählt: Eine Frau, die gerade eben erst aus dem Gefängnis entlassen worden ist, verhilft ihrem Geliebten zur Flucht. Beide kidnappen einen Verkehrspolizisten, um ihr Kind, das von einem Tag auf den anderen adoptiert werden soll und das sie niemals wiedersehen sollen, zurückzubekommen. Der Film, der nichts weiter als ein Melodram zu werden versprach, wurde von der Filmkritikerin Pauline Kael von der *New York Times* als »eines der phantastischsten Debuts in der Filmgeschichte« gepriesen.

Trotz des finanziellen Debakels von *Sugarland Express* hatten Spielbergs Förderer Zanuck-Brown mit ihrer Intuition absolut richtig gelegen.

Doch Geld ist nun einmal die Meßlatte des Erfolgs in Hollywood. Während der Erfolgsfilm *The Sting* (Der Clou) die phantastische Summe von 68 450 000 Dollar Ende des Jahres 1974 eingespielt hatte, brachte es der *Sugarland Express* auf kaum mehr als 2 890 000 Dollar!

Aber Spielberg lernte etwas daraus. Er lernte, sich Verbündete an Land zu ziehen. Er lernte, sich die goldene Regel zunutze zu machen, die da heißt, sich das Vertrauen fähiger Leute zu erwerben, die Schlüsselpositionen bekleiden und die dem eigenen Ideal, den eigenen Vorstellungen genau entsprechen.

Das galt für den Kameramann Vilmos Zsigmond, das Gespann Zanuck-Brown und eine Reihe anderer Leute, die Spielberg im Laufe seiner Karriere noch kennenlernen sollte, wobei vor allem der Komponist John Williams zu nennen ist, der die Musik zu sechs Spielberg-Filmen in zehn Jahren schrieb, und zwar zu seinen sechs erfolgreichsten Filmen.

Dann kam der »Knüller«! Eine Offenbarung, der absolute Durchbruch des Genies! Dann kam *Jaws*! »Ich bin nicht gewalttätig«, sollte Spielberg später erklären. »Aber ich wußte, wie *Jaws* auf das Publikum wirken würde. Es war die Erfahrung des Schreckens. Doch die Dreharbeiten entwickelten sich zu einem wahren Alptraum. Es war für mich kein Vergnügen, diesen Film zu machen!«

Die Universal besaß zwar die Rechte an dem Buch von Peter Benchley, doch wußte sie damit nichts anzufangen. Als Spielberg sich nun für dieses Drehbuch begeisterte, wußte er allerdings noch nicht, worauf er sich dabei einließ. Es wurden 155 Drehtage anstelle der vorgesehenen 52. Die Kosten stiegen beinahe ins Unermeßliche. Was die Riesenhaie anbetraf – es waren drei an der Zahl –, so wog jeder einzelne an die 3000 Kilogramm und kostete jeweils 150 000 Dollar. Wegen der Komplexität dieser Maschinen mußte das Anfangsbudget von 8 Millionen noch einmal um 3 Millionen aufgestockt werden. 20 Personen waren am Bau von Bruce – unter diesem Beinamen wurde der berühmt-berüchtigte Hai bekannt – beteiligt. 13 weitere Personen waren für die Betätigung der Geräte zuständig, die dieses Monster in Aktion setzten.

Die Dreharbeiten brachten die Leute fast an den Rand des Wahnsinns! An der Küste von Neu-England, abgeschnitten von der Welt, den ungnädigen Elementen hilflos ausgeliefert, wußten viele nicht, wohin mit sich.

»Manch einer lief am Strand entlang und schrie den Himmel an!« erzählte später Richard Dreyfuss, einer der Filmschauspieler.

Alle einschließlich Spielberg waren so entmutigt, daß sie nur einen einzigen Gedanken im Kopf hatten: Nichts wie weg! Dreyfuss gestand, daß er damals den Film für den größten »Schinken« der Filmgeschichte gehalten habe. Und dennoch . . .

Man betrachtete den Film als die grauenerregendste Produktion des Jahres. Die Begeisterung, mit der er vom Publikum aufgenommen wurde, war umwerfend. Am 5. September 1975, also 80 Tage nach seiner Premiere – er lief mit einem Werbeetat von 2 500 000 Dollar in fast 1000 Kinos in den USA und in Kanada –, hatte *Der weiße Hai* fast alle bis dato aufgestellten Rekorde *(Der Exorzist*, *Der Clou*, *Vom Winde verweht* und *The Sound of Music)* geschlagen. Schließlich überflügelte *Jaws* auch den Film *Der Pate* und wurde damit der Film Nr. 1 aller Zeiten!!!

Der Film war so erfolgreich, daß der Korrespondent der *Washington Post* auf Kuba verlautbarte, er wisse aus erster Hand, daß Fidel Castro Raubkopien des Films für die kubanische Öffentlichkeit gekauft habe!!!

Auch in anderer Beziehung entwickelte sich *Jaws* zu einer wahren Goldmine. Nur für die Abfassung der Verträge der einzelnen Firmen, die *Jaws*-Produkte verkauften, stellte die Firma International Creative Management allein schon 6 Millionen Dollar in Rechnung, und das bei einer Provision von 10 Prozent!

Die Universal wollte Spielberg selbstverständlich zu einer Fortsetzung überreden. Doch der lehnte strikt ab.

1975 hatte er andere Pläne. Das einzige Zugeständnis, zu dem er bereit war, war die abermalige Verpflichtung von Richard Dreyfuss als Hauptdarsteller in seinem neuen Film und die Versicherung, daß dieser Film »einzigartig werden sollte«.

Er glaubte nicht, zuviel versprochen zu haben! Als Perfektionist, der er war, steckte er sich immer höhere Ziele, um die Grenzen seines Talents – das zu haben er sich sicher war – auszuloten.

Das Ergebnis war ... *Unheimliche Begegnung der Dritten Art!*

»Das schafft der nie«, meinten die Verantwortlichen der Universal angesichts dieses gigantischen Projekts.

Doch Spielberg glaubte daran; er glaubte blind daran!

»Das ist weder ein Science-Fiction-Film noch ein futuristischer Film«, sagte er. »Es ist ein Film über Leute, die an etwas GLAUBEN! Sechs Millionen Amerikaner glauben daran, daß uns die UFOs regelmäßig besuchen!«

Spielberg wußte blind, worauf es bei einem Film ankam, damit er von den Leuten positiv aufgenommen wurde:

In erster Linie auf die Personen. Alles andere ergab sich dann später. Mit anderen Worten, die Geschichte mußte glaubwürdig sein!

Aber in Hollywood stand an erster Stelle ... das Geld, dann kam erst der Film! Und das Budget war, wie auch der Film, kolossal. Truffaut, der in dem Film mitspielte und der an eine eher intime Atmosphäre bei den Dreharbeiten zu einem Film gewöhnt war, wurde von dem Gigantismus des Unternehmens völlig überrollt. Für die Beleuchtung, die Modelle, den Ton ... für alles waren internationale Spitzenkräfte engagiert. Die Kosten spielten keine Rolle! Die von dem großen Meister Carlo Rambaldi geschaffene Kreatur, dieses außerirdische Wesen, das man in dem fast schon religiösen Finale aus dem Mutterschiff auftauchen sieht, kostete die bescheidene Summe von 3,5 Millionen Dollar.

Doch als der Film im November 1977 zum ersten Mal vorgestellt wurde, wurde er von den Kritikern schonungslos verrissen. »Das wird ein Reinfall«, kommentierte lakonisch William Flanagan vom *New York*-Magazin. Die Aktien der Universal verloren aufgrund der Panik, die die Kritiken nach der Voransicht in Dallas auslösten, um insgesamt 18 Millionen Dollar an Wert.

Doch die Reaktion der Öffentlichkeit war ganz anders. Der Film löste wahre Begeisterungsstürme aus, durch die selbst das Auftauchen von Bruce in den Schatten gestellt wurde! Alle, die mittelbar oder unmittelbar an der Produktion des Films beteiligt gewesen waren, wurden weltweit berühmt. Nach nur einem Monat Laufzeit hatte sich die *Unheimliche Begegnung der Dritten Art* bereits an die 9. Stelle der Erfolgsfilme des Jahres 1977 vorgeschoben! 1978 stieß er auf den dritten Rang vor, und das ging so weiter, bis ... *E.T.* auftauchte!

Nach diesen beiden Superhits mußte Spielberg einen Rückschlag hinnehmen, und zwar mit dem Film *I wanna hold your hand* (1978), der sich mit dem Phänomen der Beatles beschäftigte. Der Film kam viel zu spät, nämlich zu einer Zeit, da die Beatles längst passé waren! Das Resultat: ein Flop! Dann kam *1941*, eine Farce über die Panik, die sich nach der Bombardierung einer Küstenstadt durch ein japanisches U-Boot in Kalifornien breitmachte: ein absoluter, aber notwendiger Reinfall! Filmkomödien waren nicht Spielbergs Geschäft. Er hatte keine Ahnung davon. Das machte ihm *1941* klar. Eine bittere Erkenntnis! »Das war eine bedauerliche Notwendigkeit! Bedauerlich für das Publikum, notwendig für den Regisseur!« hieß es in einer Kritik. Spielberg lernte seine Lektion: **Er hielt sich von nun an an das, was er konnte und ließ die Finger von anderen Dingen!**

Von seinem Perfektionismus getrieben, machte er sich an eine Fortsetzung der *Unheimlichen Begegnung . . .*, mit mäßigem Erfolg. Es folgte *Used Cars* im Jahre 1980, ebenfalls ein Flop!

Diese Mißerfolge entmutigten Spielberg jedoch mitnichten, zumal er vorher bei einem Urlaub auf Hawaii George Lucas kennengelernt hatte, dessen berühmter *Krieg der Sterne* das Publikum erobert hatte. Der Gedanke, sich zusammenzutun, lag nahe, und so tauchte das Gespann bald in den Aufnahmestudios mit einem Drehbuch auf, das auf einer Abenteuer-Comic-Reihe der 40er Jahre basierte: *Die Jäger des verlorenen Schatzes* entstand.

Spielberg hatte immer schon damit geliebäugelt, einen Film à la James Bond zu drehen. Das war die Gelegenheit, jetzt oder nie! Das Projekt wurde allerdings von allen »Großen« abgelehnt, mit Ausnahme der . . . Paramount Pictures, die, was die Konditionen anbetraf, jedoch äußerst enge Maßstäbe setzte. Man kannte die Vorliebe des Gespanns Spielberg-Lucas für Budgets, die ebenso phantastisch waren wie die Erfolge ihrer Filme. Also ... Vorsicht!

Die Dreharbeiten begannen im Juni 1980 und dauerten nur 73 Tage, während die Paramount 87 Tage veranschlagt hatte. Man drehte auf Hawaii, in Tunesien und – die Innenaufnahmen – in Elstree in Kalifornien. Um zu sparen, vollbrachte man wahre Wunder. So waren für die Ausgrabungen in der Wüste 2000 Araber vorgesehen. Man schaffte es, mit 600 Leuten den Eindruck zu erwecken, als seien es viermal so viele. Das Ausgrabungsgelände sollte sich über ca. 80 ha erstrecken, man behalf sich mit knapp 30 ha und sparte auf diese Weise 750 000 Dollar. Diese Summe wurde für das Ausleihen von 4 500 Schlangen einer dänischen Agentur verwendet. Und die berühmte Zweikampfszene Peitsche gegen türkischen Säbel, die Ford unter Zuhilfenahme einer Pistole zu seinen Gunsten entschied, ersparte dem Team einen ganzen Drehtag, wenn nicht sogar mehr. Eine geniale Idee, die auf der ganzen Welt Furore machen sollte.
Das war besser als Bond, erklärte Lucas. Er hatte Recht. Als der Film *Die Jäger* ... im Juni 1981 in die Kinos kam, und zwar gleichzeitig mit dem neuen James-Bond-Film *For your eyes only*, spielte er dreimal höhere Gewinne als der Bond-Streifen ein. In Paris mußten bei der Premiere 500 Leute abgewiesen werden. *Die Jäger* ... steht an fünfter Stelle der Welterfolge in der Filmgeschichte. Paramount verbuchte Gewinne in Höhe von 224 Millionen Dollar, eine Summe, an die sie anfangs kaum zu glauben gewagt hatte!

Für Spielberg war der wichtigste Aspekt bei den Dreharbeiten zu diesem Film die Tatsache, daß er sich zum ersten Mal dazu durchgerungen hatte, die sekundären Szenen von einem eigens engagierten zweiten Filmteam abdrehen zu lassen, während er sich voll auf die wichtigen Szenen mit Harrison Ford und den anderen Hauptdarstellern konzentrierte.

Ein alter Traum, der Traum nämlich, einen Film mit und für Kinder zu machen, hatte Spielberg nie losgelassen. Es war übrigens Truffaut, der ihn in dieser Idee bestärkte: »Er kommt wunderbar mit Kindern zurecht!« hatte er erklärt, als er ihn in *Unheimliche Begegnung der Dritten Art* mit dem jungen Carey Guffey hatte arbeiten sehen. Für Spielberg, der sich von Kindheit an den Sinn für das Wunderbare und Geheimnisvolle bewahrt hatte, wurde dieser Traum zur fixen Idee.

Vor *E.T.* war Spielberg stets unfähig gewesen, dem »wahren Leben« ins Auge zu blicken. **»Ich mußte es immer verschönen, es mit irgendwelchem Flitter herausputzen.«** *E.T.* wird ihn »erlösen«.

Doch auch wenn seine Idee langsam Gestalt anzunehmen begann und er mit seinen Mitarbeitern unermüdlich über dem Drehbuch brütete, so war es doch ein weiter Weg bis zu den Dreharbeiten. Vorher mußte er noch einen anderen Dämonen austreiben: die ANGST!

Es war die Angst aus jenen fernen Tagen, da ein kleiner Mauerriß ihn die Invasion bedrohlicher Kreaturen befürchten ließ, da die Zweige einer Weide in der Dämmerung lebendig wurden und ihn mit bösartigen Absichten verfolgten, da sich ein Hampelmann in Bewegung setzte, um ein verängstigtes Kind, das unter die Bettdecke gekrochen war, zu attackieren ... Diese Angst, diesen Schrecken mußte er ausdrücken, um sich ein für allemal davon zu befreien.

Poltergeist entstand!

Sein erster Horrorfilm! Und was für ein Horrorfilm!

Beim Drehen hielt Spielberg sich strikt an den folgenden Grundsatz, für den er so viel Lehrgeld bezahlt hatte:

NUR DAS MACHEN, WOVON MAN ETWAS VERSTEHT, UND AUCH NUR DARÜBER REDEN, WOVON MAN EINE VORSTELLUNG HAT.

Und dieser nächtliche Schrecken war immer noch in ihm lebendig, war in seine Erinnerung eingebrannt. *Poltergeist* entstand aus zwei alten Filmprojekten, die er im Laufe der Zeit hatte fallenlassen. Er beschloß, das Leben der Kinder in einer Vorstadt – jener Vorstadt, die er so gut kannte – darzustellen, wobei er allerdings beide Seiten der Medaille zeigen wollte...! Analog zu dem Arbeitstitel *Das Leben eines kleinen Jungen*, der bei den Dreharbeiten zu *E.T.* verwendet wurde, hätte man für den *Poltergeist* den Arbeitstitel *Das Leben eines kleinen Mädchens* wählen können!

Spielberg schrieb selbst das Drehbuch. Tag für Tag saß er von mogens 8 Uhr bis nachmittags 4 Uhr daran; die einzige Zeit, in der er wirklich schreiben konnte. Mit der Regie beauftragte er einen Experten des Genres: Tobe Hooper, den Regisseur des zu trauriger Berühmtheit gelangten Films *Texas Chainsaw Massacre* (1974), der heftige Kontroversen ausgelöst hatte und vielerorts strikt abgelehnt worden war. Als die Dreharbeiten am 11. Mai 1981 in den Studios der MGM begannen, erschien Spielberg Tag für Tag auf der Bildfläche und war mit Ausnahme der drei Tage, in denen die Werbekampagne und die Premiere von *Die Jäger*... liefen, eigentlich stets präsent. Aufgrund dieser ständigen Anwesenheit kam es zu verschiedenen Reibereien. De facto führte Spielberg die Regie des Films und nicht Hooper, der ihm das zwar nicht übelnahm, doch Spielberg zog daraus eine weitere Konsequenz:

ICH WERDE NIE MEHR DIE REGIE EINES FILMS, FÜR DEN ICH DAS DREHBUCH GESCHRIEBEN HABE, EINEM ANDEREN ÜBERLASSEN! MIT ANDEREN WORTEN, SOWEIT DAS MÖGLICH IST, MUSS MAN ALLES SELBST ÜBERWACHEN!

Poltergeist wurde für Spielberg wie auch für die anderen zu einer Ochsentour. So sagte beispielsweise Mike Wood, der Spezialist für Toneffekte: »... er verlangte von einem Dinge, die beinahe unmöglich waren!«

Poltergeist verschlang 11 Millionen Dollar an Drehkosten, doch der Erfolg ließ auch nicht auf sich warten.

Und dann kam *E.T.*, das Filmereignis überhaupt! Ein Meisterwerk, ein Film voller Zauber und MAGIE!

Als man Spielberg bei einer Pressekonferenz in Cannes danach fragte, wie er *E.T.* realisiert habe, antwortete er schlicht: »Mit Liebe!«

»Ich glaube allen Ernstes, daß dieser Film einer meiner besten Filme ist. Es ist der Film, der mir am meisten am Herzen liegt, zusammen vielleicht mit *Unheimliche Begegnung der Dritten Art*!« Mit einem Etat von »lumpigen« 10,5 Millionen Dollar (verglichen mit anderen Produktionen von ihm) hatte Spielberg die Glanzleistung vollbracht, jenes magische Entzücken zu vermitteln, das zu entfachen bis dato nur ein Disney imstande gewesen war!

Später sagte er dazu: »Ich wollte ein Wesen schaffen,

das jede Mutter lieben könnte. Es sollte weder hehr noch überhöht sein. Tatsächlich ist E.T. das menschlichste Wesen von allen im Film auftretenden Personen. Man brauchte 12 menschliche Herzen, nur um sein Herz einmal zum Schlagen zu bringen. Außerdem kostete es nur die Hälfte von dem, was uns Marlon Brando gekostet hätte!«

Ein nie dagewesener Erfolg! *E.T.* spielte dreimal soviel ein wie der beste Film des Jahres. Es war der größte Erfolg der Filmgeschichte. Die Zeitschrift *Le Point* scheute sich nicht, von einem Film von »äußerster Zärtlichkeit« zu sprechen, und traf damit genau die Intentionen seiner Schöpfer.

Nach einer Laufzeit von nur 44 Tagen hatte dieser kleine Film in atemberaubender Manier bereits den fünften Platz ewiger Filmgeschichte erobert.

Spielberg behauptete: »E.T. wird der Peter Pan dieser Generation werden. Sie (die Kinder) werden von nun an im »Niemals-Land« bleiben, und sie werden niemals erwachsen werden. Sie verstehen ... erwachsen werden ... hart werden! ... alt werden!«

Alt in ihrem Herzen, versteht sich, eine Gefahr, die bei Steven Spielberg wohl kaum besteht.

Spielberg pendelt zwischen seinem Wohnsitz Coldwater Canyon und seinem Arbeitsplatz, einem exquisiten ultramodernen Studio, das den Namen »Amblin« trägt und auf dem Gelände der Universal in Hollywood liegt, hin und her.

In Amblin empfängt er seine Mitarbeiter. Es ist weniger ein Arbeitsplatz als vielmehr ein Ort der Begegnung und des geistigen Gedankenaustauschs. Hier bereitet er seine nächsten Werke vor, inmitten von Gärten und Bächen, einem nachempfundenen Kindheitsparadies.

Dieser Mann, der der Universal allein mit *Jaws* und *E.T.* 800 Millionen Dollar einbrachte, ist glücklich, wenn er die Leute um sich hat, die seine Ideale und seine Vorstellungen teilen. Auch ein Hund namens Brandy strolcht in dieser zwischen den betriebsamen Ateliers der Universal verlorenen Oase herum. Hier atmet »alles nur Ordnung und Schönheit, Luxus, Ruhe und Wonne« . . . und LIEBE, möchte man hinzufügen.

Diese Liebe zu seiner Kunst ist es auch, die ihn später veranlassen wird, einige Millionen Dollar für die Gründung einer Filmschule bereitzustellen, in der künftige Cineasten ihr Handwerk lernen können.

»MAN MUSS DEN BRUNNEN, AUS DEM MAN SCHÖPFT, IMMER WIEDER MIT WASSER AUFFÜLLEN, SONST VERSIEGT ER EINES TAGES!«

★★

Wenn man die Anfänge Spielbergs und seinen fulminanten Aufstieg betrachtet, so zeigt sich ganz deutlich, daß der finanzielle Background zwar für jeden Geschäftsmann eine wichtige Rolle spielt, daß er aber keinesfalls immer entscheidend ist. In Wirklichkeit bewegt ihn vielmehr die Sorge, etwas gut zu machen, etwas zu schaffen, was vielen gefällt. Das treibt Leute wie Steven Spielberg an. Dabei läßt sich ein augenscheinlich seltsam paradoxes Phänomen beobachten: Es sieht nämlich ganz danach aus, als wenn Leute wie Spielberg, gerade weil sie nicht nach sofortigem Profit streben, um so größere Gewinne machen.

Henry Ford war im übrigen einer von denen, die diese Ansicht teilten, die im Grunde genommen eine gewisse Form von Humanismus darstellt und die das Bild, das man sich im allgemeinen von reichen Leuten macht, in entscheidender Weise zurechtrückt. Sie sind eben keine eiskalten Ausbeuter. Das geht auch ganz klar aus mehreren Passagen von Fords Autobiographie hervor. Eine davon wollen wir als Beispiel herausgreifen: »Ich habe den festen Entschluß gefaßt, niemals in eine Firma einzutreten, in der das Geld Vorrang vor der Arbeit hat oder Bankleute bzw. Finanziers das Sagen haben. Ich habe auch beschlossen, auf ein Geschäft ganz zu verzichten, wenn ich darin nicht auch die Sorge um das Gemeinwohl zu erkennen vermag. Denn meine eigenen Erfahrungen und auch die Beobachtungen meines Umfelds haben mich hinlänglich davon überzeugt, daß die Unternehmen, die ausschließlich darauf aus sind, Geld zu verdienen, keinem großen Interesse dienen; sie kennen nicht die Leidenschaft, die eines aufrechten Mannes würdig ist, der ein großes Werk vollbringen will. Im übrigen warte ich immer noch auf den Beweis dafür, daß das der richtige Weg ist, Geld zu verdienen. Denn nach meinem Gefühl ist die einzige Basis für ein seriöses Geschäft die gute Qualität der Produkte.«

Diese Worte führen uns zu einem weiteren Grundprinzip des Reichtums. **Man muß sich zuerst darüber klarwerden, was man der Allgemeinheit an Produkten oder Dienstleistungen anbieten kann, bevor man an den eigenen Profit denkt.** Das Geld kommt ganz von allein, wenn das Produkt von guter Qualität ist, wenn die Dienstleistung Kompetenz verrät. Werden Sie der Beste in Ihrer Branche, und das Geld wird Ihnen wie durch ein Wunder zuströmen. Der amerikanische Philosoph Emerson hatte recht, als er sagte: »Der, der die beste Mausefalle konstruiert, der die beste Predigt hält, der das beste Buch schreibt, kann sein Haus im tiefsten Urwald bauen, die Kunden werden nicht die Mühe scheuen, Straßen zu errichten, um zu ihm zu kommen.«

Trauen Sie sich, Sie selbst zu sein!

Reiche werden gerne als strenge, konformistische Personen mit traditionellen Wertmaßstäben hingestellt. Unsere Studie über die zehn reichsten Männer der Welt hat genau das Gegenteil bewiesen.

Individuell zu sein, etwas Besonderes darzustellen bedeutet selbstverständlich nicht, sich durch irgendeine aufgesetzte Marotte von anderen zu unterscheiden oder durch exzentrische Kleidung aufzufallen. Die Männer, die wir analysiert haben, trugen alle nur den obligaten dreiteiligen dunklen Anzug. Was sie von anderen unterschied, spielte sich auf der mentalen Ebene ab, war die Art ihres Handelns. **Sie waren sie selbst.** Im übrigen trug zu ihrer Originalität vielleicht auch die Tatsache bei, daß mehrere von ihnen keine großartigen Schulen besucht haben. **Denn Schulen nivellieren das Denken, bremsen eher die Originalität, als daß sie sie fördern, ganz gleich welchen liberalen Anspruch sie erheben.**

Konformistisches Denken klammert die Möglichkeit aus, neue Wege zu gehen. Es sucht nicht nach anderen originellen Lösungen. Im übrigen darf man wohl einige Zweifel an der Relevanz und dem Nutzen eines Hochschulstudiums in bezug auf den finanziellen Erfolg anmelden. In der Tat zeichnet sich nach der Begeisterung für das rational geprägte Management-Modell der 60er Jahre bei den amerikanischen Großfirmen ein gegenläufiger Trend ab. Hochkarätige akademische Bildung ist längst nicht mehr so gefragt wie einschlägige praktische Erfahrung. In Japan gibt es übrigens so etwas wie Unternehmerschulen überhaupt nicht. Und spricht man nicht trotzdem vom japanischen Wunder?

Damit wir uns recht verstehen, wir negieren keinesfalls den Wert der Schulbildung. Im Gegenteil, die Entwicklung der Technik macht ein entsprechendes Studium unumgänglich. Nur spricht eben alles dafür, daß ein derartiges Studium zwar oft eine **Voraussetzung,** aber noch lange kein **Garant** für eine erfolgreiche Laufbahn ist. Dazu bedarf es mehr. Es bedarf sozusagen eines zündenden Funkens, einer gewissen Verwegenheit und Lebendigkeit, Eigenschaften, die man in keiner Schule lernt, die dort eher verlorengehen.

Gesellschaft, Schule, Erziehung im allgemeinen, all das trägt zu einer Nivellierung der Individuen bei. Unterschiede werden verwischt, persönliche Neigungen mehr oder weniger abgewürgt. Dieser Prozeß beginnt schon sehr früh im Leben des einzelnen und kann sehr tükkisch sein, da er meist nicht ins Bewußtsein dringt. Die Blockaden und die Unruhe, die entstehen, wenn wir nicht so sind wie die anderen, die uns dazu treiben, uns zu »konformieren«, kommen aus dem Unterbewußtsein, das wir bereits ausführlich behandelt haben.

Eine leise, zaghafte und irritierende innere Stimme raunt dem einzelnen jedoch immer wieder zu, daß das Bild, das er nach außen hin vermittelt, nicht echt ist, daß seine wahre Persönlichkeit nicht zum Zuge kommt, daß er sie verdrängt. Frustration, Traurigkeit und manchmal sogar das Gefühl, innerlich tot zu sein, sind die Folgen dieses Verbrechens gegen sich selbst, dem so viele Leute anheimfallen.

Wenn Sie Erfolg haben wollen, müssen Sie anders sein als die anderen. **Seien Sie Sie selbst.** Wagen Sie es, zu Ihrer wahren Persönlichkeit zu stehen. Vergessen Sie nicht, daß Sie einmalig sind. Sobald Sie sich konformieren, verleugnen Sie Ihr Selbst.

Wiederholen Sie folgende Sätze:

ICH BEKENNE MICH VON TAG ZU TAG MEHR ZU MEINER WAHREN PERSÖNLICHKEIT.

ICH BIN EIN EINMALIGES WESEN, UND ICH BIN VOLL AUF ERFOLG UND REICHTUM GEPOLT.

ICH HABE DAS RECHT UND DIE PFLICHT, ICH SELBST ZU WERDEN.

MEIN ERFOLG WIRD DAVON ABHÄNGEN, INWIEWEIT ICH MICH BEJAHE! ICH BEJAHE MICH VON TAG ZU TAG MEHR, UND ZWAR IN ALL MEINEN LEBENSBEREICHEN.

MEIN SELBSTWERTGEFÜHL STEIGT TÄGLICH UM 100 PROZENT, UND DEMENTSPRECHEND AUCH MEIN ERFOLG.

Einer der reichsten und zugleich auch nonkonformistischsten Männer der Welt war wohl Howard Hughes. Natürlich können seine mysteriöse Lebensweise und seine zahlreichen Exzentrizitäten keinen Modellcharakter haben, doch es läßt sich nicht abstreiten, daß Hughes das Prinzip »sei du selbst« als Voraussetzung für eine erfolgreiche Laufbahn in spektakulärer Weise verkörperte. Das Bild, das Max Gunther in seinem Buch *Les Milliardaires* von ihm zeichnet, hat schon etwas Faszinierendes an sich: »Er führte seine Geschäfte von einer öffentlichen Telefonzelle aus, von einem Hotelzimmer oder von jedem anderen Ort, an dem er sich gerade befand. Er hatte nie einen Zettel, auf den er sich irgendeine Information notierte, die für die Führung seiner ungeheuer weit gefächerten Unternehmen wichtig war. Er hatte alles im Kopf. Seine Angestellten und selbst seine engsten Mitarbeiter wußten beinahe nie, wo man ihn finden konnte. Er tauchte unvermittelt ohne jede Programmäßigkeit in den Unternehmen auf und irritierte damit alle seine Direktoren, die auf ein methodisches Vorgehen festgelegt waren.

Wenn man mit ihm Kontakt aufnehmen wollte, wählte man eine Nummer und wurde mit einer Vermittlung verbunden, die sich je nach Sachlage in Hollywood, Las Vegas oder Houston befinden konnte, und übermittelte seine Nachricht einer Sekretärin. Dann konnten mehrere Wochen vergehen, bis Hughes – so er Lust dazu verspürte – vielleicht aus einem Nachbarort oder von irgendeinem Punkt der Welt aus zurückrief. Um welche Zeit er anrief, spielte für ihn überhaupt keine Rolle. Das konnte auch ein Uhr nachts sein, wenn es an seinem Aufenthaltsort eben vielleicht gerade vier Uhr war.«

Und so beendet der Autor seine Charakterstudie über den extravaganten Howard Hughes, der auf seine Fahne zweifellos die Maxime Montaignes hätte schreiben können: Wer Erfolg haben will, muß handeln wie ein Weiser und nach außen hin wie ein Verrückter erscheinen: »Alle klassischen Strukturen des Geschäftslebens wie Programme, Terminkalender und anderes mehr waren für Hughes irrelevant. Er arbeitete, wenn er Lust hatte, manchmal auch 36 Stunden hintereinander. Das Arbeitsfieber konnte ihn genausogut am Wochenende wie zu mitternächtlicher Stunde packen. Ein Presseagent, der ihn aus der Zeit kannte, als er in der Filmbranche tätig war, sagte über ihn: ›Hughes war der Typ von Mensch, der alles, was man auf der Harvard Business School lernt, ad absurdum führte; sämtliche Regeln, mit Ausnahme der einen, die besagt, daß man Geld machen muß.‹«

Das Ende des Zitats enthält möglicherweise den Schlüssel zum Erfolg dieser Nonkonformisten. Sie setzen sich über alle Regeln hinweg und lassen nur die eine gelten, die da heißt: Man muß Geld machen.

Hüten Sie sich vor den Fallstricken des Konformismus, die um so gefährlicher sind, als sie weit verbreitet und dem Augenschein nach harmlos sind. Im übrigen neigt der Mensch von Natur aus dazu. Er bevorzugt meist den Weg des geringsten Widerstandes, schließt sich gerne der Masse an. Leider kennt die Masse aber auch kaum den Erfolg und führt im allgemeinen ein unscheinbares Dasein.

Ganz gleich, ob Sie nun als Selbständiger arbeiten oder irgendwo angestellt sind, seien Sie Sie selbst. Ray Kroc hat einmal gesagt: **»Ich glaube, wenn zwei meiner Führungskräfte in der gleichen Weise denken, ist eine davon überflüssig.«**

Handeln Sie so, daß Sie niemals der werden, der überflüssig ist. Wir wünschen Ihnen im Gegenteil, daß Ihre ganz persönliche individuelle Sicht der Dinge, Ihre persönliche Art zu denken, Sie unersetzbar macht.

Die zehn Männer unserer Studie haben ein beträchtliches Maß an Individualität und Nonkonformismus bewiesen. Sie haben keine Angst gehabt, die ausgetretenen Pfade zu verlassen und sich neue Wege zu bahnen, das heißt, kreativ zu werden. Aristoteles Onassis, der schwerreiche griechische Reeder, war einer von denen, die die Fackel des Nonkonformismus besonders hoch getragen haben.

Ihm wurde dafür reiche Ernte beschert. Auch er hatte seine eigenen Methoden und persönlichen Eigenheiten. Er sagte oft, ohne daß man wußte, ob er es ernst meinte, daß sein Büro das schwarze Adreßbuch sei, das er immer mit sich führe, wenn er von einem Kontinent zum anderen reise, um sein Vermögen zu mehren. Eines ist sicher, das Adreßbuch existierte tatsächlich. Onassis erinnert in bezug auf seine Methoden ein bißchen an Howard Hughes, obwohl die beiden ihrer Persönlichkeit nach grundverschieden waren. Während Onassis das prunkvolle mondäne Leben liebte, beendete Hughes sein Leben seltsamerweise in völliger Abgeschiedenheit von der Welt in einer Art paranoischem Delirium. Es war ein trauriges Ende für einen so brillanten Geist. Doch wenden wir uns nun der spannenden Lebensgeschichte jenes kleinen Mannes zu, den man bald den großen Onassis nennen sollte.

Aristoteles Onassis
oder
Der Mut, sich zu seiner wahren Persönlichkeit zu bekennen

Aristoteles Onassis wurde am 20. Januar 1906 in dem griechischen Viertel von Smyrna, einer blühenden Stadt an der Westküste der Türkei, geboren.

Unter den zehn Männern, die wir zu unserer Studie herangezogen haben, nimmt Onassis genauso wie Getty und Rockefeller eine Sonderstellung ein. Er gehört nämlich zu der Klasse derer, die ein Fabelvermögen besitzen, das sich eher in Milliarden als in Millionen beziffern läßt. Aufgrund der weltweiten Publizität, die ihm seine turbulenten Liebesbeziehungen zu der berühmten Sängerin Maria Callas und anschließend zu der Witwe Kennedys, Jacqueline Bouvier, einbrachten, ist Onassis zur Legende geworden. Und wie so oft in solchen Fällen wurden auch über ihn zahlreiche Unwahrheiten oder zumindest Halbwahrheiten kolportiert. Ein Paradebeispiel dafür ist seine angeblich bescheidene Herkunft. Gerüchten zufolge entstammt er einer armen Familie, die der Vater nur durch den Straßenverkauf selbstgefertigten Flitterkrams über Wasser halten konnte, während seine Mutter Hausfrau war. Ein Gerücht, wie gesagt, das Onassis aber niemals richtigzustellen versuchte, zumindest nicht in der Öffentlichkeit, mehrte es doch seinen Ruhm, den er nie aus den Augen verlor. Er war sich durchaus bewußt, welche Bedeutung dem Bild, das man von ihm hatte, auf dem Weg zum Erfolg zukam. Aber darauf kommen wir später noch einmal zurück.

Die Wahrheit ist, daß der Vater von Onassis, Sokrates Onassis, ein reicher Kaufmann war, der als Präsident der örtlichen Bank und des Krankenhauses eine hohe soziale Stellung einnahm. Trotzdem wurde Onassis nicht durch das väterliche Erbe reich. Er verdankt seinen Erfolg nicht dem Vermögen des Vaters. Denn als er – wir kommen darauf noch im einzelnen zurück – im Alter von 17 Jahren nach einer familiären Auseinandersetzung nach Südamerika ging, um dort sein Glück zu machen, hatte er gerade 450 Dollar in der Tasche, um sich über Wasser zu halten, wovon nur 250 Dollar vom Vater stammten.

Sein Vater hatte dieses Taschengeld erst in letzter Minute herausgerückt, da er die Abreise seines Sohnes nicht billigte. Man muß dazu sagen, daß das Verhältnis zwischen Vater und Sohn alles andere als gut war und sich kaum mit der engen Verbundenheit vergleichen ließ, die damals in den meisten griechischen Familien üblich war. Der Vater von Aristoteles Onassis, der bäuerlicher Herkunft war und sein Vermögen mit der Kraft seiner Hände aufgebaut hatte, war ein Mann von äußerster Disziplin, ein fast spartanischer Mann. Er besaß ein ausgeprägtes Pflichtbewußtsein, war aber kaum warmherzig zu nennen. Aristoteles Onassis entwickelte dagegen sehr bald eine offenkundige Abneigung gegen jede Art von Disziplin. Er war als Kind und auch später als Jugendlicher ungestüm und undiszipliniert, sehr zum Mißfallen seines Vaters. Dazu kam noch ein anderer Umstand, der ihre Beziehung erschwerte. Die Mutter von Aristoteles Onassis, Penelope Onassis, starb, als er gerade erst sechs Jahre alt war. Kaum anderthalb Jahre später heiratete sein Vater wieder, und zwar eine Frau namens Helene, die Aristoteles Onassis nie als Stiefmutter anerkannte und die er stets als Eindringling betrachtete.

In der Schule erwies sich Onassis wie so viele, wenn nicht sogar die meisten reichen Männer als bemerkenswert schlechter Schüler und ständiger Störenfried, so daß er mehrmals die Schule wechseln mußte. Tatsächlich war er meist der schlechteste Schüler seiner Klasse. Ein Lehrer, der sich noch an ihn erinnerte, sagte später über ihn: »Er wurde von seinen Klassenkameraden geliebt und brachte seine Lehrer und seine Eltern zur Verzweiflung. Als er noch jung war, konnte man schon sehen, daß er zu denen gehören sollte, die sich entweder selbst zerstören oder eine glänzende Karriere machen würden.«

Wenn auch die schulischen Leistungen des jungen Onassis kaum als brillant zu bezeichnen waren, so entwickelte er andererseits doch schon sehr früh eine kaufmännische Ader (und ein Bewußtsein für die Bedeutung des Geldes), wie die folgende Anekdote deutlich macht: Einer seiner Freunde hatte ein kleines Windmühlenmodell gebaut, ein primitives Spielzeug, das lediglich aus einem Papiersegel bestand, das mit einer Nadel an einem Holzstöckchen befestigt war. Der Junge war stolz auf sein Werk und dachte daran, mehrere Modelle dieser Art anzufertigen, um sie zu verkaufen.

»Was verlangst du dafür?« fragte Aristoteles seinen Freund.

»Ja, ich weiß nicht, sagen wir eine Nadel . . .«

»Armer Irrer!« rief Aristoteles aus. »Du verlangst dafür nur eine Nadel, während du mir allein schon eine Nadel, ein Segel und ein Stück Holz gibst, ganz zu schweigen von der Zeit, die du gebraucht hast, um deine Mühle zu bauen.«

»Das war meine erste Lektion in Sachen Profit«, kommentierte der Freund den Vorfall. Zu diesem Zeitpunkt ahnte er sicher nicht, daß er gerade eine Lektion von einem künftigen Finanzgenie erteilt bekommen hatte.

Aristoteles Onassis' früh ausgeprägter Geschäftssinn wird auch durch eine andere Anekdote offenkundig. Eines Tages brach in seiner Geburtstadt in einem Geschäft für Schulbedarf ein Feuer aus. Onassis kaufte billig eine Partie Bleistifte auf, die durch den Brand beschädigt und deshalb unverkäuflich waren. Er investierte etwas Geld für den Kauf von zwei Bleistiftspitzern und möbelte dann die Bleistifte zusammen mit einem Freund wieder auf, indem er den beschädigten Teil einfach verschwinden ließ. Dann verkaufte er sie zu einem absolut konkurrenzlosen Preis an seine Kameraden und sicherte sich dabei trotzdem noch einen ganz hübschen Gewinn. Das Beispiel mag banal sein, und doch machte Onassis später im Grunde genommen nichts anderes, als er havarierte Schiffe aufkaufte, um sie wieder flott zu machen. Nur die Ebene, auf der das geschah, hatte sich verschoben.

Von einer Verbesserung seiner schulischen Leistungen konnte auch in den späteren Jahren wohl kaum die Rede sein. Das Jahr 1922 begann schlecht für ihn. Mehrere seiner Mitschüler hatten das College mit einem Diplom abgeschlossen und gingen nun nach Europa, um dort zu studieren. Onassis dagegen war durchgefallen, und seine Zukunftsaussichten waren wenig vielversprechend. Ein Freund von ihm erinnert sich daran, wie er Onassis einige Tage nach der Verteilung der Diplome allein in einem öffentlichen Park begegnet war und versucht hatte, ihn aufzumuntern.

»Mach dir nichts draus, Aristoteles, du wirst sehen, das läßt sich alles noch einrenken. Du hast ja noch nächstes Jahr, und dann schaffst du es, da bin ich ganz sicher.«

»Du Idiot«, erwiderte Onassis. »Du glaubst doch nicht, daß ich in dieser Stadt bleiben werde. In meinen Augen ist die Welt schon zu klein. Ich brauche kein Diplom. Eines Tages wirst du staunen, was ich alles erreicht habe!«

Die Zukunft hat gezeigt, daß das nicht nur bloße Angeberei war.

Die recht wechselvolle Jugend von Onassis wurde durch die türkische Invasion im Jahre 1922 überschattet. Smyrna wurde besetzt, gnadenlos wurden Bürger niedergemetzelt. Der Vater von Onassis wurde als Lokalgröße eingekerkert, und so übernahm Aristoteles mit 16 Jahren die Verantwortung für die Familie. Damit begann für ihn eine äußerst harte Zeit, in der er sein ganzes diplomatisches Geschick und seinen Überlebenswillen in die Waagschale werfen mußte. Doch die Erfahrungen dieser Zeit – und waren sie auch noch so schmerzlich – haben wesentlich zu seiner Charakterbildung beigetragen. In *Onassis Le Grand* liest sich das folgendermaßen: »Aristoteles ging aus der Katastrophe von Smyrna als gereifter Mann hervor. Die dunklen Bilder der Vergangenheit hatten sich unauslöschlich in sein Gedächtnis eingegraben; gleichzeitig war ihm aber auch in immer stärkerem Maße bewußt geworden, daß er die Fähigkeit hatte, ein solches Drama zu überleben. Er hatte auf sein Glück gesetzt, und das hatte sich ausgezahlt. Dem Mutigen gehört die Welt – diese Erkenntnis wurde für ihn zum zentralen Leitsatz seines Lebens.«

Onassis wußte die türkische Besetzung durchaus auch zu nutzen. So beschaffte er der feindlichen Armee geschmuggelten Alkohol und bemühte sich bei dieser Gelegenheit auch darum, die Gunst der Generäle zu gewinnen, um seinen Vater freizubekommen, der trotzdem fast ein Jahr gefangengehalten wurde.

Onassis verdankt einen großen Teil seines Erfolges seinem unwahrscheinlichen Charme und seiner Kontaktfreudigkeit. Einige seiner Zeitgenossen bezeichneten ihn als wahres Chamäleon. Tatsächlich beherrschte er **die Kunst, sich immer wieder voll und ganz auf seine jeweiligen Gesprächspartner einzustellen.** Außerdem hatte er sich ein Prinzip zu eigen gemacht, das ihm sein ganzes Leben lang von Nutzen sein sollte und das er selbst auf folgenden Nenner brachte: **»Wenn man sich bei den**

Leuten umgänglich zeigt, gewinnt man im allgemeinen auch ihre Sympathie.«

In bezug auf die Frage, inwieweit schwierige Lebensbedingungen einen Menschen formen, entwickelte Onassis einmal Churchill gegenüber, der zu seinen herausragenden Beziehungen gehörte und der damals gerade zu Besuch auf der *Christina* war, seine persönliche Theorie der »historischen Notwendigkeit«. Aufgrund seiner Erfahrungen war Onassis zu der Überzeugung gelangt, daß der Mensch in einem Klima der Annehmlichkeiten und des Nahrungsüberflusses kaum Leistungswillen und Unternehmungsgeist beweist. Dagegen hat der Mensch, der unter schwierigen Bedingungen lebt, der, kurz gesagt, ums Überleben kämpfen muß, mehr Chancen, sich in allen Situationen zurechtzufinden und erfolgreich zu sein, d.h., er wird auch dort seine Chance wahren, wo der andere mangels Motivation scheitert. Deshalb – so meint Onassis – sind Unglück und Elend für den Einzelnen oftmals ein Ansporn, sich auf sich selbst zu besinnen und ungeahnte Kräfte freizumachen, die ihn über sich hinauswachsen lassen und ihn dazu bringen, seine eigenen Grenzen zu sprengen. Seine eigene Lebensgeschichte ist auf jeden Fall ein anschauliches Beispiel dafür.

Onassis' Vater Sokrates war kaum bereit, die Rolle, die die Vorsehung seinem Sohn während der Besatzungszeit zugedacht hatte, anzuerkennen, und so zeigte er sich nach seiner Entlassung auch nicht willens, ihm länger die Vormachtstellung in der Familie zu überlassen. Es war ganz natürlich, daß Aristoteles ihm das verübelte. Später gestand er sogar, daß er über lange Monate hinweg unter einem starken Ohnmachtsgefühl gelitten habe. Die Undankbarkeit seines Vaters und das zermürbende Gefühl, aus dem Familienclan ausgeschlossen zu sein, waren sicher mitbestimmend für seine Entscheidung, seine Chance in Südamerika zu suchen. Zunächst hatte er natürlich an die USA gedacht, doch ein Visum zu bekommen war zu jener Zeit keine leichte Sache und mit allzu vielen Auflagen verbunden. Onassis entschied sich dann für Argentinien, zumal man behauptete, daß es zahlreiche Griechen gab, die dort bereits ihr Glück gemacht hätten.

Onassis kam am 21. September 1923 in Buenos Aires an. Er hatte nichts außer einem alten Koffer und lumpigen 450 Dollar bei sich. Aber das war ihm gleichgültig. Was er in sich trug, war von weitaus höherem Wert. Es war die **wilde Entschlossenheit, seinem Vater zu beweisen, daß er auch ohne seine Hilfe reich werden konnte, und dazu ein unerschütterliches Selbstvertrauen, das ihn während seines ganzen Lebens niemals verlassen sollte.**

Ohne Diplom, ohne Beruf, ohne Geld und ohne einflußreiche Beziehungen war er gezwungen, verschiedene nicht gerade glanzvolle Beschäftigungen anzunehmen. Er war nacheinander Maurergehilfe, Ziegelträger auf einer Baustelle, Tellerwäscher in einer Schankwirtschaft und landete schließlich nach einer gewissen Zeit als Elektrikerlehrling bei der United Telephone. Einem Mann mit einer derart hohen Selbsteinschätzung aber schwebte anderes vor.

Deshalb bat Onassis auch, kurz nachdem er bei der Telefongesellschaft begonnen hatte, um seine Versetzung in die Nachtschicht, wobei er vorgab, tagsüber anderweitig beschäftigt zu sein. Ehrgeizig, wie er war, hatte er nicht die Absicht, viel Zeit damit zu verbringen, Drähte zu löten. Sein Traum war es, ein Geschäft aufzubauen. Der Tabakhandel sollte ihm dazu die Gelegenheit bieten.

Zu jener Zeit genoß der griechische Tabak ein gewisses Ansehen. In den Augen eines manchen Kenners galt er sogar als einer der besten Tabaksorten der Welt. Jedenfalls war das Produkt aufgrund der Importprobleme und der Beschaffungsschwierigkeiten gewissermaßen eine Rarität. Als Onassis das erkannte, schrieb er an seinen Vater, er möge in Griechenland entsprechende Schritte unternehmen, um ihn mit Tabak beliefern zu können. Sein Vater akzeptierte, und Onassis erhielt die ersten Mustersendungen. Die ersten Vorstöße waren jedoch enttäuschend. Onassis verteilte die Tabakmuster an die Fabrikanten in der Hoffnung, bald von ihnen zu hören.

Wochen vergingen, ohne daß er einen einzigen Geschäftsabschluß tätigen konnte. Er sah ein, daß es sinnlos war, seine Zeit mit kleinen Fabrikanten zu verschwenden, und beschloß, statt dessen lieber auf »Großwildjagd« zu gehen. Es war Juan Gaona, der Direktor einer der größten Tabakfirmen Argentiniens, den er aufs Korn nahm. 15 Tage lang bezog er Posten vor dem Gebäude von Ganoa und beobachtete dessen Kommen und Gehen. Irritiert von diesem sonderbaren jungen Mann lud Gaona ihn schließlich in sein Büro ein, um zu erfahren, was er von ihm wollte. Onassis zog alle Register seines Verkaufstalents und unterbreitete ihm sein Angebot. Gaona war beeindruckt und verwies ihn an den Leiter des Einkaufs, den Onassis mehr oder weniger einwickelte, indem er geschickt den Namen des Chefs einfließen ließ. Auf diese Weise brachte er seinen ersten Vertrag unter Dach und Fach: einen Vertrag über 10 000 Dollar bei der üblichen Kommission von 5 Prozent. Onassis hat des öfteren darauf hingewiesen, daß die ersten auf diese Art verdienten 500 Dollar der Grundstock für sein späteres Vermögen waren. Der zweite größere Auftrag belief sich auf 50 000 Dollar und brachte ihm 2 500 Dollar an Provision ein. Das Geld ging alles auf die Bank, um den Start künftiger Projekte abzusichern. Das war weise gedacht und zeugte von einem beispielhaften wirtschaftlichen Weitblick, der es ihm im übrigen erlaubte, endgültig Fuß zu fassen, und zwar ohne Schulden zu machen. Seinen Lebensunterhalt bestritt Onassis von seinem Gehalt bei der Fernsprechgesellschaft. Sein Bankkonto wuchs schnell auf eine fünfstellige Zahl an.

Zwar mußte Onassis manchmal trotzdem Geld aufnehmen, wenn er auf die Kundengelder wartete, doch waren das selten mehr als 3 000 Dollar Schulden, die er dann aber auch immer möglichst schnell beglich.

Als Onassis später allerdings die Vorzüge des O.P.M. – *other people's money* – entdeckt hatte, arbeitete er mit Schulden von mehreren Millionen Dollar, deren Rückzahlung sich über mehrere Jahre erstreckte. Doch es gehörte zu seinen Prinzipien, seine Schulden möglichst schnell zu tilgen, solange man am Anfang steht. Auf diese Weise schuf er sich bei den Banken Vertrauen, und das sollte er in den kommenden Jahren auch dringend benötigen.

Nach einem Jahr (Nacht-) Arbeit verließ Onassis die United Telephone, allerdings im Guten. Als Grund gab er lediglich an, er habe da eine Idee. Er wollte seine eigenen Zigaretten herstellen. Er finanzierte das Projekt mit seinen geduldig ersparten 25 000 Dollar und nahm noch einmal soviel auf. Seine Vertrauenswürdigkeit trug bereits Früchte. Die kleine Firma beschäftigte bald 30 Leute, von denen die meisten arbeitslose griechische Immigranten waren. Doch trotz dieser Expansion wies das Geschäft ständig Verluste aus, und Onassis beschloß, das Abenteuer zu beenden. **Sein erstes selbstän-**

diges Unternehmen war also ein Reinfall. Doch Onassis sollte sich dadurch nicht entmutigen lassen. Im Gegenteil, dieser erste Rückschlag war ihm ein Ansporn, sich noch mehr einzusetzen. Im übrigen sicherten ihm seine Tabakimporte weiterhin beachtliche Gewinne.

Doch im Sommer 1929 verdarb ihm die kräftige Erhöhung der Tabaksteuer durch die griechische Regierung das Geschäft. Onassis nahm dies zum Anlaß, zum erstenmal nach sechs Jahren wieder nach Griechenland zurückzukehren, um dort an höchster Stelle vorstellig zu werden. Seine Intervention hatte Erfolg. Geholfen hatte ihm dabei seine Kaltschnäuzigkeit. Der Minister, der zugestimmt hatte, ihn zu empfangen, war mehr damit beschäftigt, seine Fingernägel mit seiner Papierschere zu beschneiden, als den Klagen des jungen Kaufmannes zuzuhören. Er schnitt ihm sehr bald das Wort ab, um ihn zu verabschieden.

Onassis ließ sich jedoch nicht in dieser Weise abspeisen: »Ich danke Ihnen«, gab er zurück, »und wenn wir das Vergnügen haben sollten, uns noch einmal zu treffen, dann hoffe ich, daß Sie meinem Vorschlag mit mehr Interesse begegnen. Ich dachte, Sie hätten viel zu tun, und nun sehe ich, daß Sie vor allem mit Ihren Fingernägeln beschäftigt sind. Ihre Hände sind für Sie wichtiger als der Export unseres Vaterlandes.«

Diese kalte Dusche bewirkte eine unerwartete Wende. Der Minister war beeindruckt und führte nun mit Onassis ein ernsthaftes Gespräch. Später wurden die Handelsgeschäfte zwischen Griechenland und Argentinien wieder aufgenommen.

Onassis nahm die Gelegenheit seines Griechenlandaufenthaltes wahr, um sich mit seinem Vater auszusöhnen. Nun, da er sich bewiesen hatte, genoß er in seiner Familie ein höheres Ansehen. Trotzdem kehrte er nach Argentinien zurück, und zwar nicht nur, um seine Tabakimporte weiterzuführen,nein, er dachte auch daran, in den Seehandel einzusteigen, mit dem er ein Vermögen machen sollte.

In Montevideo kaufte Onassis sein erstes Schiff, das heißt, Schiff ist vielleicht zuviel gesagt, denn es ähnelte mit seinem verrosteten Rumpf eher einem Wrack. Nichtsdestotrotz beschloß Onassis mit der Absicht, es völlig neu zu überholen, es zu kaufen. Alle seine Freunde rieten ihm dringend von diesem Kauf ab, der ihn ihrer Meinung nach in den Ruin führen würde.
Diesen Standardsatz haben alle reichen Leute irgendwann einmal in ihrem Leben aus ihrem Bekanntenkreis gehört. Denn was den reichen Mann von dem Normalbürger unterscheidet, ist eben dessen Fähigkeit, das Mögliche dort zu sehen, wo andere das Unmögliche sehen. Trotzdem, in diesem Fall hatten die, die Onassis diesen Kauf ausreden wollten, sowohl unrecht als auch recht. Denn das 25 Jahre alte Schiff, das unter großem Kostenaufwand wieder flottgemacht worden war, riß sich bei einem Wirbelsturm, der über den Hafen von Montevideo hinwegfegte, vom Anker los und sank. Onassis wurde entschieden vom Pech verfolgt. Doch seine Berater behielten letzten Endes doch nicht recht. Denn es war trotz allem die Schiffahrt, die Onassis zu seinem kolossalen Vermögen verhalf. Diese Pleite ließ ihn indessen vorsichtiger werden. Glücklicherweise warf sein Tabakimport immer noch hohe Gewinne ab, so daß er seine Verluste ohne allzu große Schwierigkeiten ausgleichen konnte.

Gegen Ende des Jahres 1932 kam die Zeit der großen Entscheidungen.

Sein erster großer Mißerfolg als Reeder hatte Onassis in keiner Weise davon abhalten können, in diesen Bereich zu investieren. Die Schiffe verfolgten ihn. Beflügelt wurde er durch seine feste innere Überzeugung, daß er in eben dieser Branche und keiner anderen sonst erfolgreich sein würde.

Deshalb nahm er sein gesamtes, damals bereits beträchtliches Vermögen von 600 000 Dollar und reiste nach London, dem damaligen Mekka der Schiffahrt. Onassis war erst 26 Jahre alt! Aber er hatte es bereits zu einem gewissen Ansehen als geschickter Kaufmann gebracht. Dazu kam außerdem, daß er kurz zuvor von der griechischen Regierung zum beigeordneten außerordentlichen Berater in Buenos Aires ernannt worden war, ein diplomatisches Amt, das ihn allerdings zeitlich nie besonders beanspruchte.

Der Markt stand zu der Zeit schwer unter dem Druck der Weltwirtschaftskrise von 1929, ein Umstand, der sich auf das Investitionsgeschäft außerordentlich günstig auswirkte. Die Schiffe waren billig und weit unter ihrem normalen Wert zu haben. Ideal waren im übrigen Schiffe, die etwa 10 Jahre alt waren. Sie hatten bei ihrem Bau eine Million Dollar gekostet und wurden in diesen schwierigen Zeiten nun für lächerliche 20 000 Dollar (das galt jedenfalls für die 9000-Tonner) gehandelt, eine Summe, für die man damals einen Rolls Royce bekam. Das, was Onassis als Kind mit den angekohlten Bleistiften gemacht hatte, wiederholte er nun – auf einer anderen Ebene, versteht sich – mit den Schiffen.
Trotz seiner Anwesenheit in London, wo er behelfsmäßige Büros eingerichtet hatte, war es Montreal, wo Onassis mitten im Winter für je 20 000 Dollar seine ersten beiden Schiffe – die Miller und die Spinner –

kaufte, die er zu Ehren seiner Eltern sofort auf *Onassis Sokrates* und *Onassis Penelope* umtaufte. Um bei der Handelsschiffahrt Geld zu machen, brauchte man zu der Zeit ein gutes Gespür für die Frachtkostenfluktuationen und taktisches Geschick. Beide Fähigkeiten besaß Onassis.

Darüber hinaus war er ein unverbesserlicher Optimist. Er war verwegen und risikofreudig und unterschied sich dadurch von den meisten anderen griechischen Reedern, die sich in London niedergelassen hatten. Die harte Wirtschaftskrise hatte ihm zumindest als Reeder nichts anhaben können. **Deshalb hatte er auch keine Angst, zu investieren.**

Dank seines natürlichen diplomatischen Geschicks gelang es Onassis schnell, in die einflußreichen Kreise vorzustoßen. Man muß dazu sagen, daß ihm sein sozialer Aufstieg wesentlich durch eine seiner ersten ernsthaften Geliebten, die schöne Norwegerin Ingeborg Dedichen, Tochter eines großen Reeders, erleichtert wurde.

Ein weiterer Charakterzug, der Onassis zum Erfolg verhalf, war **seine Fähigkeit, zuhören zu können.** Gewiß, es ist auch wichtig, reden zu können, und zwar gut reden zu können. Redegewandtheit ist von großem Nutzen, wenn man überzeugen will, wenn man seine Ideen, seine Fähigkeiten verkaufen will. Doch was die wenigsten Leute beherrschen, ist die Kunst zuzuhören. Nun, die meisten reichen Leute haben erkannt, was aufmerksames Zuhören wert ist. Wenn man genau zuhört, erfährt man eine Menge Dinge, und zwar nicht nur inhaltlicher Art, man lernt auch, seinen Gesprächspartner richtig einzuschätzen. Und um Leute beeinflussen zu können, um sich deren Mitarbeit auf seinem Weg zum Erfolg zu sichern, muß man eben zuerst wissen, wen man vor sich hat.

»Weil ihm selber dieser Wesenszug wohl so fremd war«, heißt es in *Aristote le Grand,* »unterließ Lord Moran es, auf Onassis' Fähigkeit einzugehen, seinem Gesprächspartner intensiv zuzuhören. Alle, die ihn näher kennenlernten, waren von dieser seiner Gabe überrascht. Wenn man mit dem Reeder zusammen war, vermittelte er einem das Gefühl, daß man seine ganz besondere Wertschätzung genoß.«

Mit dieser großartigen Fähigkeit hätte Onassis in der Tat ein exzellenter Politiker werden können. Er ließ es im übrigen bei dieser Gabe nicht bewenden. Er ging sogar noch weiter, wie eine Passage aus den Memoiren seiner norwegischen Geliebten beweist: «Dieser charmante junge Mann, der es so blendend verstand, sich ins rechte Licht zu rücken, der alle Register zog, um jedermann in seinen Bann zu ziehen, paßte sich in seiner Haltung stets der Haltung seines jeweiligen Gesprächspartners an.«

Manch einer wird in diesem Verhalten Verschlagenheit und sogar Heuchelei wittern und diese Art von »Mimikry« strikt ablehnen. Doch wir sehen darin eher einen Beweis für sein Einfühlungsvermögen und sein ernsthaftes Interesse an Menschen, so wie er sich überhaupt für alles und jedes interessierte. Onassis galt sein ganzes Leben lang als unheimlich wißbegierig, eine Eigenschaft, der sein augenscheinlich phänomenales Gedächtnis sehr zugute kam. Man verglich ihn oft mit einem Schwamm, der alles aufsaugte. Wenn er alles so gut behielt, lag das letztendlich daran, daß er in höchstem Maße die Fähigkeit entwickelt hatte, aufmerksam zuzuhören.

Das Talent, anderen zuhören zu können, ist eine wesentliche Voraussetzung für jeden guten Verkäufer. Es überrascht deshalb nicht, daß Onassis ein Verkäufer war, der seinesgleichen suchte. Walter Saunders, der alles andere als naiv war – er war zu der Zeit, als er Onassis begegnete, Finanzberater der äußerst angesehenen Firma Metropolitan Life –, beschrieb den Eindruck, den der griechische Reeder auf ihn machte, folgendermaßen: »Ich hatte das Gefühl, einen Burschen vor mir zu haben, der die Fähigkeit besaß, den Eskimos Eisschränke zu verkaufen. Aber ich hatte auch das Gefühl, daß alle Einzelheiten perfekt durchdacht waren.«

Die meisten Leute, die mit Onassis zu tun hatten, spürten, wie wenig sie seiner Überzeugungskraft entgegenzusetzen hatten, und waren davon beeindruckt, daß er nie den Eindruck erweckte zu improvisieren, sondern alles schwarz auf weiß belegen konnte.

J. Paul Getty, mit dem Onassis sowohl beruflich als auch privat verkehrte, war ebenfalls von dessen Verhandlungstalent außerordentlich angetan: »Er gehörte zu meinen großen Freunden. Ihn in Aktion zu sehen, war schon wirklich faszinierend. Ich hatte mit ihm oft Geschäfte zu besprechen, und jedesmal befand ich mich in Begleitung eines ganzen Stabes von Beigeordneten, Assistenten, Abteilungsleitern, Rechtsanwälten und Ingenieuren; Ari dagegen kam ganz allein zu solchen Sitzungen, was ihn jedoch nicht daran hinderte, sich sehr gut in der Diskussion, die wir führten, zu schlagen. Jedes einzelne Unternehmen, dessen Besitzer er war oder das er verwaltete, machte er zu seiner persönlichen Sache. Er war dieses Unternehmen, und dieses Unternehmen war Aristoteles Onassis und sonst niemand.«

Christian Cafarakis, der sechs Jahre lang Küchenchef auf Onassis' Luxusyacht *Christina* war – das Schiff wurde auf den Namen seiner Tochter getauft, die nach dem frühen Tod ihres Bruders Alexander zur Haupterbin avancierte –, Christian Cafarakis also hat uns mit der folgenden Schilderung ein genaues Bild davon vermittelt, wie minutiös Onassis sich tags zuvor auf seine wichtigen Verhandlungen vorbereitete: »Eines Abends war ich an Deck und entdeckte ein großes Geheimnis, vielleicht *das* Geheimnis seines Erfolgs, und zwar stellt sich Onassis, bevor er eine geschäftliche Verabredung hat, mit lauter Stimme all die Fragen, die er möglicherweise zu beantworten hat. An diesem Abend agierte er ununterbrochen zwei Stunden lang. Er antwortete genauso, als habe er ein Auditorium vor sich. Manchmal antwortete er nach ein paar Minuten Bedenkzeit oder aber auch ganz schnell, oder er gab sich auch den Anschein, wütend zu werden. Ich begriff, daß Mister Onassis, wenn er irgendwo erscheint, um ein Geschäft abzuwickeln, ganz wie ein Schauspieler seinen Text wiederholt und versucht, den Text seiner Partner im voraus zu erraten.«

Onassis hatte begonnen, durch den Aufkauf günstiger Schiffe ein Vermögen aufzubauen. Dasselbe machte er in noch größerem Maßstab nach dem zweiten Weltkrieg. Die Regierung der Vereinigten Staaten bot einen Großteil ihrer *Liberty Ships* zum Verkauf an. Nachdem er geschickt einige bürokratische Hürden genommen hatte, kaufte Onassis 13 dieser Cargos im Werte von 1,5 Millionen Dollar von der amerikanischen Marine für 550 000 Dollar. Diese Schiffe erwiesen sich später als bedeutende Einnahmequelle, die es Onassis ermöglichlichte, sein kolossales Vermögen aufzubauen. Allerdings hatte er insofern Glück, als keines dieser Schiffe im Krieg beschädigt worden war, im Gegensatz zu mehreren Schiffen seiner Konkurrenten, die eine weniger glückliche Hand gehabt hatten.

Im gleichen Jahr, nämlich 1946, entschloß sich Onassis, der mit seiner langjährigen norwegischen Geliebten endgültig gebrochen hatte, am 29. Dezember mit Athina Livanos in den Stand der Ehe zu treten. Allem Anschein nach eine Liebesheirat. Onassis war 40, Tina 17 Jahre alt. Doch nicht nur ihre Jugend machte sie attraktiv. Ihr Vater war nämlich niemand anderer als Stavros Livanos, der als einer der reichsten griechischen Reeder von New York galt. Die Verbindung nutzte also den Interessen von Onassis, der sein ganzes Leben lang in erster Linie Freundschaften mit Geschäftspartnern pflegte.

Gegen Ende des Jahres 1947 schlug Onassis ein neues Kapitel in seiner glanzvollen Karriere auf. Zum ersten Mal sollte er sich systematisch eines Prinzips bedienen, das seither unter der Bezeichnung O.P.M. (Other People's Money) bekannt ist. Er brachte die Metropolitan Life Insurance Company dazu, ihm ein Darlehen von 40 Millionen Dollar für den Bau neuer Schiffe zu geben! Das Raffinierte daran war, daß Onassis als Sicherheit eine Ölfirma benutzte, deren Transportgeschäfte er abwickelte und mit der er einen Vertrag über dieselbe Laufzeit wie das Darlehen hatte. Da die Ölfirmen als absolut kreditwürdig galten, war die Finanzierung gesichert. De facto streckte das Geldinstitut das Geld also eigentlich eher der Ölgesellschaft vor als Onassis. Als Onassis später einmal auf diese entscheidende Episode seiner Karriere nicht ohne Stolz, der, wie wir sehen werden, allerdings nicht ganz gerechtfertigt war, zurückkam, sagte er: »Das war so, als wenn man jemandem Geld leiht, der vorhat, Rockefeller ein Haus zu vermieten. Ob das Haus nun ein Loch im Dach hat oder mit

Gold verschalt ist, spielt dabei keine Rolle. Hauptsache, die Rockefellers stimmen zu, das Haus zu mieten, das genügt dem Kreditgeber.«

Wenn Onassis auch von den Verfahrensweisen seiner griechischen Konkurrenten, für die »Schiffe und Barzahlung« galt, abrückte, so hatte er entgegen seinen Behauptungen doch nicht das O.P.M.-Prinzip erfunden. Die Idee dazu hatte ein gewisser Daniel Ludwig, ein reicher amerikanischer Geschäftsmann, der zunächst sein Geld in Schiffen – seine Flotte war weitaus größer als die von Onassis – und später in Immobilien anlegte. Es war in den 30er Jahren, als Ludwig ein Modell entwickelte, das damals als wahrer Knüller erscheinen mochte, bevor es zu einer weit verbreiteten Praxis wurde. Die Idee dazu kam ihm, als sich eine Bank weigerte, ihm die nötigen Mittel für den Erwerb und den Umbau eines Schiffes in einen Tanker zu leihen. Ludwig überlegte sich daraufhin, der Bank als Sicherheit den Mietvertrag einer Ölgesellschaft anzubieten, die die Dienstleistungen eines Schiffes, dessen Eigentümer er war, in Anspruch nahm. Die Mietzahlungen sollten direkt an das Geldinstitut überwiesen werden. Die Bank akzeptierte sofort. Damit war das O.P.M.-Modell aus der Taufe gehoben. Wenn Onassis auch nicht der Vater dieser Idee war, so war es immerhin doch seine opportunistische und nonkonformistische Haltung, die ihn die Möglichkeiten dieses Prinzips zu einer Zeit voll ausschöpfen ließ, da man Gefahr lief, dadurch in ... Mißkredit zu geraten.

Das Vermögen von Onassis wuchs in den folgenden Jahren stetig an. Im Jahre 1953 übernahm er – teils, um mehr Abwechslung in seine Geschäfte zu bringen, teils aus Statusgründen – die Kontrolle der *Société des bains de mer de Monaco* (Seebädergesellschaft von Monaco) und des Ausländerklubs. Für Laien ist das nur dann verständlich, wenn sie wissen, daß dieser Gesellschaft das berühmte Spielcasino von Monte Carlo, das Hôtel de Paris und einige andere Geschäfte gehörten. Mit diesem Coup wurde Onassis schlagartig berühmt. Für den Mann auf der Straße und auch für die Finanzwelt wurde Onassis der Mann, der die Bank von Monte Carlo gekauft hatte. Das glanzvolle Leben, das er dort führte, war nicht ganz unschuldig an seiner Scheidung; denn seine Frau hätte lieber ein geordneteres Leben geführt.

1956 veranschlagte Onassis sein Vermögen auf 300 Millionen Dollar. Dieser Weltbürger, der neben griechisch fließend französisch, spanisch und englisch sprach – er las morgens seine Zeitungen meist in allen vier Sprachen –, hätte sich nun eigentlich auf seinen Lorbeeren ausruhen können. Aber wenn er auch zu leben verstand und wußte, wie er sein Geld ausgeben konnte, so hörte er doch nie auf, durch die Welt zu reisen, um sein Vermögen zu mehren, wobei er vor allem wegen seines doch recht bewegten Liebeslebens Schlagzeilen machte. Dabei sorgte besonders seine langjährige Verbindung mit Maria Callas und seine späte und umstrittene Heirat mit Jackie Kennedy für Furore.

Gegen Ende seines Lebens fragte Onassis einen seiner Buchhalter, ob er ihm sein Vermögen auf den Dollar genau beziffern könne.

»Kein Problem«, antwortete der Buchhalter. »Ich kann Ihnen die Antwort in zwei Jahren geben, wenn all Ihre Buchhalter und all Ihre Sekretäre ihre gesamte Arbeitszeit darauf verwenden, um nachzurechnen, was Sie auf der Bank haben, wieviel Ihre Gesellschaften wert sind, welche Summen man Ihnen schuldet und was Sie an Schulden haben.«

Bei seinem plötzlichen Tod am 15. März 1975 war es immer noch unmöglich, sein genaues Vermögen zu beziffern. Onassis erfüllte damit voll und ganz die Bedingung, die Paul Getty als Maßstab dafür gesetzt hatte, wann ein Mann wirklich reich zu nennen ist: Er ist es dann, wenn sich der Wert seines Vermögens unmöglich genau beziffern läßt!

Onassis ist im Gegensatz zu mehreren anderen reichen Männern nie der Versuchung erlegen, seine Lebensgeschichte zu erzählen oder die Grundsätze, die ihn zum Erfolg geführt haben, schriftlich niederzulegen. Allerdings vertraute er einmal einem Journalisten seine diesbezüglichen Ratschläge an: »Mein Erfolgsrezept« wurde in der Zeitschrift *Success Unlimited* veröffentlicht. Wie der Leser unschwer feststellen wird, sind diese Ratschläge größtenteils psychologischer Natur. Unter anderem wird auch empfohlen, daß man sich, um reich zu werden, so benehmen müsse, als sei man es bereits, damit man die anderen für sich einnimmt. Es sei dahingestellt, ob die von Onassis aufgestellten Regeln tatsächlich ausgereicht hätten, um ihm zu dem phänomenalen Erfolg zu verhelfen, den er hatte. Aber sicherlich gehörte das alles für ihn auch dazu. Urteilen Sie selbst. Und vergessen Sie nicht, daß diese Ratschläge aus dem Munde eines der Größten unter den Großen kommen:

»1. Pflegen Sie Ihren Körper. Seien Sie gut zu ihm. Kümmern Sie sich nicht um zufällige Äußerlichkeiten. Sehen Sie mich an! Ich habe wahrlich nichts von einem griechischen Gott, aber ich habe meine Zeit nicht damit vergeudet, um über mein unschönes Äußeres Tränen zu vergießen. Denken Sie daran, niemand ist so häßlich, wie er glaubt.

2. Essen Sie mäßig; wenn Sie eine dringende Sache zu

erledigen haben, vermeiden Sie zu reichhaltige Mahlzeiten und Alkohol. Mehrere Stunden zu tafeln, während die Arbeit bereits Ihre Zeit auffrißt, ist immer noch die beste Methode, sein Leben zu verkürzen.

3. Warten Sie bis zum Abend, und lassen Sie in Gedanken noch ein letztes Mal mit Genuß Ihre vollbrachten Leistungen an sich vorüberziehen, bevor Sie sich dann im Kreise von Freunden ein gutes Essen schmecken lassen, aber vermeiden Sie es, bei Tisch über geschäftliche Dinge zu sprechen.

4. Treiben Sie Sport, und halten Sie sich fit. Empfehlenswert ist Yoga. Es ist sowohl für den Körper als auch für den Geist gut. Wenn Sie können, machen Sie ein oder zwei Stunden in der Woche Judo. Dieser Sport wird Sie von all Ihren Komplexen befreien.

5. Legen Sie stets Wert auf einen braunen Teint; helfen sie notfalls mit einer Höhensonne nach. Für die meisten Leute bedeutet winterliche Bräune, daß Sie gerade aus sonnigen Gefilden zurückkommen, und Sonne bedeutet für alle Geld.

6. Mit der Pflege Ihrer äußeren Erscheinung ist es jedoch noch nicht getan. Geben Sie sich den Anstrich feiner Lebensart. Schlagen Sie Ihr Domizil in einem schönen Haus auf, selbst wenn Sie dort unter dem Dach wohnen. Sie werden in den Fluren und Aufzügen mit betuchten Leuten zusammenkommen. Besuchen Sie auch die eleganten Cafés, selbst auf die Gefahr hin, daß Sie an Ihrem Getränk immer nur nippen können. Sie werden schnell merken, daß die, die viel Geld machen, auch mit Einsamkeitsgefühlen zu kämpfen haben.

7. Wenn Sie knapp bei Kasse sind, nehmen Sie ein Dar-

lehen auf. Verlangen Sie niemals eine zu kleine Summe. Verlangen Sie große Summen, und zahlen Sie sie immer, möglichst noch vor dem Termin, zurück.

8. Reden Sie mit niemandem über Ihre Schwierigkeiten und Ihren Ärger. Lassen Sie die anderen in dem Glauben, daß es Ihnen prächtig geht.

9. Schlafen Sie nicht zu lange. Sie könnten beim Erwachen feststellen, etwas verpaßt zu haben. Ein Jahr lang täglich drei Stunden weniger Schlaf, und Sie haben anderhalb Monate mehr, um erfolgreich zu sein.«

★★

Ich weiß nicht, wozu ich Lust hätte . . .

Zweifellos ein heutzutage viel zitierter Satz. Allem Anschein nach ist unsere Gesellschaft irgendwie in Unordnung geraten. Es herrscht eine gewisse Konfusion, der sich nur wenige Leute entziehen können, ein Umstand, der größtenteils auf die Aufweichung des traditionellen Rollenverständnisses zurückzuführen ist. Früher gingen die Aufgaben des Vaters automatisch auf den Sohn über, während sich bei den Frauen die Frage nach der Zukunft in dieser Form gar nicht erst stellte, da ihre Rolle im allgemeinen auf die Mutterschaft begrenzt war. Die Zeiten haben sich geändert. Die Frauen drängen massiv – und mit Erfolg – auf den Arbeitsmarkt, und der Mann macht nicht mehr automatisch das, was einst sein Vater machte. Darüber hinaus ist der moderne berufliche Werdegang kaum noch mit der Laufbahn von früher zu vergleichen. Der Arbeitsplatz wird häufig gewechselt, wobei man sich oftmals auch völlig neuen Aufgaben zuwendet. Man legt sich nicht mehr endgültig fest, das gilt sowohl für die Frauen, die noch neu auf dem Arbeitsmarkt sind, wie für die Männer. De facto leben wir in einer Gesellschaft des Überangebots, wie Alvin Toffler es so schön in seinem Buch *Zukunftsschock* dargestellt hat. Nachdem die traditionellen Rollen langsam ihre Bedeutung verloren haben, stehen den Leuten eines jeden Alters quasi unbegrenzte Möglichkeiten offen.

Dieses Überangebot führt zu einer absoluten Freiheit. Diese Freiheit macht trunken, aber sie macht auch schwindelig. »Die Qual der Wahl« gewinnt wieder die ursprüngliche Bedeutung. Man weiß nicht mehr, wo einem der Kopf steht. Da die Angebote und Stellen so schnell wechseln, hat der einzelne ständig das Gefühl, an irgendwelchen Kreuzungen zu stehen, an Kreuzungen, die zum Abgrund werden. Schwindelerregend.

Die raschen Wechsel, die tiefgreifenden und sozusagen permanenten Veränderungen der heutigen Gesellschaft sind mit schuld an dem Unbehagen des einzelnen, der es nicht schafft, für sich die berufliche Tätigkeit zu finden, die es ihm gestattet, sich zu entfalten. Aber das allein ist es nicht. Wenn sich so viele Leute darüber beklagen, daß sie nicht wissen, welche Arbeit ihnen Spaß machen würde, dann liegt das auch daran, daß sie allzulange ihre Neigungen totgeschwiegen haben, weil sie nicht in sich hineingehorcht haben. Wenn man zu sehr damit beschäftigt ist, sich der Menge anzupassen, vergißt man zu guter Letzt, wer man ist. Das führt zwangsläufig zu einer Konfusion.

Diese Konfusion ist um so schwerwiegender, als es für den einzelnen quasi unmöglich ist, erfolgreich zu sein, solange er nicht wirklich weiß, was er will, solange er das Ziel seines Lebens nicht präzisieren kann. Wenn man wirklich weiß, was man will, **wenn man seine Wünsche klar umreißen kann, dann findet sich auch bald ein Weg zu ihrer Verwirklichung.** Oft erfüllt sich ein stark ausgeprägter Wunsch quasi sofort.

Nur gibt es so etwas wie eine klar umrissene Wunschvorstellung, die frei von jedem Zweifel, von jeder Zweideutigkeit, von jedem Widerspruch ist, nur äußerst selten. Und dennoch, es ist gar nicht so schwer, dahin zu kommen. Man muß nur daran arbeiten. Das ist absolut unumgänglich, und zwar aus einem recht einfachen Grund. **Die Konfusion Ihrer Ambitionen bewirkt eine entsprechende Programmierung Ihres Unterbewußtseins.** Wenn Sie Ihre Ansprüche nicht klar herausarbeiten, werden auch die Ergebnisse dementsprechend sein. In Ihnen muß sich eine Wandlung vollziehen, **damit Sie sich darüber klarwerden, welcher Art Ihre Ambitionen und Wünsche sind.** Sie müssen sie gewissermaßen herausmodellieren, damit Sie ein gestochen scharfes Bild von ihnen bekommen.

Unterschätzen Sie nicht den Wert dieser Arbeit an sich selbst. Solange Sie nicht ganz klar wissen, was Sie wollen, werden Sie es auch nicht bekommen.

Alle erfolgreichen Männer haben ganz klare Zielvorstellungen gehabt. Mehrere von ihnen haben dies durch ihren Ausspruch »**Ich wußte es**« bestätigt. Ihre Laufbahn, die Wahl ihres Berufs war Ausdruck einer tiefen inneren Überzeugung, die keinen Zweifel zuließ.

WENN MAN ERFOLG HABEN WILL, MUSS MAN GENAU WISSEN, WAS MAN MACHEN WILL.

Es gibt viele Leute, die sich über lange Zeit hinweg mit ihrer Konzeptlosigkeit und Unschlüssigkeit herumquälen. Sie sind ratlos, weil sie nicht wissen, wie sie diesen Zustand überwinden sollen. **Das Wichtigste ist, den Entschluß zu fassen, diesen ärgerlichen Wesenszug zu ändern.** Das geht und ist gar nicht so schwer. Es gibt nicht wenige, die das bestätigen können. Autosuggestion heißt das Zauberwort, das eine solche Veränderung möglich macht.

Entspannen Sie sich, gehen Sie in sich. Lassen Sie alles von sich abfallen und geben Sie Ihre inneren Widerstände auf. Lassen Sie Ihren Gedanken und Ihrer Phantasie freien Lauf. Holen Sie Ihre alten Träume wieder hervor, die Sie im Laufe der Zeit haben fallenlassen. In ihnen verbirgt sich manchmal die Keimzelle Ihrer wahren Berufung.

Vertrauen Sie den Mechanismen, die Sie zu Ihrem Unterbewußtsein führen, und wiederholen Sie vor dem Schlafengehen solche Sätze wie:

MEIN UNTERBEWUSSTSEIN HILFT MIR MIT ABSOLUTER SICHERHEIT HERAUSZUFINDEN, AUF WELCHEM GEBIET ICH UNWEIGERLICH ERFOLG HABEN WERDE UND ZU DEM GELD KOMME, DAS ICH BRAUCHE.

ICH VERDIENE ES, EINEN BERUF AUSZUÜBEN, DER MICH 100PROZENTIG BEFRIEDIGT UND DER MICH WEIT ÜBER MEINE TRÄUME HINAUS ZU GELD KOMMEN LÄSST.

ICH BIN EIN ERFOLGSMENSCH.

ICH BIN EIN SIEGERTYP.

ICH MACHE DAS, WAS MIR WIRKLICH FREUDE MACHT, UND DESHALB BIN ICH EIN AS AUF MEINEM GEBIET, MEIN EINKOMMEN STEIGT DEMENTSPRECHEND STÄNDIG.

ICH BIN EINMALIG. MEIN SELBSTWERTGEFÜHL STEIGT STÄNDIG UND ERLAUBT ES MIR, EINER ARBEIT NACHZUGEHEN, DIE MIR GEFÄLLT UND DIE ETWAS BRINGT.

Befehlen Sie Ihrem Unterbewußtsein:

HILF MIR HERAUSZUFINDEN, WAS ICH WIRKLICH GERNE TUE.

Schlafen Sie mit der Gewißheit ein, daß Sie die Antwort darauf bereits in sich tragen und daß Sie bereits im Besitz dessen sind, wonach es Sie verlangt. Ihr Unterbewußtsein arbeitet ständig – Tag und Nacht – für Sie. Nutzen Sie seine ungeheuren Kraftreserven durch entsprechende Programmierung zu Ihrem Vorteil.

Über diese Autosuggestionstechniken hinaus können Sie sich aber auch bei Berufsberatern oder Freunden und aus einschlägigen Zeitungen und Magazinen Rat holen. Jede Epoche hat ihre Trends. Zur Zeit ist es die Informatik. Der Autor des amerikanischen Bestsellers *Megatrend* behauptet, daß seit 1985 75 Prozent der Arbeitsplätze mehr oder weniger eng an Datenverarbeitungsanlagen und an die Informatik gekoppelt sind. Und diese Tendenz wird sich zweifellos nicht abschwächen. Darauf sollte man sich vielleicht einstellen. Selbst wenn Sie die Informatik an sich nicht interessiert, könnte sie Ihnen wahrscheinlich von Nutzen sein.

Das heißt jedoch nicht, daß wir Sie mit Gewalt in die eine oder andere Richtung drängen wollen. Das wäre ungeschickt und dumm von uns. Es genügt nämlich nicht, daß Sie sich für eine Sache interessieren, nur weil sie gerade im Trend liegt. **Laufen Sie nicht irgendeiner Mode nach, folgen Sie lieber Ihrem ureigenen Ich.** Natürlich sollten Sie die Augen offenhalten, um neue Trends und Strömungen rechtzeitig zu erkennen, doch wichtiger ist, daß Sie Ihre Wahl Ihrer Persönlichkeit gemäß treffen.

Sich selbständig machen

Es ist zum Beispiel eine Überlegung wert, sich auf einem Gebiet selbständig zu machen, auf dem man bereits für einen anderen arbeitet. Die Erfahrung hat gelehrt, daß dies ein Weg ist, der mit größter Sicherheit zum Erfolg führt. Einer der Gründe dafür – wir werden im nächsten Kapitel ausführlich darauf eingehen – ist der glückliche Umstand, daß Sie sich auf diesem Gebiet bereits auskennen. Nun, eine der Grundvoraussetzungen für den Erfolg sind umfassende Fachkenntnisse auf dem entsprechenden Gebiet. Fehlendes Fachwissen ist einer der Hauptgründe für Erfolglosigkeit.

Ihnen kommt dabei aber nicht nur zugute, daß Sie auf dem betreffenden Gebiet bereits Erfahrungen gesammelt haben, sondern auch der Umstand, daß Sie trotz Ihrer Kompetenz wahrscheinlich schon – vor allem am Anfang – eine Reihe von Fehlern, manchmal auch teuren Fehlern, gemacht haben, die sie nun nicht mehr wiederholen werden. Das ist von wirtschaftlichem Nutzen. Sie laufen nämlich weniger Gefahr, aufgrund solcher Anfängerfehler zu scheitern. In Amerika spricht man von *Spin-off,* was so viel bedeutet wie zufälliger Gewinn, Abfallsprodukt. Wir haben dieses Prinzip in dem Kapitel über Ray Kroc schon einmal erwähnt. Zu Ihrer Erinnerung: Durch den Verkauf der Multi-Mixer bot sich Kroc die Gelegenheit, sich in zahlreichen Restaurantküchen umzusehen. Diese Erfahrung kam ihm später bei der Bewirtschaftung der McDonald-Restaurants zugute.

KAPITEL 5

Fachkompetenz beweisen

Das Geheimnis einer sinnvollen Erziehung und Bildung

Wir haben bereits über die Erziehung und ihre Bedeutung für den Erfolg gesprochen. Wir haben auch erwähnt, daß die zehn reichen Männer unserer Studie größtenteils keine hochakademisch gebildeten Leute waren. Das gleiche trifft im übrigen auch auf zahllose andere Milliardäre zu, so daß man sich bereits gefragt hat, ob die Schule bzw. Hochschule für den, der es zu etwas bringen will, nicht vielleicht sogar ein Hemmschuh ist. Ganz so weit wollen wir nicht gehen. Der beste Gegenbeweis für eine solche Hypothese ist allein schon Paul Getty, der – man erinnere sich – sein Examen auf der berühmten Universität Oxford in England abgelegt hat.

Ein Universitätsstudium an sich ist bestimmt kein Fehler, zumal in unserer hochtechnisierten und verwissenschaftlichten Gesellschaft. Doch es gibt eine Reihe von Autoren und auch mehrere Millionäre – die darauf hingewiesen haben, daß ein solches Studium einige Gefahren in sich birgt. Vor allem sind die Studiengänge heute viel zu lang, so daß Jahre, manchmal entscheidende Jahre, vergehen, ehe sich der junge Mensch zwangsläufig »mit Verspätung« an die Eroberung der Welt und das große Geldverdienen machen kann. Wer mit 18 oder 20 Jahren damit beginnt, sich eine Existenz aufzubauen, hat im allgemeinen fünf oder sechs, wenn nicht sogar mehr Jahre Vorsprung gegenüber einem Akademiker. Und dieser Vorsprung wächst sogar noch an, wenn jener daran denkt, sich zu spezialisieren.

In seinem Buch *Les Milliardaires* schreibt Max Gunther: »Es ist erstaunlich, wie wenige von denen, die es zu Wohlstand gebracht haben, aufs College gegangen sind oder auch nur eine höhere Schule besucht haben. Clement Stone hat die Schule abgebrochen, weil er der Ansicht war, daß sie nichts mit seinem Ziel zu tun hatte, nämlich dem Ziel, Geld zu machen. Howard Hughes, der sowohl die Zeit als auch das nötige Geld dafür hatte, das College zu besuchen, verwarf die Idee aus dem Gedanken heraus, daß er damit vier Jahre verlieren würde. William Lear sah nicht einmal eine höhere Schule von innen. Wenn sich aus der Existenz dieser Männer auch nicht irgendeine allgemeingültige Behauptung ableiten läßt, so scheint ihr Beispiel doch zu bestätigen, daß man in Amerika nichts oder nur wenig auf der herkömmlichen Schule lernt, was einen befähigt, sein Glück zu machen.«

Während des ersten Weltkrieges wurde Ford von einem Journalisten als ignoranter Pazifist betitelt. Ford fühlte sich beleidigt und beschloß, gegen die Zeitung vorzugehen. Napoléon Hill hat diese sehr aufschlußreiche Episode auf folgende Weise wiedergegeben: »Als die Sache vor Gericht kam, versuchten die Anwälte der Zeitung zu beweisen, daß er ungebildet war. So stellten sie ihm – um ihn in die Enge zu treiben – zahlreiche Fragen über die verschiedensten und abwegigsten Themen, wie zum Beispiel: ›Wer war Benedict Harnold?‹ oder ›Wie viele Soldaten schickten die Engländer nach Amerika, um die Rebellion von 1776 niederzuschlagen?‹ Ford gab in diesem Fall zurück: ›Ich weiß nicht, wie viele englische Soldaten genau in den Expeditionskorps ankamen, aber ich habe gehört, daß es mehr waren als die, die nach Hause zurückkehrten.‹ Schließlich platzte ihm angesichts dieser Fangfragen der Kragen, und er fuhr die gegnerische Partei an: ›Erlauben Sie mir, Sie daran zu erinnern, daß ich in meinem Büro eine Reihe elektrischer Knöpfe habe. Ich brauche nur auf einen davon zu drücken, und ich habe den Mann zur Hand, der mir alle, aber auch alle Fragen beantwortet, die die Sache betreffen, mit der ich mich persönlich beschäftige und auf die ich mich voll konzentriere. Wollen Sie jetzt bitte so freundlich sein und mir erklären, warum ich, nur um Ihre Fragen zu beantworten, mein Gehirn mit Allgemeinbildung vollstopfen soll, wo ich doch von Mitarbeitern umgeben bin, die bei jeder Wissens- oder Gedächtnislücke meinerseits für mich einspringen?‹ Die Logik dieser Antwort nahm dem Anwalt den Wind aus den Segeln, und man erkannte darauf, daß die Sache Ford die Sache eines intelligenten, gebildeten Mannes war.‹

Eine lange Studienzeit birgt auch die Gefahr in sich, daß etwas von der ursprünglichen Unerschrockenheit, dem Unternehmungsgeist, der Risikofreudigkeit auf der Strecke bleibt, denn Kopflastigkeit und (übertriebenes) analytisches Denken haben oft einen höheren Stellenwert und gehen auf Kosten der Aktivität, was manchmal eine gewisse Unbeweglichkeit zur Folge hat.

Ferdinand Lundberg schreibt in seinem Buch *Die Reichen und die Superreichen* folgendes: »Pädagogen, die sich verzweifelt um öffentliche Unterstützung für die Probleme der Erziehung bemühen und dabei betrübliche Statistiken aus der Tasche ziehen, möchten rüstigen Philistern so gerne klarmachen, daß im allgemeinen ein gut ausgebildeter Mensch mehr verdient als der nur dürftig geschulte Zeitgenosse. Das stimmt tatsächlich, wenn es darum geht, zu mäßigen Gehältern praktisch verwendbare Talente und Persönlichkeitswerte für ein Establishment zur Geltung zu bringen, das immer von neuem ausgebildetes Personal für seine umfangreichen Machenschaften benötigt. Aber es galt nie, wenn es um das wirklich große Geldverdienen geht. Dann nämlich kann eine sorgfältige Erziehung ein sehr ernstes Hindernis sein.«

Und der Autor fährt fort: »Das hat einen ganz bestimmten Grund. Im Laufe des Erziehungsprozesses lernt der Mensch, Skrupel zu empfinden. Einen schlagenden Beweis liefern uns die Neo-Konservativen vom Schlage Buckleys, die gegen unser Schulsystem mit dem Vorwurf aufbegehren, es sei ›kommunistisch‹. Diese Skrupel sind, wenn sie nicht durch ausgeprägt kasuistisches Denken gemildert werden, ein wirkliches Hindernis für den heißblütigen Geldverdiener, der in jeder Lage ein besonders anpassungsfähiger Opportunist sein muß. Aber wenn einem Menschen in Fleisch und Blut übergegangen ist, daß er ›genaue‹ Berichte über ›sorgfältige‹ Laborexperimente verfassen, ›genaue‹ Berechnungen mathematischer Probleme anstellen, eine ›exakte‹ Übersetzung aus einer fremden Sprache anfertigen und ›glaubwürdige‹ Berichte über ›korrekte‹ Meßergebnisse verfassen muß . . ., ein solcher Mensch wird, wenn er seine Lektionen gut gelernt hat, unweigerlich an sich selbst Anzeichen von Skrupelhaftigkeit entdecken. Und das selbst dann, wenn er nicht einer besonderen moralischen Beeinflussung ausgesetzt gewesen ist.«

Das bedeutet, wenn ein solcher Mensch nun an das große Geld kommen will in einer Welt voller Ungereimtheiten, voller falscher Versprechungen, dann muß er sein Verhalten seiner Umwelt anpassen. Vielleicht hat er sogar Erfolg. Doch dieser Anpassungsprozeß benachteiligt ihn gegenüber Ignoranten, die ihre Energie nicht für derartige Anstrengungen vergeuden

müssen und alles, was in ihrer Reichweite ist, ohne die geringsten Skrupel in ihren Besitz bringen.
Damit soll aber nicht in Abrede gestellt werden, daß eine gute Ausbildung durchaus ihre positiven Seiten hat. Wir leben in einer Gesellschaft, in der ein Diplom viele Tore öffnen kann. Nicht, daß es ein Garant für Erfolg wäre, aber es eröffnet einem immerhin eine erste Chance. Darüber hinaus kann ein gutes Allgemeinwissen von großem Nutzen sein. Da der Erfolg immer an die Existenz anderer Leute geknüpft ist – man wird nie alleine reich –, ist es gut, wenn man durch Kenntnisse auf dem Gebiet der Psychologie, der Soziologie, der Geschichte usw. seinen Horizont erweitert und damit auch seine Urteilsfähigkeit verbessert. Aber man darf nicht vergessen, daß ein solches Wissen nur insofern einen Wert hat, als man es auch für seine Zwecke zu benutzen weiß.

Was den Zusammenhang zwischen Ausbildung und Erfolg anbetrifft, so gibt es ein entscheidendes Kriterium: ES GIBT ZWAR VIELE REICHE, DIE VORZEITIG VON DER SCHULE ABGEGANGEN SIND, DOCH SIE SIND ALLE OHNE AUSNAHME AUF IHREM GEBIET SPEZIALISTEN GEWORDEN.

Alle haben sich ausnahmslos zu Experten in ihrem Fachbereich entwickelt, und sie haben alles darangesetzt, um möglichst viel Wissen über ihr Gebiet anzusammeln. Ohne Einsicht in diese Notwendigkeit muß man zwangsläufig scheitern oder bleibt zumindest sein Leben lang mittelmäßig.

In seinem Buch *How to be rich* hat Paul Getty die zehn Regeln zusammengestellt, die ihn zum Erfolg geführt haben und die nach seinem eigenen Bekunden auch allen anderen ihm bekannten Millionären zum Reichtum verholfen haben. Es ist sicher kein Zufall, wenn er sich ausgerechnet mit seiner ersten Regel nicht nur an die wendet, die sich selbständig machen wollen oder es vielleicht bereits sind, sondern auch an alle die Angestellten, die sich schnell hocharbeiten und dementsprechend auch mehr verdienen wollen: **»Wer sich auf eigene Rechnung ins Geschäftsleben stürzen will, sollte sich ein Gebiet aussuchen, das er gut kennt und von dem er etwas versteht. Natürlich weiß er nicht gleich zu Anfang alles, worauf es ankommt, doch er sollte nicht starten, bevor er sich nicht gute und solide Kenntnisse auf dem anvisierten Gebiet erworben hat.«**

Das ist übrigens der Grund dafür, warum es leichter ist, sich auf einem Gebiet selbständig zu machen, auf dem man bereits für einen anderen gearbeitet hat *(spin-off)*. Gettys Empfehlung, die in seinen Augen die Grundvoraussetzung für Erfolg zu sein scheint und die sich bei fast allen ernstzunehmenden Autoren wiederfindet, bezieht sich nicht nur auf die Zeit **vor**, sondern auf **die gesamte Zeit** des beruflichen Werdegangs.

Die spektakuläre Entwicklung des Nachrichtenwesens und die Intensivierung der Forschung auf allen Gebieten sorgen für eine ständige Veränderung des Wissensstandes. In unserer schnellebigen Zeit ist die Gesellschaft sozusagen einem ständigen Wandel unterworfen. Wenn man Erfolg haben will, bedarf es der permanenten Fortbildung, um auf dem laufenden zu bleiben; man muß versuchen, auf seinem Gebiet immer noch etwas dazuzulernen. Was man heute lernt, ist in fünf oder zehn Jahren vielleicht schon wieder überholt. Um mit der rasanten Entwicklung der Gesellschaft Schritt zu halten, muß man gewissermaßen ständig auf der Lauer liegen, stets auf dem Sprung sein, mit Neugier und gespannter Aufmerksamkeit den Lauf der Dinge verfolgen.

So viel wie möglich von seiner Sache verstehen, der Beste seines Fachs werden, lautet eine goldene Regel. Und darauf lief auch die Ausbildung unserer reichen Männer hinaus. Im übrigen scheuen sich die meisten erfolgreichen Unternehmer auch nicht, selbst mit Hand anzulegen und sich auch mal die Hände schmutzig zu machen – ganz im Gegensatz zu manchen höher gebildeten Führungskräften.

Das Verlangen, alles über ihr Gebiet zu wissen, wurde bei einigen Leuten geradezu zur Sucht. Doch diese Bestimmtheit, mit der sie alles bis ins letzte Detail zu ergründen suchten, war sehr oft ausschlaggebend für ihren Erfolg. Denn der Erfolg hängt oft von einer Reihe von Kleinigkeiten ab, die weniger erfolgreiche Leute für unbedeutend halten oder nicht einmal sehen.

Ray Kroc gerät geradezu ins Schwärmen, wenn er von seinen Hamburgern spricht, und bestätigt ebenfalls das eben Gesagte: »Nehmen Sie zum Beispiel unsere Hamburger-Brötchen. Es bedarf schon einer bestimmten Einstellung dazu, um in diesen Brötchen Schönheit zu erkennen. Und dennoch, ist es wirklich so abwegig, die Gestaltung und die leicht abgerundete Silhouette der Brötchen reizvoll zu finden, abwegiger, als sich von der Panzerung einer Kunstfliege zum Angeln oder von der Zeichnung und den Farben eines Schmetterlingsflügels faszinieren zu lassen? Für einen Mann von McDonald nicht! Und auch nicht, wenn man das Brötchen als ein wesentliches Element in der Kunst, schnell viele Essen zu servieren, ansieht. Dann wird dieses rundliche Hefeprodukt zu einem Gegenstand, der es wert ist, sich ernsthaft damit zu befassen.«

Die Art, wie Ray Kroc von seinen Fritten redet, überrascht nicht weniger. Es hört sich fast wie ein Kriminalroman an, wenn man liest, wie Kroc versucht hat, das Geheimnis des wunderbaren Geschmacks der Fritten der Gebrüder McDonald zu ergründen, als er das Unternehmen noch nicht gekauft hatte. Er bemühte sich im übrigen ständig darum, sie zu verbessern, bis er schließlich die ideale Formel gefunden hatte. Diese Anstrengungen haben sich gelohnt, denn einen Teil seiner Popularität verdankt McDonald dem exquisiten Geschmack seiner Pommes frites.

Spielberg ist auch so ein »Besessener«, ein Besessener des Films. Er engagiert sich auf allen Produktionsebenen eines Films; er ist nicht nur am Drehbuch beteiligt, sondern greift auch bei der Auswahl der Schauspieler, der Musik, dem Schnitt und den Spezialeffekten mit ein. Er überläßt nichts dem Zufall und überwacht eifersüchtig jede Phase.

Der Beste seines Fachs werden, ein Experte werden, hat nichts damit zu tun, ein Fachidiot zu sein. Spezialisierung in unserem Sinne heißt, alles auf seinem Gebiet zu wissen oder sich zumindest um dieses Wissen zu bemühen. Unter Fachidiot verstehen wir jemanden, der nur einen Ausschnitt des Gebietes kennt, zweifellos in- und auswendig kennt, dem aber der Überblick über das gesamte Gebiet fehlt.

Honda beispielsweise scheute sich nicht, seinen Blaumann überzustreifen und die Werkstätten aufzusuchen, selbst als er schon Präsident der Gesellschaft war. Trotz seines Prestiges war er ein einfacher Mann geblieben, der immer begierig war dazuzulernen, wie seine Lebensgeschichte beweist.

★★

»Ich werde der Napoleon des Maschinenbaus«
Soïchiro Honda

Soïchiro Honda wurde 1906 in einem kleinen Dorf in Japan geboren. Seit seiner frühesten Kindheit übten Motoren eine seltsame Faszination auf ihn aus. In der Tat manifestiert sich eine Berufung selten schon so früh. Honda erinnert sich nämlich daran, schon als zwei- oder dreijähriger Junge eine starke innere Erregung beim Anblick und mehr noch beim Geräusch der Reisschälmaschine vom Nachbarhof verspürt zu haben. »Das war meine erste Musik«, sagt er, »ich konnte von der Veranda unseres Holzhauses die winzig kleine blaue Rauchfahne aufsteigen sehen. Eines Tages bat ich meinen Großvater, mich dorthin zu begleiten. Das wurde zu einer ständigen Gewohnheit (. . .). Ich liebte den Geruch des Dieselöls, der die Luft verpestete, das Geknatter des Motors, das Ausspucken der Rauchwölkchen, und so kauerte ich stundenlang davor, um die Maschine zu beobachten, während mein Großvater mich zur Eile antrieb, um den Spaziergang fortzusetzen.«

Sein frühreifes Faible für Maschinen hatte der junge Honda von seinem Vater geerbt. Während sich alle Familien im Dorf ausschließlich mit der Landwirtschaft beschäftigten, ging Soïchiros Vater seine eigenen Wege. Er interessierte sich leidenschaftlich für alles, was mit den neuen modernen Technologien, die

Anfang des Jahrhunderts entwickelt wurden, zu tun hatte. So besaß er denn auch eine Reparaturwerkstatt für landwirtschaftliche Maschinen und eröffnete später eine Fahrradwerkstatt. Er bereitete in gewisser Weise den Weg für seinen Sohn, der sich schon in sehr jungen Jahren mit den Geheimnissen der Maschinen vertraut machen konnte. Es blieb nicht aus, daß der Vater aufgrund seiner Aktivitäten von den friedlichen Bewohnern dieses kleinen japanischen Dorfes als Sonderling angesehen wurde. Man prophezeite ihm den Ruin seiner Familie. Wie oft hat sich nicht auch Soïchiro Honda im Laufe seiner unglaublichen Odyssee solche Kassandrarufe anhören müssen! **Doch er bewies jedesmal Standfestigkeit. Die schrillen Töne all dieser Pessimisten konnten ihn nicht in den Grundfesten seiner Zuversicht erschüttern.**

In der Schule erwies sich Honda als schlechter Schüler. Er verstand es, sich in der Klasse mit Raffinesse so zu verkriechen, daß er sich dem Blickfeld des Lehrers entzog. So konnte er sich seinen Träumereien hingeben oder über irgendeine teuflische Erfindung nachdenken. »Ich bekam in der Schule schlechte Noten. Doch das beunruhigte mich nicht weiter. Meine Welt drehte sich um andere Dinge, um Maschinen, Motoren und Fahrräder«, wobei er bereits mit acht Jahren ganz allein ein solches gebaut hatte. Wenn er nicht gern zur Schule ging, so lag das auch daran, weil er ungelenk oder zumindest schwächlich war. Seine diesbezüglichen Minderwertigkeitskomplexe waren es wohl, die ihn so verbissen nach anderen Wegen suchen ließen, um sich zu beweisen. Sein Beispiel ist, übrigens ähnlich wie beim jungen Spielberg, ein weiterer Beweis für die oft erstaunlichen Antriebskräfte der Frustration, die einzelne Leute immer wieder dazu bringt, Höchstleistungen zu vollbringen.

Der junge Honda litt sehr darunter, bei sportlichen Veranstaltungen oder auch bei Wettläufen, die unter den Dörfern ausgetragen wurden, immer letzter zu werden. In der Schule fand er stets irgendeine Ausrede, um bei der Leibeserziehung nicht mitmachen zu müssen. Diesem schwachen Körper wollte er praktisch qua Maschinen mehr Gewicht, mehr Glanz verleihen. Das sollte seine Rache sein. Die folgende Passage von ihm spricht Bände: »Ich fand Gefallen an Motorrad- und Automobilrennen, weil ich gewinnen konnte, und ich gewann gerne. Ich rächte mich an den anderen für meine schwache körperliche Konstitution, für meinen unterentwickelten Körper, indem ich andere Talente nutzte, indem ich meinen Kopf und meine Hände benutzte. Damals war ich in die Maschinen verliebt, die meinem Körper zu gewinnen halfen und mich zum Sieger machten.«

Eines Tages wollte Soïchiro schwimmen lernen. In der Schule konnten die meisten Großen schwimmen, und so bat Honda einen von ihnen um Rat. »Oh, das ist ganz einfach«, erklärte ihm der Angesprochene. »Du brauchst nur einen Medaka runterzuschlucken, und schon kannst du genau wie er munter im Fluß herumschwimmen.« Ein Medaka ist ein ganz kleiner, ziemlich unappetitlicher Fisch ähnlich wie eine Kaulquappe. Naiv, wie der junge Honda war, ging er zum Fluß, fing nicht ohne Mühe und auch nicht ohne Ekel einen Medaka und schluckte ihn gemäß der Anweisung seines zufälligen Schwimmlehrers hinunter. Vorsichtshalber trank er dazu noch einen gehörigen Schluck Wasser, um dem kleinen Fisch den Tod zu erleichtern. Eine rührende Geste an sich. Auf die Wirkung seiner Glanztat mehr oder weniger vertrauend, stürzte sich der junge Honda sogleich ins Wasser und ging – wie sollte es anders sein – unter. Glücklicherweise war er immerhin noch so vernünftig gewesen, nicht ins Tiefe zu springen. Nach mehreren erfolglosen Versuchen und vor allem nachdem er schrecklich viel Wasser geschluckt hatte, mußte der Junge sich eingestehen, daß das Wunder ausgeblieben war. Hatte er vielleicht irgend etwas von dem vergessen, was der andere gesagt hatte? Vielleicht hatte ihn aber auch die Natur dazu verdammt, aufgrund seiner Schwächlichkeit nie die Freuden des Schwimmsports genießen zu können. Irritiert, aber keineswegs resigniert wandte Honda sich wieder an den großen Schüler, um sich Klarheit zu verschaffen.

»Du bist schon zu groß«, erklärte dieser. »Geh noch einmal zum Fluß und suche dir einen größeren Fisch. Ich bin sicher, das klappt.«

Der Junge erteilte diesen Rat nicht nur mit großer Bestimmtheit, er gab ihm dazu auch noch einen wissenschaftlichen Anstrich. Glücklich und verbohrt wie er war, begab sich unser Anfänger also wieder zum Fluß, wo er sich fürchterlich abmühte, um einen Medaka in der vorgeschriebenen Größe zu finden. Wie man sich leicht vorstellen kann, brachte dieser zweite Versuch nicht mehr als der erste. Doch der kleine Japaner konnte sich einfach nicht mit dem Gedanken anfreunden, niemals so wie die anderen kleinen Jungen seines Alters schwimmen zu können. Er lief am Fluß entlang und wiederholte mehrmals das gleiche Experiment: einen Medaka verschlucken, einen Tauchsprung. Zu guter Letzt konnte er schwimmen. Das Wunder war vollbracht. »Einige Jahre später habe ich begriffen, daß das Wunder auf meinem Willen und meinen unglücklichen Schwimmversuchen beruhte, daß ich durch den Zwang, diese Brühe zu trinken, Schwimmen gelernt hatte (. . .) Wer fest an eine Sache glaubt, ist in der Lage, ungeahnte Kräfte in sich zu entwickeln und über sich hinauszuwachsen.«

Wenn wir uns bei dieser Anekdote so lange aufgehalten haben, dann nicht so sehr deshalb, um über Hondas kauzigen Charakter zu sinnieren, sondern vielmehr deshalb, weil sie in amüsanter Weise ein grundlegendes Erfolgsprinzip veranschaulicht, nämlich die absolute Notwendigkeit, an eine Sache zu glauben.

ICH WERDE DER NAPOLEON DES MASCHINENBAUS!

Der junge Honda ließ sich vom Beispiel einer berühmten Persönlichkeit inspirieren, die ihn in bemerkenswerter Weise prägen sollte: Es war Napoleon. Er hatte von dessen Existenz über seinen Vater erfahren, aber er wußte kaum Näheres über ihn. »Ich stellte ihn mir körperlich als einen ebenso großen wie starken Mann vor, dessen Äußeres seinen Taten und seinem Ruhm entsprach. Als ich später aus meinen Geschichtsbüchern erfuhr, daß er von kleiner Statur war, war ich jedoch keineswegs enttäuscht. Ich selbst war nicht sehr groß, und ich fand es selbstverständlich, daß man die wahre Größe eines Mannes nicht an seinem Wuchs maß, sondern an seinen Taten, an den Spuren, die er in der Geschichte der Menschheit hinterlassen hatte.«

»Als ich mich näher mit ihm befaßte, erfuhr ich, daß seine Familie wahrscheinlich in sehr bescheidenen Verhältnissen gelebt hatte (. . . .) Es war also nicht notwendig, reich geboren zu werden, um im Leben erfolgreich zu sein. Es gab auch andere Qualitäten, die das Recht auf Erfolg verbürgten. Mut, Ausdauer, Ehrgeiz.«

Im übrigen bestärkte ihn sein Vater in seiner Bewunderung für diesen herausragenden Mann und redete ihm immer wieder ein: »Wenn du groß bist, mußt du ein berühmter und mächtiger Mann werden ... wie Napoleon.« Damit programmierte er – was so selten vorkommt – seinen Sohn positiv. Der junge Mann entdeckte bald Gemeinsamkeiten zwischen sich und seinem Helden. Der große General war genau wie er von kleiner Statur. Genauso wie er kam er aus bescheidenen Verhältnissen. Darüber hinaus wurde Napoleon – wie Honda – auf einer Insel geboren, und hatte es geschafft, einen Kontinent zu erobern. »Was mich an diesem Mann am meisten beeindruckte, war die innere Haltung, die Philosophie, die seinen Kurs bestimmte, den Kurs eines Mannes aus bescheidenen Verhältnissen, der einmal das gesamte Abendland beherrschen sollte. Und ich, ich sollte eines Tages wie Napoleon sein, klein und berühmt (...) Napoleon, mein geliebter Napoleon, das Idol meiner ehrgeizigen kindlichen Visionen, weil ein jeder von uns ein Recht darauf hat, an verrückten Träumen festzuhalten.«

Von Natur aus nicht gerade intellektuell, war Honda nur auf eine einzige Lektüre fixiert, und zwar eine technische Zeitschrift mit dem Titel »Die Welt der Räder«. In dieser Zeitschrift stieß er eines Tages auf eine kleine Anzeige, in der die Gesellschaft Hart Shokai in Tokio einen Mechanikerlehrling suchte. Er bewarb sich. Einige Tage später erhielt er eine Zusage. Sein Vater konnte sich nur schwer mit dem Gedanken anfreunden, daß sein Sohn die Studien abbrach, um in die Hauptstadt zu gehen. Er war 15 Jahre alt.

Die Stelle, die man dem jungen Honda anbot, entsprach ganz und gar nicht seinen hochgeschraubten Vorstellungen. Anstelle eines Mechanikerlehrlings war er so etwas wie ein Babysitter für den Letztgeborenen der Familie seines Arbeitgebers. Sein Chef hatte nämlich gemeint, daß er zu jung dafür sei, um ihm die Reparatur eines Motors anvertrauen zu können. »Welche Demütigung! Ich war so nahe am Ziel und konnte es doch nicht erreichen. Das stachelte meinen Ehrgeiz an. Es wäre zu dumm von mir gewesen, das Baby Baby sein zu lassen und reumütig nach Hause zurückzukehren als einer, der all seine Hoffnungen auf eine Mechanikerausbildung aufgegeben hatte. Es heißt, daß jeder Mensch so etwas wie einen göttlichen Funken in sich trägt. Ich glaube, daß es dieser Funke war, eine Art göttliche Eingebung, der ich meinen Entschluß verdankte, geduldig in Tokio auszuharren und auf meine Chance zu warten, um sie dieses Mal mit beiden Händen zu packen und nicht wieder loszulassen.« Honda verstand es trotzdem, diese Situation für sich zu nutzen. Während er auf das kleine Kind aufpaßte, hatte er genügend Muße, sich mit dem Kind auf dem Rücken in der Reparaturwerkstatt umzusehen und genau die einzelnen Arbeitsgänge zu beobachten. Auf diese Weise verschaffte er sich einen allgemeinen Überblick über den Bereich der Mechanik, der in der Tat umfassender war, als wenn er gezwungen gewesen wäre, sich mit einer allzu spezifischen Aufgabe zu befassen.

Das Geschäft der Werkstatt blühte, und Mr. Saka Kibara, der Chef, überlegte, ob es nicht vielleicht an der Zeit sei, dem jungen Mann eine Chance zu geben. Der Tag, an dem der Chef dem jungen Honda seinen ersten Blaumann übergab, war für den kleinen Japaner ein großer Tag: Er betrat die wunderbare Welt der Mechanik. Er erwies sich sehr bald als äußerst talentierter Lehrling. Kein verdächtiges Geräusch, kein Ölverlust schien seiner Aufmerksamkeit zu entgehen.

Er verbrachte sechs Jahre seines Lebens damit, seine Kenntnisse auf dem Gebiet der Mechanik zu vervollständigen. Als er 20 Jahre alt war, rief ihn der Chef zu sich in sein Büro und fragte ihn, ob er nicht den Wunsch habe, in sein Heimatdorf zurückzukehren. Der junge Mann glaubte zunächst, sein Chef solle ihm damit bedeuten, daß er ihn loshaben wolle. Doch er hatte ihn falsch verstanden. Sein Chef, der für ihn eine glänzende Zukunft voraussah, schlug ihm vor, in der Stadt Hamamatsu eine Zweigstelle zu eröffnen, weil er glaubte, sich dort einen großen Kundenkreis heranziehen zu können. Selbstverständlich nahm Honda diese Herausforderung mit Begeisterung an, zumal er darin die Möglichkeit sah, zu seiner Familie zurückzukehren, von der er sich vor Jahren getrennt hatte.

»Ich wurde endlich ein unabhängiger Mann, ein richtiger Mann, der über seine Arme, seine Beine, sein Gehirn, sein Schicksal, seine Arbeitszeit und über die Risiken, die er eingehen konnte, selbst bestimmen konnte.« Dieses Gefühl der Freiheit empfinden wohl nur die, die ein Geschäft eröffnen. Doch es scheint, als brauche man eine bestimmte Veranlagung dazu, ohne lähmende Existenzangst den Sprung ins kalte Wasser zu wagen.

Während Hondas langer Abwesenheit hatten sich in dem friedlichen Heimatdorf viele Dinge verändert. Unter anderem hatten zwei oder drei Werkstätten aufgemacht. Honda hatte zunächst geglaubt, daß er der einzige sei. Nun mußte er sich mit der Konkurrenz auseinandersetzen, das heißt, er mußte einen Weg finden, besser als die anderen zu sein. Unser junger Mann kam sehr bald darauf, daß sein Erfolg genau von zwei Dingen abhing: Erstens, er mußte schwierige Reparaturen annehmen, die die Mechaniker der anderen

Werkstätten nicht leisten konnten, und zweitens, er mußte möglichst schnell arbeiten, damit der Kunde nicht mehrere Tage auf sein Fahrzeug verzichten mußte. Unter diesem Aspekt dauerte es nicht lange, bis Honda sich eine solide Grundlage geschaffen hatte und einen guten Ruf besaß. Man muß dazu sagen, daß er manchmal auch nicht zögerte, eine Nachtschicht einzulegen, um in der Lage zu sein, schon am nächsten Morgen dem Besitzer sein Fahrzeug zurückzugeben. **Das war der Preis, den er zu zahlen bereit war.** Sein stets wacher Erfindergeist brachte ihn zu dieser Zeit auf die Idee, bei den Autos den Radkranz der Räder, der damals aus Holz war und den Schlaglöchern der Straße nur schlecht standhielt, durch Metallfelgen zu ersetzen. Die Idee war einfach. Aber man mußte erst einmal darauf kommen.

Mit 30 Jahren meldete Honda sein erstes Patent an. Seine Stahlfelgen waren ein großer Erfolg und wurden in die ganze Welt exportiert. »Diese Erfindung war für mich so ein kleiner Vorgeschmack darauf, wie handwerkliche Beharrlichkeit zum industriellen Abenteuer werden kann. Man führt eine Werkstatt oder ein Handelsgeschäft, wie man einen Omnibus fährt. Der Bus hält zwar in allen Dörfern, um die orstansässigen Kunden aufzunehmen, doch weiter entfernt gelegene Gebiete erreicht er nicht. Sicher, man kann in seinem Schneckenhaus glücklich vor sich hinleben, aber was mich anbetrifft, so hatte ich den Ehrgeiz, Züge mit größerer Geschwindigkeit, Fernzüge, zu führen.«

Ganz allmählich reifte in ihm die Idee, ein eigenes Geschäft aufzumachen und die Verbindungen zu seinem Chef in Tokio abzubrechen. Doch auf welchem Gebiet? Ein Unternehmen für Kolbenringe schien ihm eine interessante Möglichkeit zu sein. Aber seine mehr konservativen Partner teilten seine Begeisterung nicht. Er überzeugte sie trotzdem und investierte seine gesamten Ersparnisse in die Gründung der »Tokai Seiki«, ein Industrieunternehmen für die Fertigung von Kolbenringen. Allerdings waren die ersten Versuche nicht sehr ermutigend, da Hondas Kolbenringe nicht die notwendige Elastizität besaßen und deshalb unverkäuflich blieben. Honda erinnert sich noch an die Reaktion seiner Freunde auf diesen Mißerfolg: »Meine Freunde kamen in Scharen zu mir, um mir zu sagen, daß ich doch besser in meiner Werkstatt geblieben wäre, sie allmählich hätte vergrößern sollen und auf diese Weise ein blühendes Geschäft hätte machen können, anstatt mich in ein ungewisses Abenteuer zu stürzen. Ich hatte in dieses Geschäft mein ganzes erspartes Geld investiert. Ich fühlte mich für all jene verantwortlich, die ich da mit hineingezogen hatte, und ich fragte mich, ob ich mit meinen 30 Jahren durch die Schließung der Werkstatt nicht vielleicht meine Chance verpaßt und bereits alle Brücken hinter mir abgebrochen hatte.« Sein Scheitern und die Last seiner Verantwortung bedrückten Honda so sehr, daß er schwer krank wurde. Doch als er sich nach zwei Monaten wieder erholt hatte, startete er – fest entschlossen, sein Kolbenproblem zu lösen – einen neuerlichen Versuch.

Selbstverständlich weigerten sich die regionalen Gießereien, ihre Fabrikationsgeheimnisse preiszugeben. Honda mußte es also allein versuchen. Er quälte sich Tag und Nacht mit der Lösung seines Problems herum, doch erfolglos: Die Kolbenringe, die er produzierte, waren stets steinhart. Bei all seiner Verbissenheit mußte er sich schließlich eingestehen, daß ihm die nötigen technischen Kenntnisse fehlten, um weiterzukommen.

Es gibt wahrscheinlich viele, die an seiner Stelle aufgegeben hätten. Nicht so Honda, der seinen Stolz überwand und noch einmal auf die Schulbank zurückkehrte. Er schrieb sich an der Universität ein, um sein Ingenieurswissen zu vervollständigen. Jeden Vormittag besuchte er die Vorlesungen, um sich anschließend eilends in seine Werkstatt zu begeben, wo er das Gelernte in die Praxis umzusetzen versuchte. Das ging zwei Jahre gut, dann flog er raus! Und zwar hatte Honda, stur, wie er war, nur an den Kursen teilgenommen, die sich mit der Fertigung von Kolbenringen beschäftigten. Alle anderen hatte er fallenlassen. »Ich fühlte mich wie jemand, der Hunger hat und dem man lang und breit die Grundlagen der Diätküche und ihre Anwendungsgebiete erklärt, anstatt ihm etwas zu essen zu geben.« Honda versuchte vergeblich, dem Direktor seine Situation klarzumachen. Es lag ihm nicht an einem Diplom, sondern vielmehr an viel Wissen. Daran nahm der Direktor Anstoß.

Honda kehrte in seine Fabrik zurück und produzierte schließlich auf der Grundlage seiner neuen Kenntnisse Kolben mit all den gewünschten Eigenschaften. Er hatte dic Partie gewonnen. Dank Hondas Anstrengungen gelang es der Tokai Seiki allmählich wieder, ihre Marktposition zu festigen und sich einen ausgezeichneten Ruf zu erwerben. Doch der zweite Weltkrieg stoppte den Aufschwung des Unternehmens. Im Juni 1945 wurden die Honda-Werke durch amerikanische Bomben zerstört.

1946 – der Krieg war vorbei – beschloß Honda nach einem Jahr ohne Arbeit, in dem er sich mit verschiedenen Erfindungen befaßt und nachgedacht hatte, als unverbesserlicher Optimist, trotz der allgemeinen Verdrossenheit das Honda-Laboratorium für technische Forschung zu gründen, und zwar alleine, um sich seine völlige Unabhängigkeit zu bewahren. Er hatte da so eine Idee im Hinterkopf. Die Situation des Landes erschien den meisten Industriellen katastrophal. Doch Honda beurteilte die Lage ganz anders. Die Verkehrsmittel der Gemeinden waren durch die Bombardements praktisch alle zerstört. Der Verkehrsbetrieb konnte nur unzureichend durch einige Busse und Züge aufrechterhalten werden. Autos waren rar, wie im übrigen auch das Benzin, das darüber hinaus unerschwinglich teuer war. Es war nur natürlich, daß die Japaner sich wieder auf das Fahrrad besannen, das damit zum wichtigsten Verkehrsmittel wurde. Die Idee, die Honda hatte, war simpel, aber brillant, und **sie entsprach vor allem einem allgemeinen Bedürfnis der Bevölkerung:** Er wollte einen Motor herstellen, der sich an das Fahrrad anbauen ließ, so daß man es mit einem geringen Kostenaufwand in eine Art Behelfsmoped verwandeln konnte.

Zu Anfang beschränkte sich Honda darauf, billig von der Armee aufgekaufte Motoren umzubauen. Es war ein spontaner Erfolg. Angesichts der wachsenden Nachfrage und in Anbetracht der Tatsache, daß die Armee ihre ganzen Bestände verkauft hatte, mußte Honda einen eigenen Motor entwickeln, das Honda-Modell A. Die Neuentwicklung von Honda bekam bald den Namen Mofa-Motor. Der Erfolg dieser Mofas war zum Teil der Tatsache zuzuschreiben, daß es Honda gelungen war, den Benzinverbrauch zu drosseln, indem er ein Benzin-Harzgemisch und einen entsprechenden Vergaser dazu entwickelt hatte.

Durch den Aufschwung seiner Geschäfte ermutigt, eröffnete er im Februar 1948 ein größeres Motorenmontagewerk. Doch damit nicht genug. Er strebte noch höhere Ziele an: die Herstellung von Motorrädern. Das Projekt erschien utopisch, ja sogar sinnlos. Seit der Niederlage Japans gab es im ganzen Land sozusagen kein einziges Motorrad mehr. Der technologische Rückstand Japans war ein ernstes Problem. Nichtsdestotrotz gründete Honda am 24. September 1948 die Honda Motor Company. Die ersten Versuche waren eher enttäuschend, da die Motorradrahmen nicht dem Gewicht der Motoren standhielten. Aber im August 1949 war der erste Prototyp des Motorrads fertig. Er erhielt den Namen »Dream«. Das neue Motorrad besaß nur 48 ccm Hubraum und eine Leistung von 3 PS. Für Honda war es jedoch das Motorrad seiner Träume, seiner Kindheitsträume von Geschwindigkeit.

Doch trotz dieses ersten Erfolges brachte die Produktion des Motorrads »Dream« zahlreiche finanzielle Probleme mit sich. Der Markt war unbeständig und begrenzt, ganz zu schweigen davon, daß mehrere Händler in Konkurs gingen. Honda machte schnell große Verluste, die ihn ebenfalls an den Rand des Konkurses brachten. Dazu ist zu sagen, daß Honda, der im Grunde genommen ein Erfinder war, nach seinem eigenen Bekunden nur ein ziemlich armseliger Geschäftsführer war. Er war jedoch intelligent genug, um diese Schwäche zu erkennen. Später sagte er sogar: »Wenn ich mein eigenes Unternehmen hätte leiten müssen, wäre ich sehr schnell in Konkurs gegangen.«

Mit Takeo Fujisawa fand er jedoch über alte Beziehungen einen höchst talentierten Verwaltungsfachmann, der das junge Honda-Unternehmen in gewisser Weise rettete. Wenn es heißt, daß zum Erfolg immer mehrere gehören, dann ist diese Verbindung zwischen einem genialen Träumer und einem genialen Verwaltungsmann ein leuchtendes Beispiel dafür. Was die Bedeutung des menschlichen Faktors anbetrifft, so sagte Honda später einmal: »Wenn ich ein Leben in groben Zügen zu bewerten hätte, dann würde ich die Anzahl der wichtigen Begegnungen zählen, da sie mehr wert sind als alle Erfindungen von Maschinen, denn sie ermöglichen uns eine erweiterte Sicht der Dinge und lassen uns teilhaben an tausend verschiedenen Erfahrungen, die wir sonst nicht gekannt hätten.«

Weit davon entfernt, sich von dem Mißerfolg des Motorrads »Dream« entmutigen zu lassen, entwikkelte Honda ein revolutionäres neues Modell, das schneller und leiser als sein Vorgänger war. Zehn Jahre später sollte eben dieses Modell von allen Herstellern der Welt kopiert werden. »Im Grunde genommen«, gestand er später, »bedaure ich nicht die ersten Reaktionen der Öffentlichkeit; sie haben mich immerhin gezwungen, meine Fähigkeiten in noch stärkerem Maße zu mobilisieren und einen Motor zu erfinden, der seiner Zeit weit voraus war.« Wahrlich ein schöner Beweis dafür, daß in jedem Mißerfolg – mag er auch noch so schmerzlich sein – der Keim für einen um so größeren Erfolg steckt, sofern man sich nicht unterkriegen läßt.

Die Maschine wurde ein gigantischer Erfolg, und die Produktion stieg schnell auf 900 Stück pro Monat an. Honda mußte an eine Steigerung der Produktion denken und eine Modernisierung des Werkes, ja sogar die Eröffnung von Zweigstellen ins Auge fassen. Dafür brauchte er Kapital, viele viele Yens. Für jemanden, der nicht zum japanischen Establishment gehörte, für einen Selfmade-man im wahrsten Sinne des Wortes, war es kein leichtes, die Banken davon zu überzeugen, ihm die erforderlichen Summen vorzustrecken. Aber

Honda spielte seine ganze Überzeugungskraft aus und brachte die Bankiers schließlich dazu, ihm das nötige Geld zu geben. Er modernisierte umgehend das Werk und kurbelte massiv die Produktion eines neuen Mopeds an, so daß er pro Monat 25 000 Stück an 13 000 Honda-Konzessionäre auslieferte. Honda wurde als Besitzer von fünf Werken, die seinen Namen trugen, bald Millionär.

Ihm blieb jetzt nur noch die Möglichkeit, sich einer neuen Herausforderung zu stellen, der Herausforderung nämlich, der Welt zu beweisen, daß Japan dank ihm in der Lage war, genauso zuverlässige und schnelle Motoren zu bauen wie die Europäer. »Ich ging einfach von der Überlegung aus, daß, wenn andere es schafften, so schnelle Maschinen zu bauen, es keinen Grund dafür gab, warum ich es ihnen nicht gleichtun sollte.«

Honda fuhr nach Europa und kaufte dort die besten Motorräder, die auf dem Markt waren. Als er wieder zurück war, baute er sie auseinander, studierte sie genau und schuf auf der Basis dieser Maschinen sein eigenes Rennmotorrad. Die Hondas nahmen schon bald an Rennveranstaltungen teil, und es dauerte auch nicht lange, bis sie sich auszeichneten. Innerhalb weniger Jahre war die Marke Honda über alle Grenzen hinweg bekannt, und die verschiedenen Modelle, angefangen beim Motorroller bis hin zu den Rennmotorrädern, überschwemmten den Markt. Im Laufe der Jahre entstanden übrigens fast überall in der Welt Honda-Filialen: in den USA, in Deutschland, in Frankreich, in England, in der Schweiz, in Belgien, in Australien, in Kanada, in Brasilien, in Mexiko, in Peru, in Thailand ...

»Jetzt war der Zeitpunkt gekommen, an die Verwirklichung eines anderen Traumes zu denken: das Formel-1-Geschäft. Hier erfolgreich zu sein schien für viele ein Ding der Unmöglichkeit. Doch mein Entschluß stand ein für allemal fest. Ich würde zwar nichts überstürzen, aber nichts konnte mich davon abhalten, siegreich zu sein.« Was Honda bei den Motorrädern geschafft hatte, wollte er jetzt mit Autos erreichen. Und so erklärte die Honda-Gesellschaft im Jahre 1962 offiziell ihren Einstieg in die Automobil-Branche. Der kleine Japaner sollte keine leichte Aufgabe haben. Wie David einst gegen Goliath, mußte er gegen die marktbeherrschenden USA antreten.

Genau wie bei den Motorrädern faßte Honda über den Rennsport auf dem Markt Fuß. Er entschloß sich, in die Phalanx der Formel 1 einzudringen. Trotz zahlreicher Anfangsschwierigkeiten sah Honda sich am 24. Oktober 1965 am Ziel seiner Träume: Einer seiner Wagen überfuhr in einem großen Wettbewerb als erster die Ziellinie. Die Hondas hatten so renommierte Gegner wie Ferrari und Lotus hinter sich gelassen, Gegner, die immerhin aus Rennställen mit langjähriger Wettkampferfahrung kamen und auf jahrelanger Forschungsarbeit aufbauten.

Im Hochgefühl ihrer ersten Erfolge beschloß die Firma Honda im Jahre 1967, Serienfahrzeuge herzustellen. So wie ihm einst sein Instinkt geraten hatte, Motorräder mit geringem Benzinverbrauch zu bauen, so entschloß sich Honda auch jetzt dazu, kleine Autos zu bauen. Seine Entscheidung sollte sich weit über seine Erwartungen hinaus auszahlen, denn die damals noch nicht vorhersehbare Ölkrise der 70er Jahre verschaffte ihm einen beachtlichen Vorsprung gegenüber seinen Konkurrenten, und zwar vor allem gegenüber

denen, die sich auf große Wagen konzentriert hatten. Tatsächlich mußte die Konkurrenz angesichts des Ölschocks total umdenken und ihre Autoproduktion der Benzinknappheit anpassen. So sollte beispielsweise die amerikanische Industrie zehn Jahre dazu brauchen, um den Rückstand aufzuholen und ihr Automobilkonzept zu überdenken.
Während die Konkurrenz also auf der Stelle trat, eroberte Honda seinerseits den Markt mit einem Kleinwagen, um den sich die Verbraucher rissen: den Honda Civic. Darüber hinaus war Honda einer der ersten, der ein umweltfreundliches Auto herausbrachte. Als dann mehrere Regierungen eine Abgasbeschränkung gesetzlich verankerten, war Honda sofort in der Lage, die neuen Normen zu erfüllen, während seine Konkurrenten erst alle ihre Fahrzeuge umrüsten mußten. Ein weiterer wesentlicher Faktor seines spektakulären Erfolgs war auch zweifellos die Tatsache, daß er bereits erstaunlich früh seine Werke auf Roboterbetrieb umgestellt hatte.

Hondas sensationeller Aufstieg ist vor allem deshalb so lehrreich, weil er nicht nur deutlich macht, daß man aus dem Nichts heraus erfolgreich sein kann, sondern weil er auch beweist, daß dies unter sehr prekären äußeren Bedingungen möglich ist. Nach dem 2. Weltkrieg war Japan nämlich ein wirtschaftlich ruiniertes Land, in dem das mittlere Jahreseinkommen bei etwa 1000 Dollar lag. Es ist solchen Einzelkämpfern wie Honda zu verdanken, daß wir heute von einem sogenannten japanischen Wirtschaftswunder sprechen können. Halten Sie sich das Beispiel dieses kleinen japanischen Napoleons vor Augen, wenn Sie sich darauf hinausreden wollen, daß die allgemeine Wirtschaftslage Ihren Träumen vom Reichtum entgegensteht.

Im Laufe der Jahre hat Honda eine Reihe von Erfolgsprinzipien für sich entdeckt, die er am Ende seiner Memoiren auch schriftlich fixiert hat. Wir wollen unseren Bericht über das erstaunliche Leben Hondas mit dieser seiner Lebensphilosophie beschließen, die er in fünf Punkten zusammengefaßt hat:

1. Stets mit Ehrgeiz und jugendlichem Schwung ans Werk gehen.

2. Auf Bewährtes bauen, neue Ideen einbringen und seine Zeit bestmöglich nutzen.

3. Mit Freude an die Arbeit gehen und sich ein angenehmes Arbeitsklima schaffen.

4. Sich um einen harmonischen Arbeitsrhythmus bemühen.

5. Das Ziel seines Sinnens und Trachtens nicht aus den Augen verlieren.

KAPITEL 6

Die magische Kraft eines Ziels

Wenn Sie sich erst einmal darüber im klaren sind, auf welchem Gebiet Sie sich auszeichnen und zu Geld kommen wollen – wie das geht, wissen Sie inzwischen –, dann ist es wichtig, eine weitere Regel zu kennen, an die Sie sich unbedingt halten müssen. Wie so viele der bisher aufgeführten Erfolgsregeln wird sie Ihnen vielleicht banal, um nicht zu sagen naiv erscheinen. Doch lassen Sie uns zum Thema Naivität einen sehr interessanten Abschnitt aus dem Buch *Le Prix de l'excellence* zitieren.

»Es gibt da einen scheinbar seltsamen Widerspruch, der sich in dem – wie wir es nennen – Prinzip des intelligenten Dummen manifestiert. Viele moderne Manager mit einer hochkarätigen Ausbildung sind möglicherweise ein bißchen zu intelligent. Es sind die, die ständig ihren Kurs ändern, die laufend komplizierte Programme entwerfen, die ununterbrochen über Matrizen brüten. Es sind diejenigen, die 200 Seiten lange Strategiepläne und 500 Seiten schwere Akten haben, um den Marktbedarf zu beschreiben, der schließlich nur eine Etappe in der Produktplanung repräsentiert.

Unsere ›dümmeren‹ Freunde sind da anders. Ihnen fehlt das Begriffsvermögen dafür, warum nicht alle Produkte von bester Qualität sein können. Sie begreifen auch nicht, warum selbst auf dem Gebiet der Chips nicht jeder Kunde einen persönlich auf ihn abgestellten Service erwarten kann. Sie empfinden eine fehlerhafte Flasche als persönliche Beleidigung (wir erinnern an die Heineken-Geschichte). Es ist ihnen unverständlich, warum nicht ständig neue Produkte auf den Markt geworfen werden können oder warum ein Arbeiter nicht alle 14 Tage mit einem Vorschlag aufwarten kann. Sie denken wirklich einfach, sind geradezu naiv. Sicher, Naivität kann einen negativen Beigeschmack haben, doch die Leute, die die erfolgreichsten Unternehmen leiten, sind tatsächlich **ein bißchen naiv.«**

Diese Feststellung wird in der Tat nur jene überraschen, denen es an der nötigen »Naivität« fehlt und die im allgemeinen aus diesem Grund auch nicht wirklich erfolgreich waren. Um daran zu glauben, daß man Millionär werden kann, daß man so viel Geld machen kann, wie man will, um an seinen Traum zu glauben, um sich über die Sarkasmen der anderen hinwegzusetzen, braucht man ein gehöriges Quantum an »Naivität«, an »Schlichtheit«. Die rein rationalen Menschen, die »Überintelligenten«, können zwar auch Erfolg haben, doch ihre Intelligenz setzt ihrem Erfolg oftmals Grenzen; sie werden selten ganz nach oben kommen.

Um den Leitsatz, den wir Ihnen mit auf den Weg geben wollen, zu begreifen und sich auch an ihn zu halten, muß man einfach denken können. Eine ganze Reihe von denen, mit denen wir uns darüber unterhalten haben, haben darüber gelächelt oder sich gar darüber mokiert. **Dagegen haben wir während der Arbeit an diesem Buch auch mehrere Leute getroffen, die uns gestanden haben, daß es in dem Moment mit ihnen finanziell steil nach oben ging, als sie sich an diesem Leitsatz orientiert haben.** Mehrere von ihnen sind übrigens mehrfache Millionäre geworden, und zwar auf völlig unterschiedlichen Gebieten. Auch die zehn reichen Männer dieses Buches haben diese Maxime nie aus den Augen verloren, die da heißt:

MAN MUSS SICH EIN GENAUES ZIEL STECKEN, DAS HEISST, MAN MUSS WISSEN, WAS UND BIS WANN MAN ETWAS ERREICHEN WILL

Vielleicht lächeln einige von Ihnen bereits darüber oder halten diese Ausführungen für Zeitverschwendung. Und dennoch, vielleicht lag Ihre bisherige Erfolglosigkeit gerade daran, weil Sie diesen Grundsatz nicht beachtet haben; oder auch weil Sie die Kraftreserven, die ein festes Ziel mobilisiert, nicht richtig genutzt und sich unbewußt zurückgehalten haben.

Vergessen Sie eines nicht: **Die Leute, die gescheitert sind, haben niemals ein festes Ziel vor Augen gehabt.** Oder aber – was subtiler und aus allen möglichen Gründen oft unbewußt abläuft – **sie haben sich ein sehr niedriges Ziel abgesteckt, das sie allerdings auch erreichen**, und zwar ständig, jahraus, jahrein. Mit anderen Worten, und das ist kein Widerspruch, **ihr Mißerfolg ist ein Erfolg.**

Dieses Prinzip erinnert uns an eine Anekdote, auf die mehrere Autoren des öfteren zurückgreifen. Es ist die Geschichte eines Versicherungsvertreters, der keinen Monat über 5000 Dollar an Prämien hinauskam. Als ihm ein Gebiet zugeteilt wurde, in dem die durchschnittliche Abschlußquote gering war und weit unter diesem Prämienbetrag lag, gelang es ihm trotzdem, dieses Ziel zu erreichen, was in diesem Fall ein Erfolg war. Als man ihn dann aber in ein Gebiet versetzte, in dem die anderen Vertreter weit höhere Erfolgsquoten zu vermelden hatten, blieb er bei seinen durchschnittlichen 5000 Dollar, einem unter diesen Verhältnissen sehr schwachen Ergebnis. Das Problem dieses Mannes war in der Tat ein Problem der Zielsetzung und der Selbsteinschätzung (zwei Dinge, die, wie wir später noch sehen werden, eng miteinander verknüpft sind). Er glaubte nicht daran, daß er mehr (oder weniger) als 5000 Dollar erreichen könne, und dementsprechend hatte er sich unbewußt dieses Ziel gesteckt. Das beweist ganz deutlich, welche Macht das Unterbewußtsein über uns hat und **wie es uns zu jedem Ziel führt, ganz gleich, wie schwer oder leicht es zu erreichen ist.**

Denken Sie einmal kurz über Ihre eigenen Erfahrungen nach. War nicht alles Geschehen unmittelbarer Ausdruck Ihrer Zielsetzung? Wer nur verschwommene, ungewisse oder auch gar keine Zielvorstellungen hat, weist auch nur entsprechende Ergebnisse auf. Wer aber ein klares Ziel vor Augen hat **und** planmäßig vorgeht, erreicht dieses Ziel auch mit Sicherheit.

Warum? Die Theorie des Unterbewußtseins gibt uns die Antwort darauf. Tatsächlich ist eine Zielsetzung die zweifellos einfachste und wirksamste Art, sein Unterbewußtsein zu programmieren. Sie ist gewissermaßen das Sesam-öffne-Dich für die Welt des Erfolgs. Und wissen Sie, was das Beste daran ist? Um Ihr Ziel zu erreichen, werden Sie bei einer solchen Programmierung nicht nur nicht unbedingt härter arbeiten müssen, Sie werden vielleicht sogar relativ weniger arbeiten, vor allem wenn Sie zu denen gehören, die zwar viel arbeiten, dabei aber nicht den Eindruck haben, die legitimen Früchte ihrer Anstrengungen zu ernten.

Verstehen Sie uns richtig. Um erfolgreich zu sein, muß man arbeiten, oftmals hart arbeiten. Aber man kann weniger arbeiten und trotzdem bessere Ergebnisse erzielen. Und man kann genauso viele Stunden wie bisher arbeiten und seinen Erfolg vervielfachen. Das ist einzig und allein **eine Frage der Zielsetzung.**

Eines ist sicher: Selbst unter den Arbeitstieren, die alle Voraussetzungen für eine erfolgreiche Karriere mitbringen, haben die meisten keine präzisen quantifizierbaren Zielvorstellungen. **Meist beschränkt man sich darauf, auf eine vage Verbesserung des Lebensstandards zu hoffen, ohne jemals daran zu denken bzw. es zu wagen, seine Ziele auch an konkrete Zahlen zu knüpfen.**

Und wie sieht es in Ihrem Fall aus? Welches Ziel haben Sie sich für das kommende Jahr gesteckt? Wieviel wollen Sie verdienen? 20 000 DM? 30 000 DM? 50 000 DM? Eine halbe Million? Oder eine ganze?

Wenn Sie eine Arbeit als Festangestellter haben, dann wissen Sie, daß Sie – wenn alles seinen normalen Gang geht und Sie nichts Besonderes unternehmen, um das zu ändern – mit einer gewissen, im allgemeinen recht dürftigen Gehaltserhöhung rechnen können. Wenn Ihnen das genügt, um so besser. Wenn es Ihnen aber um eine echte – und absolut legitime – Einkommensverbesserung zu tun ist, dann fragen Sie sich einmal, welches Ziel Sie sich gesetzt haben. Es gibt Angestellte, die sich über ihr geringes Einkommen beklagen, ihre Lage aber als ausweglos schildern, denn – so behaupten sie – selbst wenn sie sich ein Ziel setzten, **sie hätten gar nicht die Zeit dazu, die nötigen Schritte zu unternehmen, um dieses Ziel zu erreichen.** Das ist lediglich eine Ausrede.

Wenn Ihre augenblickliche Stelle keine Aufstiegsmöglichkeiten bietet und deshalb mit dem Ziel, das Sie anvisieren, nicht in Einklang zu bringen ist, dann machen Sie sich sofort nach Dienstschluß – familiäre Verpflichtungen hin oder her – ein, zwei Stunden lang auf die Suche nach neuen Wegen. Das ist die einzige Möglichkeit, sich aus Ihrer Situation zu befreien. Und das ist wahrscheinlich gar nicht so schwer, wie Sie meinen. Wenn Sie aber sofort nach Dienstschluß alle fünf gerade sein lassen und Ihre Ruhe haben wollen, dann sind die Chancen, Ihre Situation zu verbessern, gering, um nicht zu sagen gleich Null.

Wenn Sie sich nur vagen Hoffnungen hingeben und darauf warten, daß irgend etwas geschieht, daß Sie vielleicht befördert werden oder daß man Ihnen einen besseren Arbeitsplatz anbietet, dann können Sie nicht von genauen Zielvorstellungen sprechen, und das »Wunder«, auf das Sie warten, wird nicht geschehen.

Sie sind so viel wert, wie Sie glauben, wert zu sein!

Beginnen wir mit einem ganz einfachen Test. Nehmen Sie ein Stück Papier zur Hand, überlegen Sie kurz, und notieren Sie dann die Summe, die Sie nächstes Jahr verdienen wollen. Fertig? Gut. Jetzt lesen Sie den folgenden Satz:

DAS ZIEL, DAS SIE SICH GESETZT HABEN, IST UNWEIGERLICH AUSDRUCK IHRER SELBSTEINSCHÄTZUNG

Wenn Sie jährlich also 25 000 DM verdienen, haben Sie vielleicht als Wunschvorstellung erst einmal 40 000 DM notiert. Dann haben Sie aber diese Summe sofort auf 30 000 DM oder – wenn Sie einen guten Tag hatten – vielleicht auf 32 000 DM korrigiert. Sie wurden dazu veranlaßt, weil Sie sich unbewußt nicht für gut genug hielten, um 40 000 DM zu verdienen, weil Sie sich selbst und Ihre Fähigkeiten nicht so hoch bewertet haben oder aber weil in Ihrer jetzigen Lage an eine Verwirklichung dieses Ziels kaum zu denken ist. Mit anderen Worten, **Sie sind so viel wert, wie Sie glauben, wert**

zu sein, selbst wenn das für Sie überraschend klingen mag. Die Überlegungen, aus denen heraus Sie Ihr Einkommensziel herabgestuft haben, mögen Ihnen zwar alle vernünftig und logisch erschienen sein, doch sie sind weder das eine noch das andere. Sie sind einzig und allein Ausdruck Ihres Selbstwertgefühls.

Setzen Sie sich ein hohes Ziel!

Erinnern Sie sich: **Die einzige Grenze, die einen Menschen aufhalten kann, ist seine mentale Grenze.** Wir haben nun festgestellt, daß der Wert eines Menschen von seinem Selbstwertgefühl abhängig ist. **Im allgemeinen unterschätzen sich die Menschen, selbst wenn sie sich nach außen hin selbstbewußt geben.** Leute mit einem hohen Selbstwertgefühl, das aus ihrem tiefsten Inneren kommt, sind selten. Jeder leidet mehr oder weniger an irgendwelchen Minderwertigkeitskomplexen, und deshalb fällt es ihm so schwer, an den Erfolg, die Wertschätzung der anderen und an ein hohes Einkommen zu glauben.

Die beste Methode, Ihren Wert zu steigern, ist die Verbesserung Ihres Selbstbildes. In welcher Weise Sie diesbezüglich an sich arbeiten können, haben wir bereits besprochen. Ein mitentscheidendes Hilfsmittel ist dabei auch die Festsetzung eines finanziellen Ziels.

Machen Sie folgende kleine Übung. Sie haben sich gerade ein Ziel gesteckt. Verdoppeln Sie es einfach einmal und prüfen Sie ehrlich Ihre Reaktion. Sie haben sich also beispielsweise 40 000 DM pro Jahr vorgenommen. Warum dann nicht auch 80 000 DM? Was fühlen Sie angesichts dieses Ziels? Halten Sie es für absurd, für völlig abwegig? Sie finden, daß das viel ist, 80 000 DM.

Sie haben in gewisser Weise sogar recht, und zwar insofern, als nur ein geringer Prozentsatz der Bevölkerung auf ein solches Einkommen verweisen kann. Nichtsdestotrotz werden jährlich Tausende von Menschen in aller Welt Millionäre. Und Tausende von Menschen haben ein Jahreseinkommen von weit über 100 000 DM.

Alle reichen Männer und Frauen haben zunächst einmal das Bild (und also auch den Wert) eines Millionärs in sich getragen, bevor sie es tatsächlich geworden sind. Um Ihren Wert zu steigern, müssen Sie hoch ansetzen. Haben Sie keine Angst davor. Im ersten Jahr sollten Sie allerdings keine Summe anvisieren, die Ihnen völlig unerreichbar erscheint. Gehen Sie schrittweise voran. Aber setzen Sie sich ein ehrgeiziges Ziel. Selbst wenn Sie es nicht ganz erreichen sollten, werden Sie immer noch ein zufriedenstellendes Ergebnis erzielen. Wenn Sie dagegen zu tief ansetzen und dann nicht hinkommen, werden Sie enttäuscht sein und nur geringe Fortschritte machen.

Ein quantifiziertes Ziel übt eine wahrhaft magische Kraft aus. Beim ersten Mal geht man noch mit einer gewissen Skepsis an die Sache heran und schraubt seine Ziele nicht zu hoch. Doch sobald sich der erste Erfolg einstellt, kann und muß man höhere Ziele anpeilen. Und wissen Sie, was den Anfänger dabei am meisten überrascht? Daß er sein Ziel erreicht, das heißt, nicht nur erreicht, sondern sehr oft auch überflügelt. Im übrigen **betrachten Sie es auch als eine Art Herausforderung, Ihre Zielvorstellung zu übertreffen!** Die Sache ist spannend und zahlt sich im allgemeinen mehr als erwartet aus. Vielleicht haben Sie schon in sechs Monaten erreicht, was Sie sich für ein Jahr vorgenommen haben. Wer davon profitiert, sind in erster Linie Sie.

SIE SIND MEHR WERT, ALS SIE GLAUBEN!

Sie sind unendlich viel mehr wert, als Sie glauben. Nur hat Ihnen das noch keiner gesagt. Wahrscheinlich ist man sogar bemüht, Sie vom Gegenteil zu überzeugen. Denken Sie immer daran: Intelligenz, Arbeitsmoral, Motivation, Phantasie und Disziplin wie auch Erfahrung sind für den Erfolg zwar wichtig, doch kennen wir alle genügend Leute in unserem Umkreis, die, obwohl sie über alle diese Qualitäten verfügen, keinen Erfolg haben oder zumindest nicht in dem Maße, wie es ihrem Wert angemessen wäre. Vielleicht gilt das sogar für Sie selbst. Trotz Ihrer Fähigkeiten und Anstrengungen bleibt Ihnen der Erfolg auf unerklärliche Weise verwehrt. Andererseits kennen Sie aber bestimmt auch Leute in Ihrem Büro oder in Ihrer Firma bzw. auch Konkurrenzbetriebe, die sich durch keine besonderen Fähigkeiten auszuzeichnen scheinen – sie de facto auch nicht besitzen – und die trotzdem jene Gehaltserhöhung bekommen, **die Sie eigentlich verdienen** bzw. die am Jahresende eine Bilanz vorlegen, die das Herz der Aktionäre bzw. Teilhaber höher schlagen läßt.

Der wahre Grund dafür ist nicht der, daß diese Leute vielleicht vom Glück begünstigt waren oder der Zufall ihnen zu Hilfe kam. Sie haben vielmehr ein anderes Bild von sich selbst, und sie haben sich ein festes Ziel gesteckt. Sie sind ernsthaft und im tiefsten Innern davon überzeugt, daß sie diese großen finanziellen Erfolge verdienen. Sie hegen keinerlei Zweifel daran. Was nun Sie anbetrifft, so fehlt Ihnen wahrscheinlich – ohne daß Sie sich dessen bewußt sind – diese innere Überzeugung; **Sie glauben nicht, daß Sie einen derartigen finanziellen Aufstieg verdienen.**

Sprengen Sie Ihre mentalen Grenzen und steigern Sie

Ihren Wert, indem Sie sich möglichst hohe Ziele stekken. Für Ihr Unterbewußtsein spielt die Höhe des Ziels, das Sie ansteuern, keine Rolle. Und weil das so ist, erleichtert das die Dinge kolossal. Denn damit ist für Sie der Weg zum Erfolg geebnet.

Fixieren Sie Ihr Ziel schriftlich.

». . . ist die Disziplin, etwas schriftlich festzuhalten, der erste Schritt dazu, es in die Tat umzusetzen. In Gesprächen kann man sich Unverbindlichkeiten und Unsinn aller Art leisten, oft ohne es zu bemerken. Aber wenn man seine Gedanken zu Papier bringt, dann ist man gezwungen, sich genau auszudrücken. Auf diese Weise ist es schwieriger, sich selbst – oder jemand anderem – etwas vorzumachen.«

Kein Geringerer als Lee Iacocca hat diese bezeichnenden Zeilen geschrieben, die von großer psychologischer Finesse zeugen.

Nehmen Sie sich die Zeit, sich den Anfang dieses Zitats noch einmal zu Gemüte zu führen, das von einem Mann stammt, der im Laufe der Jahre außerordentliche Führungsqualitäten und beachtliche Kreativität bewiesen hat, der unter anderem als der Vater des berühmten Ford Mustang gilt, eines Autos, das eine ganze Generation fasziniert hat.

»Die Disziplin, etwas schriftlich festzuhalten, ist der erste Schritt dazu, es in die Tat umzusetzen . . .« Das ist keineswegs nur eine banale Behauptung. Da steckt viel mehr dahinter. Mit seiner schriftlichen Fixierung nimmt das Ziel konkrete Formen an. Es tritt aus dem Hell-Dunkel des Bewußtseins hervor. Wenn ich mein

Ziel aufschreibe, habe ich bereits den ersten Anlauf genommen, ich habe gehandelt. Es ist tatsächlich der erste Schritt auf dem Wege zu seiner Verwirklichung. Und da man den zweiten Schritt nicht vor dem ersten tun soll, gewinnt diese augenscheinlich banale Methode eine Bedeutung, die Sie nicht unterschätzen sollten.

Der zweite Vorzug dieses Verfahrens, den Lee Iacocca anführt, liegt darin, daß man sich nicht so leicht etwas vormachen kann, sich sozusagen in die Pflicht nimmt. In diesem Sinne sollten Sie sich deshalb auch nicht scheuen, Ihre Ziele laut kundzutun; weihen Sie zumindest Ihre nächsten Mitarbeiter ein. Natürlich setzen Sie sich damit möglicherweise den Sticheleien der anderen aus. Doch seien Sie beruhigt. Die zehn reichen Männer, die wir Ihnen in diesem Buch vorstellen, haben das auch alle ohne Ausnahme irgendwann einmal durchgemacht. Ja, es erging eigentlich allen so, die finanziell erfolgreich waren. Diese Leute werden Sie niemals auslachen. Vielleicht lächeln sie, aber das ist eher ein verschwörerisches Lächeln, weil sie merken, daß Sie auch hinter das Geheimnis gekommen sind und sich bald dem Kreis der Gewinner anschließen werden. Und was die anderen anbetrifft, kümmern Sie sich nicht darum, wenn sie lachen, bald sind Sie es, der lacht . . . ganz für sich alleine! Sie wissen etwas, was jene nicht wissen und auch nicht nutzen wollen:

EIN GENAUES ZIEL IST DER ANFANG
JEDES ERFOLGS

Machen Sie die Verwirklichung Ihres Ziels zu Ihrer Obsession

Lassen Sie sich von Ihrer Zielvorstellung voll und ganz durchdringen. Schreiben Sie sie auf und behalten Sie sie stets im Blick. Und vor allem, behalten Sie sie im Kopf. Es gibt ein Grundprinzip des Geistes, wonach die Energie stets den Gedanken folgt. Das heißt, wenn Sie beständig an Ihr Ziel denken, Ihr Ziel also für Sie zu einer Art fixen Idee wird, werden sich all Ihre Energien – auch unvermutete – auf den gewünschten Erfolg konzentrieren. Aber es kommt noch besser. Dank der geheimnisvollen Kraft des Unterbewußtseins werden Ihnen die Umstände und die Leute überraschenderweise anders als bisher dabei helfen, Ihr Ziel zu erreichen. Eine Zielvorstellung ist wie eine Lupe. Sie fokussiert Ihre Energien auf einen Punkt; und bald entzündet sich daran auch das Feuer des Erfolgs.

Diese fixe Idee hat nicht nur den Vorteil, Ihre Energien und Ihren Erfolgskoeffizienten zu vervielfachen, nein, sie bewahrt Sie auch vor einem sehr schwerwiegenden und äußerst gefährlichen Übel, nämlich der Verzettelung. Alle reichen Menschen waren von einer fixen Idee besessen, und dieses Ziel hat sie ohne Umwege zum Erfolg geführt.

Wenn die Verwirklichung des Ziels zur Obsession wird, so bedeutet das darüber hinaus auch noch eine Orientierungshilfe in bezug auf das berufliche Leben, aber auch in bezug auf das Leben ganz allgemein. Inwiefern? Ganz einfach. **Alles, was Ihnen dabei hilft, sich Ihrem Ziel zu nähern, muß weiterverfolgt werden.** Alles, was Sie davon entfernt, muß beiseite geschoben werden. Und wie erkennen Sie, ob eine Sache der Verwirklichung Ihres Ziels zu- oder abträglich ist? Im Zweifelsfall ist es Ihr Unterbewußtsein, das Ihnen – richtig programmiert – untrüglich den richtigen Weg weist, sei es qua Intuition, durch die Lektüre eines Artikels oder durch den Hinweis eines Freundes oder Mitarbeiters.

Einer von den Reichen, die ihr ganzes Leben lang von einer Idee besessen waren, war Walt Disney, wie sein Lebensweg beweist.

Walt Disney
oder
Die grandiose Obsession eines ewig jungen Mannes ...

Das Leben Disneys läßt sich unter ein Motto stellen, dem auch die Großen der Finanzwelt und der Kunst verbunden waren:

VERBISSEN ARBEITEN,
DURCHHALTEN BIS ZUM ERFOLG
UND VOR ALLEM,
VON EINER GROSSEN IDEE BESESSEN SEIN.

Walter Elias Disney wurde am 5. Dezember 1901 in Chicago geboren. Seine Mutter, Flora Call, war deutschamerikanischer Abstammung, und sein Vater, Elias Disney, war Kanadier mit irischem Einschlag. Das Jahr 1901 war auch das Jahr, in dem Theodore »Teddy« Roosevelt Präsident der Vereinigten Staaten wurde. Mit seiner Amtsübernahme begann eine Epoche, für die Erfolg gleichbedeutend mit Arbeit und Unerschrockenheit war. Der Weg zum Reichtum schien jedem, unabhängig von seiner Herkunft, offenzustehen, sofern er nur dazu bereit war, sein Schicksal selbst in die Hand zu nehmen.

Die Jugend des jungen Disney war durch mehrere rasch aufeinanderfogende Umzüge gekennzeichnet, da sein Vater zwar immer wieder in Geschäfte einstieg, aber mangels Geschäftssinn auch immer wieder Rückschläge erlitt. Elias Disney gehörte zu der Art von Menschen, die bereit sind, Meere und Kontinente zu durchkreuzen, um einem gewinnversprechenden Geschäft nachzujagen. Doch sein Traum erfüllte sich leider nie. Ganz anders liefen die Dinge bei seinem Sohn.

Im Jahre 1906 ließ sich die Familie Disney in Marceline, Missouri, nieder, wo Disneys Vater gerade eine Farm gekauft hatte. Das Leben auf dem Lande und die direkte Berührung mit der Natur weckten in dem Jungen seine Leidenschaft für die Tiere, die die Stars seiner Zeichentrickfilme werden sollten. Walt Disney erinnert sich besser an diese kleinen zahmen Tiere auf der Farm als an die Leute, die er während seiner Zeit in Marceline kennenlernte.

Doch eine Person hat sich tief in seine Erinnerung eingegraben, sein Onkel Ed. Aufgrund seiner geistigen Behinderung unfähig, sich seinen Lebensunterhalt selbst zu verdienen, wurde er von den Familienmitgliedern kostenlos beherbergt. Dieser wunderliche Mann gewann sehr bald das Herz des Kindes. In den Augen von Walt Disney war Ed ein Erwachsener, der so ganz anders war als die anderen: Er konnte machen, was ihm gefiel, und er schien wunschlos glücklich zu sein. Dazu Disney selbst: »Onkel Ed war die Freundlichkeit in Person. Er hatte vielleicht nicht alle Sinne beisammen, doch er genoß sichtlich das Leben auf seine Weise. Er kannte alle Tiere und alle Pflanzen beim Namen und erkannte die Vögel an ihrem Gesang. Mit ihm spazierenzugehen war für mich das höchste der Gefühle. (...) Ich bin niemals einem glücklicheren und sanfteren

Wesen begegnet. Für mich war er der Inbegriff von Lebensfreude in einfachster und reinster Entfaltung. Man mußte sich fragen, wer eigentlich verrückt war, er oder die anderen!« Von diesem Onkel sollte Disney etwas sehr Wichtiges lernen, woran er sich übrigens auch sein ganzes Leben lang hielt:

UM WAHRHAFT ERFOLGREICH ZU SEIN,
UM DEN DURCHBRUCH ZU SCHAFFEN UND GLÜCKLICH ZU SEIN, MUSS MAN ETWAS TUN, WAS MAN GERNE TUT!

Vorläufig beschäftigte sich Disney jedenfalls ganz in diesem Sinne, vor allem seit seine Tante Margaret ihm einen Zeichenblock und Farbstifte geschenkt hatte. Er streifte stundenlang durch die Wälder und beobachtete die Tiere, um sie anschließend auf seinem Zeichenbrett festzuhalten.

Doch nach einigen Mißernten spitzte sich die wirtschaftliche Lage der Disneys immer mehr zu. So mußten sie 1910 die Farm verkaufen, und die ganze Familie machte sich auf nach Kansas City. Da sie trotz allem durch den Verkauf der Gebäude einen kleinen Gewinn gemacht hatten, konnte Elias Disney eine Konzession für den Vertrieb von Zeitungen erwerben. Damit hatte die sorglose Zeit des unbekümmerten Jungen ein Ende. Die rauhe Wirklichkeit des Stadtlebens und der Arbeit erwartete ihn. Zusammen mit seinem älteren Bruder mußte der junge Walt, der damals noch keine 10 Jahre alt war, um halb vier Uhr morgens aufstehen, um auf den Zeitungslieferwagen zu warten. Dann begann ein langer Marsch durch die Stadt, und man konnte durch die grauen Straßen von Kansas City einen manchmal vor Nässe und Kälte schlotternden Knirps ziehen sehen, der unter der Last einer für ihn viel zu großen

Tasche zusammenzubrechen schien. Bisweilen war die Kälte so groß, daß der Junge sich in einem Hauseingang niederlegte, um sich ein bißchen aufzuwärmen und auszuruhen.

Elias Disney wachte persönlich darüber, daß seine Jungen die Arbeit korrekt und zuverlässig ausführten. Walt konnte ein Lied davon singen und mußte manches Mal die Zornesausbrüche seines Vaters über sich ergehen lassen, weil irgendein nörgelnder Kunde sich beklagt hatte, daß die Zeitung mit ein paar Minuten Verspätung oder vom Regen aufgeweicht ausgeliefert worden war. Sein ganzes Leben lang passierte es Walt Disney immer wieder, daß er schweißgebadet aus dem Schlaf aufschreckte, weil er geträumt hatte, er habe vergessen, einem Kunden die Zeitung zu bringen und müsse sich bei seiner Rückkehr dem väterlichen Zorn stellen.

Um das Haushaltsgeld aufzubessern, half Disneys Mutter oft ihrem Mann, der als Vertreter für eine regionale Molkerei arbeitete. Wenn Walt nach dem Zeitungsaustragen nach Hause kam, ging er seiner Mutter deshalb häufig zur Hand. Er konnte einfach nicht mit ansehen, wie sie den schweren Karren schob. Zahlreiche Fragen drängten sich ihm auf: Bis zum Ende seiner Tage für ein paar so armselige Cents schuften, war das wirklich alles, was man von seinem Leben erwarten konnte? Gab es wirklich keinen Weg, diesen Teufelskreis zu durchbrechen?

Es schien doch einen Ausweg zu geben, wenn man an all die luxuriösen Wohnviertel dachte, wo er seine Zeitungen austrug, und an die unzähligen herrlichen Spielzeuge, die die Kinder der Reichen besaßen, Spielzeuge, die manchmal achtlos auf den Bürgersteigen liegengelassen worden waren. Wenn Walt Disney seine morgendliche

Tour machte, konnte er nicht umhin, ein bißchen mit dem Zug oder dem kleinen Auto, das ihm ins Auge stach, zu spielen. Nach ein paar Minuten legte er das Spielzeug aber dann immer wieder dorthin, wo er es gefunden hatte und nahm seine Arbeit wieder auf.

Das alles trug zweifellos dazu bei, daß der junge Disney die Leute in zwei Kategorien einteilen lernte: Es gab nur diejenigen, die Erfolg hatten, und die anderen.

ER SCHWOR SICH, ZU DENEN ZU GEHÖREN,
DIE ERFOLG HATTEN.

Noch eine andere Sache irritierte den jungen Zeitungsausträger. Nachdem sein älterer Sohn Roy fortgegangen war, hatte Elias Disney andere Zeitungsausträger engagiert, um die Aufgabe zu bewältigen. Was den jungen Disney dabei am meisten frustrierte, war die Tatsache, daß diese Jungen die gleiche Arbeit wie er machten, dafür aber bezahlt wurden. Er selbst bekam keinen Cent! Trotz seines Drängens hatte der Vater jede weitere Diskussion über dieses Thema ein für allemal mit der Bemerkung abgelehnt: »Ich ernähre dich, ich kleide dich, du hast also nichts zu beanspruchen!«

Während der sechs Jahre, in denen Walt Disney für seinen Vater die Zeitungen austrug, erhielt er also nie einen Cent. Er mußte sich also sein Taschengeld auf andere Weise beschaffen. So hatte er zum Beispiel die glänzende Idee, ohne Wissen seines Vaters auch Zeitungen an neue Kunden, die er in einem anderen Stadtteil geworben hatte, zu liefern. Außerdem war es ihm gelungen, eine Stelle als Laufjunge bei einem Süßwarenhändler zu finden. Kurzum, Walt machte sich finanziell unabhängig. (Sein ganzes Leben lang hatte er nur ein Ziel: sein eigener Herr und Meister zu sein.)

Mit dem ersten Weltkrieg verschlimmerte sich die Lage, und Elias Disney sah sich gezwungen, seine Verkaufskonzession für die Zeitungen zu verkaufen. Die Familie zog nach Chicago, wo der Vater Anteile an einer kleinen Marmeladenfabrik erwarb. Walt Disney arbeitete dort zwar einige Zeit, doch auf die Dauer erschien ihm das Zerkleinern der Früchte und das Einlagern der Konservenbüchsen zu langweilig für einen 16jährigen jungen Mann, der vom großen Abenteuer träumte. Vor allem als er hörte, daß sein älterer Bruder sich bei der Armee verpflichtet hatte. Trotz der Zeichen- und Karikaturkurse, die er an der Kunstschule in Chicago besuchte, war die Versuchung zu groß. Er verpflichtete sich als freiwilliger Sanitäter beim Roten Kreuz, obwohl er dafür falsche Altersangaben machen mußte. Seine Ausbildung war jedoch noch nicht einmal beendet, als der Waffenstillstand unterzeichnet wurde! Doch durch eine Verkettung von Umständen ergab es sich, daß eine Spezialeinheit, der auch er angehörte, nach Frankreich abkommandiert wurde, wo sie sich um die Rückführung der an der Front verletzten amerikanischen Soldaten kümmern sollte.

Walt Disneys Vorgesetzte merkten sehr bald, daß der junge, ein wenig sonderliche Sanitäter ein großes zeichnerisches Talent besaß. Neben seiner Ambulanztätigkeit entwarf er von diesem Zeitpunkt an auch die Plakate, die den Soldaten helfen sollten, sich in den verschiedenen medizinischen Abteilungen zurechtzufinden. Mit Hilfe eines Freundes nutzte der junge Mann aber auch seine Begabung für weniger humanitäre Zwecke. Um ein bißchen Geld zu verdienen, war ein Freund Disneys auf die Idee gekommen, auf den Schlachtfeldern deutsche Kriegshelme zu sammeln, um sie den heimkehrenden amerikanischen Soldaten als Kriegstrophäen zu verkaufen!

Da der betreffende Freund das künstlerische Talent Disneys kannte, fragte er ihn, ob es nicht möglich sei, diesen kostbaren »Souvenirs« einen realistischen Touch zu verleihen. Disney ging sehr einfallsreich zu Werke. Mit Hilfe einer Mischung aus minderwertigen Farben, die sofort nach dem Auftragen abblätterte, gelang es ihm, dem Objekt ein Aussehen zu verleihen, als sei es bei allen Kämpfen getragen worden. Anschließend mußte man nur noch eine Kugel durch den Helm schießen und auf der Innenseite eine Haarsträhne ankleben. Und schon hatte man eine Kriegstrophäe, die den glücklichen Besitzer mit »Stolz« erfüllte und die Erinnerung an seine Tapferkeit im Krieg wachhielt.

Dieser Frankreichaufenthalt machte aus dem ein wenig verträumten Jugendlichen einen reifen und sehr resoluten jungen Mann. »Diese elf Monate in Frankreich waren für mich eine echte Lebenserfahrung. (. . .) Was mich anbetrifft, so habe ich in dieser Zeit gelernt, selbständig zu sein.»

SEITHER WEISS ICH, DASS ICH NUR AUF MICH SELBST BAUEN KANN!

Bei seiner Rückkehr hatte sein Vater bereits die Zukunft für ihn abgesteckt: Er sollte in der Marmeladenfabrik arbeiten, um sie eines Tages übernehmen zu können. Doch Walt Disney hatte für die Zukunft ganz andere Pläne. Er wollte vor allem das machen, was ihm am meisten Freude bereitete, nämlich zeichnen! Trotz der heftigen Einwände seines Vaters, dem es fast unmoralisch erschien, seinen Lebensunterhalt durch Kritzeleien zu verdienen, bestand Walt Disney auf seinem Entschluß. Ja mehr noch, um die Diskussionen ein für allemal zu beenden, die sonst nie aufgehört hätten, verließ er ganz einfach sein Elternhaus und ging nach Kansas, wo sein Bruder Roy wohnte.

Er war kaum in Kansas City angekommen, da machte er sich auch schon auf den Weg zu den Büros des *Star*, einer großen Zeitung der Stadt. Leider machte ihm der Direktor ohne lange Umschweife unmißverständlich klar, daß sie im Augenblick keinen Zeichner benötigten und daß es besser für ihn sei, sein Glück auf einem anderen Gebiet zu versuchen. Trotz der beinahe rüden Art, mit der der junge Mann empfangen wurde, ließ er sich keineswegs entmutigen. Einige Tage später war er wieder bei der Zeitung, diesmal allerdings, um den Personalchef aufzusuchen. Um sich mehr Geltung zu verschaffen und seine Glaubwürdigkeit zu unterstreichen, hatte er sich seine Militäruniform angezogen. Nach dem üblichen Vorgeplänkel machte der Personalchef jedoch kurzen Prozeß:

»Ich bedaure, aber Sie sind zu alt.«
»Aber ich bin gerade erst 17«, entgegnete Disney.
»Auf jeden Fall wird diese Art der Beschäftigung schlecht bezahlt.«
»Egal, was ich verdiene, aber mir liegt viel daran, als Zeichner zu arbeiten.«
»Welche Erfahrung haben Sie?«
»Tja... ich habe bei der Armee ein bißchen gezeichnet und war Ambulanzfahrer.«
»Dann, junger Mann, wenden Sie sich besser an das Verkehrsministerium!«

Dieser Personalchef ahnte an diesem Tag nicht im entferntesten, daß jener junge Mann, der gerade die Tür hinter sich zugemacht hatte, einer der größten Zeichentrickfilmer aller Zeiten werden sollte, einer, der die Phantasie von Millionen Kindern in aller Welt anregen sollte.

Zufällig kannte Walt Disneys Bruder, der damals in einer Bank arbeitete, zwei Leute, die eine Werbeagentur leiteten (die Gray Advertising Company) und die eine Lehrstelle für einen Zeichner frei hatten. Walt Disney muß sehr bestimmt aufgetreten sein, denn er bekam die Stelle sofort. Während der wenigen Monate, in denen er für diese Agentur arbeitete, lernte er wirklich sein Handwerk und wurde ein Meister in der Kunst des Zeichnens und der Spezialeffekte.

In seinem Kopf reifte allerdings langsam die Idee, *sich selbständig zu machen*, zumal er erfahren hatte, daß ein Teil des Personals nach Beendigung der Saison entlassen werden sollte. Diese Perspektive faszinierte ihn in zweierlei Hinsicht. Erstens wollte er unabhängig werden, und zweitens schwebte ihm etwas völlig Neues, etwas Ureigenes vor. Er wollte nicht immer nur den Ansprüchen eines Chefs und verschiedener Kunden genügen.

So gründete er mit Hilfe eines Freundes, Ube Iwerks, seine erste Agentur für Gebrauchsgraphik. Ihr erster Kunde war eine Restaurantkette. Aufgrund einer besonderen Vereinbarung konnten Disney und sein Partner sich, ohne einen Pfennig dafür zu bezahlen, in dem Gebäude des New Restaurant in einem Raum einrichten, der ihnen gleichzeitig als Atelier und Büro diente. Als Gegenleistung mußten die beiden Männer die Werbeplakate für das Unternehmen anfertigen.

Darüber hinaus konnten die zwei Partner nach Lust und Laune an anderen Projekten arbeiten. Um Kunden zu werben, hatte sich Disney folgendes ausgedacht: Wenn er bei einem Handels- oder Industriebetrieb vorstellig wurde, beeilte er sich zunächst einmal, danach zu fragen, ob der betreffende Betrieb eine Graphikabteilung habe. Diese Frage wurde im allgemeinen verneint, aber nicht ohne den Hinweis darauf, daß eine solche Abteilung für sie kaum irgendwelche Vorteile brächte. Das war der Punkt, an dem Disney ansetzte. Er schlug vor, ihnen diese Abteilung zu stellen, selbst aber die Verantwortung dafür zu übernehmen. Wenn sie keine Arbeit für sie hätten, koste sie das keinen Pfennig. Wenn sie jedoch irgendwann einmal die Dienste einer solchen Abteilung in Anspruch nehmen müßten, dann ständen sie, Ube Iwerks und er, ihnen jederzeit zur Verfügung. Mit Hilfe dieses kleinen Tricks hatten die beiden Männer innerhalb weniger Monate weit mehr Geld angespart, als sie es je als Festangestellte irgendeiner Agentur gekonnt hätten.

Das Geschäft schien Zukunft zu haben. Doch dann stieß Walt Disney durch Zufall auf eine Zeitungsannonce, in der ein Karikaturist für eine Werbefilmagentur, die Kansas City Film Ad Company, gesucht wurde. Er befand sich in einem ausgesprochenen Dilemma. Sollte er mit Iwerks weiterarbeiten oder sich einen alten Traum verwirklichen, den Traum, Zeichentrickfilme zu machen. Für den Zeichentrickfilm sprach auch, daß er sich jederzeit wieder selbständig machen konnte, wenn er erst einmal die Technik der Zeichentrickanimation beherrschte. Dieses Argument war für ihn ausschlaggebend. So kam es, daß Disney 1920 in die Trickfilmbranche einstieg. Es dauerte dann auch nicht lange, bis er dem Trickfilm seinen Stempel aufgedrückt hatte und die Figuren, die er schuf, in aller Welt populär wurden.

Die Kansas City Ad Company befaßte sich mit jedweder Form von Filmwerbung, und der neue Karikaturist machte bald von sich reden. Disney bekam nämlich schon kurze Zeit nach seiner Einstellung den Auftrag für ein Plakat: Es sollte einen Mann zeigen, der einen Hut nach der Mode der damaligen Zeit trug. Disney machte einen Plakatentwurf, wobei er allerdings an die Stelle der Nase eine elektrische Glühbirne zeichnete. Als das Plakat auf die Leinwand projiziert wurde, stieß der große Boss einen Schrei aus: »Endlich mal etwas Neues in diesem Laden! Ich habe die Nase voll von all diesen Grünschnäbeln!«

Doch die Originalität Disneys und seine Art, die Dinge zu sehen, sorgten bei einigen seiner Vorgesetzten und Kollegen sehr bald für Unruhe. Man neidete ihm den Erfolg. Man sah in ihm jemanden, der die alte Ordnung störte.

So wies man ihn auch ab, als er ein neues Verfahren ausprobieren wollte, von dem er sich eine Verbesserung der Trickfilmtechnik versprach. Disney hatte nämlich die geniale Idee, mehrere Zeichnungen auf Zelluloidpapier anzufertigen und sie anschließend Bild für Bild abzufotografieren, um sie dann übereinanderzulegen und abzufilmen. Disneys Vorgesetzte wollte von dieser Innovation nichts wissen. »Mit unserem bisherigen Verfahren haben wir gute Erfahrungen gemacht. Wir sehen also keinen Grund dafür, unsere Verfahren zu ändern, denn unsere Kunden sind ja alle damit zufrieden.« Disney wußte, daß er recht hatte. Im Strom mitzuschwimmen ist nicht immer die beste Methode, wohlbehalten anzukommen!

Er ließ bei seinen Vorgesetzten nicht locker, und so bekam er schließlich die Genehmigung, eine der Kameras, die Kansas besaß, mit nach Hause zu nehmen, um einige Experimente durchzuführen. An dem Tag, da er zum erstenmal mit einer Kamera hantieren konnte, begann das große Abenteuer.

In einer alten leeren Garage, die er in ein behelfsmäßiges Studio umbaute, begann er nach seinem eigenen Verfahren kurze Trickfilmstreifen zu drehen. Das Endprodukt zeigte er einem höchst angesehenen Direktor einer Kinokette. Der Mann war begeistert. Disneys Zeichnungen und seine Filmtechnik unterschieden sich erheblich von der herkömmlichen Praxis. Und so kamen die ersten Trickfilme Disneys in die Kinos . . .

Anfangs dienten sie dazu, das Publikum in den Pausen zu unterhalten, oder man zeigte sie anstelle der Reklame. Disney taufte seine kleinen Trickfilmchen »Laugh-O-Grams«. Sie gewannen schnell die Gunst des Publikums, so daß Disney von nun an in Kansas City nicht mehr nur jener etwas eigenwillige junge Mann war, sondern ein Mann, dem man Respekt zollte. Man bot ihm sogar eine Gehaltserhöhung an. Es dauerte nicht lange, bis er in seiner Wahlheimatstadt zu einer Berühmtheit geworden war.

Er gab die geliehene Kamera zurück und kaufte sich unverzüglich mit seinem angesparten Geld eine eigene Kamera. Die »Laugh-O-Grams« gewannen schnell an Popularität, und Disney mietete andere Räume, um mit einem Anfangskapital von 15 000 Dollar eine kleine Firma, die »Laugh-O-Grams Corporation«, zu gründen. Er stellte einige Graphikerlehrlinge ein und holte sich einen Repräsentanten für die Verkaufsförderung seiner Laugh-O-Grams in New York. Sein Traum, unabhängig und selbständig zu sein, schien langsam Gestalt anzunehmen, obwohl er gerade erst 20 Jahre alt war.

Er beschloß, die K. C. Film Ad Company zu verlassen, um sich fortan nur noch seinen eigenen Interessen zu widmen. Der Erfolg war indessen keineswegs vorprogrammiert. Die Produktionskosten waren hoch, und Disneys Hang zum Perfektionismus – er steckte seinen gesamten Gewinn immer wieder in die Verbesserung des Produkts – sowie der begrenzte Markt seines Standortes taten ein übriges, so daß er bald bankrott ging.

Für den jungen Künstler begannen trübe Zeiten, zumal er geglaubt hatte, das Ärgste überstanden zu haben. Disney hatte keinen Pfennig mehr in der Tasche und war deshalb gezwungen, in seinem Atelier zu wohnen. Der einzige Sessel, den er besaß, diente ihm gleichzeitig als Bett und als Tisch. Einmal die Woche mußte er sich zum Hauptbahnhof begeben, um billig duschen zu können.

Schließlich gelang es ihm, einen Vertrag für einen kleinen Trickfilm an Land zu ziehen, bei dem es darum ging, die Kinder von der Notwendigkeit des Zähneputzens zu überzeugen. Eines Abends rief ihn der für die Kampagne verantwortliche Zahnarzt an und bat ihn in sein Büro, um über das Projekt zu sprechen. »Ausgeschlossen«, war Disneys Antwort. – »Warum?« – »Weil ich keine Schuhe habe. Das einzige Paar Schuhe, das ich besitze, ist beim Schuster, und für neue Schuhe habe ich kein Geld!«

Trotz der widrigen Umstände verlor Walt Disney nicht den Mut. Er hatte eine Idee im Kopf. Von seinen kümmerlichen Ersparnissen kaufte er sich eine Fahrkarte, und so sah man an einem Juliabend im Jahre 1923 einen abgemagerten Mann in einem verschlissenen alten Anzug den Zug nach Hollywood besteigen. Dieser Mann war fest entschlossen, sich in der Welt des Films zu profilieren.

Als Disney in Hollywood ankam, war er ein Niemand

wie so viele andere vor ihm, die in der Hoffnung gekommen waren, ihre Träume zu verwirklichen. Disneys Bruder Roy lebte seit kurzem in Kalifornien und nahm ihn gerne bei sich auf. Dann klapperte Disney systematisch alle Studios dieser Gegend ab. Er war bereit, jede Arbeit anzunehmen, sofern sie nur etwas mit dem Film zu tun hatte.

UM SICH AUF EINEM SPEZIALGEBIET EINEN NAMEN ZU MACHEN, MUSS MAN UNTER ALLEN UMSTÄNDEN ERST EINMAL IRGENDWO EINSTEIGEN.

Disney merkte sehr schnell, daß nicht jeder x-beliebige in die Filmateliers von Hollywood hineinkam. Eine ganze Reihe anderer hatte schon vor ihm an dieselben Türen geklopft und war »abgeblitzt«.

Dennoch ließ er sich nicht entmutigen.

Wenn es vor ihm schon andere Leute geschafft hatten, sich einen Namen in der Filmstadt zu machen, warum sollte es dann ihm, Walt Disney, nicht gelingen. In seinen Augen gab es zwei Kategorien von Menschen:

»ES GIBT DIEJENIGEN, DIE SICH AUFGEBEN, WENN SIE KEINE STELLE FINDEN, UND DIEJENIGEN, DENEN ES IN SCHWIERIGEN ZEITEN GELINGT, IRGEND ETWAS ZU MACHEN, UM SICH IHREN LEBENSUNTERHALT ZU VERDIENEN!«

Disney hat stets versucht, der zweiten Gruppe anzugehören.

Das Leben hatte ihn gelehrt, daß man sehr oft ganz auf sich alleine gestellt ist. Er nahm also wieder seinen Zeichenblock zur Hand, fest entschlossen, sich einen Platz an der Sonne zu erobern. Er realisierte eine Reihe von Bildergeschichten (Comics), die er an verschiedene Kinos verkaufen wollte. Es handelte sich im großen und ganzen um eine Neuauflage des Experiments von Kansas City mit seinen Laugh-O-Grams. Ein Kinobesitzer fand auch Gefallen an dieser Idee, kaufte eine ganze Serie von Comics und bestellte bei Disney eine Folge von *Alice im Wunderland,* die dieser in Kansas zu drehen begonnen hatte. Man bot Disney 1500 Dollar. Das war mehr, als er sich erhofft hatte. Die Alice-Streifen liefen drei Jahre lang. Der Erfolg war so groß, daß er sich ein Haus kaufen konnte. Er besaß jetzt sogar ein eigenes Filmstudio.

Doch nach *Alice* wollte Disney etwas Neues schaffen, etwas wirklich Originelles.

Und so kam es, daß eine kleine listige Maus mit Namen Mickey Mouse das Licht der Welt erblickte. Den Namen hatte ihr Lillian Bounds, Disneys Frau, gegeben. Mickey Mouse gelangte bald zu Weltruhm. Sie stellte mit ihrer Popularität bald viele Stars aus Hollywood in den Schatten. Trotzdem übten sich die Produzenten Mickey gegenüber in kühler Zurückhaltung.

Etwa zur gleichen Zeit hielt der Tonfilm Einzug in die Kinos. Der Stummfilm war beim Publikum kaum noch gefragt. Disney reagierte schnell. Mit einem Mitarbeiterstab entwickelte er eine eigentümliche Synchronisationstechnik, mit der er von nun an bei seinen Zeichentrickfilmen arbeiten sollte.

Die kleine sprechende Maus war die Sensation. Disney erhielt von jetzt an 5000 Dollar für jeden Mickey-Mouse-Film. Doch er wollte noch besser werden und war deshalb ständig auf der Suche nach neuen Verfahren. So stieß er auf das Technicolor-Prinzip, eine Technik, die ihn von dem alten Verfahren befreite, bei dem nur mit einer Kombination aus zwei Farben gleichzeitig gearbeitet werden konnte. Mit der neuen Technik war es ihm möglich, für den Wald im Film *Bambi* 46 verschiedene Grüntöne zu verwenden. Sein erster Zeichentrickfarbfilm löste bei den Kinofans wahre Begeisterungsstürme aus. Disney wurde allmählich immer klarer, daß er sich, wenn er in großem Stil weitermachen wollte, **einen kompetenten Mitarbeiterstab heranziehen mußte, um weiterhin Qualität anbieten zu können.**

MIR WURDE KLAR, DASS WIR, UM DEN ENDGÜLTIGEN DURCHBRUCH ZU SCHAFFEN, MITARBEITER BRAUCHTEN, DIE WIR SELBST AUSBILDEN MUSSTEN.

»Unsere Graphiker«, sagte er, «verwendeten nämlich allzuoft veraltete Verfahren. Dem konnte ich nur abhelfen, indem ich Weiterbildungskurse einrichtete.«

»MEIN ZIEL WAR KLAR: QUALITATIVE VERBESSERUNG DER GRAPHIKEN AN SICH UND VERBESSERUNG DER ANIMATIONSTECHNIK!«

Die Disney-Gesellschaft expandierte, und Disney beschloß im Jahre 1930, seine eigene Graphikerschule zu eröffnen, wo er die künftigen Graphiker in allen Techniken und Feinheiten seiner Kunst unterrichten wollte. Die Schule sollte bald einem echten Zoo ähneln. Denn um den Helden seiner Trickfilme mehr Wirklichkeitsnähe zu verleihen, hatte Disney die Klassenzimmer in Biologielabors umfunktioniert, in denen seine Schüler stundenlang die verschiedenen Tiere im wachen und im schlafenden Zustand, beim Fressen, kurz in allen ihren Lebensphasen beobachteten. Diese minutiösen Verhaltensstudien sollten darüber hinaus später bei der Realisation von Dokumentarfilmen über die Wunder der Natur von Nutzen sein.

1938 brachte Disney nach zwei Jahren harter Arbeit mit *Schneewittchen* seinen ersten abendfüllenden Film heraus. Dieser Film war einer der großen Meisterwerke Walt Disneys, ein Film, der ihm Ruhm und Reichtum bringen sollte. Kurze Zeit später ließ er in Burbank, Kalifornien, moderne Aufnahmestudios bauen, in denen später zeitweise bis zu 1500 Personen beschäftigt wurden. Es schien, als habe er jetzt sein Ziel erreicht. Doch was die Qualität seiner Filme anbetraf, war er wie eh und je zu keinerlei Kompromissen bereit, stets darauf bedacht, immer noch besser zu werden.

Langsam wurde er zu dem Mann, der zu werden er sich geschworen hatte – der Chef eines komplexen Unternehmens, das Geduld, Ausdauer und Professionalität erforderte.

»ICH ARBEITE NUR WIRKLICH GUT, WENN ES GILT, HINDERNISSE ZU ÜBERWINDEN.
WENN DIE GESCHÄFTE ZU GUT LAUFEN, MACHE ICH MIR SORGEN UND LEBE STÄNDIG IN DER ANGST, DIE DINGE KÖNNTEN SICH ABRUPT ÄNDERN.«

Während des 2. Weltkriegs erhielten die Brüder Disney – Roy hatte sich Walt angeschlossen – von der amerikanischen Armee mehrere Aufträge für Dokumentarfilme und diverse militärisches Material betreffende Plakate. Nach Kriegsende nahmen die Disney-Studios ihre Produktion wieder auf, und Walt Disney widmete sich mehr denn je seiner Kunst. Oft war er noch spätabends in den Studios anzutreffen. Man erzählt sich, daß er manchmal die Runde machte, um die Papierkörbe auf ihren Inhalt hin zu inspizieren. Es kam dann nicht selten vor, daß er seine Mitarbeiter anderntags anwies, ihren Papierkorb noch einmal zu durchforsten, da sich bisweilen – so behauptete er – manch interessante verwertbare Idee darin finden ließe. In dieser Zeit schuf Walt Disney die meisten seiner Meisterwerke, Werke wie *Cinderella, Bambi, Peter Pan* usw.

Um die 50er Jahre herum reifte in Disney die Idee zu einem wahrhaft traumhaften Projekt. Er wollte Disneyland bauen! Alle seine Freunde, insbesondere aber die Bankiers, hielten dieses überaus phantastische Unternehmen für Blödsinn. Doch Disney sollte einmal mehr beweisen, daß den Träumen eines Menschen keine Grenzen gesetzt sind!

Die Idee zu Disneyland war ihm bei einem seiner üblichen Parkspaziergänge mit seinen beiden Töchtern Sharon und Diana gekommen. Er hatte sich einen riesigen Vergnügungspark für Kinder vorgestellt, in dem sich alle seine Hauptpersonen aus den Trickfilmen ein Stelldichein geben sollten. Wie dem auch sei, als Disney sich dann entschloß, seine Idee in die Tat umzusetzen, konnte nichts und niemand ihn mehr davon abbringen. Waren die Dinge nicht bei allem, was er früher angepackt hatte, genauso gelaufen? Das erste Disneyland an der Peripherie von Los Angeles wurde 1955 eingeweiht. Das war ein großer Tag für Walt Disney. »Wenn es nach mir ginge«, gestand er, »würde mein Park niemals fertig werden. Wenigstens ein Projekt, an dem ich unbegrenzt weiter schmieden kann.«

Im Jahre 1985 empfing Disneyland seinen 250millonsten Besucher.

1966 starb Walt Disney. Mit ihm verlor der Film einen seiner größten Filmemacher. Er hatte sich stets von zwei Maximen leiten lassen: das machen, was einem Freude macht und an seine Ideen glauben.

Ohne diese beiden Grundsätze wäre er nicht der Mann geworden, der er war: der Mann, der 32 Oskars, 5 Emmys und 5 Ehrendoktorwürden auf seinem Konto verbuchen konnte, ein Pionier in der Geschichte des Zeichentrickfilms und einer der reichsten Männer der Welt. Seine Obsession hatte ihn in Höhen geführt, die er sich kaum je erträumt hatte ...

★★

Der Aktionsplan

Was bei einer festen Zielsetzung überrascht – ganz gleich, wie bescheiden sie auch sein mag (eine 5prozentige jährliche Steigerung erreichen Sie zweifellos auch ohne jede besondere Anstrengung) –, ist die Tatsache, daß damit im allgemeinen plötzlich ein immenser Bewußtseinsprozeß in Gang gesetzt wird.

EIN FESTES ZIEL LÖST BEIM EINZELNEN
IM ALLGEMEINEN PLÖTZLICH EINEN IMMENSEN
BEWUSSTSEINSPROZESS AUS.

Dieser Bewußtseinsprozeß läuft folgendermaßen ab:

ES IST VÖLLIG KLAR, DASS ICH IN DIESEM JAHR NICHT 5000 ODER 10 000 ODER 100 000 DM MEHR VERDIENEN WERDE, DASS ICH KEINE NEUE STELLE (ODER ÜBERHAUPT ERST EINE STELLE) FINDE ODER WESENTLICH BEFÖRDERT WERDE, **WENN ICH NICHTS DAFÜR TUE.** WENN DIE DINGE WEITER SO LAUFEN WIE BISHER, STEHE ICH AM ENDE DES JAHRES GENAU DORT, WO ICH JETZT STEHE. ICH MUSS ALSO IRGEND ETWAS UNTERNEHMEN. ICH BRAUCHE EINEN AKTIONSPLAN, UM MEIN ZIEL ZU ERREICHEN.

Diese Überlegung ist völlig richtig. Oftmals liegt das, was Sie tun müssen, in einer ganz anderen Richtung. Es ist gut, wenn Sie sich dessen ein für allemal bewußt werden. Leider gibt es bestimmte Stellen, die finanziell wenig bringen. Es gibt zum Beispiel keinen Beamten, der es ausschließlich durch seinen Beruf zum Millionär gebracht hat. Einige hohe Beamte werden zwar relativ gut bezahlt, doch sie sind die Ausnahme. Nun, Beamte sind nur ein Beispiel von vielen. Der Angestellte in einem Lebensmittelgeschäft oder ein Schuhverkäufer kann Millionär werden – es gibt genügend Beispiele dafür – aber das schafft er ganz sicher nicht durch die Tätigkeit in seinem Beruf, für die er wahrscheinlich nur ein minimales Gehalt bezieht. Also, wenn Sie große Ambitionen haben, dann finden Sie ein Gebiet, das große Möglichkeiten in sich birgt. Um es noch einmal zu wiederholen: **Machen Sie sich ein für allemal bewußt, daß sich Ihre materielle Situation nicht ändern wird, wenn Sie nichts unternehmen.**

Stellen Sie ihren eigenen Aktionsplan auf

Wenn Sie zum erstenmal eine Stelle suchen, schreiben Sie einen Lebenslauf, telefonieren Sie, bitten Sie um ein persönliches Gespräch. Wenn Sie eine günstige Gelegenheit suchen, um beispielsweise einige tausend Dollar in ein Immobiliengeschäft zu investieren, dann seien Sie wachsam. Sprechen Sie mit Leuten aus der Branche, nehmen Sie sich Fachzeitungen vor, gehen Sie auf die Jagd. Wenn Sie eine Gehaltserhöhung anstreben, prüfen Sie genau die Lage. Finden Sie heraus, wer Ihnen dabei behilflich sein kann. Legen Sie sich gute Argumente zurecht, um Ihren Chef davon zu überzeugen, welchen Nutzen eine derartige Gehaltserhöhung letztendlich auch dem Betrieb bringt. Wenn Sie Unternehmer sind, versuchen Sie, neue Märkte zu erschließen, oder denken Sie darüber nach, wie Sie bestehende Märkte besser ausschöpfen können oder wie sich Ihre Kosten senken lassen.

Wir sind uns der Tatsache bewußt, daß die oben genannten Empfehlungen nur sehr allgemeiner Art sind. Das läßt sich allerdings nicht vermeiden. Jeder Fall ist anders gelagert, und es würde einfach den Rahmen dieses Buches sprengen, wenn wir uns mit der Abfassung eines Lebenslaufes oder dem genauen Ablauf eines Vorstellungsgespräches aufhielten oder auf alle Punkte eingingen, die beim Kauf eines Anwesens zu beachten sind. Zu diesen Themen gibt es genügend Fachliteratur, die man auch nutzen sollte, vor allem wenn man auf dem betreffenden Gebiet nicht über die ganz große Erfahrung verfügt.

Wichtig ist, einen Aktionsplan aufzustellen. Man muß sein Vorgehen schrittweise planen, und zwar so, daß sich eine möglichst klare Linie ergibt. Man muß imstande sein, seinen Anfangsplan bis zum Ende durchzuziehen, auch wenn sich Schwierigkeiten ergeben sollten oder Hindernisse zu überwinden sind. Andererseits kann es aber auch opportun sein, zu gegebener Zeit bestimmte Kurskorrekturen vorzunehmen und sich an einem anderen Plan zu orientieren, der einem besser erscheint. Man muß allerdings auch von einem Plan Abstand nehmen können, wenn ein Mißerfolg unausweichlich ist. So gibt es bestimmte Produkte, die sich nie durchsetzen werden und von der Allgemeinheit abgelehnt werden. Es gibt auch ein paar spezielle Stellen in bestimmten Unternehmen, die Sie niemals bekommen werden. Aber trösten Sie sich mit dem Gedanken, daß Sie woanders möglicherweise etwas Besseres finden; ganz bestimmt sogar, wenn Sie Ihr Unterbewußtsein entsprechend programmiert haben.

Kein Mensch ist unfehlbar, selbst der erfahrenste Geschäftsmann nicht. Nur wer nichts macht, macht auch niemals Fehler. Was zählt, ist, daß Sie Ihr Ziel bei einer entsprechenden Programmierung Ihres Unterbewußtseins trotzdem erreichen, selbst wenn Sie zwischendurch einmal einen Rückschlag hinnehmen mußten. Nur der Weg, über den Sie dorthin kommen, ist dann vielleicht ein etwas anderer. Er nimmt manchmal auch einen ganz unerwarteten Verlauf, einen Verlauf, den die geheime Kraft des finanziell und zeitlich genau abgesteckten Ziels vorgibt. Alle Wege führen nach Rom, heißt es im Volksmund. Das Unterbewußtsein scheint sich dieses Sprichwort zu eigen gemacht zu haben. Seine Wege sind oft geheimnisvoll, doch es gibt eine Sache, die Sie genausogut kennen wie das Unterbewußtsein, das ist Ihr Ziel.

Achten Sie bei Ihrem Plan darauf, daß Sie weder in der einen noch in der anderen Richtung über die Stränge schlagen. Eine allzu starre Haltung kann genauso böse Folgen haben wie allzu große Flexibilität. Aber merken Sie sich auf jeden Fall eines: Die meisten Menschen scheitern, weil sie zu früh aufgeben, weil sie bereits beim ersten Mißerfolg, bei der ersten Unannehmlichkeit die Flinte ins Korn werfen. Wenn Sie also wählen müssen, dann halten Sie lieber an Ihrem ursprünglichen Plan fest. Alle erfolgreichen Männer haben nach diesem Prinzip gehandelt.

Wenn Sie Ihren Plan in die Tat umsetzen wollen, kommen Sie wahrscheinlich nicht darum herum, gewisse Risiken auf sich zu nehmen. Es ist gewissermaßen ein Sprung ins Ungewisse, vor allem wenn Sie das erste Mal mit einer festen Zielsetzung und nach einem Aktionsplan arbeiten. Jede Veränderung ist mit einer gewissen Angst und Unsicherheit verbunden. Aber haben Sie keine Angst davor, einzubrechen. Lee Iacocca bringt in seiner Autobiographie dazu einen amüsanten Vergleich: »(. . .) ist ein gewisses Maß an Risikobereitschaft ganz wichtig. Ich bin mir bewußt, daß das nicht für alle gilt. Es gibt Leute, die morgens das Haus nicht ohne Schirm verlassen, selbst wenn die Sonne scheint. Leider wartet die Welt nicht immer, während man damit beschäftigt ist, seine Verluste vorauszuberechnen. Manchmal muß man einfach ein Risiko eingehen – und seine Fehler unterwegs korrigieren.«

Wenn Sie zu den Leuten gehören, die morgens immer mit dem Regenschirm aus dem Haus gehen, selbst bei Sonnenschein, besteht wohl kaum die Aussicht, daß Sie sich erstens mit einer festen Zielsetzung und zweitens einem dazugehörigen Aktionsplan anfreunden werden.

Ein Ziel muß nicht unbedingt finanzieller Art sein. Sie können sich auch das Ziel setzen, der beste Anwalt, der beste Romanschriftsteller, der beste Grundstücksmakler, der beste Versicherungsvertreter oder auch der beste Schuhfabrikant innerhalb einer bestimmten Frist zu werden. Das ist völlig in Ordnung. Das ist übrigens eine der besten Möglichkeiten, erfolgreich zu werden. Erinnern Sie sich an die wahre Bedeutung des Reichtums: Er ist die Belohnung für einen Dienst – im weitesten Sinne des Wortes – an anderen. Wenn Sie den besten Dienst leisten, ist es nur normal, daß Sie auch entsprechend belohnt werden. Das gleiche gilt für ein Ziel, das nicht rein finanzieller Art ist. Ideal wäre im übrigen eine Kombination von beidem: der Wunsch, der Beste seines Fachs zu werden, und gleichzeitig das Begehren, innerhalb einer gewissen Zeitspanne ein genau beziffertes Einkommen zu verbuchen. Beides auf einen Nenner zu bringen ist eine natürliche Angelegenheit und eine wirksame Methode.

Nicht mehr als zwei Ziele gleichzeitig ansteuern!

Hüten Sie sich davor, allzu viele Ziele gleichzeitig anzusteuern. Das führt selten, um nicht zu sagen nie, zum Erfolg. Der Ehrgeiz, der Beste seines Fachs zu werden, und das Ziel, ein bestimmtes Einkommen zu erreichen, sind indessen nicht zwei Einzelziele im eigentlichen Sinn. Es handelt sich dabei vielmehr um ein Doppelziel. Denn beides hängt eng miteinander zusammen.

Was wollen Sie aus Ihrem Leben machen?

Die Beschränkung auf zwei Ziele pro Jahr im obigen Sinne heißt nicht, daß Sie sich nicht doch auch längerfristige Ziele setzen sollten. Es schadet nicht, wenn Sie auf der Grundlage Ihres Jahresziels auch mittelfristig, also zum Beispiel für die nächsten fünf Jahre, planen. Viele reiche Leute gehen sogar so weit, sich ein Lebensziel zu setzen. Wenn Sie die zahlreichen Äußerungen der Finanzmagnaten dieses Buches genau gelesen haben, so haben Sie feststellen können, daß viele von ihnen schon in sehr jungen Jahren **wußten,** was sie aus ihrem Leben machen wollten. »Ich wußte, daß diese Tätigkeit zu meinem Lebensinhalt werden sollte«, ist in ihren Reihen ein vielzitierter Ausspruch.

Warum lassen Sie sich von ihrem Beispiel nicht inspirieren? Halten Sie einen Moment inne, und stellen Sie sich die Frage, was Sie aus Ihrem Leben machen wollen, was Sie werden wollen – ganz wertfrei. Lassen Sie Ihrer Phantasie freien Lauf. Hören Sie nur auf Ihre innere Stimme. Versenken Sie sich in Ihre Träume. Sie sind mit sich ganz allein, niemand ist da, der Kritik übt oder sich über Sie lustig macht. Wo möchten Sie in fünf, in zehn, in zwanzig Jahren gerne stehen? Wie sieht das Leben aus, das Sie sich erträumen? Welche Position möchten Sie bis dahin erreicht haben? Lassen Sie dabei Ihre jetzige Lage, Ihre früheren Mißerfolge, überhaupt Ihre Vergangenheit ganz aus dem Spiel. Denken Sie auch nicht an Ihr Alter. Denken Sie an das Beispiel von Ray Kroc, der als 52jähriger behauptete, die schönsten Jahre seines Lebens lägen erst vor ihm. Sie können in jedem Alter damit beginnen, Ihr Leben erfüllter und erfolgreicher zu gestalten. Und sehr oft lassen sich die Träume, die man in seinem Herzen bewegt, schneller, als man denkt, verwirklichen; das ist weder eine Frage des Alters noch der Lebensumstände.

Wenn man ein Lebensziel hat bzw. wenn man weiß, was man aus den noch verbleibenden Jahren – vielleicht den schönsten Jahren seines Lebens – machen will, wenn man also für eine ferne Zukunft plant, so hat das den Vorteil, daß die kurzfristigen Ziele nicht im luftleeren Raum stehen. Sie bekommen damit einen höheren Sinn. Nehmen Sie Papier und Bleistift zur Hand und notieren Sie, was Sie aus Ihrem Leben machen wollen, und zwar möglichst in allen Einzelheiten. Welcher Beschäftigung möchten Sie gerne nachgehen? Welches Einkommen schwebt Ihnen vor, wenn Sie an die nächsten fünf, zehn oder zwanzig Jahre denken? Wie möchten Sie gerne wohnen? Wie soll Ihr Freundeskreis aussehen? Wie steht es mit Reisen? Und wie stellen Sie sich Ihren Urlaub vor? Ihr Familienleben?

Schreiben Sie alles möglichst akribisch auf. Die schriftliche Fixierung Ihrer Zukunft hat großes Gewicht. Sie können damit Ihr künftiges Leben buchstäblich »modellieren«. Denn indem Sie Ihre Träume systematisieren, programmieren Sie de facto Ihr Unterbewußtsein. Sie zwingen ihm quasi Ihre Bilder auf, die nach Verwirklichung streben. Damit haben **Sie** die Hebel in der Hand. **Sie und nicht die Umstände oder die anderen bestimmen fortan die Gestaltung Ihres Lebens.**

SIE KÖNNEN AB HEUTE DER »BAUMEISTER« IHRES LEBENS WERDEN

Ein derart langfristiges Ziel, das zum Lebensinhalt wird, vereinfacht vieles. Ein Reihe von Entscheidungen, die Ihnen sonst Kopfzerbrechen bereitet hätten oder Ihnen willkürlich, wenn nicht sogar absurd erschienen wären, fallen Ihnen unter diesem Aspekt viel leichter. Wenn man nicht weiß, was man aus seinem Leben machen will, ist es schwer, die täglichen kleinen Entscheidungen zu rechtfertigen, da sie sich nicht in einen größeren Rahmen einpassen lassen, da sie sich einer höheren Logik entziehen, die jeder Handlung, jeder Maßnahme, ja jedem Gedanken erst einen Sinn verleiht. Wer kein

Lebensziel, keine Zukunftspläne hat, wem die Voraussetzung dafür fehlt, sein Leben in seinem Sinne zu gestalten, der wird selten erfolgreich sein. Er wird auf den stürmischen Wogen des Schicksals wie ein Boot ohne Steuermann dahintreiben.

Ein Lebensziel stimuliert, motiviert, verhilft unumschränkt zum Erfolg. Doch lassen Sie sich bei der Aufstellung eines Plans einen gewissen Spielraum in bezug auf die Zukunft. Denken Sie daran, daß das ganze Leben ein Anpassungsprozeß ist. Eine allzu starre Haltung bringt nicht viel. Denn das, was Sie in zehn, vielleicht auch schon in fünf Jahren machen werden, entspricht nicht notwendigerweise den Vorstellungen, auf denen Sie Ihren Plan aufgebaut haben, was allerdings nicht heißt, daß das, was auf Sie zukommt, nicht besser ist als das, was Ihnen vorgeschwebt hat. Wenn man gut programmiert ist, werden die Veränderungen, die sich in unserem Plan ergeben, immer unter dem Aspekt »noch besser« erfolgen. Je weiter Sie in Ihrer persönlichen Entwicklung voranschreiten, je weiter Sie sich einer gesamtheitlich positiven Programmierung Ihres Unterbewußtseins annähern, desto kühner, desto ambitionierter werden Ihre Pläne ausfallen, und dementsprechend werden Sie Ihr ursprüngliches Konzept wahrscheinlich auch korrigieren. Das ist nicht schlimm. So laufen die Dinge oft. Wichtig ist nur, daß man stetig vorankommt, sich mehr und mehr entfaltet, sein Leben umfassend bereichert.

Setzen Sie sich für das kommende Jahr ein Ziel

Wenn Sie für das kommende Jahr erst einmal ein festes befristetes Ziel haben, dann gliedern Sie es in einzelne Abschnitte auf. Überlegen Sie sich Schritt für Schritt, was zu tun ist, und schreiben Sie es der Reihenfolge nach mit Terminangabe auf. Und an diesen neuen Terminplan halten Sie sich dann auch. Überprüfen Sie, ob Ihre monatlichen Einkünfte ein Zwölftel Ihres angestrebten Jahresziels sind. Wenn Sie ein festes Einkommen haben und monatlich nicht auf diese Summe kommen, müssen Sie unbedingt etwas anderes tun; das heißt nicht notwendigerweise, daß Sie Ihre Stelle aufgeben müssen, aber Sie müssen sich eine zusätzliche Einnahmequelle suchen, um Ihr Ziel zu erreichen.

Natürlich ist nicht jeder Betrieb so strukturiert, daß sich eine derart einfache Rechnung aufmachen läßt. Manchmal verdient man in der zweiten Jahreshälfte zwei Drittel dessen, was man sich für das ganze Jahr erwartet hat. Das ist jedoch eine Sache, die Sie lenken können und auch lenken müssen. Planen Sie so sorgfältig wie möglich, ohne dabei natürlich etwaige lukrative Gelegenheiten, die sich unerwartet bieten, auszulassen. Sie müssen Ihre Aufgaben, Ihr Vorgehen, kurz Ihren gesamten Arbeitsablauf auf das gesteckte Ziel abstimmen. Teilen Sie Ihr Jahrespensum in Monate, Ihr Monatspensum in Wochen auf. Mit einer guten Planung ersparen Sie sich Scherereien und wappnen sich gegen unvorhergesehene Risiken, selbst wenn man sie nie ganz ausschalten kann.

Üben Sie Disziplin!

Eine Zielsetzung ist gut und schön, und sie ist auch notwendig, wenn man es zu etwas bringen will, doch um sie praktisch umzusetzen, um sie Tag für Tag mit Leben zu erfüllen, bedarf es der Disziplin. Und die beste Disziplin, das heißt, die einzig wahre Diziplin, ist die Disziplin, die von innen heraus kommt, die nicht von außen aufgezwungen wird. Wie sagte doch der griechische Philosoph Heraklit so treffend: »Der Charakter eines Menschen ist sein Schicksal.« Denken Sie einmal kurz über diese »Gleichung« nach, die zwar einfach erscheint und es auch ist, die aber auch von tiefer Weisheit zeugt. Beobachten Sie einmal die Leute Ihrer Umgebung. Denken Sie an die, die Sie kennen. Das Gesetz des alten Philosophen kennt keine Ausnahme. Alle, die erfolgreich sind, haben auch Charakterstärke, zeichnen sich durch ihre starke Natur aus. Es sind Leute mit Disziplin. Gehen Sie Ihren Bekanntenkreis durch. Sie werden niemanden finden, bei dem Erfolg nicht mit Charakterstärke einhergeht. Um sein eigener Herr zu sein, um sein Schicksal selbst in die Hand nehmen zu können, bedarf es der Disziplin. Nebenbei bemerkt waren auch die zehn reichen Männer unseres Buches ausnahmslos Leute mit eiserner Disziplin. Das widerspricht sicher der landläufigen Vorstellung, Reiche seien Müßiggänger und Nichtstuer. Gewiß, es gibt unter den Leuten, die durch Erbschaft reich geworden sind, auch einige, die nicht durch ihre vorbildliche Haltung auffallen. Aber das sind diejenigen, die weder Charakterstärke noch Disziplin beweisen mußten, um an dieses Geld zu kommen. Das gilt jedoch nicht für die Selfmademen, die Gegenstand unserer Studie waren.

DER CHARAKTER EINES MENSCHEN IST SEIN SCHICKSAL

Unter Disziplin verstehen wir jedoch nicht ein spartanisches Regime, das keinen Freiraum mehr für Phantasie und Entspannung läßt. Diese puritanische und militärische Vorstellung von Disziplin ist nicht nur veraltet, Disziplin in diesem Sinne erweist sich im allgemeinen auch als ineffektiv, wenn sie nicht sogar zum Herzinfarkt oder zu Magengeschwüren führt.

Disziplin zu üben bedeutet auch, sich seine Zeit so einzuteilen, daß einem genügend Freizeit bleibt, um sich geistig und körperlich zu entspannen. Die Leute, die das große Geld machen wollen, vergessen bei all ihrem Einsatz manchmal ganz, daß sie keine Maschinen sind und daß sie bisweilen auch eine Atempause brauchen, um gut zu funktionieren. Überlastung ist niemals produktiv. Man muß sich die Zeit nehmen, um seine Batterien wieder aufzuladen. Man muß ein gesundes Gleichgewicht finden.

Es ist übrigens bemerkenswert, wie viele Leute sich ständig überlastet fühlen, dabei aber weit davon entfernt sind, ein großes Arbeitspensum zu erledigen. Darüber zu jammern, wie überlastet man ist, tut gut, ist auf jeden Fall »in«. Trotzdem nutzen die meisten Leute nicht einmal ein Zehntel ihres Potentials, haben aber die schlechte Angewohnheit, ständig müde zu sein. Paul Getty hat in seinem Buch »*How to be rich*« zum Thema Arbeitsüberlastung einige interessante und aufschlußreiche Überlegungen angestellt: »Ein Arzt erklärt, daß zahlreiche Direktoren über Magengeschwüre klagen, die sie gar nicht haben. Der Ulcus ist zu einem Statussymbol geworden – erklärt er lächelnd. – Es gibt eine bestimmte Spezies von Führungskräften, die lieber sterben würden als zugeben, daß sie keine Magenprobleme haben. Das käme dem Eingeständnis gleich, daß sie Allerweltsmenschen sind.

Da ich kein Arzt bin, kann ich das nur schwer beurteilen. Ich kann jedoch innerlich herzhaft lachen, wenn ich höre, wie ein Jungmanager von 28 oder 30 Jahren, der in der Woche nicht mehr als 48 Stunden arbeitet – abzüglich der Zeit, die er bei dreistündigen Geschäftsessen und beim Golfspielen verbringt – darüber lamentiert, wie überlastet er ist und wie sehr ihn seine Arbeit streßt. Die wirklich bedeutenden Größen und wahren Genies der amerikanischen Geschäftswelt arbeiten normalerweise 16 bis 18 Stunden täglich – und das oftmals sieben Tage in der Woche – und gehen selten in Urlaub. Das Ergebnis ist, daß die meisten von ihnen ein hohes Alter erreichen.«

Diese Leute, die ein derartiges Arbeitspensum bewältigen, unterscheiden sich gar nicht so sehr von der Mehrheit. Sie haben nicht etwa mehr Energie, sie wissen sie nur besser zu nutzen, diese Energie, die im Unterbewußtsein eines jeden Menschen schlummert. Sie haben sie geweckt. Wie, das wissen Sie inzwischen. Außerdem haben diese Männer und Frauen, die sich in eiserner Disziplin üben, die Arbeit zu ihrer Gewohnheit gemacht. Alles im Leben ist Gewohnheit. Der Mensch ist, wie es so schön heißt, ein Gewohnheitstier. Nur haben die meisten Menschen schlechte Gewohnheiten, deshalb sind sie auch nicht erfolgreich. **Durch Disziplin und mentale Programmierung können Sie den Erfolg zu Ihrer Gewohnheit machen.**

ERFOLG IST EINE GEWOHNHEITSSACHE

Werden Sie Sklave dieser Gewohnheit, so wie Sie bisher Sklave von Gewohnheiten waren, die zum Mißerfolg führten. Jagen Sie Ihr Naturell davon, und es holt Sie postwendend wieder ein, heißt es. Wenn Sie anstelle des Mißerfolgs den Erfolg zu Ihrer Gewohnheit machen, schaffen Sie sich mit dieser neuen Gewohnheit eine zweite Natur. **Selbst wenn Sie den Erfolg davonjagen wollten, er wird Sie postwendend wieder einholen!** Sie werden ihn unwiderstehlich anziehen, wie ein starker Magnet die Feilspäne anzieht.

Ein Mann, der bereits in jungen Jahren damit begonnen

hat, Erfolg und Profit zu seiner Gewohnheit zu machen, ein Mann, der sich in äußerster Disziplin übte, war der berühmte Milliardär John D. Rockefeller. Lesen Sie nun seine erstaunliche Lebensgeschichte.

John Davison Rockefeller oder Die Magie der Zahlen

Der Mann, den der Stahlkönig und Multimillionär Carnegie mit dem Spitznamen Reckafellow belegte und später »mein Konmillionär« nannte, wurde 1839 in einem Bauernhaus mit sieben Zimmern in der Nähe von Moravia im Westen des Staates New York geboren. Sein Vater William Avery hielt es weder mit der ehelichen Treue sehr genau, noch war er seinen Kindern – sechs an der Zahl – ein vorbildlicher Vater. Der Familienlegende nach war William Avery ein stattlicher, kraftstrotzender Mann, der stets eine Brokatweste und eine Diamantkrawattennadel trug und der um Banken am liebsten einen großen Bogen machte, da sie ihm ständig wegen der »bescheidenen« Summe von 1000 Dollar im Nacken saßen! Das war damals viel Geld.

Was der Vater beruflich machte, wußte eigentlich niemand so genau. Er verschwand oft für lange Zeit und überließ seiner Ehefrau Eliza Davison die Sorge für die Erziehung der Kinder. Wenn er dann zurückkam, hatte er gewöhnlich die Taschen voller Geld und überhäufte seine Frau und die Kinder mit Geschenken. Erst sehr viel später erkannte John Rockefeller, daß sein Vater in Wirklichkeit nur ein Scharlatan war! William Rockefeller zog nämlich als angeblich Taubstummer durch die Indianerreservate – taubstumm zu sein war für die

Indianer ein Zeichen für übernatürliche Kräfte – und verkaufte ihnen allerlei Schund.

Später entdeckte William Rockefeller allerdings ein weitaus lukrativeres Betätigungsfeld, und zwar den pharmazeutischen Sektor. Von diesem Zeitpunkt an besuchte er regelmäßig die Versammlungen der Wanderprediger und präsentierte sich dort als Spezialist für ... Krebserkrankungen!!! Er verteilte seine Karte, auf der zu lesen stand:

»Dr. William A. Rockefeller, berühmter Krebsspezialist, nur einen Tag lang anwesend.

Heilt alle Arten von Krebs, sofern er nicht zu weit fortgeschritten ist, und verschafft selbst dann spürbare Erleichterung für den Kranken.«

Das »Wunder«-Elixier – wahrscheinlich eine Mixtur auf der Basis jenes Öls, mit dem der Sohn ein Vermögen machen sollte – verkaufte sich ausgezeichnet, und obwohl seine Konsultationen teuer waren, fanden sie regen Zulauf.

John hatte viel mehr von seiner Mutter: Ein schmales, fast ausdrucksloses Gesicht, leidenschaftslose, verhangene Augen, zu einem Strich zusammengepreßte Lippen, die zum Schweigen geradezu prädestiniert schienen ... Frederick Gates, sein späterer Beichtvater und Finanzminister, sagte diesbezüglich übrigens einmal: »Wenn er schon in der Wahl seiner Worte sehr pedantisch war, in der Wahl seines Schweigens war er es mindestens ebenso!«

John D. Rockefeller erbte von seiner Mutter nicht nur das Äußere, er bekam von ihr auch jene calvinistischen

Moralvorstellungen eingetrichtert, die ihr eigen waren. In ihrer herben, strengen Frömmigkeit führte sie pausenlos solche Sprüche im Munde wie »SCHAMLOSE VERSCHWENDUNG FÜHRT ZU BESCHÄMENDER ARMUT!« Diese Worte sollten den jungen Mann entscheidend prägen und sein ganzes Leben lang seine Haltung bestimmen.

1853 zog die Familie nach Cleveland, eine ehemals große Hafenstadt am Eriesee. Für John Rockefeller war das die Offenbarung. Hier wurde sein ohnehin schon vorhandenes Interesse für die Welt der Finanzen erst richtig angeheizt. Schon sehr früh zeichnet sich bei ihm eine gewisse Begabung für finanzielle Transaktionen ab. Als Kind verdiente er sich durch den Verkauf von angemalten Kieselsteinen unterschiedlichster Formen an seine Klassenkameraden ein wenig Kleingeld. Anstatt diese paar Cents auszugeben, sammelte er sie in einem blauen Fayence-Topf, den er ganz oben auf einer Kommode im Wohnzimmer versteckte. Das war nach seinen eigenen Worten sein erster Tresor! Aufgrund dieser »Finanzgeschäfte« hatte der junge John bald die hübsche Summe von 50 Dollar zusammen.

Diese 50 Dollar sollten für die Richtung, die der Junge einschlagen würde, bestimmend sein. Ein Farmer aus der Nachbarschaft brauchte nämlich genau diese Summe, um eine dringende Schuld zu begleichen. Der kleine Rockefeller bot ihm großzügig sein Erspartes an ... zu 7 Prozent Zinsen. Der Farmer willigte ein, wahrscheinlich nicht, ohne das Kind, das bereits so gut rechnen konnte, zu verfluchen! Für John war das eine ungeheuerliche Entdeckung, als er ein Jahr später das geliehene Kapital mit zusätzlich drei Dollar fünfzig Zinsen zurückbekam. »An diesem Tag«, schrieb er später, ...

»... FASSTE ICH DEN ENTSCHLUSS, DAS GELD FÜR MICH ARBEITEN ZU LASSEN!«

Er hatte entdeckt, GELD BRINGT GELD, und so entsteht Kapital!

Von nun an führte der Junge in einem Heft, das er »Register A« nannte, mit Hingabe Buch über seine Gewinne. Es gibt Leute, die behaupten, John D. Rockefeller habe gegen Ende seines Lebens nicht selten mit verlorenem Blick liebevoll in diesem Heft geblättert, durch das er sich in seine Kinder- und Jugendzeit zurückversetzt fühlte. Dieses Register A ist eine Art Autobiographie Rockefellers, denn die Zahlen waren in seinen Augen mit einer geheimnisvollen Macht ausgestattet und sagten zehnmal mehr aus als Wörter. So erklärte er denn später auch frank und frei:

»LASSEN SIE ZAHLEN SPRECHEN! SIE SAGEN IHNEN DIE UNVERBLÜMTE WAHRHEIT UND OFFENBAREN IHNEN DIE ZUKUNFT!«

Clevelands Handel und Kommerz war der ideale Nährboden für Rockefellers Geschäftssinn. Nach dem Unterricht streifte er durch die Docks und genoß die fiebrige Atmosphäre der Umschlagplätze. 1855 machte Rockefeller sein Diplom und beschloß, sich in dieses für ihn so faszinierende Leben zu stürzen.

»Für mich kamen die Eisenbahn, die Banken, der Großhandel in Frage, kleinere Betriebe interessierten micht nicht ... ICH SUCHTE EIN GROSSES UNTERNEHMEN!«

Seine erste Anstellung fand er am 26. September 1855 bei Hewitt & Tuttle, einem Maklerunternehmen für

Getreide und andere landwirtschaftliche Produkte. Dies war ein entscheidender Tag in seinem Leben, ein Tag, der so entscheidend für ihn war, daß er ihn als den Tag seiner zweiten Geburt betrachtete. Bis zu seinem Lebensende im Jahre 1937 wurde jedes Jahr an diesem Tag auf seinem riesigen Pocantico-Anwesen am Ufer des Hudson eine Fahne zum Gedenken an diesen »Geburtstag« gehißt!

Morgens um halb sieben saß er schon an seiner Arbeit und verlor sich in einem Meer von Zahlen, seinem ganzen Entzücken. Er war von einem derartigen Arbeitseifer, daß seine Vorgesetzten sich tagtäglich zu dem guten Fang, den sie mit diesem Angestellten gemacht hatten, beglückwünschten. Der junge Mann machte die Geschäfte zu seiner Religion. Abends im Bett ging er in Gedanken noch einmal alle Transaktionen des Tages durch, ständig darum bemüht, noch effektivere Lösungen zu finden. Immer wieder hämmerte er sich ein: »**Du hast deine Chance. Doch Vorsicht! Hochmut kommt vor dem Fall. Keine Hektik, kein falscher Schritt. Deine Zukunft hängt von jedem Tag ab, der vergeht.**« Der Wahlspruch seines Lebens hieß deshalb:

DISZIPLIN, ORDNUNG UND EIN GENAUES HABEN- UND SCHULDENKONTO.

1858 verdiente er 600 Dollar im Jahr. Doch da er sich seines Wertes für die Firma bewußt war, verlangte er eine Gehaltserhöhung von jährlich 200 Dollar, die seine Vorgesetzten ohne Umschweife ... ablehnten! Er beschloß daraufhin, sein eigenes Geschäft aufzumachen, und zwar zusammen mit Maurice Clark, einem Engländer, der 12 Jahre älter war als er und der bei einem anderen Maklerunternehmen angestellt war. Rockefeller hatte 800 Dollar gespart, doch um sich selbständig zu machen, fehlten ihm noch 1000 Dollar. Er wandte sich deshalb an seinen Vater, um sich von ihm diese Summe zu leihen. Sein Vater war zwar einverstanden, forderte aber boshafterweise 10 Prozent Jahreszins, bis sein Sohn volljährig war. Rockefeller war damals 18 Jahre alt. Im übrigen mußte der junge Mann zu Beginn seiner Karriere noch des öfteren die finanzielle Unterstützung seines Vaters in Anspruch nehmen, der jedesmal die gleichen Wucherzinsen verlangte! Später schrieb er zu diesem Thema: »Diese kleine disziplinarische Maßnahme sollte mir guttun. Sie tat es vielleicht auch, aber wenn ich mir auch nichts anmerken ließ, so schätzte ich, offen gesagt, diese väterliche Politik nicht so sehr, die darin bestand, mir Knüppel zwischen die Beine zu werfen, um zu sehen, ob meine finanziellen Fähigkeiten ausreichten, um diese Art von Schlägen einzustecken.«

Die Firma Clark und Rockefeller machte im ersten Jahr bei einem Umsatz von 450 000 Dollar Gewinne von 4000 Dollar. Das zweite Jahr war mit einem Gewinn von 17 000 Dollar sogar noch ertragreicher.

1861 brach der Bürgerkrieg aus. Wenn dieser Krieg auch für die meisten Leute nur Unglück und Elend brachte, für die Firma war er ein Segen! Alles war eine Frage der Organisation, der Methode, der Finesse, der knallharten Vertragspolitik, alles Dinge, die Rockefeller meisterhaft beherrschte. Der Erfolg war gesichert.

Rockefeller zeigte auch bei seinen Geschäften den inneren Ernst, der ihm von Natur aus mitgegeben war. Er war von einer Frömmigkeit, die er niemals ablegen sollte und besuchte regelmäßig eine kleine Baptistenkirche in der Erie-Straße, eine Gewohnheit, die er stets beibehielt, solange er in dieser Stadt wohnte; dabei spendete er mit der Regelmäßigkeit eines Metronoms stets einen Teil seiner Gewinne, und zwar selbst dann noch, als er schon längst Multimillionär war! Dieser Ernst zeichnete ihn auch in allen anderen Lebensbereichen aus. Sehr viel später antwortete einer seiner Partner auf die Frage, wie alt Rockefeller denn sei, bezeichnenderweise: »Meiner Meinung nach muß er 140 Jahre alt sein, denn bei seiner Geburt war er bestimmt schon 100 Jahre alt!«

Dann kam der ganz große Umbruch. 1859, zwei Jahre vor Ausbruch des Bürgerkrieges, hatte Edwin Drake in Titusville in Pennsylvania eine Ölbohrung vorgenommen. Bis dato kannte man Erdöl nur als Medikament, aber nun hatte man auch seine Leuchteigenschaften entdeckt. Die Entdeckung Drakes löste einen wahren Sturm auf das Erdöl aus. Für zahlreiche Geschäftsleute war das die Gelegenheit zu investieren, und auch Rokkefeller zeigte sich tief beeindruckt. Sein Scharfblick ließ ihn allerdings sofort erkennen, daß das Geld auf dem Gebiet des Transports und der Raffinerie zu machen war und nicht so sehr bei der Bohrung, die von allzu teuren Imponderabilien abhing. Da das Transportwesen damals jedoch chaotisch war und es praktisch noch keine Verfahren zum Raffinieren gab, zog Rockefeller es vor, auf einen günstigeren Zeitpunkt zu warten.

Vier Jahre später verlängerte die Atlantik-West-Eisenbahngesellschaft ihre Eisenbahnlinie bis Cleveland und band diese Stadt damit direkt an New York an, wobei die Strecke mitten durch die Ölfelder führte. Der Augenblick war gekommen!

Rockefeller hatte in seiner Baptistenkirche einen Bekannten von Clark kennengelernt: Samuel Andrews.

Clark und Andrews hatten den jungen Finanzier sehr bald mit ihrem Enthusiasmus für das schwarze Gold angesteckt. So investierte der gerade 23 Jahre alte Rokkefeller – wenn auch immer noch skeptisch – als Kommanditist 4000 Dollar in die neue Firma Clark, Andrews und Co.

Im März 1864 verlobte er sich mit Laura Spelman (besser bekannt unter dem Namen Cettie), die er am 8. September heiratete. Mit dem ihm eigenen Phlegma notierte er dazu lakonisch in seinem Register: »Um 2 Uhr nachmittags Trauung mit Miss L. C. Spelman durch Reverend D. Wolcott, assistiert von Reverend Paige, im Hause der Eltern des jungen Mädchens.« . . .!

Nach der Trauung stürzte er sich wieder mit Leib und Seele in seine Geschäfte. Die Raffinerien schossen in Cleveland wie Pilze aus dem Erdboden. Cleveland wurde zu einem der wichtigsten Ölzentren. Rockefeller interessierte sich nun mehr und mehr für das Ölgeschäft. Seine eiserne Disziplin zahlte sich geschäftlich aus. In einer Stadt voller gerissener Geschäftemacher galt er als einer der besonnensten und cleversten Geschäftsleute.

Er, der zu Anfang die meisten Bedenken in der Gruppe gehabt hatte, wurde nun zur treibenden Kraft. Doch angesichts eines Passivsaldos von 100 000 Dollar hielt Clark es für riskant, auf die Expansionswünsche Rockefellers einzugehen, der übrigens erklärte:

»DIE GOLDENE REGEL DES ERFOLGS HEISST EXPANSION!«

Clark weigerte sich hartnäckig, diesen Weg zu gehen. Man war in einer Sackgasse. Die einzige Lösung: Versteigerung der Firma. Das denkwürdige Ereignis fand am 2. Februar 1865 statt.

Die Gebote wurden sehr schnell in die Höhe getrieben, bis Clark niedergeschlagen »72 000 Dollar« murmelte. Ungerührt erhöhte Rockefeller sofort auf 72 500 Dollar. Clark riß die Arme hoch und erklärte: »Das Geschäft gehört Ihnen!«

An diesem Tag tanzte Rockefeller in seinem Büro vor Freude und murmelte immer wieder vor sich hin: »Und jetzt werde ich reich. Das ist prima! Prima! Prima!« Das Geschäft, das von nun an unter dem Namen Rockefeller & Andrews firmierte, war die größte Raffinerie Clevelands mit einer Kapazität von 500 Barrels pro Tag und einem Jahreseinkommen von 1 Million Dollar, eine Summe, die im darauffolgenden Jahr noch verdoppelt werden sollte. Für Rockefeller, der absolutes Vertrauen in die Zukunft hatte, gab es nicht den leisesten Zweifel: Er würde dem Schicksal seinen Willen aufzwingen.

Rockefeller verstand es auch, sich hochkarätige Mitstreiter an Land zu ziehen, Leute wie beispielsweise Henry M. Flager, der viel Geld gemacht und wieder verloren hatte, der aber durch eine günstige Heirat inzwischen wieder reich geworden war. Er war nur einer von einer ganzen Reihe Direktoren, die Rockefeller mit der Leitung seiner Geschäfte betraute.

»DIE FÄHIGKEIT, MIT LEUTEN UMZUGEHEN, IST EINE WARE, DIE MAN WIE ZUCKER ODER KAFFEE KAUFT, UND FÜR DIESE FÄHIGKEIT ZAHLE ICH MEHR ALS FÜR JEDE ANDERE FÄHIGKEIT AUF DER WELT.«

Er wollte damit sagen, daß zum Erfolg mehrere Komponenten gehören. Eine der wichtigsten davon ist die Kunst, integre, loyale und dem Geist des Hauses verbundene Leute an sich zu binden. Das verstand Rockefeller glänzend. Flager konnte mit Leuten umgehen. Er machte seine Sache so gut, daß er mit der Bahn mehr als günstige Tarife aushandelte, indem er die starke Position der Firma Rockefeller & Andrews in Cleveland in die Waagschale warf. Für die Bahn bestand das Problem im Öltransport nämlich darin, regelmäßig Fracht zu bekommen. Nur die Raffinerie Rockefeller & Andrews war in der Lage, diese Regelmäßigkeit zu garantieren. Die Eisenbahnspediteure hatten kaum eine Wahl. Sie beugten sich den Forderungen Flagers, der die Firma vertrat. Als die Sache herauskam, rollte natürlich eine Welle des Protests an. Doch das nützte nichts, Rockefeller war bereits zu mächtig.

Diese vorteilhaften Rabatte waren eine weitere Waffe in Rockefellers ohnehin schon gut bestücktem Arsenal. Und es kam noch eine stärkere Waffe hinzu: Am 10. Januar 1870 gründete er mit dem Kapital von einer Million Dollar eine neue Gesellschaft, die Standard Oil!

1870 war die Standard Oil eine der größten Ölraffinerien der mittleren Vereinigten Staaten! Aber Rockefeller verfolgte der Gedanke, andere kleinere Raffinerien in das gigantische Spinnennetz, das er zu weben begonnen hatte, einzugliedern. Und so wiederholte er das, was Flager einige Jahre zuvor mit Erfolg betrieben hatte, diesmal jedoch auf einer weitaus höheren Ebene. Er traf sich mit zwei der bedeutendsten Raffineriebesitzer von Pittsburg und Philadelphia. In aller Heimlichkeit wurden Pläne ausgearbeitet, die ihnen erlaubten, den Eisenbahnen ihre Konditionen zu diktieren. Während der allgemeine Transporttarif bei 2.50 Dollar lag, räumte man ihnen einen Vorzugstarif von 1.25 Dollar ein. Ja mehr noch, die Eisenbahnen gaben ihnen auf die 1.25 Dollar, die die Konkurrenz mehr zahlte, eine Bonifikation.

Das war ganz einfach genial! Je ärmer die Konkurrenten wurden, desto reicher wurde Rockefeller! Die Konkurrenz drohte zu verschwinden. Das war genau das, was Rockefeller beabsichtigte.

Das Ergebnis war, daß er in knapp drei Monaten 22 der 25 Raffinerien von Cleveland aufgekauft hatte. Die Standard Oil raffinierte jetzt ein Viertel der gesamten Ölproduktion der Vereinigten Staaten! Als Rockefeller mit seiner Kampagne begann, hatte er gegen 15 Raffinerien in New York, 12 in Philadelphia, 22 in Pittsburgh und 27 in der »Region« zu kämpfen . . . Am Ende gab es nur noch eine Raffinerie, die STANDARD OIL!

Der TRUST war geboren!

Im April 1878 legte Flager dem Verwaltungsrat eine Studie vor, das Raffinieren betreffend, nach der die gesamte Kapazität der Vereinigten Staaten bei 36 Millionen Barrels pro Tag lag. Die Standard raffinierte allein davon . . . 33 Millionen Barrels.

1880 fielen 95 Prozent der Gesamtkapazität auf den Trust. Aufgrund seiner Hartnäckigkeit, seiner Disziplin, beständiger Arbeit und eines unerschütterlichen Glaubens an sein Schicksal war Rockefeller das geworden, was er werden wollte: der Napoleon des Kapitalismus!

Die Stärke Rockefellers lag nicht in der Innovation (vor der er vor allem wegen der finanziellen Risiken zurückscheute), **sondern in der Organisation und in der Entfaltung seiner Macht.** Sein Leitmotiv war:

METHODE UND ORGANISATION

Der Trust wurde formal erst 1882 nach zahlreichen juristischen Querelen, die sich als unnötig erwiesen, gegründet, das heißt, gesetzlich abgesegnet. Die Standard Oil war zu mächtig. Nach dem Gesetz durfte eine Gesellschaft in keinem anderen Staat als dem ihren Geschäfte machen. Rockefeller unterlief dieses Gesetz zugunsten des Trusts, indem er die verschiedenen Unternehmen in den einzelnen Staaten zu getrennten Konzernen umbildete. So gab es von diesem Zeitpunkt an die Standard von New York, die Standard von New Jersey, die Standard von Pennsylvania usw. usw.! Und hinter allem stand ein kleines Büro am Broadway 26 in New York, wo Rockefeller nach der Devise

SPITZENKRÄFTE AUF SPITZENPOSITIONEN

die Fäden zog.

Das war das Prinzip, das es Rockefeller erlaubt hatte, das größte Finanzimperium aufzubauen, das es überhaupt geben konnte. Die Führungsmannschaft war eine Ansammlung der fähigsten Finanzleute der USA, allesamt Millionäre. Bei einer Untersuchung, die sich mit den Aktivitäten der Standard Oil beschäftigte, hatte William Vanderbilt den Senatsmitgliedern erklärt: »Ich bin noch niemals einer Gruppe von derart versierten, derart fähigen Geschäftsleuten wie ihnen begegnet... Ich glaube nicht, daß es möglich ist, sie durch einen Gesetzeserlaß oder irgendein anderes Verfahren in die Knie zu zwingen, weder in diesem Staat noch in irgendeinem anderen Staat. Das ist unmöglich! Sie werden immer die Oberhand behalten!«

Ende des Jahrhunderts waren im Zuge der industriellen Forschung Dutzende von Abfallprodukten des Erdöls entdeckt bzw. entwickelt worden. Die Einkünfte der Standard Oil kletterten in astronomische Höhen. Rokkefeller besaß ein Vermögen und eine Macht, die er sich in seinen kühnsten Träumen nicht erhofft hatte! Die Standard war überall: 1903 bot sie ihr Benzin und ihr Schmieröl den Gebrüdern Wright in Kitty Hawk an. 1904 eröffneten ihre Vertreter eine Tankstelle für die Teilnehmer des ersten internationalen Automobilrennens von New York nach Paris (Texas)!

Kurze Zeit nach dem Skandal der »Gesellschaft für den Fortschritt des Südens«, einer Vereinigung von Raffineriebesitzern und Direktoren der Eisenbahnen verschiedener Staaten zum Schutze ihrer jeweiligen Interessen, wurde Rockefeller das Opfer scharfer Attacken und Verleumdungskampagnen seitens der Presse und politischer Kreise. Er verteidigte sich:

»DAS WAR MEIN RECHT. MEIN GEWISSEN SAGTE MIR, DASS DAS MEIN RECHT WAR. ZWISCHEN GOTT UND MIR WAR ALLES KLAR.«

Bezüglich der Attacken gegen ihn selbst und gegen die Standard Oil ließ Rockefeller einmal folgende Bemerkung fallen, die die unerschütterliche Ruhe, die er seinen Gegnern gegenüber bewahrte, hinlänglich erklärt: »Sehen Sie diesen Regenwurm da auf dem Boden. Wenn ich drauftrete, ziehe ich die Aufmerksamkeit auf ihn. Wenn ich ihn ignoriere, verschwindet er.«

Leider dachte der Wurm gar nicht daran zu verschwinden, er wurde vielmehr zum Drachen und spuckte so viel Feuer, daß Rockefeller zum lebenden Symbol sämtlicher Übelstände der Zeit wurde. Er erhielt fast täglich Morddrohungen. Wenn er die Baptistenkirche aufsuchte, versammelten sich Hunderte von Leuten, um ihn zu beschimpfen. Der Pastor, der wegen der Vorkommnisse beunruhigt war, hatte Privatdetektive engagiert, die sich unter die Menge mischten und in der Kirche Stellung bezogen, um die Person des illustren Büßers zu bewachen! Die Dinge spitzten sich so zu, daß Rockefeller neben seinem Bett einen geladenen Revolver liegen hatte.

Doch die Expansion der Standard Oil war auch weiterhin durch nichts zu bremsen. Die besten Agenten der Standard, die sich in der ganzen Welt breit machte – die USA allein waren für das riesige Monster, das Rockefeller immer noch von seinem Büro am Broadway 26 aus leitete, längst schon ein zu begrenzter Markt –, waren die Mitglieder des amerikanischen diplomatischen Korps! Um neue Märkte zu erschließen und die Konkurrenz aus dem Feld zu schlagen, vor allem die russische Konkurrenz, die ganz Europa mit ihrem Erdöl aus Baku zu überschwemmen begann, nutzte die Standard ihren Zugang zu den Geheimakten der Botschafter. Mehrere von ihnen erhielten im übrigen für ihre »Dienste« finanzielle Zuwendungen aus den Geheimfonds der Standard.

Der Trust war mit seiner unvorstellbaren Finanzkraft und seiner eigenen Auslandspolitik zu einer Regierung innerhalb der Regierung geworden.

Doch Rockefeller blieb, obwohl auf dem Höhepunkt seiner Macht, innerlich zerrissen. Alle diese Attacken waren unberechtigt. Sein persönliches Vermögen erreichte 1897 die phantastische Summe von 200 Millionen Dollar. Es war eine Ironie des Schicksals, daß er in seinem Ruhestand das meiste Geld verdiente, denn mit der Kommerzialisierung des Verbrennungsmotors vom Jahre 1913 an vervierfachte sich sein Vermögen. Von 200 Millionen Dollar stieg es auf über eine Milliarde Dollar an! Diese Summe entspricht nach heutigen Verhältnissen einem Vermögen, das jede Vorstellung übersteigt.

Fest entschlossen, den Namen Rockefeller von all jenen ungerechten Vorwürfen reinzuwaschen und insgeheim davon überzeugt, daß sein immenses Vermögen nur ein Geschenk Gottes für den Dienst an der Menschheit war, kämpfte er nun als Philanthrop weiter!

»GOTT HAT MIR GELD GEGEBEN!«

Rockefeller war ernsthaft davon überzeugt, daß darauf das ganze und einzige Geheimnis seines phänomenalen Erfolgs beruhte. Dem erstaunten Journalisten, dem gegenüber er sich in diesem Sinne geäußert hatte, erklärte er: »Ich glaube, daß die Fähigkeit, Geld zu machen, eine Gabe Gottes ist . . ., die wir zum Wohle der Menschheit nach besten Kräften entwickeln und nutzen müssen. Nachdem mir diese Gabe zuteil wurde, halte ich es für meine Pflicht, Geld zu machen, und zwar immer mehr Geld zu machen, um dieses Geld zum Wohle meinesgleichen zu verwenden, indem ich auf die Stimme meines Gewissens höre.«

Um der neuen Aufgabe, zu der er sich berufen fühlte, besser gerecht werden zu können, engagierte John Davison Rockefeller deshalb Anfang der 90er Jahre einen Pastor mit Namen Frederick T. Gates, der gleichzeitig sein Beichtvater und sein großer Finanzminister wurde.

Aber damit waren die Probleme Rockefellers und seines Imperiums trotzdem nicht ausgeräumt. Der Haß gegen diesen erstaunlichen Selfmademan saß tief. Die Regierung versuchte mit allen Mitteln die Auflösung des Trusts. Eine genaue Untersuchung wurde eingeleitet, und dabei entdeckte man zur allgemeinen Verblüffung erst die wahren Ausmaße von Rockefellers Leistung und Macht: In 21 Bänden wurde auf 14 495 Seiten genauestens belegt, was die bescheidene Investition von 4000 Dollar eines jungen Maklers inzwischen gebracht hatte. Der Trust war 660 000 Millionen Dollar wert!

Die Regierung setzte sich schließlich gegen den Trust durch. Man teilte den Giganten in 39 kleinere »theoretisch« voneinander unabhängige Unternehmen auf... Seltsamerweise wurde dieses Desaster zu einem weiteren Trumpf in Rockefellers Karten. Einmal mehr hatte sein Lieblingswahlspruch,

»EINEN MISSERFOLG IN EINEN ERFOLG UMMÜNZEN«

– diesmal allerdings ohne sein Zutun –, Früchte getragen.

Das Ergebnis war phänomenal: Die Aktien der neu gebildeten Gesellschaften legten um das Drei- bis Vierfache zu. Rockefellers Vermögen verdrei- oder vervierfachte sich durch diese Aktion der amerikanischen Regierung. Einer Anekdote zufolge soll daraufhin in der Wall Street ein neues Gebet bei den Börsenmaklern die Runde gemacht haben:

»Oh, lieber Gott, gib, daß der Trust noch einmal aufgelöst wird!«

Doch von dieser Zeit an hatte Rockefeller nur noch eine Sorge: zu GEBEN! Und Gates, seine neue rechte Hand, verstand sich sehr gut auf dieses Geschäft. 1901 wurde das Rockefeller-Institut für medizinische Forschung gegründet, das erste Institut seiner Art in Amerika. 1903 konstituierte sich das Komitee für Erziehung (GEB), das sich die Erziehung und Ausbildung der Farbigen zur Aufgabe gemacht hatte. Später setzte sich diese Institution auf Geheiß Rockefellers für die Förderung eines ausgedehnten höheren Bildungssystems im ganzen Land ein. Im Verlauf der Zeit kam dann noch eine Gesundheitskommission hinzu.

Diese Gesundheitskommission sollte schließlich die öffentliche Meinung Rockefeller gegenüber ändern. Die Krönung des Ganzen war dann die Rockefeller-Stiftung, die nach wie vor das größte Wohltätigkeitsunternehmen der Welt ist.

Es gibt immer noch einige, die behaupten, daß Rockefeller erst als gemachter Mann damit begonnen hat zu spenden. Doch sein Register A weist ganz klar aus, daß er schon von seinen ersten Gewinnen einen Teil der Kirche gespendet hat. Diese Praxis behielt er sein ganzes Leben lang bei. Manchmal betrug sein »Jahreszehnt« mehr als eine Million Dollar!

Ausgesöhnt mit den Leuten, mit dem Volk, für das er sich teilweise verantwortlich fühlte, zog Rockefeller sich auf sein immenses Anwesen von Pocantico Hills »Kikjuit« zurück, wo er in Frieden die lang verdiente Ruhe genoß. Trotz seines vorgerückten Alters hatte er keineswegs seinen ausgeprägten Sinn für Humor verloren, eine Seite von ihm, die viel zu viele Leute gar nicht kannten.

So sagte er einmal bei einer Massage, als er seine Knochen krachen hörte, sarkastisch: »Ich besitze alles Öl dieses Landes, heißt es wenigstens, und ich habe nicht einmal etwas, um meine Gelenke zu schmieren!«

John Davison Rockefeller verstarb im Jahre 1937, seiner Maxime

ZEIT IST GELD

bis zum letzten Atemzug treu.

Er war bis zuletzt seinen vielfältigen Interessen nachgegangen, zu denen insbesondere seine Wohltätigkeitsaktivitäten – darunter die gigantische Rockefeller-Stiftung – zählten. Er hat es genauso wie auf der geschäftlichen Ebene auch hier verstanden, sein ganzes Organisationstalent einzusetzen, eine Gabe, die Gott ihm geschenkt hatte und die er weit über seine kühnsten Hoffnungen hinaus zu nutzen verstanden hatte.

Der Name Rockefeller bedeutet im Deutschen »Felsenfäller«. Rockefeller wurde diesem Namen gerecht, denn er hat alle Hindernisse, die sich ihm in den Weg stellten, überwunden, mit Bravour überwunden!

★★

Wie macht man aus einem Jahr 13 Monate?

Wenn Sie nicht daran gewöhnt sind, hart zu arbeiten, dann gehen Sie schrittweise vor. Steigern Sie ganz allmählich Ihr Arbeitstempo. Zu Anfang versuchen Sie lediglich, eine Stunde mehr zu arbeiten. Sie werden bestimmt nicht daran sterben. Am Ende einer Woche haben Sie **fünf Stunden mehr für Ihren Erfolg** gearbeitet. Nach einem Jahr haben Sie 250 Stunden in Richtung Erfolg zugelegt. Eine Arbeitswoche hat normalerweise 40 Stunden. Bei 250 Stunden zusätzlicher Arbeit haben Sie im Jahr mehr als 6 Wochen gewonnen. Damit hat Ihr Jahr jetzt 58 Wochen anstelle von 52. Sie haben also im Jahr mehr als 13 Monate geschafft. Damit haben Sie einen ungeheuren Vorsprung herausgeholt. Stellen Sie sich nun vor, Sie arbeiteten zwei Stunden pro Tag mehr. Dann gewinnen Sie 500 Stunden. Und glauben Sie uns – wir sprechen aus Erfahrung – Sie werden davon wirklich nicht mehr geschafft sein. Das ist lediglich eine Frage der Gewohnheit.

Machen Sie sich den Erfolg zu Ihrer einzigen Gewohnheit!

Doch bleiben Sie bei aller Gewohnheit stets wachsam. Scheuen Sie sich nicht davor, sich immer wieder in Frage zu stellen und Ihren Aktionsplan zu überprüfen. Auch das gehört dazu, wenn man Erfolg haben will. Bemühen Sie sich ständig um mehr Kompetenz. Glauben Sie niemals, im Besitz der absoluten Wahrheit zu sein. Überdenken Sie Ihre Methoden und verbessern Sie sie immer wieder!

Erledigen Sie das, wozu Sie üblicherweise drei Stunden brauchen, in einer Stunde!

Zwei oder drei Stunden täglich mehr zu arbeiten ist gut und schön, aber noch profitabler ist es, wenn man von vornherein gleich effektiver arbeitet, wenn man in einer Stunde das schafft, wozu man sonst mehrere Stunden benötigte. Um seine Effektivität zu steigern, bedarf es zweierlei: Zum einen muß man sich verschiedene (sprich kürzere) Fristen setzen, und zum anderen muß man konzentrierter arbeiten.

Beginnen wir mit dem ersten Punkt. Durch wissenschaftliche Untersuchungen haben Psychologen herausgefunden, daß die für die Bewältigung einer Aufgabe erforderliche Zeit stark komprimierbar ist, das heißt, sie läßt sich beachtlich – bis auf ein vernünftiges Maß – reduzieren, und zwar ohne daß die Qualität in irgendeiner Weise darunter leidet. Es stellte sich sogar heraus, daß die Qualität der Arbeit in mehreren Fällen verbessert wurde. Übrigens gibt es verschiedene Leute, die nur unter Zeitdruck arbeiten können. So hat sich beispielsweise bei den Architekten eine Praxis durchgesetzt, die darin besteht, mehrere Tage in Klausur zu gehen – oftmals Tag und Nacht –, um das Konzept eines bestimmten Projektes auszuarbeiten.

Beispiele für eine solche Produktivitätssteigerung findet man in allen Lebensbereichen zuhauf, und zweifellos ist auch Ihnen dieses Phänomen nicht ganz fremd. Man denke nur an den klassischen Fall des Studenten, der bis zur letzten Minute wartet, um sich auf ein Examen vorzubereiten oder eine Arbeit zu erledigen.

Die Untersuchungen, die auf breiter Ebene durchgeführt wurden, haben noch einen anderen Aspekt ergeben: *Der Durchschnittsmensch neigt dazu, die gesamte Zeit, die ihm zur Bewältigung einer Aufgabe zur Verfügung steht, auch zu nutzen, selbst wenn er diese Aufgabe, falls die Umstände dies erfordern würden, schneller erledigen könnte.*

Beide Phänomene haben den gleichen Ursprung, stehen in Zusammenhang mit – wie könnte es anders ein – dem Unterbewußtsein.

Denn in dem einen wie in dem anderen Fall bedeutet die Tatsache, sich eine Frist zu setzen bzw. eine Frist vorgegeben zu bekommen, nichts anderes, als sich und vor allem sein Unterbewußtsein zu programmieren. Wir haben gesehen, daß es für das Unterbewußtsein belanglos ist, ob es auf Mißerfolg oder Erfolg programmiert wird. Es setzt seine Kraft sozusagen blind – oder besser gesagt neutral – und trotzdem absolut zielstrebig ein. In diesem Sinne macht es für Ihr Unterbewußtsein auch keinen Unterschied, ob es Sie dazu bringt, eine Aufgabe in zwei Stunden oder der Hälfte der Zeit zu erledigen, sofern dies natürlich **stoffbezogen** realisierbar ist. Dies ist in der Tat die einzige Grenze. Denn das Unterbewußtsein ist weitaus leistungsfähiger, als Sie denken. Und auch schneller. Es kann Ihre Gedanken buchstäblich beflügeln und Sie fast nach Belieben mit schöpferischer Kraft versorgen.

Die Kenntnisse dieser beiden Gesetze bezüglich Zeit und Produktivität kann beachtliche praktische Konsequenzen nach sich ziehen. Das für eine Aufgabe erforderliche Zeitmaß ist bei weitem nicht so starr, wie man gemeinhin annimmt. Also, **wenn Sie etwas in einer Stunde schaffen wollen, wozu Sie im allgemeinen drei Stunden benötigen, dann tun Sie so, als hätten Sie nur eine Stunde Zeit dafür zur Verfügung.**

Mit anderen Worten, setzen Sie sich künstlich unter Druck, **so als bliebe Ihnen keine andere Wahl.** Damit geben Sie Ihrem Unterbewußtsein einen Rahmen vor. Machen Sie die Probe aufs Exempel. Das Ergebnis wird Sie überraschen. Das soll natürlich nicht heißen, daß Sie sich mit schwarzem Kaffee vollpumpen, wie Balzac das zu tun pflegte, der im übrigen eines der berühmtesten Beispiele für selbstauferlegte Zeitbeschränkung ist. Um sich unter Druck zu setzen und um seine Kreativität zu steigern, versprach Balzac den Verlegern für die Ablieferung seiner Manuskripte Termine, die theoretisch unmöglich zu schaffen waren. Auf diese Weise gelang es ihm, Meisterwerke von dreihundert Seiten in zwei Wochen zu schreiben. Selbstverständlich kamen bei diesem großen Romancier Talent und Routine hinzu, doch unterschätzen Sie sich nicht, was Sie wahrscheinlich schon viel zu lange getan haben. Auch Sie haben Talent. Auch Sie können schnell und gut arbeiten, und zwar ohne zusätzlichen Streß. Sie können in der Tat – um einen Vergleich mit dem Auto heranzuziehen – in den vierten Gang gehen, anstatt wie seit eh und je im ersten Gang dahinzurollen. **Sie können das, sobald Sie daran glauben, daß Sie es können.** Es kommt nur auf den Versuch an.

SETZEN SIE SICH ENGERE TERMINE, UND SIE WERDEN MEHR LEISTEN, OHNE DABEI AN QUALITÄT ZU VERLIEREN.

Kommen wir nun zum zweiten Punkt: die Konzentration. Konzentration ist einer der wesentlichen Schlüssel zum Erfolg, und zwar ganz gleich auf welchem Gebiet. Man kann die Sache auch umdrehen und behaupten, daß jemand, der sich nicht konzentrieren kann, der geistig zerstreut ist, niemals erfolgreich sein wird. Alle reichen Leute haben ein hohes Maß an Konzentrationsfähigkeit bewiesen. Howard Hughes galt zwar als extravaganter Milliardär, und seine engsten Vertrauten haben diesen Eindruck auch bestätigt, doch was man im allgemeinen außer acht läßt, ist seine außergewöhnliche Konzentrationsfähigkeit. Dazu sagt Max Gunther in seinem Buch *Les Milliardaires* folgendes: »Hughes arbeitete persönlich bei den Filmen mit, angefangen bei der Redaktion des Drehbuchs bis zur Regie, und zwar manchmal 24 Stunden hintereinander.«

Auch Honda war ein extremes Beispiel für diese Art von außergewöhnlicher Konzentrationsfähigkeit, wie der folgende Auszug aus seiner faszinierenden Autobiographie beweist: »Ich ließ mich von meiner Arbeit als angehender Erfinder völlig aufsaugen. Niemand hätte mich in meiner Konzentration stören können, nicht einmal meine Freunde, mit denen ich so gerne spielte und tausend Streiche ausheckte. – Zu Tisch! Meine Mutter rief mich zum Essen, doch ich war mit meinen Gedanken ganz woanders und hörte gar nicht hin. – Ich komme, beschränke mich darauf, nur höflichkeitshalber auf Fragen zu antworten, und bin in Gedanken schon wieder voll bei meiner Arbeit. Nun, meine Mutter respektierte ihrerseits meine Arbeit und ließ mich beenden, was ich angefangen hatte. Ich vergaß selbst den Hunger über meiner Arbeit und ließ mich von ihm nicht stören.«

Auch Paul Getty war, vor allem zu Anfang, so in seine Geschäfte vertieft, daß er jedes Zeitgefühl verlor.

In diesem Zusammenhang sei auch folgende Geschichte erwähnt, die der Autor des Buches *La pratique de la méditation* erzählt: »Ein verdienter Mann hatte einmal Isaac Newton zum Essen geladen. Newton erschien bei seinem Gastgeber und nahm im Salon Platz. Doch der Gastgeber, der seinen Gast vergessen hatte, speiste alleine und widmete sich dann wieder seinen Geschäften. Newton war währenddessen voll und ganz damit beschäftigt, über verschiedene wissenschaftliche Probleme nachzugrübeln und rührte sich nicht. Er war so vertieft, daß er sein Dinner vergaß und lange Zeit wie eine Statue sitzenblieb. Am nächsten Morgen bemerkte der Gastgeber Newton in seinem Salon und erinnerte sich wieder an seine Einladung. Bestürzt über seine Vergeßlichkeit erging er sich in tausend Entschuldigungen. Welch eine Konzentrationsleistung! Ein bewundernswerter Mann! Alle Genies besitzen diese Fähigkeit in unbeschränktem Maße.«

Alle diese Beispiele sind ja schön und gut, werden Sie sagen, doch was hilft das Ihnen, **Sie können sich nun einmal nicht konzentrieren**! Sie bedauern das auch ständig, da Sie sich durchaus bewußt sind, wie sehr Ihnen das schadet. Doch keine Angst, es gibt ganz einfache Übungen, mit deren Hilfe Sie Ihre Konzentrationsfähigkeit enorm steigern können. Als erstes müssen Sie täglich, am besten abends während Ihrer Autosuggestionsübung, folgenden Satz – oder einen ähnlichen Ihnen genehmen Satz – wiederholen:

MEINE KONZENTRATIONSFÄHIGKEIT WIRD VON TAG ZU TAG BESSER. ICH KANN DESHALB ALLE MEINE AUFGABEN SCHNELLER UND EFFEKTIVER ERLEDIGEN.

Die zweite Übung ist äußerst wirksam und im übrigen schon sehr alt. Mit ihrer Hilfe können Sie in Ihrem Leben ungeheuer viel erreichen, da sie Ihr Konzentrationsvermögen in spektakulärer Weise steigert. Die Übung ist ganz einfach. Hier ist sie:

Konzentrationsübung

Zeichnen Sie einen schwarzen Punkt von einigen Zentimetern Durchmesser auf ein Stück Pappe, das Sie an der Wand befestigen oder vor sich auf den Boden legen. Setzen Sie sich bequem hin und atmen Sie ganz ruhig. Fixieren Sie nun den Punkt, und zwar **möglichst ohne zu blinzeln.** Nach einer gewissen Zeit werden Ihre Augen zu brennen und zu tränen anfangen. Schließen Sie die Augen, öffnen Sie sie dann wieder und beginnen Sie von vorne. Sie brauchen keine Angst zu haben, die Übung schadet den Augen nicht. Im Gegenteil, der Sehnerv wird vielmehr dadurch gestärkt, was sich bei bestimmten Augenkrankheiten sogar positiv auswirken kann. Darüber hinaus bekommen Ihre Augen einen ganz speziellen Glanz, durch den sich die Leute in besonderer Weise angezogen fühlen werden und der Ihnen eine natürliche Autorität verleiht.

Beginnen Sie zunächst mit ein paar Minuten – zwei, drei Minuten vielleicht – und ziehen Sie diese Übung dann immer mehr in die Länge. In der ersten Woche dürfen es bis zu fünf Minuten sein. Wenn Sie zwanzig Minuten schaffen, ist Ihre Konzentrationsfähigkeit ausgezeichnet. Um Ihre Gedanken während dieser Übung zu beschäftigen, können Sie zur Steigerung des Effekts auch noch eine Ihrer bevorzugten Autosuggestionsformeln für sich wiederholen.

Sie werden schon am ersten Tag einen beachtlichen Fortschritt spüren, obwohl Sie erst ein paar lächerliche Minuten geübt haben. Diese Übung bewirkt vielerlei, mag sie auch noch so mysteriös erscheinen, vor allem wenn man bedenkt, wie einfach sie ist. Aber lassen Sie sich dadurch nicht täuschen. Die Ergebnisse sprechen für sich. Zunächst einmal wird selbstverständlich Ihre

Konzentrationsfähigkeit enorm gesteigert. Sie können sich besser und länger konzentrieren. Probleme, die vorher kompliziert aussahen, werden Ihnen nun einfach erscheinen. Sie werden sozusagen schneller denken können. Wozu Sie früher drei Stunden brauchten, das werden Sie nun problemlos in einer Stunde schaffen. Und Sie werden es besser machen, genauer und planvoller. Mit dieser Übung trainieren Sie auch Ihr Gedächtnis und verbessern Ihre Urteilskraft. Außerdem verhilft Ihnen eine erhöhte Konzentration zu mehr Geistesgegenwart, denn wenn man konzentriert ist, erfaßt man die jeweilige Situation auf einen Blick. Sie gewinnen auch an Schlagfertigkeit. Die passende Antwort, die Ihnen sonst immer erst hinterher einfiel, haben Sie nun sofort parat. Und Sie werden günstige Gelegenheiten, die Sie früher möglicherweise allzuoft ausgelassen haben, sofort erkennen und beim Schopfe packen.

Diese Übung hat aber noch einen Nebeneffekt. Sie fördert Ihre Intuition, Ihre Sensibilität, auf die es im Geschäftsleben so sehr ankommt. Manch einer wird nun behaupten, daß er nicht die Zeit habe, zwanzig Minuten täglich auf diese Übung zu verwenden (die übrigens am besten gleich morgens nach dem Aufstehen durchgeführt werden sollte, um die »Denkmuskeln« gewissermaßen »aufzuwärmen«). Doch genau das ist ein Denkfehler, und Sie werden sehr bald selbst darauf kommen. Je mehr auf Sie im Laufe eines Tages einstürmt, desto stärker werden Sie die Notwendigkeit empfinden, diese Übung zu machen. Das geht so weit, daß diese Konzentrationsübung dann, wenn Sie wirklich keine »Minute mehr für sich« haben, wie es so schön heißt, zur zwingenden Notwendigkeit wird. Wenn Sie erst einmal festgestellt haben, was diese phantastische Übung für Sie bringt, dann werden Sie sie fest in Ihren Tagesablauf einbauen, und genau so soll es sein. Damit rücken Sie dem Erfolg ein ganzes Stück näher.

Um das Thema Konzentration abzurunden, noch eine letzte Anmerkung: Wenn man es genau betrachtet, dann ist das Maß der Konzentration, das man bei einer Arbeit an den Tag legt, direkt proportional zu der Freude, die einem diese Arbeit bereitet. Nehmen Sie zum Beispiel einen spannenden Film oder ein spannendes Buch, oder denken Sie auch daran, wie das ist, wenn Sie verliebt sind. In all diesen Fällen ist man hoch konzentriert, läßt sich durch nichts ablenken, so als sei man buchstäblich hypnotisiert. Warum eigentlich? Weil Ihnen alle diese Sachen Spaß machen, weil Sie davon gefesselt werden. Daraus ergibt sich folgender Schluß, der so einfach ist, daß man ihn schon fast als Syllogismus bezeichnen kann: **Wenn Konzentration der Schlüssel zum Erfolg ist und das Maß der Konzentration davon abhängt, wieviel Spaß ich an einer Tätigkeit finde, so muß ich mir, wenn ich Erfolg haben will, unbedingt ein Betätigungsfeld suchen, das mir Spaß macht.** Hier gelangt man also über einen ganz anderen Weg zu derselben Erkenntnis, die wir bereits früher gewonnen haben.

Wenn Sie sich einmal ein Ziel gesetzt haben, dann halten Sie bis zum Erfolg durch!

Es ist wichtig, daß Sie sich zur Ausdauer erziehen und sich vor allem auch die Einstellung zu eigen machen, daß **jeder Mißerfolg nur einstweiligen Charakter hat.** Mißerfolg ist nur ein Markierungspunkt auf dem sicheren Weg zum Erfolg, vorausgesetzt, Sie machen hier nicht schon schlapp. Viele Leute scheitern, weil sie vorzeitig ausgestiegen sind, obwohl der Erfolg ohne ihr

Wissen schon zum Greifen nah war. Es hätte vielleicht nur noch ein einziger Schritt gefehlt – die Amerikaner nennen das *extra-mile* –, und sie wären am Ziel gewesen.

Die meisten erfolgreichen Leute könnten rückblickend auf ihr Leben bestätigen, daß sie um ein Haar am Erfolg vorbeigelaufen wären, wenn sie zu einem bestimmten Zeitpunkt der Versuchung nachgegeben hätten, alles hinzuwerfen.

In dem sehr anregenden Buch *Le plus grand vendeur du monde* (Der größte Verkäufer der Welt) findet sich eine Passage, die sehr anschaulich die Tugend der Ausdauer beschreibt und deutlich macht, daß allzu große Ungeduld meist nichts bringt, da der Erfolg sich oftmals wie eine kapriziöse Diva gebärdet, die gerne auf sich warten läßt. Aber der Sieg gehört letztendlich immer dem, der nicht aufgibt: »Der Lohn für alle Anstrengungen winkt immer erst am Ende des Parcours, nicht schon am Anfang, und wie viele Etappen notwendig sind, um das gesteckte Ziel zu erreichen, das läßt sich von vornherein nie sagen. Vielleicht wartet bei der tausendsten Etappe ein Mißerfolg auf mich, und trotzdem wird der Erfolg sich einstellen; möglicherweise versteckt er sich schon hinter der nächsten Wegbiegung! Wenn ich nicht weitergehe, werde ich nie wissen, wie nahe ich ihm bin. Ich werde immer noch einen Schritt weiter wagen, und wenn das nichts bringt, gehe ich noch einen Schritt weiter, und dann noch einen und noch einen. Ein Schritt nach dem anderen, das ist wirklich nicht sehr schwer.«

»Ich werde durchhalten, bis ich Erfolg habe.«

»Wer tausend Schritte tun will, fängt mit einem Schritt an«, denken Sie daran. Der Erfolg stellt sich manchmal beim tausendsten Schritt ein, und vielleicht sind Sie schon bis auf ein paar Schritte herangekommen. **Machen Sie nicht den Fehler, beim 999. Schritt haltzumachen, einen Schritt vor dem Erfolg.**

Der Erfolg stellt sich oft nach einer Reihe von Fehlschlägen oder einem eklatanten Mißerfolg ein.

Es gibt eine ganze Reihe von reichen Männern, die im Laufe ihres Lebens zahlreiche, bisweilen sogar spektakuläre Mißerfolge einstecken mußten, bevor sie mit Reichtümern gesegnet wurden. Dasselbe gilt übrigens auch für viele Künstler, die ganz plötzlich zu Ruhm und Ansehen gelangten, nachdem sie lange Durststrecken durchgestanden hatten. Picasso war beispielsweise so ein Mann. Gar nicht lange, bevor er dank der Amerikanerin Gertrude Stein, deren Porträt er malte, endlich das Interesse der Öffentlichkeit fand, war er noch so mutlos, daß er sogar einige seiner Gemälde wegwarf, weil er keinen Händler fand, der sie haben wollte. Alle diese Werke sind der Nachwelt leider verlorengegangen, ganz zu schweigen von den Bildern, die Picasso verbrannte, um sich in den harten Zeiten ein wenig zu wärmen. Wenn Picasso kurz bevor er dieser Amerikanerin begegnete, aufgegeben hätte, wenn er sich entschlossen hätte, einen anderen Beruf zu suchen, wäre ihm sicher nicht dieser Ruhm zuteil geworden, und er wäre durch seine Malerei nicht Multimillionär geworden. In der Tat sollte dieser arme Maler, ein begnadeter Unbekannter, der reichste Künstler der Geschichte werden.

Bei seinem Tod wurde sein Vermögen von Experten nach einer ersten Schätzung auf 750 Millionen Dollar veranschlagt. Als man sich jedoch genauer mit seinem

Nachlaß befaßte, kam man zu einem ganz anderen Ergebnis: Picasso hinterließ ein Vermögen von 1,2 Milliarden Dollar. Da sein Vermögen jedoch zu drei Fünfteln aus seiner persönlichen Kunstsammlung – eigene Werke und Werke anderer großer Meister – bestand, kann man darüber hinaus noch von einem ständigen Wertzuwachs ausgehen. Diese Gemälde werden auf 50 bis 150 000 Dollar veranschlagt, wobei natürlich nicht von seinen Meisterwerken die Rede ist, wie zum Beispiel *Die nackte Frau*, einem Bild aus dem Jahre 1910, das vor gar nicht langer Zeit für 1,1 Mill. Dollar verkauft wurde. Da Picasso – ein wahres Energiebündel – manchmal an einem einzigen Tag drei Bilder malte, konnte er täglich zwischen 150 und 450 000 Dollar verdienen! Seine Ausdauer zahlte sich für ihn aus. Dasselbe gilt auch für einige andere Künstler und Schauspieler. Die meisten großen Filmstars hatten anfangs schwer zu kämpfen und waren in dieser Zeit gezwungen, allen möglichen Arten von Beschäftigungen nachzugehen, die absolut nicht glanzvoll waren, oder sie mußten Rollen in drittklassigen Filmen annehmen, bis sich dann eines Tages das Blatt plötzlich wendete.

Es ist etwas Seltsames mit dem Erfolg, zumindest auf den ersten Blick. Denn meistens überrascht er einen völlig unerwartet, gerade dann, wenn man am wenigsten mit ihm rechnet. Für manch einen kam er wie der **Blitz aus heiterem Himmel**, vor allem wenn derjenige gerade eine Niederlage einstecken mußte, von der er sich nicht so schnell erholen zu können glaubte. Wenn man aber genauer hinsieht, **dann war der Erfolg de facto zwar unvorhergesehen, aber nicht unvorhersehbar, sondern geradezu unausweichlich**, und zwar ganz einfach aufgrund der erfolgsrelevanten Prinzipien. Das Feld war bestellt, Ausdauer, Zielstrebigkeit, Fleiß, Energie und Mut die Saat, die nach dem Manifestationsgesetz schließlich aufgehen mußte. Doch zuerst mußte sie keimen, ehe sie sich dann in ihrer ganzen Pracht entfalten konnte. Man muß dabei nur wissen, daß diese »Keimphase« verschieden lang sein kann. Manchmal geht es schneller, manchmal langsamer.

NUR EINE EINZIGE ZUSÄTZLICHE ANSTRENGUNG TRENNT SIE MÖGLICHERWEISE VOM ERFOLG! PACKEN SIE ES AN! SOFORT!

Mißerfolge und Hindernisse formen Ihren Charakter. In diesem Sinne sind sie nützlich. Je mehr Stärke Sie besitzen, desto souveräner werden Sie Ihr Leben meistern. Wer vor der ersten Schwierigkeit, die auftaucht, schon zurückscheut, der verdient auch keinen Erfolg. Schwierigkeiten gibt es bei jedem Unternehmen, und wenn man Erfolg haben will, muß man genügend Stärke aufbringen, um solche Hindernisse zu überwinden. Das macht im übrigen erst den Reiz des Lebens aus.

Man hüte sich vor falschem Stolz

Es kommt nicht selten vor, daß Leute ihre Sachen hinwerfen und die Waffen strecken mit der Begründung, ihr Stolz und ihre Würde ließen keinen Mißerfolg zu. Das hat mit Stolz nichts zu tun. In Wirklichkeit ist das viel eher Laschheit; Laschheit, hinter der sich ein Mangel an Selbstvertrauen verbirgt. Echter Stolz – das haben die zehn Reichen dieses Buches ausnahmslos bewiesen – heißt, trotz Erfolglosigkeit beharrlich seinen Weg zu gehen. Wer reich ist bzw. reich werden will – was auf dasselbe hinausläuft, da man die Mentalität eines Millionärs bereits in sich tragen muß, bevor man realiter Millionär wird –, der Reiche also zweifelt niemals am endgültigen Durchbruch. Er weiß, daß es nur eine Frage der Zeit ist, bis er die goldenen Früchte seiner Bemühungen vom Baum des Lebens pflücken wird. **Er weiß, daß die Zeit in jedem Fall für ihn arbeitet.**

Und so definiert sich auch der wahre, echte Stolz. Wer die Mentalität eines Erfolgsmenschen besitzt, wird niemals ein Nein als endgültige Antwort akzeptieren, ganz gleich, ob die Umstände oder irgendwelche Personen dieses Nein diktieren. Er weiß um die geheimen Kräfte der Geduld. Er weiß auch, daß es oftmals ganz bestimmte Umstände sind, die ihn im Moment nicht zum Zuge kommen lassen, die sich mit der Zeit aber unweigerlich ändern werden, da alles im Leben ständig im Fluß ist. Und er weiß, daß Hartnäckigkeit und Entschlossenheit im allgemeinen nicht ohne Wirkung bleiben. Sie beeindrucken die Menschen ungemein. Der Milliardär Andrew Carnegie soll einmal zu jemandem, der zum erstenmal um seine Beförderung bei ihm nachsuchte, gesagt haben: »Wenn Sie das, worum Sie mich bitten, wirklich von ganzem Herzen wollen, dann habe ich keine Möglichkeit, Sie daran zu hindern, es auch zu bekommen.«

Wer etwas um jeden Preis will, wird nie ein Nein als letzte Antwort akzeptieren, denn damit würde er seinen Traum verleugnen, und das wird er niemals zulassen. Und deshalb werden die anderen letztlich immer den Rückzug antreten; das augenscheinlich so kategorische »Nein« wird unweigerlich aufgeweicht, und an seine Stelle tritt ein triumphales »Ja«.

AKZEPTIEREN SIE NIEMALS EIN »NEIN« ALS ANTWORT. SAGEN SIE »JA« ZUM ERFOLG! SAGEN SIE »JA« ZUM LEBEN!

Ein Paradebeispiel für Ausdauer und Beharrlichkeit war zweifellos Thomas Watson, einer der Väter von IBM. Und hier ist seine Lebensgeschichte.

Thomas Watson
oder
Einem Verkäufer stehen alle Wege offen, vorausgesetzt, er läßt nicht locker

Die Geschichte von IBM, einer der angesehensten Firmen der Welt mit einem Umsatz von ca. 40 Milliarden gegen Ende der 70er Jahre, ist eng mit der Lebensgeschichte von Thomas Watson verbunden. Dieser Mann, der seine Karriere als kleiner umherziehender Nähmaschinenvertreter begann, ist der Inbegriff des amerikanischen Selfmademan.

Thomas Watson wurde 1874 auf einer kleinen Farm im Staate New York geboren. Er schien nie ein besonderes Interesse daran zu haben, in der Forstwirtschaft, die sein Vater betrieb, selbst mit Hand anzulegen. Nichtsdestoweniger bekam er hier seine ersten Eindrücke vom Geschäftsleben, da er seinem Vater bei der Führung des Betriebs half. Zweifellos war sein Vater sehr enttäuscht, als Thomas ihm eines schönen Tages eröffnete, daß er nicht, wie der Vater sehnlichst gewünscht hatte, Anwalt werden wolle. Statt dessen unterrichtete er eine Zeitlang an einer Dorfschule, eine undankbare Aufgabe, von der er jedoch sehr bald genug hatte. Einige Zeit später versuchte er sich als Buchhalter in einem Fleischmarkt. Er war damals 18 Jahre alt. Für einen Mann, der einmal der Vater eines der größten Multis werden sollte, schien die Zukunft als einfacher Buchhalter wenig verlockend. In der Tat haßte Watson seinen Chef genauso wie seine Arbeit. Es gibt eine ganze Reihe von Leuten in einer ähnlichen Situation, die sich über ihr Los beklagen, die aber niemals den entscheidenden Schritt wagen, der sie von all ihrer Pein und ihrem Ärger befreien könnte. Doch Watson war aus anderem Holz geschnitzt. Und wie viele junge Leute im damaligen Amerika zog es ihn zu einem Beruf, der ihm faszinierend erschien: Er wollte Vertreter werden. Er träumte vom schnellen großen Geld und glaubte, als Handelsreisender ans Ziel seiner Wünsche zu kommen.

Auf jeden Fall erschien ihm diese Art von Leben aufregender als seine staubige und langweilige Arbeit als Buchhalter. Er würde Land und Leute kennenlernen und in Hotels übernachten. Deshalb zögerte er auch nicht lange, als ihm ein gewisser George Cornwall, der als Vertreter für Klaviere und Orgeln unterwegs war, anbot, sein Gehilfe zu werden. Voller Optimismus gab der junge Thomas Watson im Sommer 1882 seine Stelle als Buchhalter auf, um sich auf den Weg zu machen. »Das war immerhin besser, als den ganzen Tag lang Zahlen zu unterstreichen«, kommentierte er seinen Entschluß.

Ein Zuckerschlecken, so wie der junge Mann sich das vorgestellt hatte, war das Ganze zumindest am Anfang indessen nicht. Die harte Realität seines neuen Berufs holte ihn schnell ein. Gewiß, er verdiente nun mit 10 Dollar pro Woche das Doppelte seines vorherigen Gehalts als Buchhalter, doch Mr. Cornwall hatte aller Wahrscheinlichkeit vergessen, dem jungen Mann gegenüber zu erwähnen, daß ihr Verkaufsdistrikt mitten auf dem Lande lag. Das hieß, Cornwall und sein junger Assistent mußten versuchen, die armen Farmer von der absoluten Notwendigkeit eines Klaviers zu überzeugen. Die feinen Restaurants und die luxuriösen Hotels, von denen Watson geträumt hatte, waren weit weg. Trotzdem bekam er hier einen ersten Einblick in die Strategie des Verkaufens und konnte gewisse Erfahrungen sammeln, die ihm einige Jahre später sehr zugute kommen sollten.

Um an das große Geld zu kommen, scheint vielen Leuten der Beruf des Vertreters zwar nicht der einfachste, aber doch ein gangbarer Weg zu sein, ein Weg, der auf jeden Fall Tausenden von Männern und Frauen zu ihrer ersten Million verholfen hat. Als Thomas Watson auf dem Gipfel seines Ruhmes angelangt war, schrieb ein Journalist der berühmten Zeitschrift *Fortune* folgendes über ihn: »Geben Sie ihm die Chance, sich mit Ihnen über die Zukunft von IBM zu unterhalten, und er wird Sie überzeugen, in das Unternehmen einzusteigen. Lassen Sie ihn über seine Projekte sprechen, und Ihnen wird sich, so komplex die Materie auch sein mag, eine leicht verständliche, transparente Welt eröffnen. Fragen Sie ihn, warum die Religion vor allem anderen rangiert, und Sie werden das Verlangen spüren niederzuknien!« Das alles sind unweigerlich Talente, die einen guten Verkäufer, wie Watson einer war, ausmachen, Talente, die er schon sehr früh entwickelte und die ihn schnell auf die höchsten Stufen der Erfolgsleiter brachten.

Als Cornwall beschloß, die Vertretertätigkeit aufzugeben, machte Watson alleine weiter. Er verdiente damals 12 Dollar pro Woche. Er nahm diese Bezahlung mehr als ein Jahr lang hin, bis er erfuhr, daß andere Vertreter auf Provisionsbasis bezahlt wurden. Er begriff, daß er in gewissem Sinne gelinkt worden war. Er war in seinem Stolz verletzt und kündigte auf der Stelle. Noch am selben Tag setzte er sich in den Zug nach Buffalo, um sich eine neue Stelle als Vertreter zu suchen, diesmal allerdings auf Provisionsbasis. Man muß dazu sagen, daß Watson, ohne daß man ihn deshalb als flatterhaft bezeichnen konnte, gerne seine Stelle wechselte. Er war ein Abenteurergeist, ein Etikett, daß jedem, der Erfolg haben will, gut ansteht.

Die Arbeitslosigkeit war hoch, und die Chancen, in Buffalo eine Stelle zu finden, standen schlecht; so waren seit Watsons Ankunft in Buffalo inzwischen schon zwei Monate vergangen, ohne daß er eine Arbeit gefunden hatte. Seine Hoffnungen schwanden, und er dachte schon daran, an seine Eltern zu schreiben, um sie um das nötige Geld für eine Rückfahrkarte zu bitten, als sich ihm plötzlich eine Chance bot. Er fand endlich bei Wheeler und Wilcox eine Stelle als Nähmaschinenvertreter. Es war zwar nur ein Gastspiel von kurzer Dauer, doch er lernte bei dieser Gelegenheit einen Mann kennen, der ihn entscheidend beeinflussen sollte: C. B. Barron.

Barron war ein ausgesprochenes Verkaufstalent. Er war sehr kontaktfreudig und beeindruckte seine Kunden durch gute Manieren und seine etwas gekünstelte Sprache. Außerdem spielte er sich gerne in den Vordergrund und pflegte sorgfältig sein Image. Kurz, er verfügte über alle Eigenschaften, die ein Mann haben muß, der im Verkauf erfolgreich sein will, und so war er denn auch im Begriff, alle Rekorde der Gesellschaft zu schlagen. Barron wurde schnell das Vorbild des jungen Watson. Er war für ihn der Inbegriff eines guten Verkäufers. Er wollte so werden wie er. So zögerte Watson denn auch nicht lange, als sein Lehrmeister ihm anbot, mit ihm zusammen ein Geschäft aufzuziehen. Barron hatte mit der Building and Loan Association Kontakt aufgenommen und die Verwaltungsratsmitglieder überzeugt, daß er die Produkte der Gesellschaft verkaufen könne. Er glaubte, daß Watson der ideale Partner für ihn sei. Der junge Mann hatte Mumm, und sein Streben nach Erfolg war beeindruckend.

Durch die Arbeit mit Barron lernte Watson enorm viel über die subtile Kunst des Verkaufens. Watson ist ein Musterbeispiel dafür, daß man nicht notwendigerweise als Verkäufer geboren wird, daß man es aber werden kann, wenn man es wirklich will und bereit ist, sich voll dafür einzusetzen. Das ist ermutigend und lehrreich zugleich. Watson stand so sehr unter dem Einfluß Barrons, daß er versuchte, ihn bis hin zu seinen Ticks zu kopieren, wobei er wortwörtlich die Schlüsselsätze wiederholte, die zu einem Vertragsabschluß führen, was in diesem Metier ja die Hauptsache ist. Das Porträt, das Robert Sobel von dem jungen Watson zeichnet, zeigt, auf welche Haltung es bei einem ambitionierten Verkäufer ankommt, um ganz nach oben zu kommen. Was heißt, bei einem Verkäufer? Das gilt für jeden, der Erfolg haben will. Denn ganz gleich, um welches Gebiet es sich handelt, wer Erfolg haben will, muß verkaufen können, eine Idee, einen Service, eine Fertigkeit, Fachwissen oder eben ein Produkt. Wer sich nicht verkaufen kann, sein Produkt, seine Kompetenz nicht an den Mann zu bringen weiß, ist zum Scheitern verurteilt. Doch überlassen wir Robert Sobel, dem Autor von *Histoire d'un empire: IBM* das Wort: »Watson neigte dazu, bei seinen Ausführungen die Dinge extrem zu vereinfachen, indem er zahlreiche Details wegließ. Wie alle Spitzenverkäufer legte er besonders großen Wert auf sein Äußeres und war stets darum bemüht zu gefallen, insbesondere den Kunden. Er war ein ausgesprochener Taktiker, der seine Worte sorgfältig wählte und seine Gestik gezielt einsetzte, wobei er geschickt auch unausgesprochene Dinge aufgriff, und zwar immer unter dem

Aspekt, etwas zu verkaufen. So merkte er sehr bald, daß der Normalbürger vor allem Offenheit, Anteilnahme, Engagement und dergleichen Tugenden mehr schätzt. Eine ganze Reihe von Verkäufern wußte das und bemühte sich auch, diesen Ansprüchen gerecht zu werden. Der Normalbürger ließ sich von Leuten mit sicherem Auftreten, die von den Produkten, die sie verkauften, etwas verstanden, beeindrucken. In diesem Punkt schlug Watson sich gut. Er lernte auch zuzuhören und konnte im passenden Moment überzeugend lachen, ohne übertrieben zu wirken. Er wußte, daß zum Verkaufen auch Tricks gehörten und verstand es, mit den Kunden umzugehen, wobei er sich jedoch stets den Anstrich eines lauteren Vertreters gab. Niemand durfte einem auf die Schliche kommen. Dieses Kapitel hatte Thomas Watson gut gelernt. Er erwies sich als ein Mann, der jeder Situation gewachsen war.«

Watson machte bald mehr Geld, als er jemals zuvor verdient hatte. »Es heißt immer, daß es nicht aufs Geld ankommt. Das stimmt zwar, aber es hat eben doch einen gewissen Stellenwert, wenn man sich ins Leben stürzen will. Glauben Sie mir, ich weiß, wovon ich spreche.« Mit diesem Bekenntnis macht Watson ganz deutlich, daß man in bezug auf Geld keine Hemmungen haben darf, wenn man erfolgreich sein will. Eines der ersten Dinge, die Watson in Angriff nahm, als er seinen Scheck bekam, war seine Garderobe. Barron hatte ihm dazu geraten, weil er wollte, daß sein junger Partner vor den Kunden den bestmöglichen Eindruck machte und seine bescheidene ländliche Herkunft verbarg. Einer von Barrons Lieblingssprüchen war übrigens der – sehr philosophische – Satz: »**Das Gewand macht den Mönch nicht, aber es hilft sehr, wenn es sich um einen Geschäftsmann andelt.**«

während dieser Zeit entstanden in den USA die ersten Ladenketten. Sie erregten sofort das Interesse Watsons, der darin die einmalige Gelegenheit sah, schnell an Geld zu kommen. Da er sich zutraute, zweigleisig zu fahren, kratzte er all seine Ersparnisse zusammen und eröffnete neben seiner Vertretertätigkeit eine Fleischerei in Buffalo mit dem Hintergedanken, weitere Filialen aufzumachen, wenn das Geschäft gut lief. In einigen Jahren wollte er der Fleischmagnat des Großraums Buffalo sein. Er stellte Fachpersonal ein und kaufte eine Registrierkasse, um eine gewisse Kontrolle während seiner Abwesenheit zu gewährleisten.

Die Anfänge waren vielversprechend, und Watson glaubte, endlich auf dem richtigen Weg zu sein, um an das ganz große Geld zu kommen. Doch leider war die Sache für ihn noch nicht ausgestanden. Eines schönen Tages verschwand Barron mit dem ganzen Geld. Watson bemühte sich vergebens, ihn aufzuspüren. Alle Mühe war umsonst gewesen. Zum zweiten Mal in seinem Leben hatte er sich hereinlegen lassen, und er schwor sich, daß das das letztemal gewesen sein sollte.

Einige Zeit nach diesem Mißgeschick verlor er seine Stelle bei der Buffalo Building and Loan. Das Schicksal schien sich gegen ihn verschworen zu haben. Knapp bei Kasse, mußte er bald auch die Fleischerei schließen, die nicht wirtschaftlich genug war. Damit endete sein Traum vom großen Fleischmagnaten von Buffalo.

Doch das Selbstvertrauen Watsons war trotz dieses doppelten Mißerfolgs ungebrochen. Er war jung. Er hatte immer noch seine schicke Vertretergarderobe und besaß, auch wenn er von seinem Partner gelinkt worden war und mit der Fleischerei seinen letzten Pfennig verloren hatte, ein unschätzbares Kapital im Hinblick auf seinen künftigen Erfolg, nämlich all das, was er bei Barron über die Kunst des Verkaufens gelernt hatte. Man schrieb das Jahr 1895. Die amerikanische Wirtschaft war nicht gerade gesund, es herrschte immer noch eine schreckliche Arbeitslosigkeit. Nichtsdestotrotz mußte Watson schnell Arbeit finden. Seine Pleite auf dem Fleischsektor war lehrreich gewesen und zahlte sich trotz der finanziellen Verluste insofern aus, als sie Watson klarmachte, wo seine wahre Stärke lag. Sein Metier war ohne Zweifel der Verkauf.

Jeder Mißerfolg kann für Sie auch den Keim eines künftigen großen Erfolges in sich tragen, da er Ihnen im allgemeinen dabei helfen kann, sich über Ihre Wünsche und Neigungen Klarheit zu verschaffen. Ein klar definiertes Ziel ist die Voraussetzung für jeden Erfolg. Wenn nun ein Mißerfolg oder eine Reihe von Mißerfolgen dazu beiträgt, Ihre Ziele neu zu definieren, dann hat er demgemäß auch einen positiven Aspekt. Vergessen Sie das nie.

Was Watson anbetraf, so hatte er seine Lehren aus seiner »unglücklichen« Erfahrung gezogen. Er würde sich mit Leib und Seele auf den Verkauf stürzen. Sein Selbstvertrauen hatte keinen Schaden genommen. **Lassen auch Sie sich nicht von anfänglichen »Irrungen und Wirrungen« verunsichern. Solche Erfahrungen können für Sie von ungeheurem Nutzen sein!**

Bei der Auflösung seines Fleischgeschäftes hatte Watson alles verkauft, mit Ausnahme der Registrierkasse, die er nicht bar bezahlt hatte. Als er sie zur N.C.R. (National Cash Register) zurückbrachte, nutzte er die Gelegenheit, um seine Dienste als Vertreter anzubieten. John Range, der Gebietsleiter, war jedoch von dem jungen Mann nicht so sehr beeindruckt und lehnte eine

Anstellung ab. Aber Watson wollte unbedingt für diese Firma arbeiten. Er ließ nicht locker. Immer wieder sprach er im Büro von Range vor, bis dieser eines Tages ob Watsons zweifellos beeindruckender Hartnäckigkeit beschloß, ihn auf Probe einzustellen.

Watson hatte bei seiner Arbeitssuche in der Tat ein für den Verkauf wesentliches Prinzip angewandt, das oft unterschätzt wird: Ein Nein sollte nie als endgültige Antwort hingenommen werden. Wenn er es geschafft hatte, einen derart brillanten und bestimmten Mann wie Range umzustimmen, dann würde es ihm auch bei den Tausenden von künftigen Kunden gelingen, und zwar spielend. Denken Sie darüber nach! Jeder Mensch, auch der augenscheinlich standhafteste und unbeugsamste, ist bis zu einem gewissen Grad beeinflußbar, und aus einer kategorischen Ablehnung an dem einen Tag kann am nächsten Tag eine begeisterte Zustimmung werden.

Doch trotz dieses ersten Teilerfolges war die Partie noch lange nicht gewonnen. Und tatsächlich machte Watson trotz seiner Erfahrung keine sehr gute Figur und kehrte nach 10 Tagen verbissener Anstrengungen mit leeren Händen zurück. Range beschloß, ihn einige Tage mitzunehmen, um ihm praktische Tips zu geben.

»Ich weiß nicht, was ich den Kunden sagen soll, die kategorisch den Kauf einer Registrierkasse ablehnen, ich bin dann völlig machtlos«, vertraute Watson Range unterwegs an.

»Paß genau auf, wie ich mich verhalten werde«, antwortete Range. »Es genügt schon ein Lächeln, man muß das Vertrauen des Kunden gewinnen und sagen: Natürlich weiß ich, daß Sie nichts kaufen, und genau deshalb bin ich ja hier. Wenn ich sicher gewesen wäre, Ihnen eine Registrierkasse zu verkaufen, dann wäre ich mit einer Kasse unter dem Arm hier erschienen. Wenn ich hier bin, dann nur deshalb, um zu erfahren, warum Sie keine Registrierkasse kaufen wollen.«

Sehr viel später gestand Watson: »Es war John Range, der mir die Bedeutung des Wörtchens *warum* deutlich machte.«

Derart geschult, entwickelte sich Watson sehr bald zu einem Vertreter, der seinesgleichen suchte. Einige Jahre später vertraute er einem Journalisten an, daß die Ratschläge von Range die wichtigsten in seinem Leben waren. Auf eine Kurzform gebracht, beinhalteten sie folgendes: »**Strengen Sie sich von Tag zu Tag mehr an. Jeder Tag ist ein neuer Anfang, der ein hohes Maß an Befriedigung und viel Geld verspricht.**« Bereits drei Jahre nach seinem neuen Start als Vertreter der N.C.R. schlug Thomas Watson mit seinen Vertragsabschlüssen alle Rekorde. In einer einzigen Woche verdiente er allein an Provisionsgeldern 1225 Dollar, eine ungeheure Summe, wenn man bedenkt, daß er für jede verkaufte Registrierkasse nur 15 Prozent Provision bekam. Im Vergleich zu den anderen Spitzenvertretern der Gesellschaft, die immerhin zwischen 100 und 200 Dollar wöchentlich verdienten (was seinerzeit schon enorm gut war), war Watson der reinste Wunderknabe.

Mit diesem Nimbus ausgestattet, war er nun auch bereit, sich neuen Herausforderungen zu stellen: 1899 wurde er zum Gebietsleiter der Grafschaft Rochester befördert. Er übernahm damit sozusagen das Armenhaus der N.C.R., da die Verkaufsbilanz in diesem Gebiet sehr kläglich war. Doch mit Watsons Erscheinen kletterten die Umsätze schnell in die Höhe. Angesichts des Schwungs und der Begeisterung, mit der der junge Mann seine neuen Aufgaben meisterte, ernannte ihn der damalige Chef des Unternehmens, Patterson, dann auch bald zum Generaldirektor der Abteilung »Gelegenheitskäufe«. Drei Jahre später war Watson Generalverkaufsdirektor. Nie zuvor war jemand so schnell die Stufen der Verwaltungshierarchie hinaufgeklettert; und schon wurde der Name Thomas Watson in bestimmten Geschäftskreisen als der eines vielversprechenden Aufsteigers gehandelt.

Dank seiner Einsatzfreudigkeit und seiner Arbeit hatte Watson sich mit 36 Jahren eine beneidenswerte Stellung bei der N.C.R. erobert. Doch die folgende Zeit sollte qualvoll für ihn werden. Zu dieser Zeit strengte nämlich die American Cash Register (ACA) eine Klage gegen die N.C.R. wegen Verstoßes gegen das Antitrustgesetz an. Die Sache kam vor Gericht und endete mit einem Schuldspruch für die N.C.R. Watson und Patterson wurden zu einer Geldstrafe von 5000 Dollar und einem Jahr Gefängnis verurteilt. Glücklicherweise wurde das Urteil in der Berufung revidiert. Watson war zwar gerettet, dafür aber bei Patterson in Ungnade gefallen. Während des Prozesses hatten sich die beiden Männer überworfen. Der Riß ließ sich nicht mehr kitten. Im April 1914 wurde Watson – ähnlich wie einige Jahre später Iacocca bei Ford – an die Luft gesetzt. Doch selbst wenn Watson sich bei dem Prozeß nicht mit Patterson zerstritten hätte, hätte er wahrscheinlich über kurz oder lang den Hut nehmen müssen, denn Patterson, der ähnlich wie Henry Ford II bei Iacocca Watson den Erfolg neidete, konnte nicht zulassen, daß einer seiner leitenden Angestellten ihn in den Schatten stellte und ihm, der von mehreren Leuten trotz seiner unleugbaren Fähigkeiten für einen Despoten gehalten wurde, den Rang ablief.

Als Watson die N.C.R. verließ, vertraute er einem Freund an: »Ich gehe zwar, aber nur um ein Unternehmen aufzuziehen, das noch größer sein wird als das von J. H. Patterson.« Wieder einmal ein schönes Beispiel für das, was man kreative Frustration nennt. An diesem Wendepunkt von Watsons Karriere kam auch das *spin-off*-Prinzip zum Tragen.

Die Zukunft sollte Watson recht geben. Von diesem Tag an sollte er am Aufbau einer der bedeutendsten Firmen der Weltgeschichte, der International Business Machines, landläufig IBM genannt, mitarbeiten.

Watson war zunächst arbeitslos, oder besser gesagt, er legte eine Denkpause ein. Man wußte in den Geschäftskreisen, wieviel dieser Mann wert war. Watson erhielt mehrere Angebote aus der Automobilindustrie, der Schiffsindustrie und dem Einzelhandel. Doch er lehnte alles ab, bis er 1914 von der Computing Tabulating Recording (C.T.R.) die Stelle eines Generaldirektors angeboten bekam. Bei allen anderen Stellen hätte er im Schatten eines Vorgesetzten arbeiten müssen und wäre nichts weiter als ein ausführendes Organ gewesen. Dazu war Watson zu ehrgeizig. Eine solche Stelle hätte ihn zweifellos daran gehindert, seine eigenen persönlichen Ziele durchzusetzen. Watson hatte ein zu hohes Selbstwertgefühl. Außerdem hatte er noch eine Rechnung offen. Er hatte nicht sein Versprechen vergessen, sich an Patterson zu rächen. Dazu brauchte er eine Konkurrenzfirma als Aktionsfeld. Die Stelle bei der C.T.R. drängte sich ihm also förmlich auf. Außerdem war es ein Gebiet, auf dem er große Erfahrung mitbrachte. Es wäre für ihn undenkbar gewesen, noch einmal bei Null anzufangen. Sein Kapital war seine Erfahrung.

Im übrigen konnte Thomas Watson bei der C.T.R. zu

seinen Bedingungen anfangen: Er forderte ein angemessenes Gehalt mit einer Gewinnbeteiligung am Ende des Jahres plus einer Kaufoption auf die Aktien der Gesellschaft und wurde schließlich mit einem Jahresgehalt von 25 000 Dollar eingestellt. Die C.T.R. war ein Konglomerat aus ziemlich verschiedenartigen Firmen, und zwar gehörten dazu die International Time Recording, ein Manufakturbetrieb, dann die Computing Scale, die sich auf die Fertigung von Messern und Handelswaagen spezialisiert hatte, und schließlich die Tabulating Machine, die mit der Herstellung von Tabelliermaschinen befaßt war. In Wirklichkeit war die C.T.R. für den Firmenchef Charles Flint und seine Partner viel eher eine Art Abschreibungsfirma, um die Gewinne ihrer anderen Betriebe zu kaschieren, als ein Unternehmen, das wirklich produktiv arbeiten sollte. Bei dieser Einstellung waren die Zukunftsaussichten der Gesellschaft nicht gerade rosig. Thomas Watson war von Anfang an gegen dieses Konzept. Er wollte aus diesem Unternehmen einen Giganten machen.

Schon gleich zu Beginn seiner Tätigkeit bei der C.T.R. galt sein Hauptaugenmerk der Entwicklung der Tabulating Machine, was zweifellos mit seiner früheren Tätigkeit zusammenhing. Er war davon überzeugt, daß der Schreibmaschinen- und Rechenmaschinenmarkt Zukunft hatte. Wenn Patterson so großen Erfolg bei der N.C.R. hatte, warum sollte er es ihm dann nicht gleichtun? Außerdem war da immer noch die alte Rechnung offen, die zu begleichen er sich bei seinem Rausschmiß geschworen hatte.

Watson ging zunächst einmal daran, die Struktur der Tabulating Machine zu verändern und stellte ein Team von Spitzenvertretern auf die Beine, das der N.C.R.-Crew in keiner Weise nachstand. Er erinnerte sich nämlich daran, daß die Stärke der N.C.R. ihre Vertreter waren, die durch Pattersons Schule gegangen waren. Hier, das fühlte er, mußte er zuerst ansetzen. Denn bei gleicher Qualität und vergleichbarem Preis verkaufte sich immer das Produkt am besten, das am besten feilgeboten wurde, eine Binsenweisheit, die man jedoch allzuoft außer acht ließ. Darüber hinaus richtete Watson ein Forschungslabor ein mit dem Ziel, seine Produkte zu verbessern und neue Geräte zu entwickeln. Diese Idee sollte sich mehr als auszahlen, denn sie ermöglichte es der Gesellschaft, einen beachtlichen Vorsprung gegenüber ihren Konkurrenten herauszuholen.

Die Aktivitäten Watsons blieben nicht unbemerkt. Flint war von der Entschlossenheit und Kühnheit Watsons so beeindruckt, daß er ihn schon ein Jahr nach dessen Anstellung zum Präsidenten des Unternehmens beförderte. Viele Jahre später äußerte Flint Journalisten gegenüber, daß Watson einer der kreativsten Menschen gewesen sei, denen er jemals begegnet sei, einer der ganz Großen unter den Verwaltungsbossen der amerikanischen Wirtschaft.

Watson hatte damals ganz klare und präzise Zielvorstellungen. Er wollte ein der N.C.R. vergleichbares Unternehmen aufbauen und diesem Vorbild dann durch ein qualitativ besseres Angebot und vor allem durch bessere Verkaufsmethoden den Rang ablaufen.

Watson war ein Verwaltungsgenie und als solches vor allem für sein außerordentliches Geschick, Menschen zu motivieren, bekannt. Aufbauend auf seinen ersten persönlichen Erfahrungen als Handelsreisender entwikkelte er bei der C.T.R. eine wahre Verkaufsphilosophie. Er rief beinahe jede Woche seine Verkäufer zusammen und brachte ihnen in Vorträgen die Prinzipien nahe, von denen er sich sein Leben lang hatte leiten lassen.

Watson hatte ein Faible für Slogans, und er versäumte es nicht, sie immer wieder in seine Schulungsvorträge einfließen zu lassen. Hier ein paar Kostproben, die vielleicht banal erscheinen mögen, Watson aber hat sie beherzigt und avancierte so zu einem der größten Administratoren seiner Zeit. »Sich hohe Ziele stecken!« – »Verlorene Zeit läßt sich nicht aufholen!« – »Es ist sinnlos zu predigen, wenn niemand zuhört!« – »Trägheit gibt es nicht!« – »Man darf sich auf seinen Lorbeeren niemals ausruhen!« – »Fehlentscheidungen sind verzeihlich!« – »Wir verkaufen in erster Linie Dienstleistungen!« . . .

Einer von Watsons Lieblingssprüchen lautete: **»Lesen, hören, diskutieren, beobachten, nachdenken«.** Der Akzent liegt in dieser Maxime zwar auf dem Nachdenken, doch Watson beeilte sich auch hinzuzufügen, daß alles Nachdenken sinnlos sei, wenn keine Taten folgten. Was letzten Endes jedoch entscheidend für seinen spektakulären Erfolg war, war wohl die Bedeutung, die er dem einzelnen innerhalb des IBM-Unternehmens zumaß, eine Einstellung, die im übrigen auch Honda und Walt Disney zu eigen war. Sie stellten den Menschen in den Mittelpunkt, und der Erfolg gab ihnen recht. In einem seiner bedeutendsten Vorträge, der übrigens auch in die Firmengeschichte einging und der mit dem bezeichnenden Titel *Man Proposition* überschriftet war, erklärte Thomas Watson, auf welche Eckpfeiler sich das IBM-Gebäude stützt: »Wir haben unterschiedliche Vorstellungen und unterschiedliche Aufgaben, doch wenn man ein bißchen in die Tiefe geht, dann erkennt man, daß das Fundament, das unsere Organisation trägt, einzig und allein der einzelne Mensch ist.«

Diese Vorstellung, die allzuoft außer acht gelassen wird, schließt im übrigen nahtlos an Gettys lapidare Beschreibung des Handelsgewerbes an, die da lautet: »**Geschäfte machen heißt nichts anderes als menschliche Aktivitäten steuern.**« Um das Thema Slogans abzuschließen, sei noch auf das berühmte Schild THINK! (Denk nach!) hingewiesen, das überall in der Firma an den Wänden hing und mit zu den populärsten IBM-Slogans gehörte. (Diesen Slogan hatte Watson von seinem Mentor Patterson übernommen.)

In seiner N.C.R.-Zeit hatte Watson unter Patterson alle Finessen der Verkaufskunst kennengelernt. Er hatte unter anderem auch gelernt, wie wichtig es ist, stets die passende Antwort parat zu haben, wenn es beispielsweise darum ging, geschickt die landläufigsten Einwände abzuwehren wie »Ich habe kein Geld« oder »Ich habe keinen Bedarf« oder »Ich komme mit meinem jetzigen System gut klar«. Der kniffligste Augenblick bei einer Transaktion ist zweifellos, »den Verkauf perfekt zu machen«, wie es im Jargon heißt, das heißt, den Kunden dazu zu bringen, den Vertrag zu unterzeichnen. Anstatt nun brutal auf die Vertragsunterzeichnung zu drängen – ein meist sinnloses Unterfangen, weil der Kunde Angst bekommt und dann kneift –, verlegte Watson sich schlauerweise darauf, nach der gewünschten Farbe der Maschine oder dem bevorzugten Liefertermin zu fragen, ganz so, als sei der Vertragsabschluß bereits unter Dach und Fach und die Unterzeichnung nur noch eine Formsache. Watson setzte alles daran, um die IBM-Vertreter mit solchen Techniken vertraut zu machen. Der Erfolg war sensationell.

Ende des 1. Weltkriegs hatte die Tabulating Machine an die 2500 Hollerith-Maschinen an mehr als 650 Kunden quer durch die USA vermietet und dazu 960 Millionen

Lochkarten verkauft. Die Hollerith-Maschine, die ihren Namen nach ihrem Erfinder trägt, war Ende des 19. Jahrhunderts entwickelt worden und war so etwas wie der Vorläufer der modernen Datenverarbeitungsanlage. Mit einem ersten Gerät wurden die Karten gelocht, während ein zweites Gerät die gelochten Daten abtastete, die Karten entsprechend sortierte und die notwendigen Arbeitsabläufe veranlaßte.

Watson war von der Zukunft dieser Maschinen fest überzeugt, da sie eine enorme Zeitersparnis ermöglichten, wenn es beispielsweise um Bestandsaufnahmen oder um diverse Datenkompilationen ging. Deshalb forcierte die Gesellschaft auch im Jahre 1919 die Entwicklung neuer Technologien in dem von Watson eingerichteten betriebseigenen Forschungslabor. Man entwickelte einen Drucker für die Hollerithmaschine, der die von der Maschine gelieferten Daten ausdrucken konnte. Man kam der späteren DVA immer näher.

1924 wurde Watson im Alter von 50 Jahren zum Präsidenten, Aufsichtsratsvorsitzenden und geschäftsführenden Direktor der C.T.R. gewählt. Er war damit der absolute Chef des Unternehmens. Um deutlich zu machen, in welche Richtung er das Unternehmen zu führen gedachte, wandelte er den Namen der C.T.R. noch im selben Jahr in International Business Machines, kurz IBM genannt, um. Schrittweise baute er den Schreibmaschinen- und Rechenmaschinensektor ab, um sich voll auf die neu aufkommende Technologie der Datenverarbeitungsanlagen zu konzentrieren, deren zunehmende Verbreitung das Gesicht der westlichen Gesellschaft verändern und zu der sogenannten elektronischen Revolution führen sollte.

Dank der wissenschaftlichen Verkaufsmethoden, die

kaum Raum für irgendwelche Improvisationen ließen, auch wenn jeder einzelne dazu aufgerufen war, seine Persönlichkeit einzubringen, nahm IBM unter Watson einen kolossalen Aufschwung. 1949 verzeichnete die Gesellschaft einen Umsatz von 33 Millionen Dollar und beschäftigte 12 000 Leute. Als Watson 1956, einen Monat vor seinem Tode, die Firmenleitung seinem Sohn Thomas Watson junior übertrug, besaß IBM 888 Niederlassungen und 6 Werke in den USA. Dazu kamen noch 227 Niederlassungen und 17 (allerdings etwas kleinere) Werke der IBM World Trade in 80 verschiedenen Ländern der Welt. 1975 avancierte IBM zum zweitgrößten Unternehmen der USA direkt hinter Exxon. 1980 beschäftigte die Firma 340 000 Leute und verzeichnete Bruttoeinkünfte von 24 Milliarden Dollar.

Da Watson ein beachtliches Paket von IBM-Aktien besaß, profitierte er selbstverständlich auch persönlich von dem immensen Aufschwung der Gesellschaft. Tatsächlich brachte er es schnell zum Milliardär. Sein Geheimnis lag im wesentlichen – wie wir gesehen haben – in seinem außerordentlichen Geschick, die Leute zu motivieren. Seine Art, in seinen Angestellten den einzelnen Menschen zu sehen, spielte ebenfalls eine entscheidende Rolle und war für die damalige Zeit mehr oder weniger ein Novum. Watson war tatsächlich einer der ersten, der neben großzügigen Gehältern auch soziale Leistungen zu bieten hatte, wie beispielsweise die Krankenversicherung, die sechs Monate lang das volle Gehalt weiterzahlte, eine Maßnahme, die seinerzeit in den Geschäftskreisen kaum üblich war.

Watsons Karriere ist beispielhaft. Vom kleinen Handelsreisenden für Nähmaschinen und Klaviere stieg er zum Chef eines der größten Multis der Welt auf. Die

Schule öffnet alle Wege – sagt man –, vorausgesetzt, man verläßt sie. Die Lebensgeschichte Watsons beweist, daß der Verkauf auch alle Wege öffnet, vorausgesetzt, man bleibt am Ball!

★★

Watsons Lebensgeschichte veranschaulicht in großartiger Weise die magische Kraft der Ausdauer und Beharrlichkeit. Diese Tugend spielte auch bei der Karriere Ray Krocs eine entscheidende Rolle. So schloß er denn auch seine Autobiographie, die er im Alter von 75 Jahren schrieb, mit dem Rat ab: »Halten Sie durch! Nichts auf der Welt kann das Durchhaltevermögen und die Ausdauer ersetzen. Talent allein macht es nicht. Es gibt mehr als genug talentierte Versager. Auch Genialität allein macht es nicht; man denke nur an das schon fast sprichwörtliche verkannte Genie. Und die Bildung macht es auch nicht; die Welt ist voll von hochgebildeten Wracks. Durchhaltevermögen und Entschlossenheit sind die einzigen Tugenden, die alles vermögen.«

DIE ZEIT IST EINE WUNDERBARE KRAFT. ES GIBT IMMER EINEN NEUEN TAG.

Jeder Schritt bringt Sie dem Sieg näher. Jeder Rückschlag birgt in sich den Ansatz für eine neue Chance, für einen oftmals unerwartet großen Erfolg.

Die »extra mile« – das Übersoll

Den Begriff *extra mile* haben wir bereits früher schon einmal angesprochen. Wörtlich übersetzt bedeutet er »Zusatzmeile«. Wir haben zu erklären versucht, daß eine ganze Reihe von Leuten – um nicht zu sagen die überwiegende Mehrheit – scheitert, weil sie zu früh aufgibt. In zahlreichen Fällen stellte sich der Erfolg, wie wir gesehen haben, überraschenderweise auf dieser *extra mile* ein.

Aber die *extra mile* hat noch eine andere gewissermaßen subtilere Bedeutung, die im allgemeinen kaum beachtet wird, die aber mitentscheidend für den Erfolg ist: Um beruflich voranzukommen – ganz gleich, ob man irgendwo angestellt ist oder auf eigene Rechnung arbeitet – ist es wichtig, sich stets über den Rahmen der Bezahlung hinaus anzustrengen, das heißt, mehr als sein Soll zu bringen. Denn wenn ein Angestellter nicht mehr tut als das, wofür er bezahlt wird, verdient er ganz einfach auch keine Gehaltserhöhung.

Dies ist in der Tat eine ganz einfache Rechnung, und es ist verwunderlich, daß sie von den meisten Leuten mißachtet wird. Leistung gleich Gegenleistung. **Man bekommt das zurück, was man gibt.**

Wer wenig gibt, bekommt auch wenig. Das gilt bei der Arbeit genauso wie anderswo. Die hier behandelten reichen Männer haben entgegen der vorgefaßten Meinung mancher Leute, die deren Ansehen schmälern wollen, allesamt viel gegeben. Sie haben voll und ganz sich selbst gegeben, sich mit Leib und Seele ihrem Unternehmen verschrieben.

Die *extra-mile*-Regel unterstreicht im übrigen nur die wahre Bedeutung des Reichtums, auf die wir bereits früher hingewiesen haben, nämlich die allgemeine Anerkennung der Leistung eines einzelnen, insofern, als er mit einer Dienstleistung oder einem Produkt zum Gemeinwohl beigetragen hat.

Wer sich über sein Soll hinaus einsetzt, wird früher oder

später in jedem Fall belohnt werden. Diese Belohnung kann manchmal übrigens ganz unerwartete und überraschende Formen annehmen. In den meisten Fällen wird es sich natürlich um eine Gehaltserhöhung oder eine Beförderung handeln. Doch es kann auch vorkommen, daß man den gerechten Lohn für seine zusätzlichen Anstrengungen nicht von seinem unmittelbaren Arbeitgeber empfängt, sondern von irgendeiner außenstehenden Person. Es gibt auf jeden Fall eine ausgleichende Gerechtigkeit. In den meisten Fällen wird jemand, dessen Leistung nicht entsprechend gewürdigt wird, von einem anderen Arbeitgeber mit besseren Konditionen umworben werden. Das »Übersoll« wird also belohnt, wenn auch auf indirektem Wege. Eine Fülle von Beispielen für diese Gesetzmäßigkeit liefert auch das Leben unserer zehn Reichen, und zwar vor allem zu Anfang ihrer Karriere, wo ihre Anstrengungen von ihren ersten Arbeitgebern oft unterbewertet wurden. Es kommt oft vor, daß ein Angestellter, der sich übergangen fühlt, weil sein Chef seine Anstrengungen nicht entsprechend würdigt und honoriert, es vorzieht, sich auf dem entsprechenden Gebiet selbständig zu machen, anstatt sich weiteren unnötigen Demütigungen auszusetzen. Doch **Einsatz zahlt sich immer aus.** Denn dieser Mann wird nun die Früchte seiner früheren Bemühungen in seinem eigenen Geschäft ernten. Außerdem hat ihm die Verdoppelung seiner Anstrengungen indirekt einen unschätzbaren Gewinn gebracht: Er beherrscht die Materie und hat damit die Voraussetzung geschaffen, es eines Tages mit Sicherheit zu Wohlstand zu bringen.

Diese *extra-mile*-Regel ist sozusagen auf finanzieller Ebene das Pendant zu Lavoisiers Erhaltungssatz: »Nichts geht verloren. Nichts wird erzeugt. Alles wird umgewandelt.« Denken Sie stets daran, und scheuen Sie keine Anstrengungen. Sie sind niemals sinnlos. Selbst wenn sie nicht sofort belohnt werden, so sind sie doch so gut wie angespartes Geld. Und dieses Geld arbeitet für Sie mit einem weitaus höheren Zinssatz, als Sie gemeinhin annehmen.

IHR ARBEITSEINSATZ IST EINE KAPITALANLAGE

Das alles soll aber nicht heißen, daß Sie sich nun unbedingt ein Bein ausreißen und bis zum Umfallen arbeiten müssen, um zu Wohlstand zu gelangen. Die Amerikaner, die erfolgreich waren, bedienen sich gern der Formel: *»Don't work hard, work smart!«* Arbeite nicht hart, arbeite mit Köpfchen! Es ist sicher richtig, daß manche Anstrengungen ein Schlag ins Wasser sind, doch lehrreich sind sie allemal. Es geht also darum, den spezifischen Anforderungen entsprechend möglichst viel daraus zu lernen, um seinen Arbeitsaufwand zu beschränken und um vor allem seine Arbeitskraft zielgerecht einsetzen zu können. In diesem Sinne ist **Sachverstand umgewandelte Arbeit.** Diese Aussage deckt sich im übrigen auch mit der Maxime: Wissen ist Macht. Je mehr »umgewandelte Arbeit«, also je mehr Erfahrung Sie auf Ihrem Konto ansammeln, desto härter arbeiten Sie eigentlich, während man glauben wird, daß Sie nichts weiter tun als nachdenken. Und das ist genau das, was Sie mehr und mehr tun werden. Je mehr Sie Ihren Sachverstand schärfen, je profunder Ihr Wissen, desto fruchtbarer wird Ihre Arbeit sein und desto lohnender. Wenn Sie indessen schnell sehr reich werden wollen, dann beschränken Sie sich nicht darauf, nur mit Verstand zu arbeiten. Arbeiten Sie hart **und** mit Verstand. Das bringt Sie schneller und weiter voran. Großer Wohlstand ist immer das Ergebnis von hartem Einsatz und intelligenter Arbeit. Wenn Sie allerdings nur danach trachten, ein angenehmeres Leben zu führen, Ihre Einkünfte zu verdoppeln, und keinerlei Ambitionen hegen, es zum Milliardär zu bringen – ein durchaus legitimes Anliegen –, dann bemühen Sie sich, nachzudenken und so überlegt wie möglich zu handeln. Die Mühe lohnt sich, vergessen Sie das nicht. Doch **meist muß man erst einmal arbeiten, und zwar hart arbeiten, um zu lernen, wie man rentabel arbeitet!**

KAPITEL 7

Die Psychologie des Erfolgs

Erfolg ist keine Sache des Alleingangs

Der Mensch ist eine Insel, hat irgendein Dichter einmal gesagt. Das mag zwar metaphysisch gesehen richtig sein, doch auf dem Weg zum Erfolg erreicht niemand den Gipfel ohne die Hilfe der anderen. Niemand kann reich werden ohne sein Umfeld. **Mit anderen Worten, Erfolg ist keine Sache des Alleingangs.** Leider vergessen das viele Leute immer wieder. Sie versäumen es, ihre beruflichen Beziehungen zu pflegen, isolieren sich und nehmen sich zuwenig Zeit, um mit den Leuten, die wie sie nach Wohlstand streben, freundschaftliche Beziehungen zu unterhalten. Alle Männer, die wir in diesem Buch behandelt haben, haben ausnahmslos bestätigt, wie wichtig ihre Mitarbeiter für sie auf ihrem Weg zum Erfolg waren. Denken Sie nur an Soïchiro Honda, der nach eigenem Bekunden auf der Strecke geblieben wäre, wenn er nicht einen genialen Geschäftsführer gefunden hätte. Oder an Onassis, dem ebenfalls die meiste Zeit ein höchst talentierter Geschäftsführer zur Seite stand.

»Die Fähigkeit, mit Leuten umzugehen, ist eine Ware, die man wie Zucker oder Kaffee kauft, und für diese Fähigkeit zahle ich mehr als für jede andere Fähigkeit auf der Welt«, sagte Rockefeller, der die Kunst beherrschte, sich mit den richtigen Leuten zu umgeben. Denken Sie einmal in Ruhe über den letzten Teil seines Zitats nach: » . . . ich zahle für diese Fähigkeit mehr als für jede andere Fähigkeit auf der Welt.« Und in der Tat, je weiter Sie auf der Erfolgsleiter emporklettern, desto mehr wird Ihnen bewußt werden, was wirklich zählt: nicht so sehr das Kapital oder die Ideen oder Ihre Begeisterung, sondern vielmehr die Menschen, die Beziehungen. Oder, um es nuancierter auszudrücken, Geld kann nützlich sein, ist aber nicht unbedingt erforderlich,

Ideen und Begeisterungsfähigkeit sind notwendig, doch **sie sind zuwenig, wenn man nicht auf seine Mitmenschen setzen kann.**

Lernen Sie es, Ihre Mitmenschen einzubeziehen. Wer sich mit niemandem versteht und davon überzeugt ist, daß es immer die anderen sind, die unrecht haben, ähnlich wie jener Soldat, der in einer Marschkompanie davon überzeugt ist, daß er alleine den Schritt hält, wer es also mit den anderen nicht kann, wird auch keinen Erfolg haben. Eines ist sicher, er wird niemals ganz oben stehen, weil er vergißt, daß die Leute bei gleicher Erfahrung und gleicher Kompetenz immer lieber mit freundlichen Leuten zusammenarbeiten. Das scheint zwar eine Binsenwahrheit zu sein, und doch wird sozusagen tagtäglich gegen diesen Grundsatz verstoßen. Man vergißt dabei ganz einfach, daß die eigene kleine Person nicht der Nabel der Welt ist und daß die eigenen Bedürfnisse und Prioritäten nicht allein ausschlaggebend sind. Wer das begreift und sich von seiner eigenen Person, sprich seinem Ego, nicht blenden läßt, kann es sehr schnell zu sehr viel bringen. Er kann auf seine Mitmenschen erheblichen Einfluß nehmen und wird von ihnen mehr oder weniger auch das bekommen, was er will.

Dieses psychologische Moment ist im allgemeinen für den Erfolg von größerer Bedeutung als die Intelligenz oder der pure Sachverstand. Auch Iacocca bestätigt das an einer Stelle in seiner Autobiographie: »... nehmen Sie meine eigene Karriere. Ich kenne viele Leute, die klüger sind als ich und die viel mehr über Autos wissen. Trotzdem bin ich an allen vorbeigezogen. Warum? Weil ich brutal bin? Nein. Man setzt sich nicht lange durch, indem man die Leute zur Schnecke macht. Man muß mit den Leuten reden können, ganz einfach. Es gibt einen Satz, den ich in der Bewertung einer Führungskraft, so talentiert sie auch sein mag, nicht lesen möchte. Das ist der Satz: ›Er hat Schwierigkeiten im Umgang mit anderen Menschen.‹ Für mich ist der Mann damit erledigt. ›Damit haben sie dem Mann den Garaus gemacht‹, denke ich, wenn ich das lese. Kommt mit anderen Menschen nicht klar? Dann sitzt er wirklich in der Tinte, denn was anderes haben wir nicht. Keine Hunde, keine Affen – nur Menschen. Und wenn er mit seinen Kollegen nicht klarkommt, was hat die Firma dann von ihm? Als Führungskraft besteht seine ganze Aufgabe darin, andere Leute zu motivieren. Wenn er das nicht kann, ist er an der falschen Stelle.«

Diese Worte hätte auch einer der größten amerikanischen Geschäftsleute sagen können, der sein ganzes Leben lang ein außerordentliches psychologisches Gespür bewiesen hat, der den menschlichen Faktor nie außer acht ließ und den Begriff des Dienstes an anderen hochhielt: Wir sprechen von Conrad Hilton.

Conrad Nicholson Hilton oder Der größte Hotelier der Welt

»Ich glaube an Gott, und ich glaube, daß man durch das Gebet die Liebe Gottes erringen kann.«

»Ich glaube an mein Land. Ich glaube, daß es eine große und vornehme Zukunft hat.«

»Ich glaube an die Wahrheit. Ich glaube, daß ein Mensch, der vorsätzlich die Unwahrheit sagt, ein Mensch ist, der sich vorsätzlich schadet. Aber vor allem glaube ich an den Mut und an die Begeisterung, denn ohne sie blockiert der Mensch seine stärksten Wünsche.«

Das ist in drei Sätzen die Lebensphilosophie eines Mannes, der das Hotelgewerbe von Grund auf revolutionieren und dessen unbestrittener König werden sollte.

In dem Vorwort zu seiner von seinem Freund Whitney Bolton verfaßten Biographie erklärt Conrad Hilton: »Es ist für einen Menschen unmöglich zu leben, ohne eine Vorstellung davon zu haben, welche Richtung sein Leben nehmen wird. Solange ich denken kann, (...) glühte in mir immer jener Funke von Begeisterung, der mich vorantrieb. Diese Begeisterung als treibende Kraft und das Gebet als Schutzschild haben mein Leben geprägt, so daß ich sagen kann, ich habe das, was ich aus meinem Leben gemacht habe, gern getan. Mit solchen Trümpfen in der Hand kann man gar nicht anders, als ein aktives, erfülltes und vor allem glückliches Leben zu führen. Wer von einem gesunden Ehrgeiz angestachelt wird, sich vom Glauben leiten läßt und sich einer guten Gesundheit erfreut, die ihm erlaubt, sein Potential auszuschöpfen, muß zwangsläufig in der einen oder anderen Form erfolgreich sein.«

Und das war Hilton – wie man zugeben muß – schon in jungen Jahren. Doch seinen Aufstieg verdankte er weniger seiner Fähigkeit, die Tagesgeschäfte eines großen Hotels zu führen, als vielmehr seiner Begabung als Finanzmann. Er galt als Meister der Finanzkunst und bewies zugleich bei all seinen Transaktionen ein Verhandlungsgeschick ohnegleichen. Außerdem verfügte er – und zwar in sehr ausgeprägter Form – über jenen sechsten Sinn, der die großen Finanzleute dazu befähigt, immer den »richtigen Moment« abzupassen.

Er hatte auch ein Auge dafür, die Möglichkeiten irgendeiner Investition sofort richtig einzuschätzen. Bleibt noch hinzuzufügen, daß dieser einzigartige Mann dabei stets einem Grundprinzip verpflichtet war, das alle Finanzgrößen auf unserem Erdenrund auf ihre Fahnen geschrieben haben:

SCHLÜSSELPOSITIONEN MIT KOMPETENTEN UND ABSOLUT VERTRAUENSWÜRDIGEN MÄNNERN BESETZEN.

Diesem Mann, der bei seinem Tode – er verstarb im Januar 1979 im Alter von 91 Jahren – für 185 Hotels und Gaststätten in den USA und 75 weitere Betriebe in aller Welt verantwortlich war, wurde nachgesagt, er habe Hotels gekauft, wie andere Leute Orangen kaufen. Diesen Worten, die aus dem Munde des Direktors eines im übrigen nicht zur Hilton-Gruppe gehörigen New Yorker Hotels stammen sollen, hat Hilton sofort energisch widersprochen. Es stimmt sicher auch nicht. Bevor er ein Projekt in Angriff nahm, setzte er sich tagelang damit auseinander, beobachtete, wägte ab und durchdachte alle Möglichkeiten. Dies ging so weit, daß, wenn er nachts bei einem Spaziergang an einem Hotel vorbeikam und in die Empfangshalle schaute, das Hotelpersonal in der Halle teils überreizt reagierte oder aber vor Angst völlig gelähmt war.

ER STUDIERTE ALLES!

Wenn Hilton ein Hotel nicht kaufen konnte, dann – so erzählt man sich – mietete er es. Und wenn es nicht möglich war, es zu mieten, dann baute er eins. Wenn ein Kauf aber vielversprechend erschien, dann zögerte er keine Sekunde. Dieser hochgewachsene, ungewöhnlich vitale und vor Energie strotzende Mann hatte sich mit

Leib und Seele dem Hotelgewerbe verschrieben, dachte in Hotelkategorien und träumte – kaum zu glauben – bisweilen sogar des Nachts davon. Und darin lag das Geheimnis des phänomenalen Erfolgs von Conrad Hilton!

Der Mann mit dem Beinamen »der größte Hotelier der Welt« oder auch »der Gastronom Nr. 1« wurde am 1. Weihnachtsfeiertag des Jahres 1887 in San Antonio im Staate New Mexico geboren. Er war das zweite Kind (später waren es insgesamt acht Geschwister) und der erste Sohn im Hause Hilton.

Sein Vater, Augustus Holver Hilton, war 1854 in Oslo geboren und in den 60er Jahren in die USA gekommen. Eine Zeitlang wohnte er in Fort Dodge in Iowa, von wo auch seine deutschstämmige Frau, Mary Laufersweiler, stammte. Fasziniert von den immensen Möglichkeiten des Westens siedelte er sich später in New Mexico an, und zwar zunächst in Sorocco, um anschließend nach San Antonio umzuziehen, wo er beschloß, eine Gemischtwarenhandlung aufzumachen, weil er erkannte, daß bei den Kohlebergleuten und den Grenzgängern ein entsprechender Bedarf bestand.

Augustus Hilton feierte die Ankunft seines ersten Sohnes – er bekam deren drei – gebührend mit einem doppelten Schnaps (mit dem wohlklingenden Namen »Nelly's Death«) für jeden Kunden: einen Schluck auf Weihnachten und einen Schluck auf die Geburt von Conrad. Die Neuigkeit breitete sich wie ein Lauffeuer in den Straßen von San Antonio aus: Hilton gab einen aus!

Augustus Hilton war ein Mann von überschäumender Aktivität, ein Zug, der sich sehr bald schon auch bei seinem ältesten Sohn Conrad bemerkbar machen sollte.

Neben der Führung seines Geschäfts spielte er auch den Postmeister, mischte im Viehhandel mit, eröffnete eine Apotheke, leitete einen Pferdestall und machte, als das Automobil aufkam, eine Werkstatt mit einer Zapfsäule auf!

Conrad und seine Geschwister wuchsen wie die anderen Kinder dieser unzivilisierten Gegend auf. Sie lernten sehr schnell Spanisch, eine Sprache, die in dieser Region wegen New Mexicos unmittelbarer Nachbarschaft zu Mexiko häufig gesprochen wurde, zumal praktisch täglich zahlreiche Einwanderer auf der Suche nach einem besseren Schicksal über die Grenze kamen. Da der Vater viel zu beschäftigt war, um sich um die Erziehung seiner Kinderschar zu kümmern, fiel diese Aufgabe der Mutter zu. Von ihr bekam Conrad auch jenen Glauben an Gott mit, jenen Sinn für Redlichkeit und jene Wahrheitsliebe, die ihn sein ganzes Leben lang leiten sollten. In dem bereits erwähnten Vorwort zu seiner Biographie schreibt er im übrigen:

»Ich muß gestehen, daß ich die Gegenwart offener, ehrlicher Menschen ungeheuer genieße. Ich fühle eine instinktive Abneigung gegen jede Art von Unredlichkeit. Ich kann mir nicht vorstellen, daß ich mich auch nur einen Augenblick lang darüber freuen könnte, etwas, und sei es auch nur ein Dollar, durch Habsucht oder auf krummen Touren verdient zu haben.«

Wenn sich der junge Conrad auch von früh an mehr für religiöse Dinge als für die Belange des Geschäfts zu interessieren schien, begann seine Mutter sich doch langsam Sorgen zu machen. Der Unterricht in San Antonio entsprach nicht den hohen Ansprüchen dieser frommen Frau. Als Conrad neun Jahre alt war, sprach er zwar englisch und spanisch, doch sein sonstiger Bildungsstand ließ arg zu wünschen übrig. Sie bemühte sich nach Kräften, seine Erziehung voranzutreiben, doch da das Umfeld nur geringe Möglichkeiten bot, beschloß sie, den jungen Mann auf eine Militärschule nach Albuquerque zu schicken, was zur damaligen Zeit recht populär war.

Die Militärschule von New Mexico war in bezug auf die Ausbildung vielleicht nicht das Nonplusultra, doch Hilton hätte dort sicherlich seinen Schulabschluß gemacht, wenn die Schule nicht abgebrannt wäre.

Seine Mutter gab sich indessen nicht geschlagen und schickte ihren Sohn nach zwei Wochen reiflicher Überlegung auf die St. Michael-Schule in Santa Fe, eine Klosterschule, die ihr aus zweierlei Gründen zusagte: Erstens war es eine katholische Schule, und zweitens wurde Disziplin dort großgeschrieben.

Während der Ferien arbeitete Conrad im Geschäft des Vaters, der ihm fünf Dollar pro Monat zahlte, was damals eine ganz hübsche Summe war. Der Vater bedeutete ihm sogar, daß er bereit sei, das Gehalt zu verdoppeln, wenn er Interesse am Geschäft zeige. Diese Fünfdollarnote hat für Conrad Hilton stets einen besonderen Symbolwert behalten. Seine Freunde erzählten, daß er nicht selten – obwohl inzwischen Millionen von Dollars durch seine Hände gegangen waren – ganz versunken eine Fünfdollarnote betrachtet und die Leute ganz offen gefragt habe, was sie für eine solche Summe kaufen könnten. Der Umgang mit gigantischen Geldsummen hatte bei ihm nicht die Achtung vor dem Wert eines einfachen Fünfdollarscheins untergraben.

Als Conrad Hilton auf das Angebot seines Vaters einging, verpflichtete er sich ganz unbewußt einem Prinzip, das ebenfalls mit zu den Fundamenten jedes großen Vermögens zählt:

ER STÜRZTE SICH SOFORT UND MIT GROSSEM EIFER AUF DIE ARBEIT

Der Vater war von der neuen Leidenschaft, mit der sein ältester Sohn das Geschäft ankurbelte, begeistert. Dieser erfand nicht nur neue Methoden zur Steigerung des Gewinns, indem er beispielsweise sehr preiswertes Gemüse aus seinem eigenen Gemüsegarten zum Verkauf anbot, er legte auch ansonsten eine derartige Zielstrebigkeit an den Tag, daß seine Familie voll der Bewunderung war. In diesem Sommer schaffte Conrad Hilton es, weit über 50 Dollar zu verdienen, was zur damaligen Zeit eine Menge Geld war. Unter diesen Umständen war dem Vater natürlich sehr daran gelegen, daß sein Sohn möglichst schnell Ferien bekam. Er gestand im übrigen seiner Frau, daß Conrad in geschäftlichen Dingen sehr begabt sei und daß er möglicherweise auf diesem Gebiet eine beneidenswerte Zukunft vor sich habe. Damals wußte er noch nicht, wie recht er damit haben sollte!

Conrad Hilton studierte zu der Zeit in Roswell und verdiente in seinem dritten Sommer im elterlichen Geschäft bis zu 15 Dollar pro Monat. Damit war der Augenblick gekommen, wo er sich entschied, die Schule zu verlassen. Gus, wie man seinen Vater liebevoll nannte, begriff, mit welcher Leidenschaft sein ältester Sohn am Handel hing, und zögerte nicht, ihm mit 25 Dollar pro Monat auf die Sprünge zu helfen. Man schrieb damals das Jahr 1904, und die Geschäfte liefen für die Hiltons gut, um nicht zu sagen sehr gut. Gus hatte durch den Verkauf der Kohle, die er einige Jahre zuvor zu einem Spottpreis gekauft hatte, mit 135 000 Dollar ein wahres Vermögen angehäuft. Um dieses Ereignis gebührend zu feiern, reiste die ganze Familie nach Chicago. Für Conrad war diese Luxusreise eine wahre Offenbarung. Seine Schwäche für Erster-Klasse-Reisen, gute Hotels und schnelle Autos sollte er sein ganzes Leben lang beibehalten.

Das Glück sollte jedoch nur von kurzer Dauer sein, da seine Mutter schwerkrank wurde. Gus beschloß, sie nach Kalifornien zu schicken, wo sie sich in Long Beach einrichteten. Dann kam das Desaster! 1907 wurde das Land von einer Finanzkrise geschüttelt. Gus wachte eines Morgens ohne einen einzigen Cent auf. Sicher, das Geschäft war gut bestückt, weil er gerade preiswert eine beachtliche Warenmenge eingekauft hatte, doch die Preise fielen so in den Keller und Geld war so knapp, daß jeder Verkauf ein Verlustgeschäft war. Das war der totale Ruin!

WIE ALLE GROSSEN LEUTE, DENEN DAS GLÜCK GELACHT HAT, LIESS AUCH CONRAD HILTON SICH DURCH DIESEN RÜCKSCHLAG NICHT ENTMUTIGEN, SONDERN VERSTAND ES, EINEN MISSERFOLG IN EINEN ERFOLG UMZUMÜNZEN, SELBST WENN IHM DER ZUFALL DABEI ZU HILFE KAM.

Er dachte daran, in das Hotelgewerbe einzusteigen. Sein Vater hatte allen verkündet: »Wir sind völlig mittellos. Ich war schon einmal in dieser Situation, und deshalb erschreckt mich das Ganze auch keineswegs. Eure Mutter ist wieder gesund, und das ist das einzig Wichtige. Doch wir müssen von etwas leben. Noch sind die Regale voll, und wir haben noch eine gute Zeitlang etwas zu essen. Doch wir müssen wieder auf die Beine kommen. Hat jemand eine Idee?«

Und dann begann das große Abenteuer, als der junge Mann nämlich ganz ruhig erwiderte: »Warum nehmen wir nicht fünf oder sechs unserer zehn Zimmer und vermieten sie wie ein Hotel? Diese Stadt braucht ein Hotel. Vielleicht fehlen uns am Anfang die Gäste, doch die Neuigkeit wird sich schließlich herumsprechen, und dann läuft alles von allein. Die Mädchen und Mutter kümmern sich um die Küche, und ich kümmere mich um das Gepäck. Ich denke, mit zwei Dollar fünfzig könnten wir uns ganz gut aus der Affäre ziehen!«

Das große Problem war natürlich, Gäste zu finden. Für den jungen Mann begann eine harte arbeitsreiche Zeit. Seine Schwestern und seine Mutter kümmerten sich um das Hotel, während er zusammen mit seinem Vater weiter im Geschäft arbeitete. Nach dem Ladenschluß um 18 Uhr nahm er schnell eine kleine Mahlzeit zu sich und ging dann sofort schlafen, da er kurz nach Mitternacht schon wieder auf den Beinen sein mußte, um die Gäste, die um ein Uhr früh mit dem Zug ankamen, in Empfang zu nehmen. Er kümmerte sich um ihr Gepäck, wies ihnen ein Zimmer zu, überprüfte, ob sie alles hatten, was sie brauchten, Bettzeug, Seife, Handtücher usw., nahm ihre Wünsche für das Frühstück auf und notierte, wann sie geweckt werden wollten. Dann hinterlegte er seiner Mutter und seinen Schwestern die entsprechenden Notizen, wusch sich, und das gleiche Spiel begann von vorne mit dem 3-Uhr-Zug. Wenn der letzte Reisende versorgt war, konnte Conrad sich noch einmal kurz hinlegen, bis er um 7 Uhr schließlich aufstand, sich um die Gäste kümmerte und um 8 Uhr das Geschäft wieder aufmachte!

In nur sechs Wochen hatte sich die Neuigkeit in der ganzen Gegend herumgesprochen und war sogar bis in den Osten Chicagos vorgedrungen. »Wenn Sie Ihre

Geschäftsreise unterbrechen müssen, dann richten Sie es so ein, daß Sie das in San Antonio tun und bei den Hiltons ein Zimmer nehmen. Sie haben das beste Essen im Westen und einen Hoteldiener, der sich wie kein anderer darauf versteht, Ihnen das Leben angenehm zu machen!«

Die Lehre, die Conrad Hilton daraus zog, war eindeutig. Erfolg verlangt den vollen Einsatz. Er selbst hatte sich nicht gescheut, Überstunden zu machen und hart zu arbeiten, um erfolgreich zu sein, und der Erfolg sprach für sich.

Bis zu seinem Tode hat er immer wieder darauf hingewiesen, daß er in dieser harten Zeit so viel gelernt habe, daß er sie selbst für eine Million Dollar nicht missen möchte.

Der Erfolg des Hotels machte es Conrad Hilton möglich, im Jahre 1907 seine Studien an der Bergbauschule von New Mexico wieder aufzunehmen. Er verbrachte dort zwei Jahre und lernte wohl auch einiges über Bergbau, doch weit mehr über Tanzen, Tennis, Picknicks und Spaziergänge im Mondenschein!

Doch diese Zeit brachte eine Wende im Leben des jungen Mannes. Sein Vater hatte sich innerhalb von zwei Jahren finanziell wieder erholt. Er machte ein bißchen in Immobilien in Hot Springs, New Mexico, dachte sogar daran, dort eine Bank zu eröffnen, und hatte sich ein Grundstück gekauft, um sich dort ein neues Haus zu bauen. Doch dieses Grundstück lag in Sorocco, wo sich auch die Bergbauschule befand. Conrad haßte diese Stadt. Sein Vater machte ihm deshalb folgenden Vorschlag: Die Familie zog geschlossen nach Sorocco um, während er, Conrad, sich um das Geschäft in San Antonio kümmern sollte. Conrad sah ein, daß seine Schwestern in Sorocco weitaus bessere Möglichkeiten hatten, ihren Weg zu gehen, als in San Antonio, und so nahm er das Angebot des Vaters an. Damit begann für ihn eine Lehrzeit im Geschäftsleben, die alles, was er bisher gemacht hatte, in den Schatten stellte.

Er selbst sagte später über diese Zeit: »Alles, was ich zu lernen hatte, habe ich in dieser Zeit gelernt. Ich lernte, redlich Handel zu treiben, meinen gesunden Menschenverstand zu gebrauchen und vor allem auch nicht vor Risiken zurückzuscheuen, wenn es sein mußte.«

»ICH HABE GELERNT, DASS MAN NICHTS ERREICHT, WENN MAN SICH BEQUEM IN SEINEM SESSEL ZURÜCKLEHNT!«

Aber es waren nicht nur Erfolge, die er zu verbuchen hatte. So erzählt er nicht ohne Humor von einem alten Schürfer, der ihm immense Gewinnchancen durch die Ausbeutung einer Ader, die er entdeckt hatte, in Aussicht stellte. Hilton finanzierte das Geschäft, kaufte die Konzession und machte sich mit dem alten Schürfer auf den Weg. Leider mußte er feststellen, daß der Mensch sterblich ist. Der Alte starb nämlich unterwegs. Und nicht genug damit, daß Conrad Hilton auf diese Weise sein ganzes investiertes Kapital – eine nicht unbeträchtliche Summe – verloren hatte, er mußte darüber hinaus auch noch das Grab für den alten Schürfer schaufeln!

Nachdem Hilton die Bergbauschule verlassen hatte, um die Familieninteressen in San Antonio wahrzunehmen, begann er sich eine kurze Zeit lang für die Politik zu interessieren. Es war das Jahr 1912, und New Mexico, das bis dahin nur ein amerikanisches Territorium gewesen war, sollte in den Staatenbund aufgenommen werden. Hilton war selbst völlig überrascht, als er sich mit 23 Jahren plötzlich als Parlamentsmitglied wiederfand. Doch dieses Abenteuer währte nur zwei Jahre, denn das, was Hilton in diesem »ehrenwerten« Kreis sah und hörte, erfüllte ihn sehr bald mit Abscheu. Deshalb nahm er auch ohne jegliches Bedauern von diesem neuen Metier Abschied.

Es gab noch ein anderes Gebiet, das sein Interesse erregte: die Banken. Er liebäugelte mit der Idee, in San Antonio trotz der Warnungen seines Vaters eine Bank aufzumachen. Dieses Abenteuer, das um ein Haar mit einer aufsehenerregenden Pleite geendet hätte, wurde indessen doch noch ein Erfolg, und so wurde Hilton mit 27 Jahren Vizepräsident einer Bank. Doch die Machenschaften eifersüchtiger Finanzleute beendeten diesen schönen Traum. Nachdem Hilton zum Militär eingezogen worden war – die Vereinigten Staaten waren in den Krieg gegen Deutschland eingetreten –, wurde das Geldinstitut schließlich und endlich von der Bank von Sorocco aufgekauft.

Aus alledem zog Hilton eine grundsätzliche Lehre:

WENN MAN LANGE GENUG MIT VOLLEM EINSATZ ARBEITET, UM DAS ZU VERWIRKLICHEN, WORAN MAN GLAUBT, BRINGT MAN ES AUCH SO WEIT, DASS DIESER TRAUM WIRKLICHKEIT WIRD.

Im März 1918 wurde Hilton nach Frankreich an die Front geschickt. Während dieser Zeit erfuhr er telegraphisch von seiner Mutter, daß sein Vater am Neujahrstag bei einem Autounfall ums Leben gekommen war. Im Februar 1919 wurde er von seiner Wehrpflicht entbunden und kehrte in die Vereinigten Staaten zurück, um sich um die Geschäfte der Familie zu kümmern, die sich in einem beklagenswerten Zustand befanden. Er ließ sich wieder von seiner alten Obsession packen und gedachte eine Reihe von Banken zu eröffnen.

Um sich das fehlende Kapital zu beschaffen, reiste er nach Texas, wo man mit Erdöl sehr schnell viel Geld machte. Diese Reise war der entscheidende Wendepunkt in seiner Laufbahn. In Cisco, wo man sich hartnäckig weigerte, ihm eine Bank zu verkaufen, erkannte er, daß das, was dieser Stadt am meisten fehlte, ein Hotel war. Die Entscheidung war gefallen. Seine Zukunft lag im Hotelgewerbe!

Er kauft sein erstes Hotel, das Mobley, zum Preis von 40 000 Dollar. Die Plackerei beginnt von vorne. Monatelang schläft er in einem Sessel im Büro, weil alle Zimmer belegt sind und manchmal sogar mehrmals am Tag vermietet werden. Hier entwickelt er auch den Grundsatz, den er während seiner ganzen Karriere nie aus den Augen verliert und der die Basis seines immensen Vermögens ist: In einem Hotel darf nicht ein Quadratzentimeter Platz verschenkt werden! Auch sein berühmtes MINI-MAX-Prinzip stammt aus dieser Zeit:

MINIMALER PREIS, MAXIMALER SERVICE!

Er schreitet zu radikalen Veränderungen: Da der Restaurantbetrieb keinen Gewinn abwirft, läßt er das Restaurant kurzerhand verschwinden und baut es zu Zimmern um. Das Empfangsbüro wird um die Hälfte verkleinert, um Platz für eine Boutique zu gewinnen. Desgleichen müssen in der Empfangshalle drei Sessel und ein Sofa einem Ausstellungsstand weichen. Diese Jagd auf verschenkten Raum wurde im Laufe seiner langen Karriere immer wieder belächelt, aber Hilton wußte, daß er recht hatte, so zu handeln. Als er beispielsweise die erste Etage des Plaza in New York umgestaltete, baute er dort die »Oak Room Bar« ein mit dem Ergebnis, daß die Einkünfte des Hotels auf dieser Etage von 5000 Dollar jährlich auf über 200 000 Dollar stiegen.

Hilton hielt eisern an einem Grundsatz fest, dem seiner Meinung nach jeder ernstzunehmende Geschäftsmann unbedingt gehorchen mußte, wenn er erfolgreich sein wollte:

VERLORENER RAUM, VERLORENE MÜHE UND VERLORENES GELD SIND DINGE, DIE MAN ABSOLUT VERABSCHEUEN MUSS!
MIT ANDEREN WORTEN, MAN MUSS ALLES IN GOLD UMWANDELN, ÜBERALL DIE BERÜHMTE GOLDADER SUCHEN!

Und noch eine andere Erfahrung, die er in Cisco mit dem Mobley machte, sollte ihm entscheidend bei seinem Aufstieg am Finanzhimmel helfen:

WENN DIE LEUTE STOLZ AUF IHRE EINHEIT SIND, ERREICHT MAN AM MEISTEN!

Diese Weisheit, die er im 1. Weltkrieg am eigenen Leibe erfahren hatte, wandte er nun auf den Hotelbetrieb an. Das Mobley hatte nur 40 Zimmer, aber mit seinem neuen Partner, Major Powers, den er bei der Armee kennengelernt hatte, erwarb er noch das Hotel Melba in Fort Worth in Texas dazu. Es hatte 68 Zimmer und war total heruntergekommen. Die Inneneinrichtung völlig demoliert, die Küche vor Schmutz starrend unter einer Fettschicht, die Tapeten verschlissen, doch in Hiltons Augen ein Objekt mit einem unvergleichbaren Vorzug:

Der Preis war lächerlich niedrig, 25 000 Dollar! Hilton ist begeistert und kauft. Sein Geheimrezept lautet:

WASSER, SEIFE UND DIE ÄRMEL HOCHKREMPELN!

Für Hilton war es wichtig, jedem Hotel sein eigenes Flair zu lassen.

»ICH KAUFE EINE TRADITION, UND ICH TUE ALLES, UM DARAUS DAS BESTE ZU MACHEN!«

Das Melba war ein finanzieller Erfolg!

Der dritte Baustein des Hilton-Imperiums war sein erstes »Waldorf« in Dallas. Hier zeigte sich erst richtig, was in bezug auf sein Verhandlungsgeschick wirklich in ihm steckte. Zehn Tage lang gingen die Diskussionen hin und her, bevor man zu einer Einigung kam. Doch Hilton hatte erreicht, was er wollte: Der anfängliche Preis von 100 000 Dollar wurde auf 71 000 Dollar gedrückt. Hilton und seine beiden Partner, Drown und Powers, investierten 40 000 Dollar, den Rest nahmen sie als Darlehen auf mit einem Tilgungszeitraum von nur 21 Monaten.
Der Börsenkrach im Jahre 1929 und die daraus resultierende Weltwirtschaftskrise waren ein harter Schlag für das Hotelgewerbe. In der Zeit davor, den 20er Jahren, hatten Hilton und seine Partner unaufhörlich an ihrem Aufstieg gearbeitet und in allen möglichen Städten Hotels gekauft, gepachtet oder gebaut. So hatten sie 1925 in Dallas gebaut, 1928 in Waco, 1929, dem Krisenjahr, in San Angelo, Plainview, Lubbock und Marlin und 1930 in El Paso. Die Krise zwang Hilton, vier seiner Betriebe zu schließen, und verlangte von ihm einschneidende Sparmaßnahmen. Es kam nicht selten vor, daß Zimmer und ganze Etagen geschlossen werden

mußten. Er nahm Geld auf seine Lebensversicherungspolice auf und arbeitete sogar als Teilzeitkraft für die Firma Affiliated National Hotels. Mindestens 80 Prozent des Hotelgewerbes waren vom Bankrott bedroht. 1935 bekam er dann endlich einige Einkünfte aus Erdölinvestitionen, so daß er die drückendsten Schulden zurückzahlen und wieder ein bißchen aufatmen konnte.

Es wurde wieder durchgestartet, und zwar diesmal noch energischer. In Los Angeles kauft Hilton das Sir Francis Drake, um es fast umgehend wieder zu verkaufen. Dann erwirbt er 1942 das Town House zu einem Preis von über einer Million Dollar. Doch dank Hiltons Organisationstalent und seiner beiden Prinzipien »Minimax« und »Suche das Gold« wirft dieser Betrieb schon im ersten Jahr 201 000 Dollar Gewinn ab. Es folgen das Roosevelt und das Plaza in New York im Jahre 1943. Doch trotz Hiltons unbestrittenem Talent, den Kaufpreis auf ein Minimum zu drücken, wurden die Objekte immer teurer. So zahlte er für das Palmer House 19 385 000 Dollar und für das Stevens 7 500 000 Dollar, zwei Hotels, die beide in Chicago lagen.

Das Stevens-Hotel, das bei seinem Bau 30 000 000 Dollar gekostet hatte, wurde in Conrad-Hilton-Hotel umbenannt und sollte mit seinen 2 800 Zimmern lange Zeit das größte Hotel der Welt bleiben. Man hat ausgerechnet, daß man an die acht Jahre brauchen würde, wenn man jedes Zimmer nacheinander eine Nacht belegen würde!

Angesichts des kometenhaften Aufstiegs dieses Hotelmagnaten bedurfte es keiner Überredungskünste, um einige versierte Finanzleute dazu zu bringen, sich Hilton anzuschließen. 1946 wurde mit Conrad Hilton als

Präsident die Hilton Hotels Corporation gegründet. Als Hilton dann am 12. Oktober 1949 verkündete, daß seine Firma das berühmte New Yorker Waldorf Astoria für die Summe von 3 000 000 Dollar gekauft hatte, war das die absolute Krönung. Mit seinen 1900 Zimmern war dieser Betrieb das **Nonplusultra** der amerikanischen Hotelszene, ein Hotel, das jedem Vergleich mit den berühmtesten Palasthotels Europas standhielt. Für Conrad Hilton war das ein seit Jahren herbeigesehnter Augenblick. Die Verhandlungen hatten sich über Monate erstreckt. Am Ende dieser Verhandlungsrunden waren Partner und Berater total ausgepumpt. Nebenher mußten sie ja immer noch ihren normalen Arbeitsanfall erledigen. Hilton übernahm es, sie persönlich jeden Morgen um 6.15 Uhr zu wecken und zu einem halbstündigen Gebet in die St. Patrick-Kathedrale zu begleiten. Niemand muckte auf, selbst die nicht, die gar nicht katholisch waren.

Einer seiner Mitarbeiter mußte später einräumen:

»WENN CONRAD HILTON DARUM BITTET, ETWAS ZU BEKOMMEN, BEKOMMT ER ES AUCH. VIELLEICHT, WEIL ER NIEMALS VERGISST, SICH BEI DEM, DEN ER GEBETEN HAT, GENAUSO HERZLICH ZU BEDANKEN!«

Diese Haltung bestätigte er auch bei dem Waldorf-Projekt. Als die Transaktion schließlich unter Dach und Fach war und Hiltons Mitarbeiter gegen Morgen endlich ins Bett kamen, schliefen sie in der Gewißheit eines glücklichen Ausgangs mit der Zuversicht ein, endlich ausschlafen zu können. Doch da kannten sie Hilton schlecht. Pünktlich um 6.15 Uhr klingelte wie gewöhnlich das Telefon. Als alle in der großen Halle versammelt waren, wurden einige Proteste laut. Warum sollte man denn noch einmal in die Kirche gehen, da das Waldorf ihnen doch jetzt sowieso gehörte?

Hilton gab zurück: »Sie können nicht um etwas bitten, was Sie gerne haben möchten, und dann, wenn Sie es haben, vergessen, sich zu bedanken. Also, los jetzt!«

Diese unantastbare Frömmigkeit war ihm sein ganzes Leben lang eigen. Er schrieb später sogar einmal ein Gebet, das er anschließend an einen Vortrag in Chicago vortrug, ein Gebet, das übrigens in zahlreichen amerikanischen Wohnungen hängt.

Es blieb ihm indessen noch eine Domäne zu erforschen, die sein Abenteuerblut reizte: das Ausland! Er ging dabei nach denselben Prinzipien vor, die ihm dazu verholfen hatten, der reichste Hotelier der Vereinigten Staaten zu werden. Einer dieser Grundsätze sollte ihm im übrigen den Erwerb seines ersten Hotels im Ausland wesentlich erleichtern:

MAN MUSS SEINEM GESPRÄCHSPARTNER VOR ALLEN DINGEN BEKUNDEN, WELCHE WERTSCHÄTZUNG MAN IHM ENTGEGENBRINGT.

Mit dieser Haltung schuf er ein günstiges Klima für die Transaktionen zwischen der Hilton Hotels Corporation und der puertoricanischen Regierung. Letztere war an sieben amerikanische Hoteliers mit dem Vorschlag herangetreten, in San Juan, der Hauptstadt des Landes, ein Hotel zu eröffnen. Doch sie hatten allesamt ziemlich lustlos reagiert und vor allem den unverzeihlichen Fehler gemacht, im Geschäftsstil und dazu noch auf Englisch zu antworten. Hilton faßte seinen Brief in Spanisch ab, das er ja perfekt beherrschte. Natürlich fiel die

Entscheidung zugunsten Hiltons aus, und so konnte das Caribe-Hilton seine Pforten öffnen.

Bei seinen Auslandsprojekten hielt Hilton sich genauso wie bei seinen Transaktionen im eigenen Land stets an drei goldene Regeln:

ZUERST SEIN PRIVATKAPITAL INVESTIEREN.
MIT BANKIERS WIE MIT FREUNDEN UMGEHEN!
SEINEN DIREKTOR ZUM TEILHABER MACHEN.

Nach diesem Rezept ging er stets im Ausland vor, mit Erfolg. Er vermied auf diese Weise, an nationale Empfindlichkeiten zu rühren. Hilton bot also mit Vorliebe ausländischen Investoren die Gelegenheit an, sich am Geschäft zu beteiligen. Diese kauften das Grundstück und übernahmen die Baukosten. Hiltons Anteil bestand darin, bei der Planung und dem Bau technische Hilfestellung zu leisten und den Betrieb dann in Gang zu bringen. Anschließend wurde ein allgemeiner Pachtvertrag bzw. ein allgemeiner Geschäftsleitungsvertrag unterzeichnet. Das Personal, das vor Ort mit größter Sorgfalt ausgewählt wurde, wurde zur Schulung in die Vereinigten Staaten eingeladen, wo es in den Hilton-Hotels den letzten Schliff bekam.

Da die Hotels im Ausland immer zahlreicher wurden, gründete man 1948 die Hilton Hotel International, eine von der amerikanischen Muttergesellschaft unabhängige Firma, deren Präsident jedoch ebenfalls Conrad Hilton war.
Für Conrad Hilton bedeutete diese Öffnung zum Ausland einen doppelten Gewinn: Erstens versprach er sich davon für die Amerikaner mehr Weltoffenheit als Basis für mehr Toleranz, und zweitens sah er darin eine wirksame Waffe gegen Kriegsgelüste, denn – so sagte er –

»ihr könnt nicht gegen jemanden einen Krieg beginnen, den ihr gut kennt!«

Darüber hinaus gaben diese Betriebe der Welt die Gelegenheit, Amerika und seine Bewohner besser kennenzulernen.

An der Finanzierung dieser ausländischen Hilton-Hotels beteiligen sich hochangesehene Persönlichkeiten, so der Schah von Persien, der über die Pahlewi-Stiftung ebenfalls Besitzer eines Hilton-Hotels war. Auch Howard Hughes war über den Umweg der Trans-World Airlines ein Teilhaber.

Im übrigen wurde die Hilton International im Mai 1967 eine eigene Tochter der TWA. Doch zu diesem Zeitpunkt hatte sich Hilton bereits von dem Giganten, den er aus all den Einzelteilen zusammengesetzt hatte, zurückgezogen.

Auf seinem riesigen Anwesen Bel Air in Kalifornien genoß er in einer 61-Zimmer-Wohnung das Leben im Kreise seiner Familie und seiner Freunde. Wenn er auch auf seine Inspektionsreisen quer durch die Betriebe seiner Hotelkette verzichtete, so versäumte er doch nie eine Einweihungsfeier. Aus Achtung vor der Tradition hatten diese Feste im Ausland stets einen folkloristischen Anstrich, für den Conrad Hilton sehr viel übrig hatte.

Dieser vom Reichtum verwöhnte Mann war indessen in seinem Privatleben weniger glücklich. Seine erste Frau, Mary Barron, schenkte ihm drei Söhne: Nick, Barron und Eric Michael. Doch bei der Geburt seines Jüngsten im Jahre 1933 ist Hilton, bedingt durch sein enormes Arbeitspensum, völlig kaputt und ausgelaugt.

Das verkraftet ihre Verbindung nicht. Es folgt eine kurze Ehe mit der berühmten Zsa Zsa Gabor. Die dritte Heirat Conrad Hiltons war dagegen weitaus weniger spektakulär. Im Alter von 89 Jahren heiratete er 1976 die um zwanzig Jahre jüngere Mary Frances Kelly, mit der er seit langen Jahren freundschaftlich verbunden war.

Der »Phantast« Conrad Hilton, der überdies die Blanco-Kreditkarte aufbrachte, hat es verstanden, einer Welt sein Markenzeichen aufzudrücken, die seinen Zukunftsvisionen kaum irgendeine Bedeutung beigemessen hatte. 1965 gehörten zu der von Hilton gegründeten Gesellschaft 61 Hotels in 19 Ländern, das heißt, 40 000 Zimmer und 400 000 Angestellte. Hilton kontrollierte persönlich 30 Prozent dieses enormen auf über 500 Millionen Dollar geschätzten Umsatzes!

Auch er hat damit höchst eindringlich die Richtigkeit der These unter Beweis gestellt, daß man niemals von seinen Ideen abrücken soll, nur weil die Leute nicht daran glauben.

GLAUBEN, AN SEINE IDEEN GLAUBEN, AN SEIN SCHICKSAL GLAUBEN UND AN GOTT GLAUBEN

Dies war auf eine Kurzform gebracht die Formel für die phänomenale Karriere jenes unermüdlich schaffenden Hotelmagnaten Conrad Hilton, der einer der reichsten Männer der Welt war.

★★

Schaffen Sie sich die richtigen Freunde!

Folgen Sie dem Beispiel Conrad Hiltons und gewinnen Sie Freunde, die Sie bei Ihren Geschäften unterstützen. Diese Freunde müssen Ihre Verbündeten werden, und sie werden Ihnen mehr, als Sie glauben, dabei helfen, die Erfolgsleiter hochzuklettern. Doch wählen Sie Ihre Freunde – vor allem im beruflichen Bereich – mit Bedacht aus. Meiden Sie die Verlierer, die Intriganten und vor allem die Kurzsichtigen, das heißt, die Leute, die keine großen Ziele haben. Ihr Einfluß kann nur schädlich sein. Doch gehen wir sie der Reihe nach durch.

Die Verlierer

Wie erkennt man sie, diese Verlierer? Nun, die Zeichen ihrer Mißerfolge sind im allgemeinen nicht zu übersehen. Im übrigen wird sich Ihr Blick für die Menschen mit zunehmendem eigenem Erfolg zusehends schärfen. Und eines ist sicher, je mehr Sie sich in der Kunst des positiven Denkens üben, desto mehr werden Sie auch die Siegertypen auf sich ziehen. Die Verlierer werden sich automatisch von Ihnen zurückziehen, ja sie werden sogar versuchen, Ihnen ganz aus dem Weg zu gehen, und es wird Ihnen nicht einmal leid tun. Das heißt selbstverständlich nicht, daß man ihnen gegenüber unhöflich sein sollte oder sie womöglich schonungslos zur Schnecke macht. Aber gehen Sie auf keinen Fall auf ihre Vorschläge und Angebote ein. Schlagen Sie ihnen vor allem keine Teilhaberschaft vor. Denn die Verbindung aus einem Verlierer und einem Gewinner ist immer problematisch und führt selten zu guten Ergebnissen, selbst wenn der Gewinner sehr stark ist.

Es heißt zwar, daß die Vernunft des Stärkeren sich immer duchsetzt, doch bei einer solchen Partnerschaft wird der Verlierer den Gewinner viel Zeit, Energie und Geld kosten. Um einer solchen Partnerschaft zum Erfolg zu verhelfen, wird nämlich letzten Endes der Gewinner für den Verlierer einspringen müssen. Er wird dessen Arbeit neu machen, das zerschlagene Porzellan kitten müssen. Diese beiden Typen sind gedanklich diametral programmiert, sie tendieren dazu, sich in ihrer Leistung gegenseitig aufzuheben. In einer solchen Verbindung wird es immer Flügelkämpfe geben, Mißverständnisse, Reibereien, und über kurz oder lang kommt dann das »Aus«. Der Gewinner, der sich aus einer gewissen Menschlichkeit heraus mit einem Verlierer verbündet, um ihm womöglich einen Freundschaftsdienst zu erweisen, läuft große Gefahr, das Gegenteil von dem zu erreichen, was er im Sinn hatte: Die Beziehung flacht ab, die eventuelle Freundschaft geht baden, ganz zu schweigen von dem Verlust an Geld und Zeit, der beide trifft.

Summa summarum hat der Gewinner dem Verlierer trotz seiner guten Absichten dann letzten Endes doch nur geschadet. Letzterem mag das vielleicht nicht einmal so viel ausmachen, da er an Mißerfolge gewöhnt ist, damit gerechnet hat. Sie sind sozusagen sein täglich Brot. Doch für den Gewinner ist die Pille schwerer zu schlucken. Immerhin wird es ihm eine Lehre sein: In Zukunft wird er sich seine Partner besser aussuchen und nicht noch einmal den gleichen Fehler machen. Auf jeden Fall werden es diese beiden Arten von Menschen nie miteinander können, weil sie nicht dieselben Grundwerte haben.

Die Intriganten

Diese Leute sind, selbst wenn sie möglicherweise anfänglich einige augenfällige Erfolge vorzuweisen haben, über kurz oder lang zum Scheitern verurteilt. Leute, die ständig taktieren und sich auf zweifelhafte Manöver einlassen, bekommen mit Sicherheit eines Tages die Quittung vorgelegt. Irgendwann kommt die Wahrheit immer ans Licht, und die Liste ihrer Feinde wächst. Hüten Sie sich vor den Leuten, die in Ihrer Gegenwart ständig Mitarbeiter oder abwesende Angestellte schlechtmachen. Sie machen es in Ihrer Abwesenheit wahrscheinlich genauso mit Ihnen. Und wer sich anderen gegenüber zweifelhafter Praktiken bedient, kann sie auch jederzeit gegen Sie richten.

Die Kurzsichtigen

Die zahllosen Vertreter dieser Sippschaft meide man wie die Pest. Es sind Leute, die Sie immer einengen werden, weil sie selber eng sind. Sie sind in der Tat so engstirnig, daß sie sich nicht vorstellen können, ein anderer könne eine andere, offenere Sichtweise haben als sie selbst. Sie machen alles, was sie angehen und was sie anfassen, kleiner. Sie haben nichts Besseres im Sinn, als Ihre Begeisterung zu dämpfen und Sie davon abzubringen, neue Projekte in Angriff zu nehmen und weiterzuplanen. Sie lachen Sie aus, wenn Sie hohe, Ihrem Wert entsprechende Ziele anpeilen. Sie halten Sie für verrückt, für einen Phantasten. Stellen Sie sich taub. Gehen Sie Ihren Weg, und vermeiden Sie vor allem jede Partnerschaft mit ihnen. Es ist verlorene Liebesmüh, Ihre Energie darauf zu verwenden, ihre Begeisterung wecken und sie überzeugen zu wollen. Sparen Sie sich diese Energie dafür auf, sich ganz auf Ihre anstehende Karriere zu konzentrieren.

Wenn Sie sich mit einem Gewinner zusammentun, wächst Ihr Erfolgskoeffizient exponentiell. Denn die Verbindung zweier Gewinner bürgt für eine ungemein höhere Erfolgsbilanz, als die einfache Addition der in Einzelregie möglichen Erfolge vermuten läßt. Wenn Sie es also weit bringen wollen, dann suchen Sie sich Leute mit Weitblick, Leute Ihresgleichen. Sie werden davon in ungeahntem Maße profitieren.

Dieses Prinzip wurde im übrigen von den meisten reichen Leuten unter dem Namen »Brain-Trust« (Gehirnkollektiv) systematisch genutzt. Zwei Köpfe wissen mehr als einer, heißt es. Wenn verschiedene Menschen, zumal wenn es sich um Gewinner handelt, ihre Ideen, ihre Erfahrungen und ihre Persönlichkeit einbringen, können sich ungeahnte Perspektiven eröffnen, große Ideen können geboren werden. Die Verwaltungsräte der Gesellschaften sind tatsächlich nichts anderes als solche Brain-Trusts, die den Sachverstand und die Kompetenz vieler einzelner in sich vereinen. Die Interessenverbände von Verkäufern, die Handelskammern haben eine ähnliche Funktion. Sie bringen Einzelpersonen, die das **gleiche Ziel verfolgen** und **gleiche Werte transportieren**, zusammen. Diese beiden Punkte sind sehr wichtig. Hüten Sie sich indessen vor allzu großen Gruppen. Denn wie sagte doch Montaigne: »Wenn die Menschen zusammen sind, schrumpfen ihre Köpfe.«
Man muß aber nicht unbedingt Präsident einer Gesellschaft oder Mitglied eines Verbandes sein, um über einen Brain-Trust zu verfügen. Schaffen Sie sich selbst so ein »Superhirn«. Sammeln Sie Leute um sich, in die Sie Ihr Vertrauen setzen, vorzugsweise Freunde, auch wenn das keine Grundbedingung ist. Wichtig ist viel-

mehr, daß es Leute sind, die positiv programmiert sind. Das ist die conditio sine qua non. Mit seinen Ängsten, seiner chronischen Antriebsarmut, seinen ständigen Zweifeln kann ein Miesmacher eine ganze Gruppe lahmlegen. Denn selbst bei positiv denkenden Menschen existiert irgendwo eine Grauzone, in der Einwände und Zweifel leider auf fruchtbaren Boden fallen können.

Warum nicht eine Gruppe aus drei oder vier Leuten bilden? Eine Gruppe, die Ihr Brain-Trust wird. Bei zu großen Gruppen besteht die Gefahr, daß sie auseinanderfallen, Untergruppen bilden. Die einzelnen Gruppenmitglieder müßten alle ein gemeinsames Ziel verfolgen: reich werden. Treffen Sie sich regelmäßig, und zwar möglichst nach einem vorher festgelegten Terminplan. Legen Sie eine genaue Tagesordnung fest. Welche Themen müssen behandelt werden? Bei der ersten Zusammenkunft dürfte das nicht schwer sein. Es geht allein um die Frage, wie bewerkstelligen wir es, schnell reich zu werden? Tun Sie sich keinen Zwang an. Lassen Sie Ihrer Phantasie freien Lauf. Sie werden wahrscheinlich überrascht sein, welche Fülle von Ideen eine solche Zusammenkunft zutage fördern kann. Wenn Sie genügend Ideen gesammelt haben, beginnt die Feinarbeit. Versuchen Sie alle Konsequenzen und Anwendungsmöglichkeiten sowie die Umsetzbarkeit jeder einzelnen Idee abzuchecken. Die Idee des einen, die anfangs vielleicht plump erscheint, kann durch den Vorschlag eines anderen »veredelt« und plötzlich zu einem glänzenden Einfall werden. Legen Sie Ihre Pläne dar. Die konstruktive Kritik und die Anregungen der anderen werden Ihnen dabei helfen, das Für und Wider abzuwägen und erfolgreich zu sein.

Diese Zusammenkünfte sollten nicht ausschließlich der

Ideensuche dienen. Nutzen Sie die Gelegenheit, auch über die Schwierigkeiten zu sprechen, die Sie möglicherweise bei Ihrer Arbeit haben. Ein Rat von außen kann von großem Nutzen sein. Sprechen Sie aber auch von Ihren Erfolgen. Tauschen Sie Ihre Gedanken zum Thema Erfolgsprinzipien aus. Stellen Sie ein Buch vor, das Sie möglicherweise im Laufe der Woche gelesen haben. Diskutieren Sie Strategien.

Wenn die Leute sich ein paar Minuten Zeit nehmen würden, um Bilanz zu ziehen, wie sie die meisten Abende verbringen, wären sie wohl gemeinhin bestürzt darüber, wie unproduktiv diese Abende sind, nichts als vergeudete Zeit: Fernsehen, banale und sinnlose Diskussionen (wenn nicht gar gestritten wird), nicht endenwollende Abendessen ... Wenn Sie Erfolg haben wollen, dann machen Sie es anders. Machen Sie es sich zur Gewohnheit, wenigstens einmal die Woche oder einmal monatlich einen produktiven und anregenden Abend mit Ihrem »Brain-Trust« zu verbringen. Sie werden erstaunt sein, was dabei herauskommt. Überlassen Sie das Fernsehen den anderen. **Sie können es sich nicht leisten fernzusehen.** Ihre Zeit ist kostbar. Sie sind dabei, reich zu werden, üben Sie also Disziplin. Anstatt drei Stunden täglich vor dem Fernseher zu vergeuden, beschränken Sie sich auf zwei, und widmen Sie die neu gewonnene Stunde Ihrem Erfolg.

Üben Sie sich in der Kommunikation

Wir leben im Zeitalter der Kommunikation. Wer es zu etwas bringen will, muß lernen, sich auszudrücken, und zwar klar und unmißverständlich. Er muß im Gespräch überzeugend wirken. Zögern Sie deshalb nicht, Kurse für Gesprächsführung zu belegen. Onassis hat das auch getan. Darüber hinaus sprach er vier Sprachen, und Getty lernte per Schallplatte in einem Monat arabisch. Sprachen sind wichtig. Mit einer zweiten oder besser noch einer dritten Sprache haben Sie einen hohen Trumpf in der Hand. Überspringen Sie also einmal pro Woche einen Fernsehabend und schreiben Sie sich in einen Sprachkurs ein. Sie erweitern damit gleichzeitig noch Ihren Bekanntenkreis.

Um auch vor Publikum sprechen zu lernen, sind zusätzlich Rhetorikkurse sehr empfehlenswert, selbst wenn Sie in dieser Hinsicht bereits eine gewisse Begabung mitbringen. Alle Führungsgrößen waren auch große Redner. Man bewundert die Leute, die eine Rede halten können. Was die Leute nur nicht wissen, ist, daß praktisch jeder so weit kommen kann. Man braucht nur eine Anleitung und ein bißchen Übung dazu. Die Fähigkeit, eine Rede zu halten, sei es nun in einer Verwaltungsratssitzung oder vor einem größeren Publikum, gibt Ihnen eine neue Art von Sicherheit, mit der Sie wertvolle Pluspunkte sammeln können.

Es lohnt sich, an einer Verkäuferschulung teilzunehmen

Um erfolgreich zu sein, muß man verkaufen können. Eine Idee, einen Service, sein Können und letzten Endes auch sich selbst. Denn wie immer man darüber denken mag, im Endeffekt verkauft man bei jedem Verkauf sich selbst, worüber es auch eine Reihe von ernsthaften Untersuchungen gibt, die bewiesen haben, daß der Erfolg jedes einzelnen zu 85 Prozent von seiner Persönlichkeit abhängt.

Ganz gleich, auf welchem Gebiet Sie arbeiten, Sie sind

ständig dazu aufgerufen, etwas zu verkaufen. Der Anwalt, der sein Plädoyer hält, verkauft seine Überzeugung dem Richter. Der Politiker, der eine Rede hält, verkauft die Politik seiner Regierung. Der Geschäftsführer, der sein Budget verteidigt, verkauft es gleichermaßen; ganz zu schweigen von all den Berufen, die direkt mit dem Verkauf zu tun haben und die hier aufzuzählen müßig wäre. Die Beherrschung der Verkaufstechniken wirkt sich auf allen Gebieten leistungssteigernd aus.

Die Kunst, zuhören zu können: eines der obersten Verkaufsprinzipien

Wenn man verkaufen will, muß man reden können. Aber man muß auch zuhören können. Im allgemeinen reden die Leute zuviel und hören zuwenig zu. Und bei fast allen Gesprächen profitiert der am meisten, der es am besten versteht zuzuhören und **der selbst am wenigsten redet.** Denn je mehr Ihr Gesprächspartner redet, je mehr er sich öffnet, desto mehr erfahren Sie über seine Beweggründe, seine Bedürfnisse und auch über seine Persönlichkeit. Sie erkennen leichter seine schwachen Punkte und können abschätzen, wie Sie ihn beeinflussen können. Außerdem wird ihm Ihr aufmerksames Zuhören indirekt schmeicheln. Sie signalisieren damit Interesse an ihm, und das gibt ihm das Gefühl, daß er Ihnen wichtig ist.

Die meisten Menschen reden gern, und zwar am liebsten über sich selbst. Lernen Sie, die richtigen Fragen zu stellen, die dem anderen zeigen, daß Sie ein reales Interesse an ihm haben. Beobachten Sie sich selbst. Wie ist Ihr Verhältnis reden/zuhören? Wenn Sie mehr reden als zuhören, ist Vorsicht geboten. Ihr Gesprächspartner sammelt wahrscheinlich mehr Punkte als Sie. Er erfährt mehr über Sie als Sie über ihn. Bemühen Sie sich, diesen Fehler auszumerzen. Das ist lediglich eine Sache der Gewohnheit. Es ist einen Versuch wert. Sagen Sie nur das Wesentliche und hören Sie zu. Ihr Gegenüber wird wahrscheinlich entzückt sein, mit Ihnen gesprochen zu haben und Sie für einen charmanten Plauderer halten ... obwohl Sie kein Wort gesagt haben, sondern sich nur darauf beschränkt haben zuzuhören und im richtigen Moment die richtigen Fragen gestellt haben.

Achten Sie auf Ihr Äußeres

Wir leben in einer Welt des Scheins. Manche mögen das zwar bedauern, doch die Tatsache bleibt bestehen. In jeder Beziehung spielt der erste Eindruck eine entscheidende Rolle. Und woran orientiert sich dieser erste Eindruck? Im allgemeinen an äußeren Kleinigkeiten: ein gutgeschnittener Anzug, ein Lächeln, eine gepflegte Frisur ... Gewöhnlich beurteilen die Leute ihre Mitmenschen nach ihrem Äußeren. Jemand, der ungepflegt ist, macht – sofern er nicht gerade ein berühmter Millionär ist – im allgemeinen einen schlechten Eindruck. Achten Sie auf die Kleinigkeiten. Ungeputzte Schuhe können schon genügen, um bei seinem Gesprächspartner eine Abwehrhaltung zu erzeugen, vor allem wenn dieser auf dergleichen Details großen Wert legt.

Wenn Sie Erfolg haben wollen, dann kleiden Sie sich wie einer, der Erfolg hat. Wenn Sie nicht wissen wie, dann sehen Sie sich die erfolgreichen Leute in Ihrer Umgebung an. Fragen Sie um Rat. Und denken Sie daran, daß der Aufbau jeder menschlichen Beziehung, also auch jeder beruflichen Beziehung, etwas mit Verführung zu tun hat. Ein gepflegtes und vor allem den

Umständen angepaßtes Erscheinungsbild ist für den Erfolg dieser Verführung von wesentlicher Bedeutung. Das Gewand macht den Mönch nicht, heißt es zwar. Doch im Geschäftsleben erleichtert Kleidung vieles. Erinnern Sie sich noch, welche Sorgfalt Watson auf seine Garderobe verwandt hat? Er war immerhin einer der erfolgreichsten Verkäufer der USA. Können Sie es sich wirklich leisten, darauf keinen Wert zu legen?

Ein gesunder Geist in einem gesunden Körper

Diese Maxime ist zwar schon uralt, doch sie hat auch heute noch ihre Gültigkeit. Um Erfolg zu haben, muß man gut in Form sein. Ihr Gehirn braucht Sauerstoff, damit Sie klarer denken können. »Wenn der Körper schwach ist, befiehlt er; wenn er stark ist, gehorcht er«, hat Rousseau gesagt. Eine gute Kondition ist die beste Voraussetzung für Ihren Erfolg. Sie bedeutet nicht nur mehr physische Kraft, sondern auch mehr geistige Energie.

Treiben Sie regelmäßig Sport. Das entspannt Ihren Körper ebenso wie Ihren Geist. Bevorzugen Sie eine Sportart, die Ihre volle Konzentration fordert und damit von Ihren beruflichen Sorgen ablenkt. Das ist so ähnlich wie das Prinzip der kommunizierenden Röhren: Wenn Sie sich beispielsweise beim Tennis bemühen, den Ball Ihres Gegners zurückzuschlagen, denken Sie an nichts anderes mehr. So geht es auch dem Golfer, der einen erfolgreichen Schlag ansetzen will. Er wird seine Gedanken voll auf diese Aufgabe konzentrieren, selbst wenn es dabei nur um einen Dollar, den Ruhm oder um gar nichts geht ...

Die meisten erfolgreichen Männer unserer Studie haben

irgendeinen Ausgleichssport betrieben, der es ihnen erlaubte, die ungeheuren Spannungen, denen sie täglich ausgesetzt waren, abzubauen. Onassis empfahl Judo und Joga. Und in der Tat, die Sorge um den Körper stand ganz oben auf der Liste seiner Erfolgsrezepte. Deshalb stand auch häufig ausgedehntes Schwimmen auf seinem Programm. Jean-Paul Getty schwamm ebenfalls regelmäßig. Walt Disney dagegen vernachlässigte anfänglich bei all seinem Streß seine körperliche Form und geriet in eine schwere, nervlich bedingte Depression. Als er sich wieder erholt hatte, hielt er sich für den Rest seines Lebens an ein ausgewogenes Programm, das zur Entspannung auch körperliche Aktivitäten vorsah.

Die meisten großen Leute dieser Welt waren körperlich aktiv. Der große Goethe pflegte weite Spaziergänge zu unternehmen, aus denen er die Kraft für sein schöpferisches Schaffen bezog. Nietzsche hat behauptet, daß ihm all seine großen Ideen beim Gehen kamen, wenn er an alles andere als an die Philosophie dachte ... Papst Johannes Paul ließ sich in der Nähe seiner Wohnung ein Schwimmbad bauen, um regelmäßig schwimmen zu können. Die Bedenken eines Verwaltungsangestellten bezüglich der Kosten konterte er mit dem Hinweis, daß das Schwimmbad billiger sei, als einen neuen Papst wählen zu lassen ... Darüber hinaus fährt der Papst auch Ski. Auch sieht man ihn oft in den Gärten des Vatikans joggen. All das ist sicher einer der Gründe für seine phänomenale Widerstandskraft.

Folgen Sie dem Beispiel dieser Großen und treiben Sie regelmäßig Sport.

Das Geld der anderen

Wir haben festgestellt, daß der Erfolg keine Sache des Alleingangs ist. Man schafft ihn auch nicht allein mit seinem eigenen Geld. Man braucht dazu sehr oft das Geld der anderen (O.P.M.). Wir haben gesehen, wie Onassis nach diesem Prinzip seine Aktivitäten als Reeder finanziert hat. »Hinter jedem Milliardär«, sagte er, »steckt ein ausgebuffter Kreditnehmer.« Er wußte natürlich, wovon er sprach. Hilton hat ebenfalls Schulden gemacht. Die meisten reichen Leute sind durch geliehenes Geld reich geworden, das heißt, durch das Geld der anderen.

Die Frage des Schuldenmachens ist sehr delikat. Für manche kann sich eine Anleihe, vor allem wenn es sich um allzu große Beträge handelt, katastrophal auswirken. Die Schwankungen der Zinssätze halten oftmals böse Überraschungen bereit. Dagegen hätten viele Unternehmen ohne eine gewisse Kreditaufnahme zum rechten Zeitpunkt kaum eine Chance gehabt, zu expandieren oder den Konkurs abzuwenden. Die Firma Chrysler, die Iacocca durch die Aufnahme eines sehr hohen Kredits vor dem Konkurs rettete, ist ein schönes Beispiel dafür. Honda hätte sich im übrigen ohne die Unterstützung seiner Banken niemals so ausbreiten können. Es gibt auch eine Reihe von kleineren Investoren, die interessante Gewinne erzielt haben, indem sie 10 000 Dollar investierten, um ein Grundstück von 100 000 Dollar zu erwerben, das sie ein Jahr später dann für 110 000 Dollar verkauften, das heißt, sie haben innerhalb eines Jahres ihre Investition verdoppelt. Nicht schlecht. Allerdings hat die Lebensgeschichte unserer zehn reichen Männer gezeigt, daß **sie sich meist kein Geld zu Anfang geliehen haben.** Sie haben klein angefangen, sich mit ein paar tausend, wenn nicht sogar nur mit ein paar hundert Dollar beholfen und sind langsam groß geworden. **Dann erst haben sie sich Geld geliehen.**

Daraus läßt sich folgende Lehre ziehen. Es ist vielleicht ratsam, nicht gleich zu Anfang große Kredite aufzunehmen. Man sollte zu Beginn immer etwas zurückhaltend sein und ohne luxuriöses Büro und auch ohne Sekretärin starten. Erfolgreiche Leute denken sparsam. Die Büros sind im allgemeinen viel zu groß. Banken und Gläubiger sind nicht geneigt, Luxus zu finanzieren.

Soll man nun Geld aufnehmen oder nicht? Und wenn ja, wieviel? Und zu welchem Zeitpunkt? Die Frage ist, wie wir gesehen haben, nicht leicht zu beantworten. Eines ist jedoch sicher, wenn Ihr Unterbewußtsein gut programmiert ist, werden Sie **wissen,** ob Sie auf fremde Gelder zurückgreifen sollen oder nicht. Vorsicht ist in jedem Fall am Platze. Viele Leute wagen es allerdings ihr Leben lang nicht, Geld zu leihen. Sie sparen und sparen und schnallen den Gürtel immer enger. Auf diese Weise lassen sie sich gute Gelegenheiten entgehen. Alle reichen Leute haben sich irgendwann einmal in ihrem Leben des Geldes anderer bedient. Tun Sie es ihnen gleich, aber mit Bedacht. Wenn Sie erst einmal Ihre Rückzahlungsmöglichkeiten abgecheckt haben, vertrauen Sie auf Ihren Instinkt und Ihr Unterbewußtsein. Und vergessen Sie nicht: Dem Mutigen gehört die Welt.

Minderwertigkeitskomplexe? Um so besser!

Es heißt, daß mindestens jeder zweite Mensch im Laufe seines Lebens irgendwann einmal unter Minderwertigkeitskomplexen leidet. Wenn das auch auf Sie zutrifft, um so besser! Denken Sie an Steven Spielberg oder an Soïchiro Honda. Diese beiden erfolgreichen Männer haben in ihrer Jugend an einem starken Minderwertigkeitskomplex gelitten. Nur, sie haben es verstanden, daraus Gewinn zu ziehen. Sie haben nicht ihr ganzes Leben damit verbracht, sich in Selbstmitleid zu ergehen. Sie haben es verstanden, aus diesem Komplex Kapital zu schlagen, ihn für sich zu nutzen. Auch Sie können so einen eventuellen Minderwertigkeitskomplex in einen Gewinn ummünzen. Anstatt ständig zu jammern und Trübsal zu blasen, sagen Sie sich beispielsweise: Gut, ich bin nun einmal körperlich nicht der Stärkste, oder ich sehe nun einmal nicht wie Robert Redford aus, aber ich kann auf dem und dem Gebiet der Beste werden.

Entdecken Sie die Tugenden der schöpferischen Frustration. Das Unbehagen, das Sie verspüren, kann Sie – ganz gleich, woher es kommt – weit voranbringen, kann Sie über sich selbst hinauswachsen lassen und Sie in den Menschen verwandeln, der zu werden Sie sich immer erträumt haben. In gewisser Weise haben Sie gegenüber denen, die nicht komplexbeladen sind, sogar einen Vorteil. Jenen fehlt nämlich das Bedürfnis, sich zu ändern, besser zu werden. Sie dagegen wünschen es sich von ganzem Herzen. Und was man sich inständig wünscht – Sie erinnern sich – bekommt man auch immer. Wandeln Sie Ihre Frustration, Ihren Komplex in einen Sieg um! Werden Sie ein Sieger, und die Leute werden Sie bewundern. Ihr Komplex verschwindet dann von ganz alleine.

Das Gesetz des Zehnten

Eine der geheimnisvollsten Gesetzmäßigkeiten des Erfolgs besteht darin, einen Teil seines Profits an die anderen zurückzugeben. Alle zehn Männer dieses Buches sind – das beweist ihre Lebensgeschichte – irgendwann einmal Philantropen geworden. Spielberg, der einzige noch Lebende unter ihnen, ist noch zu jung, um an eine »Spielberg-Stiftung« zu denken. Doch auch er kennt das Gesetz des Zehnten und wendet es auch an. Machen Sie es auch zum Bestandteil Ihres Lebens. Sie werden überrascht sein, welch unerwarteten Gewinn Sie daraus ziehen werden.

In dem Buch *Le plus grand vendeur du monde* lautet ein Grundprinzip, immer die Hälfte seines Gewinns denen abzugeben, die weniger glücklich sind als man selbst. Zu der Zeit, in der die Geschichte dieses Buches angesiedelt ist, gab es keine Steuern, zumindest nicht in der Form, wie wir sie heute kennen, da jeder verpflichtet ist, einen Teil seiner Einkünfte abzuführen. Die Hälfte seiner Einkünfte abzugeben erscheint unter diesem Aspekt fast unvorstellbar. Aber dieses Prinzip ist wichtig. Das Geld muß zirkulieren, muß wieder verteilt werden. Der Zehnte ist definitionsgemäß ein Zehntel des Gewinns. Das erscheint vernünftiger. Wie dem auch sei, da dieses Prinzip theoretisch schwer zu beweisen ist, ist es das beste, Sie machen Ihre eigene Erfahrung damit.

Suchen Sie sich ein Vorbild

Jeder bewundernswerte Mensch war ursprünglich selbst jemand, der bewunderte. Victor Hugo hat zum Beispiel, als er jung war und am Beginn einer bedeutenden literarischen Karriere stand, seinem Unterbewußtsein, seinem Schicksal gewissermaßen ein Ultimatum mit dem Satz gestellt: »Ich werde Lamartine oder gar nichts.« Er ist nicht Lamartine geworden, er wurde ... Victor Hugo! So stark ist die Kraft von Vorbildern. Spielberg bewunderte Walt Disney. Honda hegte eine enorme Bewunderung für Napoleon, genauso wie übrigens auch der geniale Balzac, der eines Tages erklärte: »Ich werde mit der Feder das vollbringen, was Napoleon mit dem Schwert vollbracht hat!« Er hat Wort gehalten.

Machen Sie es wie alle Großen, wie alle Reichen, suchen Sie sich Vorbilder, die Sie inspirieren, die Sie aufbauen. Alle großen Leute haben ein hohes Ideal gehabt. Sie haben sich hohe Ziele gesteckt. Auch Sie haben sich ein hohes Ziel gesteckt. Sie gehören also dazu und befinden sich in bester Gesellschaft. Das Beispiel ist einer der erfolgreichsten Lehrmeister, hat Samuel Smiles gesagt. Und das ist wohl der beste Rat, den man den Eltern für die Erziehung mit auf den Weg geben kann. Das Vorbild ist ein solches Beispiel.

Ein Vorbild kann Ihnen aber auch noch in anderer Hinsicht helfen. Sie können es als eine Art imaginäres »Superhirn« benutzen. Wenn Sie nämlich irgendeinem Problem gegenüberstehen, dann fragen Sie sich, wie wohl dieser oder jener erfolgreiche Vorgänger an die Sache herangegangen wäre. Dieses Vorbild können Sie sich übrigens aus der Reihe der zehn reichen Männer, deren Lebensprinzipien wir beschrieben haben, auswählen. Sie werden sicherlich überrascht sein, welch kluge Antworten Ihre imaginären Ratgeber Ihnen ins Ohr flüstern werden ...

Lesen Sie die Lebensgeschichte großer Persönlichkeiten. Versuchen Sie herauszufinden, was sie zum Erfolg geführt hat, und lassen Sie sich von ihnen inspirieren.

Haben Sie keine Scheu davor. Denken Sie an den Satz, der am Anfang dieses Abschnitts steht: Jeder bewundernswerte Mensch war ursprünglich selbst jemand, der bewunderte. Natürlich nützt Ihnen eine selbstzufriedene oder passive Bewunderung wenig. Sie muß Sie zu Taten antreiben. Ursprünglich waren die meisten dieser Leute nicht viel anders als Sie oder die anderen. Aber sie haben in ihrem Leben Prinzipien angewendet, die den meisten Leuten unbekannt sind oder die sie nicht nutzen. Sie kennen diese Prinzipien nun: Es liegt jetzt ausschließlich an Ihnen, sie anzuwenden, damit auch Sie jemand werden, den ... man bewundert!

Bibliographie
(Auswahl)

Bailey, Adrian: **Walt Disney's World of Chartwell,** Book Inc., 1982
Bolton, Whitney: **The Silver Spade,** Farrar Straus and Young, New York, 1954
Caprio, Frank S., Joseph R. Berger: **Helping Yourself With Self-Hypnosis,** Warner Books, New York, 1968
Collier, P. und Horowitz: **Die Rockefellers. Eine amerikanische Dynastie,** Ullstein, Berlin und Frankfurt, 1976
Coué Émile: **Drakkar,** Müller, Rüschlikon, 1973
ders.: **Selbstbemeisterung durch bewußte Autosuggestion,** Schwabe, Basel, [216] 1978
ders.: **Selbstheilung und Seelenerziehung durch Autosuggestion,** Reissner, Dresden o. J.
ders.: **Was ich tat,** Schwabe, Basel, 1925
Crawley, Tony: **The Steven Spielberg Story,** Quill, New York, 1983
Ford, Henry: **Mein Leben und Werk,** List, Leipzig 1923 / München, 1952
Fraser, N., P. Jacobsen, M. Ottaway, C. Lewis: **Aristoteles Sokrates Onassis,** Ullstein, Berlin, 1978
Frischer, Dominique: **Les faiseurs d'argent, ou les mécanismes de la réussite,** Belfond, Paris, 1983
Gawain, Shakti: Creative Visualization, Bantam Books, New York, 1982
Getty, Jean-Paul: **Die Kunst, den Wohlstand zu nutzen,** Molden, Wien-München, 1970

ders.: **So macht man Milliarden,** Molden, Wien-München, 1966
Hill, Napoléon: **Denke nach und werde reich,** Ariston, Genf, [12] 1986
ders.: **Erfolg durch positives Denken,** Ariston, Genf, [10] 1983
Honda, Soïchiro: **Honda über Honda,** Seewald, Stuttgart, 1980
Iacocca, Lee: **Iacocca,** Econ, Düsseldorf und Wien, 1984
Lafrance, André A.: **Les clefs de la réussite,** Les éditions Primeur, Montréal, 1984
La Mure, Pierre: **König der Nacht. Das Leben des John D. Rockefeller,** Wegner, Hamburg 1954
„Les héros de l'économie" in: **Autrement,** No. 59, April 1984
Lundberg, Ferdinand: **Die Reichen und die Superreichen,** Hoffmann und Campe, Hamburg, 1969
Maltz, Maxwell: **Erfolg kommt nicht von ungefähr. Psychokybernetik,** Econ, Düsseldorf und Wien, 1967
Murphy, Joseph: **Energie aus dem Kosmos,** Ariston, Genf, 1977
ders.: **Gesetze des Denkens und Glaubens,** Ariston, Genf, [10] 1983
ders.: **I-Ging-Orakel des Denkens und Glaubens,** Ariston, Genf, 1980
ders.: **Macht Ihres Unterbewußtseins,** Ariston, Genf, [14] 1976
ders.: **Unendliche Quelle Ihrer Kraft,** Ariston, Genf, [3] 1982
Dr. Joseph Murphys Vermächtnis, Ariston, Genf, 1983
Naisbitt, John: **Megatrends,** Warner Books, New York, 1982
Samuel, Yvon: **Les milliardaires,** éditions Carrère, 1985

Schreiber, Charles: **Live and be free thru psycho-cybernetics,** Maxwell Maltz, Warner Books, New York, 1976

Schwartz, David J.: **Wunderwirkung großzügigen Denkens,** Ariston, Genf, [2] 1983

Sivananda, Swami Sarasvati: **Übungen zu Konzentration und Meditation,** Barth, München-Planegg, 1952

Sobel, Robert: **IBM. Colossus in tradition,** Times Books, New York, 1981

Stone, Clément W.: **Le chemin infaillible du succès,** éditions du Jour, 1973

Thorndike, Joseph Jr.: **The very rich, a history of wealth,** Americain publishing Co., 1976

Tocquet, Robert: **Les pouvoirs de la volonté, clefs du succès,** éditions Godefroy, La Ferrière, 1984

Winkler, John K.: John D. Rockefeller. **Ein Ölporträt,** Transmare, Berlin 1930

Sachbuch

Als Band mit der Bestellnummer 10673 erschien:

Die Journalistin Helga Schalkhäuser versteht es mit bemerkenswerter Einfühlungsgabe, die Stärken und Schwächen ihrer prominenten Gesprächspartner facettenreich und mit viel Witz darzulegen.